面向21世纪课程教材

普通高等教育“十一五”国家级规划教材

行政学

主编 张永桃

参编（以撰写章节先后为序）

马敬仁 范春辉 闫洪芹

魏 姝 孙亚忠 钱振明

高等教育出版社·北京

内容简介

本书是在2003年版《行政管理学》的基础上修订而成。在保留原书特色和基本框架的基础上，在知识体系和理论系统方面都做了较大幅度的拓展和延伸，内容包括行政与行政学、行政权力与行政责任、行政组织与行政结构、行政职能与公共服务、行政领导与领导体制、行政决策与行政执行、人事行政与人事体制、公共财政与公共预算、行政监督与依法行政、行政文化与行政伦理、行政效率与绩效管理、行政改革与行政发展等。本书积极吸取国内外行政学的最新理论研究成果和行政实践的经验，并融入编著者的教学与研究之体悟，具有条理清晰、内容丰富、论证有力、贴近现实等特点；可供普通高校、各级行政学院、党校和成人教育政治学类、公共管理类以及相关学科专业教学使用。

图书在版编目(CIP)数据

行政学/张永桃主编. —北京：高等教育出版社，2009.8 (2019.12重印)
ISBN 978-7-04-028260-3

Ⅰ.行… Ⅱ.张… Ⅲ.行政学 Ⅳ.D035

中国版本图书馆 CIP 数据核字(2009)第135150号

策划编辑 周亚权　责任编辑 王 羽　封面设计 刘晓翔　版式设计 王艳红
责任校对 俞声佳　责任印制 田 甜

出版发行 高等教育出版社
社　　址 北京市西城区德外大街4号
邮政编码 100120
印　　刷 三河市华润印刷有限公司
开　　本 787×960 1/16
印　　张 24
字　　数 450 000
购书热线 010-58581118
咨询电话 400-810-0598
网　　址 http://www.hep.edu.cn
　　　　 http://www.hep.com.cn
网上订购 http://www.landraco.com
　　　　 http://www.landraco.com.cn
版　　次 2009年8月第1版
印　　次 2019年12月第18次印刷
定　　价 38.00元

本书如有缺页、倒页、脱页等质量问题，请到所购图书销售部门联系调换

物 料 号 28260-00

目　录

第一章

行政与行政学

行政学，又称行政管理学、公共行政学，是一门研究国家行政管理活动及其规律的学科。国家行政管理，作为一种运用国家权力对国家事务、社会事务所进行的公共管理活动，是现代社会发展和进步所不可缺少的。在我国改革开放和社会主义现代化事业发展过程中，重视和加强公共管理，包括政府管理，具有愈益重要的意义。在社会主义市场经济条件下，如何确定和实现政府管理目标，进一步完善科学的、民主的组织体制和决策体系，提高政府工作效率，是一个亟待深入研究和付诸实践的重大课题。科学的、高效的行政管理，要靠行政科学作指导。所有从事管理工作的人员，特别是国家公务员，都需要在学习和研究行政学的过程中不断提高自己的业务素质和管理水平。

第一节　行政学的研究对象及主要内容

一、行政的含义

顾名思义，行政学是研究行政的学问。因此，学习和研究行政学，首先就得了解和把握行政的含义。

（一）国内外学者对行政含义的解释和分析

行政虽是一个古老的概念，但并非从来就有。它随着国家的产生而产生，是国家的一种基本职能形态。在我国古代，行政是执掌政务、推行政令的意思。如远在2 000多年前的《左传》中，就有“行其政事”、“行其政令”的记载。到了近现代，中西方学者根据不同历史时期、不同国家的政治结构、政治历史和政治实

践,从不同角度或不同层面来分析和解释行政,赋予行政以不同的含义。概括地说,大体有以下几种:

1. 从“三权分立”的角度来理解行政

法国启蒙思想大师孟德斯鸠把管理国家的活动分为立法、行政、司法三类,主张这三种权力由三个独立的部门掌握,以使其相互制约和平衡。以后的学者,以此理论为基础,认为“行政”就是指与立法、司法并立的“三权”的一部分,认为“行政乃是政府行政机关所管辖的事务”。我国台湾一些学者将此观点谓之“法律执行说”:在三权分立的国家,立法为制定法律,行政为执行法律,司法为维护法律。这种解释虽十分明确,但过于狭隘,不完全符合现代社会的实际情况。现代国家中政府权力日益膨胀,愈来愈明显地凌驾于立法、司法机关之上,行政机关有立法权(委托立法)已成为一种普遍现象。另外,立法机关、司法机关同样也有大量人事、财务等方面的行政事务。

2. 从政治与行政的分离及不同功能的角度来解释行政

西方早期的一些政治学家和行政学家,把政治与行政相分离,认为政治是国家意志活动的领域,主要指国家政策的制定;行政是指实现国家目的的方法和技术,主要指国家政策的执行。如美国学者 F. J. 古德诺在他的名著《政治与行政》一书中,明确提出国家功能两分法,认为“在所有的政府体制中都存在着两种主要的或基本的政府功能,即国家意志的表达功能和国家意志的执行功能”,前者谓之政治,后者即是行政。[①] 这种把政治与行政相分离的说法是不科学的。实际上,政治与行政之间存在着内在的不可分割的关系,任何行政活动不可能不体现国家的意志,与政治不相联系的纯粹的行政现象是不存在的。现代国家的政府机关日益积极地参与政治决策,具有强烈的政治色彩。

3. 从管理功能的角度来分析和释义行政

这种观点认为,凡是管理活动都是行政,并从管理的特点和功能方面来释义行政。如美国著名行政学家 L. D. 怀特在其 1926 年所著的《行政学导论》一书中说:“行政乃是为完成某种目的时,对许多人所作的指挥、协调和控制。”[②]美国行政学家 J. M. 费富纳在 1930 年出版的《行政学》一书中也有同样意思的解释:“行政就是由一些人的协调的努力,使政府的工作得以做成。”[③]这种观点从管理的功能及其过程的角度来考察行政,突出管理的特点,强调行政的动态性,对于我们把握行政的含义有重要的参考意义。但是,这种解释把行政等同于管理,没有反映行政的特殊性。另外,这种解释又过于强调行政活动的技术性,无视行政活

① [美]F. J. 古德诺:《政治与行政》,华夏出版社 1987 年版,第 21 页。

② [美]L. D. 怀特:《行政学导论》,(纽约)麦克米伦出版公司 1955 年版,第 3 页。

③ [美]J. M. 费富纳,R. V. 普莱休斯:《行政学》,(纽约)罗纳德出版公司 1955 年版,第 6 页。

动中政治条件和政治因素的影响，因而也难以科学地揭示作为一种国家管理活动的“行政”的本质和特点。

4. 从综合的角度全面概述行政

一些政治学家和行政学家认为，行政是一个广含义、多功能的概念，应该多方面、多层次、综合地分析行政。从政府组织方面说，行政乃是政府组织中行政机关所管辖的事务或活动；从政治运用的角度说，行政乃是民意的实行，国家意志的执行，主要表现为一种执行活动；从管理的特点、功能方面来考察，行政乃是以集体的努力与合作完成共同任务的活动，是为管理公共事务而对许多人所进行的指挥、协调、控制，是一种专门的艺术；从行为科学的观点来看，行政是由有关行政活动的人的行为构成的，是许多人通力合作达到共同目标的集体行动。我国台湾学者吴挽澜在其所著的《行政学新论》中是这样概述行政的：“‘行政’实系指政府机关依据国家的政策和法令，为达成工作目标，对有关之人、财、事、物、时、空等作有效运用之施政行为。简言之，行政便是化政令为具体行为的一种过程。此种过程，若就行政的效能观念来论，即是输入政令，经由行政系统输出为民服务的绩效。”[①]显然，这种解释具有综合性的特点。

（二）科学理解行政的含义

国内外学者对行政的各种解释和分析，对理解什么是行政有重要的参考价值。要科学地说明行政，应当首先明确以下几个方面的关系：

第一，要明确行政与国家的关系。我们这里所说的行政，是国家行政，是一个国家概念，是国家事务的管理。马克思明确把行政称为“国家的组织活动”。行政的主体是国家行政机关及其工作人员，行政的客体或内容是国家事务，行政的基础是国家权力。行政是政治上层建筑的重要组成部分，行政活动是国家意志的贯彻和执行，而国家总是代表某个阶级的利益和意志的。因此，行政是国家的行政，是阶级的行政，它是为实现国家的社会目标和统治阶级利益进行活动的，是阶级统治的一种工具。世界上没有脱离国家的行政，也不存在超阶级的、非政治性的行政。

第二，要明确行政与管理的关系。行政是一种管理活动，但并非所有的管理活动都属行政。所谓管理，是管辖和治理的意思。主其事为管，治其事为理。管理是人类社会的基本活动之一，是人类社会的一种普遍和永久的现象。管理无处不有，无时不在。小到个人、家庭，中到一个团体、组织，大到整个国家和世界，都需要管理，都存在管理。行政是管理，因此它具有管理的一般要素和特点；但行政只是管理的一种，是有特定意义的管理。只有通过国家行政机关对国家事务和社会事务所进行的管理，才是行政管理。

---

① 吴挽澜：《行政学新论》，（台湾）幼狮文化事业公司印行 1984 年增订版，第 8 页。

第三,要明确行政与法律的关系。行政虽然也是一种管理活动,但它同非行政性的管理活动有一个显著的区别,即行政是一种以国家强制力为后盾的管理,一切行政活动均以法律为依据,要依法管理。在现代国家,国家行政机关的组织形式、职能、权限、责任,国家行政人员的职责、权利、义务,国家行政机关行使职权和实施管理的原则、方式、方法、程序等,都必须以法律为基本依据,不得越出法律规定的范围。从这个意义上说,行政是凭借国家法定权力、依法管理国家事务的活动。

综上所述,我们所理解的行政,是国家行政机关依据国家法律和运用国家法定的权力,为实现国家的社会目标和统治阶级的利益,对国家和社会事务所进行的一系列组织和管理活动。

二、行政学的研究对象

由于人们对行政的理解和释义不尽一致,所以对行政学的研究对象的认识和概述也有所不同。有的侧重于行政概念、行政范畴、行政理论等方面的逻辑体系以及行政系统的内部结构;有的突出管理功能与目的,强调对行政各要素的有效组织和协调,强调行政学的宗旨在于提高行政效率;有的突出行政不同于其他管理的特点,强调国家权力的行使以及依法行政的重要性。尽管对行政学的研究对象的理解有些差异,表述上不乏争议,但在最基本的方面还是有大体一致的认识,即都认为行政学是研究行政管理及其活动规律的科学。

行政学的研究对象不是一般的管理活动,而是通过国家行政机关对整个国家社会事务所实施的管理。这种管理的范围极为广泛,它不仅包括以政府机构协调运转和提高行政效率为目的的政府内部事务的管理,而且包括以巩固和完善国家组织,维护和发展国家利益为目的的国家重大事务的管理,以及旨在为发展社会的经济、文化、教育、科技、卫生等各方面事业的社会事务管理。行政管理的范围的广泛性还体现在它多元的、复杂的构成要素方面。一般来说,行政管理包括行为要素、人员要素、资金与物材要素、组织要素、时空要素等。国家行政机关依法实施行政管理所发生的一切行为,包括决策和执行的最终控制所必需的行为和属于方法、程序、技术方面的行为等,构成行政的行为要素。人员、资金、物材是行政的必备要素,对人、财、物进行有效的组织、安排和分配,是行政活动的重要内容。组织要素,既包括静态的组织结构,又包括动态的组织活动。时空要素,指的是行政的时效性和环境适应性,注重行政效率,要求因地制宜。这些要素并非是孤立的,它们之间有着密切的内在联系,有机地统一于行政活动之中。

行政的对象和范围的广泛性,决定了行政学研究对象的广泛性和复杂性。

行政活动所涉及的一切领域和事务,行政的所有构成要素以及这些要素间的相互关系,都必然成为行政学的研究对象和研究内容。但是,行政学作为一门科学,同其他科学一样,不能停留在对其研究对象作一般性的介绍和描述上,而必须要有一个去粗取精、由表及里的深化过程,进而揭示其一般规律性。

行政与其他管理一样,是人们的一种高度自觉的活动,要求人们正确认识管理现象、管理过程的内在规律性,以达到科学管理的目的。行政又不同于其他管理,它是通过国家行政机关实施的管理,是一种国家管理活动,它所涉及的是社会现象领域中的一种特殊社会现象,即行政现象。行政活动规律是行政现象、行政过程内在的、本质的、必然的联系,它寓于行政各项活动、各个要素以及它们的相互关系之中。行政组织的构成和内部联系,行政人员的选择和使用,行政决策的制定和实施,行政的方法和手段等,都有其客观规律。整个行政过程在一定规律的支配下运行。当人们正确认识和利用行政活动规律时,行政管理就能顺利进行并达到预期目标;反之,行政活动就会出现失误和混乱。

由于行政活动是一种综合性的活动,涉及社会生活的各个方面,因此,它反映社会政治、经济、科学、技术、文化生活等各个方面的客观规律,如政治发展规律、社会发展规律、经济规律、技术发展规律、文化发展规律、自然规律等,都会在行政活动中发生作用。从事行政活动,不仅要认识和利用行政活动自身的规律,而且要将反映社会生活各方面的客观规律综合地加以利用。

规律是寓于事物内部的一种必然趋势。它不像事物现象本身那样为人们肉眼明见,而是要通过人们运用科学的理论和方法,对该事物的运动进行反复的探索和研究,方能总结和概括出来。探索规律的过程,是揭示某事物本质并驾驭其运动的过程。事物是不断发展的,探索其活动规律的过程也随之不断深化。对行政活动规律的认识也是如此。正是对行政活动规律不断深入探索和研究的需要,才形成行政学这门科学。

总的来说,行政学的研究对象是行政现象,它是研究行政现象、行政过程内在本质联系的科学。行政学要综合运用社会科学、自然科学、技术科学的有关理论和方法,研究行政系统的各个方面、各个要素、各个环节以及它们之间的内在联系和合理结合形式。它旨在探索和揭示行政活动的一般规律性,科学地确立国家行政组织对国家与社会各种事务进行有效管理的原理、原则、体制、结构、方法、手段等,以指导整个社会的行政管理实践,提高行政管理水平和行政效率。

三、行政学的主要内容

行政学的研究对象决定了它研究的范围和主要内容。在这门学科发展的不同阶段,由于人们对行政和行政学研究对象的认识不同,所以对行政学研究的主要内容的概括也不一样。

在行政科学萌芽时期,行政学的研究内容主要是行政法,即研究法律对行政的规范。在行政学作为一门独立的科学产生以后,许多行政学家都把组织、人事、财务作为这门学科的主要组成部分。如 1926 年美国行政学家怀特所著的《行政学导论》,即把行政学的研究内容概述为四个方面:行政组织、人事行政、财务行政、行政法规。以后,美国行政学家古立克强调以行政职能为行政学的主要研究对象,并把传统学派有关管理职能的理论加以系统化,提出了有名的 POSDCORB,即计划、组织、人事、指挥、协调、报告、预算等管理七职能说。传统的行政学,一直把行政职能作为行政学思想的基石,作为行政活动的基本内容。20 世纪 30 年代以后,行为主义学派、决策学派开始兴起,他们把行政学的研究重点从管理职能方面转向政府的决策方面。在西蒙的行政学体系中,行政学方法论和决策理论占有重要的位置。随着社会经济文化的发展,行政领域的进一步拓宽,以及各种学科之间的相互渗透,行政学研究的内容更加深化、丰富。由于行政学的研究范围更趋扩大,研究内容更为丰富,所以许多行政学家把行政学分为两大类别:一是一般行政学(或称普通行政学、理论行政学),任务旨在揭示行政的一般规律;二是专门行政学或部门行政学,着重探求专业部门行政的规律性。

在现代一般行政学研究中,不少行政学家主张把行政的基本要素作为行政学的基本内容。我国台湾行政学权威张金鉴教授用所谓"十五 M"来概述行政学的主要内容。"十五 M",即由 15 个以 M 开头或以 M 为主干的词组成的一个体系,包括:目标、计划、人员、金钱、物材、组织、方法、领导、激励、意见沟通、士气或服务精神、协调、时间、空间、改进。[①] 这几乎把行政管理所涉及的全部要素和事项都列入了行政学的研究范围。

目前我国大陆理论界对行政学研究的范围和内容的理解也不完全一样。有的学者把行政的主要职能或环节,包括组织、领导、用人、决策、执行、监督与反馈等,作为行政学的基本结构和内容。有的认为,行政学的主要内容可概括为三大部分:行政系统;行政运行过程;专业行政和业务行政。有的提出行政学的基本内容包括六个方面:一般行政、专业行政、层级行政、区域行政、案例分析、政策分析。还有的侧重于行政学对国家行政活动的指导作用,认为其研究方向和内容大致包括以下五个方面的问题:行政机构设置合理化问题、行政人员的专业化及其素质问题、行政工作程序科学化问题、行政方法现代化问题、行政法制化问题。

行政学研究的内容,可以从不同角度进行概述,形成不同的框架,但总有一些最基本的东西,否则行政学就不成其为一门独立的科学了。一般来说,它应是

---

① 张金鉴:《行政学典范》,(台湾)行政学会印行 1971 年增订版,第 9～10 页。

一个从静态组织结构到动态运行过程、从行政职能到具体行政实施方法和技术、从一般行政到专业行政的完整体系。

作为基础性的理论行政学,行政学的主要任务,是通过对行政系统、行政过程的抽象、综合研究,揭示行政管理的一般规律性。其主要内容大体上包括三大部分:

(1) 行政的权力主体。行政是行政权力的行使及其过程。行政权力的来源与结构,与行政权力相适应的行政职能,根据行政权力和行政职能设置的行政组织,掌握和运转行政组织的行政领导和其他行政人员,构成行政权力主体这一部分的主要内容。这是一个从权力—职能—组织—领导的有机系统。

(2) 行政过程和内容,包括行政决策与行政执行、人事行政、公共财政、行政监督等主要环节。这是一个从决策到用人、管财等事务,再到实施监控的完整过程。

(3) 行政效率与行政改革。提高行政效率是行政的出发点和归宿,不断推进行政改革则是保持行政活力和提高行政效率的根本途径。

本书的基本框架及主要内容,即按此设计。

第二节 行政学的产生和发展

一、行政学的产生

行政学作为一门独立的学科,产生于19世纪末20世纪初自由资本主义向垄断资本主义过渡时期。它起源于美国,然后再扩及西欧国家和世界各国。行政学之所以在这个时期并首先在美国产生,是由一系列相关的社会历史因素决定的。

第一,社会经济的飞速发展要求加强对行政实践和行政理论的独立、深入研究。自由资本主义发展到19世纪中叶以后,开始了第二次科学技术革命,生产技术方面发生了巨大的变革和进步,重工业取代轻工业在国民经济中占据主导地位,资本积累以前所未有的速度向前推进,由生产和资本集中所引起的垄断统治开始形成,社会经济以更大的规模和更快的速度发展。美国是垄断资本主义的典型国家。从19世纪中叶起,美国经济进入迅猛发展时期。据美国官方统计,1859年到1914年,美国加工工业的产值增加了18倍,工业取代农业成为国民财富最主要的源泉。在19世纪与20世纪之交,美国的工业化基本完成,已从农业国发展为工业国。美国的工业生产跃居世界第一,到1913年,它在整个世界工业生产中已占38%的份额。社会生产力的迅速发展和经济结构的巨大变化,使政府管理社会经济的任务日益繁重。与此同时,垄断统治使社会各种矛盾进一步扩大和加深,也要求政府加强干预和调节。在这种背景下,自由放任逐渐消逝,政府干预经济生活和其他社会事务的活动开始增多,行政活动变得越来越重要。据有关资料统计,在1866年到1914年期间,美国联邦政府行政费用支出从约4 100万美元增为1.7亿美元左右,即增加了3倍。联邦政府各行政部门的职工总数,从1871年的约5.4万人,增加到1914年的48.3万人左右。[①] 为适应社会需要,行政理论的研究在美国得到空前加强。美国著名学者,后来出任总统的伍德罗·威尔逊于1887年发表了《行政学之研究》的论文,强调执行宪法要比制定宪法更困难,为了加强政府组织并赋以职责,为政府工作铺平道路,必须有一门行政科学。此后,政府行政(公共行政)开始被作为一个独立的领域加以研究,并逐步形成科学体系。

第二,行政学的产生还同这个时期管理思想的突破性进展密切相关。在19世纪末期,资本主义先进国家特别是美国,工业和整个社会经济的迅速发展面临着一系列新的矛盾和问题:资本积累的惊人增长与管理、利用巨额资金的陈旧方式不相适应;生产技术的进步、企业规模的扩大与传统的经验管理发生了尖锐的冲突;劳资之间的严重对立情绪和"不融洽关系",使劳动生产率低下,影响着生产和利润的增长;缺乏严格的责任制度以及专门化的管理知识和管理人才,使专业化协作大生产陷于混乱。这些矛盾和问题,归结到一点,就是需要创立适应社会化大生产迅速发展的管理制度和管理方法。这种来自社会实践的历史性要求,促使西方国家的管理思想获得了长足的进展,迎来了一个崭新的科学管理时代。这一时代的佼佼者首推美国的F.W.泰罗。科学管理理论的产生是管理思想史上的一次革命,是对经验性的传统管理的否定和胜利,它强调用科学的方法和标准实施管理,以提高效率和生产率。这一理论在美国曾发展为一种运动,对美国和欧洲的工业界产生了巨大的影响,同时又为政府行政的改革提供了线索和方法,促进了行政管理的发展。西方学者普遍认为,科学管理理论对公共行政学作为一门学科的建立有直接影响。"在公共行政学家当中,伦纳德·怀特、卢瑟·古立克和林德尔·厄威克受泰罗著作的影响最大,他们用它作为跳板发展他们自己的新理论。"[②]

第三,资产阶级政治学理论的发展为西方行政学的产生奠定了最重要的理论基础。政治学是行政学的直接理论基础。有人把这两门学科比作根与树、花与果的关系,行政学之树,源之于政治学之根;行政学之果,结之于政治学之花。

① [美]吉尔伯特·C.菲特,吉姆·E.里斯:《美国经济史》,辽宁人民出版社1981年版,第555页。
② [美]J.C.帕拉洛,R.C.昌德勤编著:《行政管理学词典》,四川人民出版社1988年版,第43页。

从学科发展的历史看，行政学是从政治学中分离出来而成为一门独立学科的。在行政学产生以前，其有关内容就包括在政治学之中，政治学理论的发展是促进行政学产生和发展的一个重要因素。17、18世纪，在资产阶级革命和启蒙运动中涌现出一批杰出的政治学家，如洛克、孟德斯鸠、卢梭等，他们所传播和确立的天赋人权、社会契约、三权分立等思想，把政治学理论推进到了一个新的发展阶段，为资产阶级国家政权体制的建立奠定了理论基础。西方国家普遍采用立法、行政、司法三权分立的政治制度。在这种制度下，行政机关成为独立的体系行使其管理国家政务的权力。19世纪末、20世纪初，由于垄断统治关系的确立，使一系列社会问题变得愈益严重和复杂起来。垄断势力的扩张，劳资矛盾的加深，贫富两极分化的加剧，社会经济生活的混乱和动荡，进步运动的高涨等，都是这一时期很突出的社会矛盾。垄断资产阶级为维护其经济、政治统治，更加重视对政治问题的研究。同时，由于工业的发展和工人阶级队伍的增长，教育的普及以及普选权的扩大，社会各界人士对政治也越来越热心了。1880年，美国哥伦比亚学院（1896年改名为哥伦比亚大学）建立政治学研究院，1903年"美国政治科学协会"成立。与此同时，一批政治学著作出版发行，哥伦比亚学院的《政治学季刊》在政治学研究方面更是排头兵。政治学在美国逐渐成为拥有大批专门学者的独立学科。许多政治学家着眼于经济和效率，从政治学的角度研究政府的行政职能。1887年，威尔逊在《政治学季刊》上撰文，力主"建立一门行政学"。1900年美国政治学家F. J. 古德诺写出《政治与行政》一书，提出政治与行政的两分法，主张从理论上把行政从政治的范畴中独立出来，进行专门研究。与此同时，日益盛行的科学管理理论和方法也被引入行政管理的研究之中。这样，在政治学理论和科学管理理论的有力推动和渗透下，行政开始作为一个独立的研究领域和一门专门的学问在美国等资本主义国家得以产生并发展起来。

行政学真正形成独立的比较完整的学科体系，始于20世纪20年代。1926年，曾长期担任美国芝加哥大学教授和美国文官委员会主席的L. D. 怀特推出了美国第一本行政学教材，即《行政学导论》。此书采用理论的研究方法，对行政活动的基本原理，即行政活动的根源、一般规律、具有普遍适用性和适合于各种组织的原则，以及在整个逻辑体系中成为公理的内容进行了比较系统、深入的分析。他把行政要素划分为四大部分：组织原理，人事行政，财务行政，行政法规。并把这些行政要素作为一个有机的体系加以综合考察和分析。其中，对行政组织理论和人事行政理论的研究更为翔实和透辟。美国的一些学者认为，怀特的《行政学导论》使公共行政学成为一个单独的研究领域，标志着公共行政学的产生。怀特的思想及其学说体系，特别是他的人事行政理论，对后来西方行政学的发展产生了很大的影响。

几乎在同一时期，美国另一位著名的政治学家和行政学家W. F. 威劳毕于

1927年出版了美国第二本享誉极盛的行政学教科书《行政学原理》。威劳毕在此书中提出了政府机构活动中的一些基本原则,着重论述了行政管理中的财务、预算与物资管理等问题,并比较系统地阐述了行政学理论体系。时隔不久,曾在美国南加利福尼亚州大学任教多年的行政学家J.M.费富纳于1930年又推出《行政学》一书。费富纳也深受泰罗的科学管理思想的影响,从科学管理的角度分析行政,认为行政就是由一些人通过协调的努力,使政府的工作得以做成,也是运用科学的方法达成既定目标的一种活动或程序。费富纳采用理论的研究方法,力求从纷繁复杂的行政现象中寻求一定的原理、法则或定律,作为处理有关行政问题的准则。怀特的《行政学导论》、威劳毕的《行政学原理》和费富纳的《行政学》,是西方早期行政学鼎足而三的名著。从此时起行政科学的理论体系大体形成,作为一门独立学科的地位也最终确定。

二、行政学发展的几个阶段

行政学产生以后,大体上经历了三个时期,即科学管理时期、行为科学时期、现代化管理时期。

(一)科学管理时期

这一时期是行政学的形成阶段。这个时期的行政学深受泰罗倡导的科学管理理论的影响,行政学理论被深深地打上了科学管理思想的烙印。

科学管理理论的核心问题和所追求的首要目标是提高效率。为提高效率或生产率,泰罗等提倡整体观念、系统分析、完善组织、强化计划、协调合作、教育培训等一系列科学管理原则。泰罗认为:构成科学管理的不是任何一个因素,而是各种因素组成的整体。它是科学,而不是单凭经验行事的方法;它提倡合作,而不是不和;它要求最大的产出,而不是受了限制的产出;它力求使个人发挥他的最大的效能和获得最多的财富。[1]

这一时期的行政学家从科学管理理论中得到启迪,积极将这一理论的许多原理、原则吸收、移植到政府行政研究中去。他们根据科学管理理论的整体系统性原则,开始重视对行政过程的考察,从行政总过程中研究其中各个重要环节以及各个环节间的联系;他们根据科学管理理论有关建立合适的组织的原则,注重组织结构的研究,提出了行政管理中的组织原理;他们根据科学管理理论的计划性和程序化原则,主张行政工作也要先拟定管理计划目标,并采用目标分解法,把一个大的行政目标分解为若干层次的小目标,以保证总目标有计划有步骤地实现;他们根据科学管理理论的协调化原则,强调行政组织与所属人员之间、行

① [美]泰罗:《科学管理原理》,哈德-罗出版公司1947年版,第140页。

政人员之间的合作、协调一致和相互督促；他们根据科学管理理论的核心原则——效率原则，着力寻求提高政府工作效率和节省政府开支的途径、办法。总之，这一时期的行政学家在科学管理思想的影响下，根据企业经营管理的一些理论和原则，提出政府行政的一些原则、原理，力图以此来指导一切行政工作，达到提高行政效率的目的。

在怀特、威劳毕等美国行政学家运用泰罗的科学管理理论和方法推进行政研究的同时，欧洲大陆的另一些人则从企业行政角度对科学管理理论进行补充、修正和丰富，从而使这一理论趋于完整和成熟。其突出代表是被誉为“法国科学管理之父”的亨利·法约尔。他所提出的行政的十四项“普遍原则”，使其声名大振，在当时和以后产生了十分广泛的影响。法约尔提出的“普遍原则”主要有：(1) 指挥的统一性原则：每一个雇员只接受一个上级的命令。(2) 等级系列原则：指挥系统的链条应像组织的金字塔。发出命令和解决争端，一切信息传递必须“经过法定的渠道”。(3) 控制幅度：一个监督者能够有效监督的下属有一个数量限制，通常最多为 12 人。(4) 集权原则：组织实行从上到下的管理，最终职权仍在上层，而不是分散在组织总体的下层中。(5) 责任原则：无论在何处行使权力都存在责任。行政部门授权时，必须既授权又授责任。除此以外，还有分工原则、纪律原则、命令的统一性原则、个别利益服从整体利益原则、报酬原则、秩序原则、公正原则、保持人员稳定原则、首创精神和集体精神原则等。

对这一时期的行政理论研究作出历史性贡献的，还有德国的马克斯·韦伯。韦伯在行政学领域最重要的成就是提出了官僚集权组织理论。韦伯认为，无论是大企业还是政府、军队、政党、教会等，都须建立合理的组织进行管理；而最理想、最有效的组织形式是官僚集权组织。这种官僚集权组织，是以合理合法的权力为基础，通过法律确定的职位的权力进行管理。韦伯所设计的理想的官僚集权组织，是一种包含多种因素的行政组织体系：它实行分工，明确规定每一个成员的权力和责任，并且把这些权力和责任作为正式职责而使之合法化；它通过正式考试或者训练教育而获得的技术资格来挑选组织中的成员；在一般情况下，所有担任公职的人员都是任命的；行政人员领取固定的薪金，他们是专职的公职人员；行政人员不是他所管辖的那个单位的所有者；行政人员要遵守组织中规定的规则和纪律。韦伯的组织理论，后为许多行政组织理论家所继承，成为西方行政学中行政组织理论研究的重要出发点。故韦伯被称为“组织理论之父”。

泰罗、法约尔、韦伯等人所倡导的科学管理思想，在此后的行为科学时期被许多行政学家加以继承和发展。其中最为突出的是美国行政学家卢瑟·古立克和英国行政学家林德尔·F. 厄威克。古立克的管理“七职能说”（即 POSDCORB，前已述及）和厄威克提出的适用于一切组织的“八项原则”（目标原则、相符原则、职责原则、层级原则、控制幅度原则、专业化原则、协调原则、明确性原则),使他们在西方行政学界久享盛名。古立克的管理七职能说在西方被视为20世纪行政学理论的基石。厄威克所概括的八条原则,至今被西方行政学界奉为行政组织的基本原则。

科学管理时期的行政学理论,由于受到科学管理思想的某些片面性的束缚而存在着许多缺陷。主要是:过分重视和强调机械效率,忽视社会影响、社会效益;偏重于行政现象的静态方面,忽视其动态方面的研究;偏重于组织的功能,忽视组织中人的作用;偏重于理论的研究,寻求普遍适用的原理、原则,忽视时空因素的影响和实际运用;片面强调人的生理能力和物质需求,忽视人的心理因素和精神需要,缺乏对人的尊重。尽管如此,这一时期的行政学理论研究还是有重大历史贡献的,因为它毕竟开创了行政管理科学独立研究的新领域,形成了这门学科的基本体系。

(二)行为科学时期

行为科学是应用心理学、社会学、人类学以及其他相关学科的成果,来研究人的行为以及人与人之间关系的一门学科。行为科学最初被称为"人群关系学",产生于20世纪30年代。其创始人和早期代表人物是原籍澳大利亚后移居美国的乔治·埃尔顿·梅奥和美国的弗里茨·朱利斯·罗特利斯伯格等。他们于1927年在美国芝加哥西方电气公司以新的方式继续进行"霍桑实验",取得了很大的成功,并由此总结出一套有关人际关系的原理、原则。主要有:(1)工人不是只受物质因素制约的"经济人",而是受各种社会因素影响的"社会人";(2)人不是单独的、孤立的、机械的个体,而是复杂的社会系统的成员;(3)企业中除了正式组织外还存在着无形的"非正式组织";(4)管理者要寻求和采取一种以社会和人群关系技能为基础的新的领导方式。在这之后,芝加哥大学、密执安大学、哈佛大学、麻省理工学院等著名学校相继建立了人群关系研究中心,很多有名望的学者对人的需要、动机和激励问题,人性问题,企业中的非正式组织以及人与人的关系问题,企业中的领导方式问题等,进行了全面、广泛的研究,使行为科学成为一门独立的学科并迅速发展起来。

在行为科学时期,把有关行为科学的理论和方法引入行政学研究领域,最著名和最有影响的人物是C.I.巴纳德和H.A.西蒙。

巴纳德是行为科学管理理论的重要奠基人。他的主要理论观点和贡献表现在以下几个方面:(1)运用社会系统的观点推进了对正式组织的研究。巴纳德认为,正式组织不是单个人的行为,而是人们自觉的、有意识的、有目的的一种协作,是有意识加以协调的系统。任何组织都包含三种普遍的要素:协作的意愿;共同的目标;信息沟通。(2)非正式组织理论。巴纳德认为,非正式组织是没有正式结构、不定型的,往往也不能自觉地认识到共同的目的,而是在共同工作中自然形成的一定的态度、习惯和规范。非正式组织对正式组织起着三种作用:从事正式组织难以或不宜沟通的信息、意见；通过对协作意愿的调节，维持正式组织内部的团结；可以避免正式的控制，维持个人品德、个人自尊和独立选择。巴纳德强调，非正式组织的存在和作用，可以增强组织功能和使组织更有效率，所以行政主管人员要重视和创造条件发挥非正式组织的作用。(3) 权威的接受理论。巴纳德认为，权威的来源和实质，不在于权威者或发出命令的人，而在于被命令者接受不接受。若被命令者不接受，也就不存在这个权威。所以行政主管者应力求使自己的命令被下属所接受或同意。(4) 组织平衡理论。巴纳德认为，组织的存在取决于组织成员的贡献与满足之间的平衡。一个行政领导者要善于协调贡献与满足之间的平衡关系，不断将组织成员的贡献转换成满足，又利用满足促使组织成员作更多的贡献，这样才能保持组织的活力和发展。

西蒙是行政学家中运用行为科学理论研究行政最有成就的人之一。他不满意传统的行政学忽视人的因素和静态的研究方法，力主用行为主义的观点和方法研究行政问题，提出要注意对人的行为、非正式组织、决策过程、信息沟通等动态的东西进行研究。由于西蒙等人把行为科学的一套理论和方法引入行政学研究领域，形成了西方行政学中的一个新的学派，即所谓行为主义学派或逻辑实证主义学派。西蒙在行政学理论方面最突出的贡献，是把决策概念引入行政管理，建立了一个比较完整的决策理论体系。西蒙认为，管理就是决策，决策是行政的中心，行政行为之根本就是组织中决策制定的整个过程。因此行政学必须注重决策问题的研究。西蒙采用行为主义的行政研究方法，系统地研究了行政决策过程。他把决策过程分为三个阶段，即情报阶段、设计阶段、抉择阶段，强调整个决策活动过程，需要对实际情况的真切了解，需要上层和下层的密切配合，需要信息沟通。西蒙还十分重视决策中的所谓“价值”的研究，他认为行政决策所涉及的一是价值因素，二是事实因素，前者是目的，后者是手段，强调决策不能只注意事实和过程，而忽视社会的价值。另外，西蒙还从决策过程的角度研究行政组织，认为行政组织的作用在于提供一个有利于作出合理决策的组织结构。西蒙强调，行政组织要为决策活动提供各方面的信息，要确定行政组织及其所属机构的活动目标，要确定各个层级组织成员制定决策的范围，并要为达到组织目标创造各种条件和提供各种有效手段。所以人们把西蒙的组织理论称为决策过程组织理论。

毫无疑问，行为科学时期行政学研究获得了重大进展。从总体上说，行政学研究着眼于行政现象中人的行为的动机、过程和效果，重视人的各种需要和非正式组织的作用，重视激励人的积极性和民主的领导方式，而不拘泥于制度、法规、原则、组织等方面的静态研究。由此对行政活动规律的探索进一步深化，在某些方面更符合实际，更具有实际指导意义。

(三) 现代化管理时期

大约从20世纪40年代起，在第三次科技革命浪潮的有力冲击下，西方国家的整个管理思想在经历了一个多样化的青春期后逐步走向成熟。其主要标志是管理理论和方法愈益科学化、现代化，在整个社会现代化进程中起着越来越重要的作用。在行政学领域，由于现代社会科学、自然科学、技术科学以及管理科学新的理论和方法的不断被引进，使这门学科也大踏步前进而迈入了其生命旺盛时期。

这个时期行政学发展的一个最显著的特色，是把许多社会科学、自然科学、技术科学的最新成果广泛地运用到行政学的研究中来，使行政学日益成为一门多种学科相互交叉、相互渗透的综合性学科。从20世纪60年代起，一批有现代化思想和自然科学知识素养的行政学家，运用系统论的基本观点和方法研究行政活动。他们把行政看成是由许多相互独立又相互依存的要素构成的有机整体。他们采用综合的观点、开放的观点、环境系统的观点来考察行政活动过程，研究行政总体目标的确定和组织实施。他们倡导用系统方法来组织行政活动，促使行政组织合理化，行政程序连续化，行政决策科学化，行政分析定量化，以高效率地实现使整个社会得到满足的行政目标。与此同时，一批优秀的数学家也加入到行政学研究的队伍中。在他们看来，管理就是用数学模式与程序来表示计划、组织、控制、决策等合乎逻辑的程序，求出最优解，以精确地达到管理目标。他们利用运筹学、系统工程、电子技术等科学技术手段，力求为行政决策找到一个有效的数量解，使决策过程定量化、科学化。行政学发展的这些新趋势，不仅使其研究的领域大大拓宽，把行政活动置于整个社会环境的大系统之中，而且使这方面的研究由于采用一系列先进的技术手段和数学方法而更加趋于科学化。

这个时期行政学的另一个重要特点，是发展迅速，学派林立，呈现出一种日新月异、百家争鸣的局面。战后几十年来，由于现代科学技术的巨大进步和生产力的迅速发展，再加上现代社会中利益多元化的趋向，使人们有需要、也有可能运用不同的理论和方法，从不同的利益和不同的角度出发研究行政管理。当前西方行政学派，自成体系的至少有20多个，如科学管理学派、经验主义管理学派或案例学派、人际关系学派、组织行为学派、社会协作系统学派、社会技术系统学派、决策理论学派、系统管理学派、管理科学学派即数量学派、权变理论学派即情境学派、管理程序学派、比较公共行政学派、公共选择学派，等等。各种学派，自成一统，相互争辩。这一方面反映了当代西方行政学的繁荣，另一方面也表现了自由主义思潮下的混乱。总之，在这个现代化时期，西方行政学也以现代化的速度、现代化的面貌不断向前发展，进入了科学化阶段而趋于成熟。

政策科学的兴起，是20世纪70年代以来行政学、政治学发展的一个重要现象和特征。政策科学主要研究政府的政策及其过程，即研究政府公共政策的制定、实施、评价以及政策系统与环境的关系等方面的问题。它为政府公共政策的制定及其实施提供了许多实用的理论和方法,从而促使它从政治学、行政学中分离出来成为一个独立的充满活力的研究领域并获得长足进展。有些西方学者甚至断言,在当代,政策科学构成整个社会科学的核心。

从20世纪60年代末、70年代初开始出现的"新公共行政学",对传统的行政学提出了挑战和许多富有创意的"转变"或"修正"。主要代表人物有乔治·弗雷德里克森等一批美国新一代学者。"新公共行政学"提出,要把出色的政府管理与追求社会公平作为一种新的公共行政的基本原理,作为行政活动的一项基本准则。"新公共行政学"有责任推动旨在实现政府高效率和社会公平的行政改革。"新公共行政学"主张对传统的官僚组织理论进行重大变革和改造。他们强调行政组织形态的复杂因素与变迁,主张在各种组织的密切关系中,在经常变化的行政环境中,去重新认识和研究行政组织的功能和运作,力求建构一个有活力的、有凝聚力的、有效实现目标的组织整体。用以市场竞争驱动的"合同管理"取代官僚制管理,是新公共行政理论在公共管理模式上的重要追求。但是,由于"新公共行政学派缺乏概念上的连贯性,没有明确限定的宪法基础,没能生根立足,容易被其反对者当做仅仅是一种情感的爆发而不予理睬"。①

20世纪80年代中期以来,西方发达国家出现的"新公共管理运动"或"管理主义模式",对传统行政理论和实践提出了尖锐的批评和挑战,认为在20世纪大多数时期占支配地位的公共行政的传统模式正在开始转换为新公共管理的模式,传统的官僚制正在被一种以市场为基础的模式所取代。新公共管理理论特别强调,私人企业的管理方法与公共部门的管理方法有相同之处,政府管理应该引进市场方法和竞争机制。美国著名学者戴维·奥斯本、特德·盖布勒提出了"重塑政府"的思想,主张变官僚制政府为"企业型政府"。"向现有的公共服务机构注入企业家式的管理可能是这一代人的首要任务。"②20世纪80年代中期以来西方发达国家政府改革中的私有化、市场化和社会化取向,体现了新公共管理思潮的基本理念。英国著名学者简·莱恩指出:"新公共管理是公共部门治理的一种新理论,它并不是充分完善的,也不是理论发展的终点,仍然存在着许多有待解决的问题。"③

三、中国行政学的发展

行政学在欧美国家产生以后,我国学者就开始翻译出版一些西方行政学论

---

① 《布莱克维尔政治学百科全书》,中国政法大学出版社1992年版,第613页。

② ［美］史蒂文·科恩,威廉·埃米克:《新有效公共管理者》,王巧玲等译,中国人民大学出版社2001年版,第32页。

③ ［英］简·莱恩:《新公共管理》,赵成根译,中国青年出版社2004年版,第9页。

著，介绍这方面的思想，号召国民学习行政学，并着手进行一些研究。特别是孙中山先生，参照西方国家的政治体制、行政体制以及这方面的思想，结合中国实际，提出实行立法、行政、司法、考试、监察五院分立制度，使中国开始向近现代的政治体制、行政体制发展。在孙中山先生的著作中，还有其他许多有关行政管理的思想，为后人研究行政学提供了宝贵的思想资料。从20世纪30年代起，我国学者开始自己编著、出版行政学著作。其中，最有影响的是张金鉴教授所著的《行政学的理论与实际》，该书于1935年由上海商务印书馆印行。这是我国最早、最系统的行政学专著。次年又有江康黎编著的《行政学原理》，由民智书店出版。与此同时，在我国几个主要大学开始开设行政学方面的课程，行政学研究有了一定的发展。但在当时的历史条件下，行政学理论研究不可能得到更多的发展。

在新中国成立前中国共产党领导下的革命根据地，行政学研究的成就主要体现在行政管理实践方面。在革命根据地政权建设中，中国共产党总结和积累了许多行政管理方面的经验。例如，人民的政府由人民来管理的思想和实践；政府机构组织实行精兵简政、厉行节约的原则；人事组织方面贯彻选贤任能、德才兼备的原则；在人际关系方面形成官兵平等、上下一致、同志友爱、团结互助的制度和风尚；在工作方法和作风方面，提倡和实行实事求是、调查研究、理论联系实际、集体领导与个人负责相结合等原则和方法。上述这些思想和实践经验，在毛泽东和其他党的领导人的著作中都有精辟的论述。我国新民主主义革命时期人民政权行政管理的科学实践，以及在此基础上形成的理论研究成果，是我国行政学发展的一个重要方面。

新中国成立后，从中央到地方建立了新的行政管理体制，我国的行政管理进入了一个新的历史时期。此时本应加强行政科学的研究，积极探索社会主义行政活动规律，以指导行政管理体制的变革和行政管理活动的有效推行。但主要由于“左”的错误，在1952年高等学校院系调整时，错误地取消了政治学、行政学专业以及有关课程。在很长一段时间里，虽然也做了一些行政管理方面的研究工作，但毕竟没有把行政学视为一门独立学科，对我国行政管理所存在的问题，也未能进行全面系统的科学研究。对国家行政管理中的许多重要问题，如政府行政部门的管理职能、管理方式、组织结构、权责划分、人事制度、行政法制等，都未曾进行专门的系统研究，国家行政管理活动因缺乏科学理论的指导而导致失误，造成了许多重大损失。

中国共产党十一届三中全会以后，我国行政学发展进入了一个新的时期。1980年邓小平在《坚持四项基本原则》这篇讲话中指出：“政治学、法学、社会学以及世界政治的研究，我们过去多年忽视了，现在也需要赶快补课。”社会科学研究思想解放了，“禁区”冲破了，许多过去被禁锢的学科，都开始活跃起来。

1980 年 12 月,中国政治学会成立,恢复了政治学领域的科学研究。作为政治学一个重要分支学科的行政学,也逐渐引起理论界和各级政府领导的重视。中国政治学会于 1982 年和 1983 年分别在上海和北京举办讲习班,开始讲授行政管理和人事管理等课程。1984 年 7 月,中国政治学会和中国法学会在天津召开了"行政科学学术讨论会",积极倡导开展对行政管理科学的研究。1984 年 8 月,由国务院办公厅和劳动人事部发起召开了"行政管理学研讨会"。这次会议明确提出了我国行政管理科学应研究的主要课题及指导原则,提出了建立具有中国特色的行政管理学体系,为实现行政管理科学化、法制化、现代化服务。会后正式成立了中国行政管理学会筹备组。1988 年 10 月,中国行政管理学会正式成立。在此之后,我国行政学的发展呈现出一派兴旺的景象。

中国行政学恢复、重建以来,在邓小平理论、"三个代表"重要思想和科学发展观等一系列重大战略思想的指导下,在各方面都取得了重大进展和成就,这主要表现为:在学科建设方面,行政学作为一门独立学科的地位牢固地被确定下来并获得了重大发展,包括行政管理在内的公共管理学科已成为目前中国发展势头最旺、最具活力与潜力的学科之一;在学术研究方面,中国行政学经历了从引进、学习、借鉴到消化、提高、创新的渐进发展过程,适时地提出了国际化与本土化相结合的时代要求,为中国行政改革、行政发展服务的中国特色社会主义行政学理论体系正在形成与发展之中,对深化行政管理体制改革和建设服务型政府作出了应有的理论贡献;在理论研究队伍和人才培养方面,中国行政学的教学、科研体系已基本形成并逐步完善,相关学术团体得到切实加强,该学科领域的理论队伍不断壮大,层次完备的公共管理类各专业的教育系列已经形成并处于不断完善之中,为国家和社会培养了大批政府管理和其他公共部门的专门人才。

第三节　学习研究行政学的意义、原则和方法

一、*学习研究行政学的意义*

在当前我国改革开放和现代化建设事业不断深入发展中,加强行政学的学习和研究,具有重大的现实意义。

第一,加强行政学的学习和研究,有助于我们掌握现代行政活动规律,正确运用国家权力,正确行使国家的管理职能,有力地推动社会经济文化发展。

没有管理的社会是不存在的,没有行政管理的国家也是不存在的。在社会主义国家,行政管理的范围十分广泛,它是人们运用国家权力对整个社会生产和

社会生活实行的一种宏观管理，在整个社会和国家管理中具有全局性、综合性的特点，起着关键性的重要作用。在国家存在的条件下，整个社会管理不可能不运用国家权力，关键在于如何运用国家权力。恩格斯在论述国家权力对社会经济发展所起的作用这个问题时指出：国家权力顺着经济发展方向，就能有力地推动经济发展；逆着经济发展方向，就会给经济发展造成巨大的损害，引起大量的人力和物力的浪费。恩格斯讲的这两种情况，在我国社会主义建设过程中都曾出现过，问题就在于能否正确运用国家权力进行管理。由于我们长期没有把政府行政管理作为一个相对独立的体系进行系统的研究，对如何设计和运转"国家机器"，如何运用国家权力实行管理，都缺乏科学的认识，带有不少片面性和盲目性，难以避免出现滥用权力、决策失误、管理不善等问题，社会经济发展中的多次波折，都与此有着密切关系。实践反复证明，越是运用权力的地方，越是需要科学知识；权力只有和科学知识相结合，才能成为推动社会进步和经济发展的强大力量。这就需要我们切实加强政治学、行政学的研究，正确认识和把握国家管理和行政活动的规律，建立科学的行政管理体系和行政管理制度，以保证国家权力的正确运用和国家管理职能的有效实现。

第二，加强行政学的学习和研究，有助于我们用科学的理论指导和推动行政管理体制改革，不断改进政府行政管理，以利于经济体制改革的深化和政治体制改革的展开，更好地贯彻落实科学发展观，促进经济社会全面协调可持续发展。

我国的改革事业取得了巨大的成就，按照科学发展观的要求，还须继续前进和全面深化。经济体制上的一个根本性变革，就是从传统的计划经济体制向社会主义市场经济体制转变，使市场在国家宏观调控下对资源配置起基础性作用。为适应和促进这一根本性转变，原有的政府管理体制、管理方式必须进行相应的变革，否则，就会阻碍经济体制改革的深化，社会主义市场经济体制难以建立、完善起来。从政治体制改革方面来说，行政管理体制改革是它的重要组成部分。政治体制改革的目标和各项内容，都涉及行政管理体制的改革。政治体制改革的每一个进展，都与政府行政管理工作有着密切关系。不进行行政管理体制改革，不改进政府行政管理工作，政治体制的其他改革就难以顺利展开。

行政管理体制改革是一项政治性和政策性都很强的复杂系统工程，需要在科学的理论指导下逐步推进。从当前我国行政改革所面临的实际情况看，有大量问题需要进一步加强研究，如政府职能和管理方式进一步转变到位的问题，行政权力结构进一步调整和政府机构合理配置的问题，行政人事制度和国家公务员制度进一步改革和完善的问题，对行政权力的监督制约机制进一步加强和完善的问题，推行政府绩效管理和行政问责制度，建立科学合理的政府绩效评估指标体系和评估机制的问题，等等。只有对这些问题进行比较深入的研究，有比较充分的理论准备，才能保证行政改革朝着正确的方向顺利发展，避免大的失误和反复。当然,有些问题是需要在改革实践中进一步探索和加深认识的。行政改革实践使行政管理科学研究获得更为丰富的内容而不断深化。

第三,加强行政学的学习和研究,有助于增强广大行政人员的现代管理意识,全面提高他们的基本素质和管理水平,造就一支适应社会主义现代化建设需要的国家公务员队伍。

人是管理的主体。现代化行政管理,需要有一支掌握现代管理专业知识的行政管理队伍去进行和实现。我国行政管理中存在着的许多问题,与行政人员的业务素质普遍不高有着密切关系。现有的行政管理干部,普遍缺乏系统的管理理论和管理知识,这就难以适应改革和建设发展的新形势、新情况。在广大行政人员和人民群众中,加强对行政学的学习和研究,是培养和造就一支高素质的行政管理队伍的重要途径。

二、学习研究行政学的指导原则

学习和研究行政学,首先要有一个正确的指导思想和指导原则。我们学习和研究行政学的指导原则,应当是以马克思列宁主义、毛泽东思想、邓小平理论、“三个代表”重要思想和科学发展观等一系列重大战略思想为指导,从我国社会主义初级阶段的国情和行政管理的实践出发,研究和探索适合我国国情特点的行政管理理论和制度,借鉴和吸收世界先进国家行政管理和行政科学中一切对我们有用的知识和经验,创立中国特色社会主义行政学,并在实践中不断丰富、发展、完善我国行政学的学科体系,为促进改革和现代化建设事业服务。这一指导原则,包括以下几点基本精神:

第一,学习研究行政学,首先必须坚持科学理论的指导。马克思列宁主义、毛泽东思想,特别是中国特色社会主义理论体系,是我们开展行政学研究的最重要的理论武器和思想武器,是我们建设中国特色社会主义行政学的根本指针。没有这些科学理论的指导,将使我们的行政学研究失去正确的理论支撑和精神武器,提不出正确分析、解决当代中国行政管理问题的基本思路和方法,当然更谈不上创立中国特色社会主义行政学的科学体系了。

第二,学习研究行政学,还必须立足中国国情,直接面向中国改革与建设的实际,着力为中国的改革与建设事业服务。江泽民同志在党的十五大报告中指出:马克思主义研究“一定要以我国改革开放和现代化建设的实际问题、以我们正在做的事为中心,着眼于马克思主义理论的运用,着眼于对实际问题的理论思考,着眼于新的实践和新的发展”。行政学的研究也应如此。行政管理没有既定的统一模式,在某些发达国家行之有效的行政管理制度和方法,不一定适合或完全适合我国社会主义初级阶段的实际。我们要对我国几十年丰富的行政管理经验进行系统的研究和总结，特别是要对中共十一届三中全会以来我国政府行政体制改革的一系列问题进行科学的分析和论证，从中找出一些有规律性的东西，上升为理论，然后再用它来指导行政管理实践。只有这样，行政学的研究才有生命力，才有实际意义。在当前，我国政府行政管理体制处于深化改革时期，更需结合改革的现实来学习和研究行政学。要面向改革，研究改革，推进改革，贯穿改革这根主线。要把行政学作为一门研究改革、兴利除弊的科学来学习和研究。

第三，学习研究行政学，还必须以科学的态度广泛吸取各国先进的理论和经验。在西方发达国家，行政管理的某些具体制度和方法，经过近一二百年的发展达到了相当完善的程度；运用行政管理促进社会经济发展有不少成功的经验；历经一个多世纪发展的行政学，在探索现代行政管理规律中所形成的某些原理、原则以及研究方法等，也有许多合理的因素和积极的成果。对此，我们理应以科学的态度积极加以吸收，为我所用。开展行政学研究，不能搞封闭式的，而必须是全面开放的。要敢于、善于吸取国外一切有益的东西，结合我国实际加以“中国化”，有机地融合在中国特色社会主义行政学体系之中。

第四，学习研究行政学，还必须用发展的观点来对待这门科学。行政学产生至今，从它的研究内容、方法到整个理论体系都有很大的发展变化。在我国，行政管理体制要有大的改革，行政学也要有大的发展。用发展的观点来对待这门科学，就是不把国内外书本上的个别结论当做束缚自己手脚的教条，也不把实践中某些已有成效的东西看成完美无缺的固定模式，而是要在实践中不断总结、完善、提高；就是不能满足于我们现有的不太多的理论研究成果，而是要在实践中不断探索新问题，开拓新领域，取得新成果；就是要提倡发扬科学批判的精神，勇于除弊兴利，破旧立新；就是不搞一家之言，一种体系，而是要实行百花齐放、百家争鸣，甚至形成不同学派。只有这样，我们才有可能在建设中国特色社会主义的伟大实践中建立起中国特色社会主义行政学。

三、学习研究行政学的方法

行政学的研究方法不是一成不变的。在西方行政学发展的不同时期，行政学家们采用不同的研究方法，并都曾取得过积极的成果。比较典型的有以下一些研究方法：理论的研究方法、实证的研究方法、法学的研究方法、历史的研究方法、比较的研究方法、静态的研究方法、动态的研究方法、间接的研究方法、直接的研究方法、行为主义的研究方法、心理学的研究方法、系统的研究方法、数量的研究方法，等等。这些研究方法，都有其合理的因素和实际效用，可供我们借鉴。根据行政学的学科特点和我国的实际情况，应注意采用以下一些具体的学习研究方法：

（一）理论与实际相结合的研究方法

行政学是理论性与实践性统一的科学。在学习和研究行政学的过程中，一方面要注重基本理论、基本知识的把握，积极进行理论研究和理论探索；另一方面又要紧密联系中国的实际，必须从中国的具体国情出发，研究中国的实际问题。我们不能闭门造车，不能关起门来“坐而论道”，不能专啃洋书本而“食洋不化”。我们所要研究的问题，应当主要是我国改革和建设中迫切需要回答和解决的问题，做到有的放矢，为实践服务；同时要从理论与实践相结合的角度分析问题，求得解决问题的好办法。只有这样，我们的学习与研究，才能有好的收获和成果，才能有实际意义，我国的行政学也才能得到新的发展。

（二）比较研究方法

比较研究方法就是对不同国家的行政管理制度或其中的某个方面（行政组织、人事行政、管理方法等）进行分析比较，探究异同，权衡利弊，取长补短。采用这种研究方法，可以使我们放开眼界，了解当代世界一些主要国家行政管理的实际情况，从比较和鉴别中更好地把握行政管理规律，积极吸取国外一切有益的东西，建立适合我国国情的最优化的行政管理模式。

（三）系统研究方法

这种研究方法，就是运用系统工程的理论和方法来分析研究行政现象和行政过程，把行政的各种构成要素以及管理的各个环节、各个层次，都当做一个互相关联的系统整体进行全面的考察和分析；对行政内部、外部的各种关系进行综合研究和数量分析，以确定目标和实施方案的优化，求得最佳行政效率。这种研究方法注重系统的整体协调、系统的环境适应性以及系统整体功能的最优化，在现代行政管理中具有较高的应用价值。我国行政学的研究，也应积极采用这种研究方法。它能帮助我们增强系统整体观念，全面了解和把握行政大系统内外各种因素间相互作用、相互制约的关系，深刻认识我国行政管理所处的社会历史环境，从而使我们的理论研究及其成果具有科学性、可行性。在研究我国政府行政改革问题时，更应注意采用这种研究方法。

（四）综合研究方法

行政学是一门综合性学科，这就要求对它采用综合研究的方法。这就是说，在行政学的学习和研究中，要综合运用与行政学密切相联系的各种学科理论和知识，探索行政管理活动的一般规律，同时，在行政管理活动中，要将反映社会生活各方面的客观规律（如经济规律、文化发展规律、自然规律等）综合地加以认识和利用，采用综合研究方法，可以拓宽我们的视野和研究思路，从宏观整体和整个社会发展的角度深化行政学的研究，深化对行政活动规律的认识，避免片面性、局限性。

（五）案例分析方法

又称个案研究方法。这种研究方法的特点，是对已经发生的真实而典型的行政事件或问题，通过广泛收集各种相关资料并分析整理，按照客观公正、实事求是的原则得出结论，提出意见，以供有关方面分析研究和借鉴之用。此种研究方法的关键，在于资料的全面、真实，能充分反映该行政事件全过程中各个主要因素及其相互关系。运用案例分析方法，不仅有助于我们加深对行政管理理论的理解，而且能提高我们分析和解决实际问题的能力，提高行政管理水平。

学习和研究行政学的各种方法不是孤立的，要注意结合运用；它也不是一成不变的，应当在实践中不断丰富和改进。

第二章

行政权力与行政责任

行政权力是国家权力的重要组成部分,是国家行政机关赖以运行和发展的重要工具,其主要功能是组织管理国家和社会公共事务,为全社会提供必要的行政管制、公共物品和公共服务。正确理解和把握国家权力和行政权力的内涵及特点,掌握行政权力与行政体制、行政责任的关系,是科学认识行政组织、行政职能和行政行为的前提和基础。权责一致是现代公共行政的基本要求。推行行政问责制度,建设责任政府,是我国行政管理体制改革的一个重要目标。

第一节　国家权力与行政权力

一、*国家权力与行政权力的内涵及特点*

(一) 国家权力的内涵及特点

在现代汉语中,“权力”一词源于英语“power”的翻译,通常是指通过意志的运用以达到某种目的的能力。权力作为人类社会的普遍现象,在不同的社会领域有不同的表现形式。因此,关于权力和权力主体的争论一直没有停止过。一般性的看法是,行使权力的主体(或载体、单位,bearer,unit)可以是个人或团体,而团体性权力单位中最大的就是“国家”(state)。国家权力是所有社会领域中最具权威性、强制性的一种权力,通常把它视为一种强制力,一种暴力,是指统治阶级运用国家机器来实现其意志、巩固其政权、管理公共事务的支配力量。

在人类政治发展史上,主权理论的提出使国家权力获得了合理化行使的理由,而宪政理论则给国家权力合法化行使提供了依据。从逻辑上来看,国家权力属于政治权力的范畴,基于契约或其他关系而形成,属于特定领域的公共权力。

作为主权国家的国家权力,同时具有对内和对外两个方面的特征。首先,对内的特征有:(1) 不受干涉地规定本国国体与政府形式;(2) 决定内部组织以及国民行为的规范;(3) 决定对内对外政策;(4) 合法垄断使用国内暴力的权力。

其次,对外的特征有:(1) 主权国家之上一般只服从国际法;(2) 国与国的关系建立在国际法的基础上,平等且互不干涉、互不侵犯;(3) 在国际上,主权国家是重要的行为体,处于首要地位,对内对外都要体现出主体的地位。

作为宪政意义上的国家权力是近代以来反封建的产物,具有巨大的历史进步意义,主要由三个部分组成,即立法权力、行政权力和司法权力。

立法权是制定、修改和废止法律的权力,分为两类:第一类是制定和修改宪法的权力;第二类是制定和修改普通法律的权力。一方面,立法机关自己制定法律,另一方面,立法机关授权行政机关制定法规、条例、决议和命令等,它们都具有法律规范的性质。依据我国《宪法》规定,国家的一切权力都属于人民,人民行使国家权力的机关是全国人民代表大会和地方各级人民代表大会。我国实行"议行合一"体制,全国人民代表大会是最高国家权力机关,它的常设机关是全国人民代表大会常务委员会。

行政权是依照法律规定,组织和管理国内行政、外交等各方面行政事务的权力,是国家权力的组成部分。行政权是由国家宪法、法律赋予或认可,并由国家行政机关执行法律规范,对国家事务和公共事务实施行政管理活动的权力,是国家政权和社会治理权的组成部分。我国国家行政权力的主体是中央人民政府即国务院,是由最高国家权力机关即全国人民代表大会产生的。

司法权是一种判决权,是法官依照法律原则和法律规则就案件当事人提出的事实问题主张和法律问题主张在是非、曲直、正误、真假等方面所具有的多种可能性之间进行的辨别、选择与断定的权力。司法权的功能可以区分为基本功能和辅助功能,基本功能是指司法权直接满足一定的主要目标所具有的功能,即排除法律运行中的障碍,以维护法律的价值;辅助功能是指为了实现司法权的基本功能所需要的功能,即解决权利冲突与纠纷,实现权利的制度性配置。在现代国家权力体系中,通常赋予司法权以独立性、公正性和统一性的特点。我国国家司法权力的主体是最高人民法院和最高人民检察院,是由最高国家权力机关——全国人民代表大会产生的。

(二) 行政权力的内涵及特点

行政权力是国家政权的重要组成部分,即国家行政机关赖以执行国家意志、履行国家行政职能、管理国家与社会公共事务的一种强制力量。具体说来,主要包括以下几个方面:

1. 行政权力是国家政权的重要组成部分,是统治阶级赖以实现其政治统治,管理国家和社会公共事务的重要工具。

2. 行使国家行政权力的主体是国家行政机关及其工作人员,他们依照宪法、法律和各种行政法规履行国家行政职能,实施各种行政行为。

3. 设置和运用国家行政权力的目的和任务是执行国家意志,履行国家行政职能,管理国家和社会公共事务。

4. 行政权力是一种合法的强制力量,是国家强制力的重要组成部分,它通常以行政法规、政策、计划、决议、命令等为表现形式,通过政府指挥命令系统来实现。

行政权力的性质从属于国家政权的性质,是国家政权性质的集中体现。在剥削阶级国家,不论其采取三权分立、议行合一抑或其他政体形式,行政权力都是实现剥削阶级利益的最有力工具。尽管在行政权力实现过程中履行一定的社会职能,但在实质上都是为剥削阶级政治统治服务的。

在社会主义国家,工人阶级和广大劳动人民成为国家与社会的主人,行政权力作为人民民主政权的重要组成部分,是履行国家与社会职能的必要工具,但其实质上已经不再是凌驾于人民或社会之上的强制力量,而是负责的人民公仆或社会公仆。

我国是工人阶级领导的、以工农联盟为基础的、人民民主专政的社会主义国家,国家的一切权力属于人民,国家行政权力的实质是为人民、为社会服务,国家行政机关及其工作人员是人民的、社会的公仆。因此,我国的行政权力具有服务性、派生性、统一性和权威性特点。

首先,服务性或人民性特点,表明国家行政权力属于人民,人民有追求、参与、行使和监督行政权力的权利,享有通过行政权力获得社会公共服务的权利;而行政权力设置、变更的目的,在于更加有效地为人民、为社会服务。

其次,派生性或执行性特点,表明行政权力是由国家权力机关所派生的,从属于最高国家权力机关,其任务是为了执行通过国家权力机关形成的人民共同意志,实施国家权力机关通过的各项法律、法规和决定,体现了社会主义法治行政和法治国家的根本要求。

再次,统一性或垂直性特点,表明中央行政权力和地方行政权力、行政权力和国家权力的其他组成部分是统一的,不可分割或分立的;而且是垂直行使的,国务院对地方各级政府实行统一领导。我国为了适应多民族国家行政管理的需要,建立了少数民族区域自治制度;进入20世纪90年代,为了解决香港、澳门和台湾问题,又相继确立了"一国两制"的政治原则,并且作为我国政治制度的重要组成部分写进了宪法;1997年、1999年香港、澳门相继顺利回归祖国,建立了特别行政区制度,并为台湾特别行政区制度的建立铺平了道路。这些地方自治制度虽然不同于一般的地方行政制度,表明了国家行政权力的不同结构形式,但并不意味着国家行政权力的“分立”或“分离”；并且中央与地方行政权力之间的垂直关系，在不同地方行政实体之间虽有不同的力度和形式，但都不会影响我国行政权力的统一和完整。

最后，权威性或强制性特点，表明行政权力是国家力量的象征，掌握着国家的内政和外交；同时，行政权力是国家机器的发动装置，对外代表国家或一级政府，是国家强制力的集中体现。依据行政权力所制定的各项行政法规、计划、政策、决议和命令，对全社会具有普遍的约束性和权威性。

二、国家权力与行政权力的关系

在古代政治社会，行政权力和政治权力、国家权力浑然一体，都属于公共权力的范畴，不存在任何实质性的权力分化问题。因此，人类社会自有国家政权以后，就有了行政权力，行政权力和国家权力有着共同特征和历史渊源。

在西方政治学说史上，关于行政权力或国家权力的来源，主要有四种观点，即共同体说（亚里士多德）、神权说（托马斯·阿奎那）、契约说（卢梭）和暴力说（杜林等）等。但是，以往的“国家权力发生说”都是为了政治统治的目的，反映了特定时代的特定阶级政治统治的需要，尽管不同历史时期国家权力或行政权力的效验和人们对它的感受千差万别，但是都没有弄清楚国家权力或行政权力的阶级实质。只有马克思主义的历史唯物主义学说，才科学地揭示了国家权力的真正起源。

远古时代最聪明的氏族首领和早期国家的行政领袖，为了获取、运用、维持和炫耀自己的权威，利用各种仪式制造“君权神授”的神话，渲染自己的领导权是上帝授予的，自己领导的部落或国家是神意天意的创造，并藉此统率族人尊天敬神，畏天惧神，一切祸福皆受制于天神，把上帝看做是有意识、有人格的神，俨然如在其上，如在其左右，亦无所不知，无所不能，更具有无上的权威，监督人间的行政。这在我国古代神话传说和《诗经》等古籍中都有记载，在古巴比伦、古埃及和古代印度的政治史上，也都有这种“君权神授”、“替天行道”的传统思想。而宗教意识形态的产生，成为远古时代“君权神授”思想制度化的结果。不过，在这个时期，虽然有可以鉴别的“政治意识”和执行上帝意旨，治理民间事务的行政思想，但却难以识别“行政权力”的具体特征，尽管这种行政思想对“阶级社会”的行政权力运行具有不可估量的文化影响力。

我国是世俗统治源远流长的国家，神权思想虽以“迷信”、“偶像崇拜”等形式深入民间，但并没有形成系统的宗教意识形态，并且这些“迷信”思想和国家政权之间也没有欧洲那样紧密的关系（至少还没有充分的史料能够证明我国政治史上的“神权时代”)。据史料记载,唐虞时代[①]君主所掌握的国家权力或行政权力是很大的,所有的行政、立法、司法、考试、监察大权,都掌握在君主一人手中,并且形成了丰富的世俗统治经验。例如,尧传位于舜时就有“允执厥中”的四字秘诀,到了舜传位于禹时,又增加了十二字,即“人心惟危,道心惟微,惟精惟一,允执厥中”,合成为十六字心传,成为我国历代君王运用权力的经典之作。[②]

随着商品经济的发展和资本主义生产方式的逐渐形成,中世纪君主专制政权开始没落,资产阶级民主意识迅速成长,尤其是随着资产阶级革命的日益深入,国家统治权的分化就成为势在必行的政治选择。立法、行政和司法的“三权分立”、“分权制衡”思想是资产阶级政治权力思想的核心,在欧洲,洛克、霍布斯、孟德斯鸠和卢梭等政治思想家成为这一思想的先驱,而后来的英国资产阶级学者和美国的联邦党人对“三权分立、分权制衡”思想进行了制度化设计,从而才产生了近现代意义上的“行政权力”。

美国是最为典型的三权分立国家,早在北美十三州时期,由于各州互不相让而备受英国殖民者的压迫,经过八年的独立战争获得独立以后,美国的领导者在中央集权和地方分权问题上进行了激烈的争论,1777 年的大陆会议通过了中央政府组织法的邦联条款(Articles of Confederation),至 1781 年生效,美利坚合众国成为许多主权邦国(州)的联盟,其政府只设有一个国会,另设有一个由每州选任一人组成的十三人委员会,没有司法部门和最高行政首长。1786 年合众国采纳了汉密尔顿报告的意见,于 1787 年 5 月 25 日召开国会,修改了邦联条款,经过数月的辩论与折衷,制定了新的联邦宪法,这是人类历史上自国家产生以来实行三权分立制度的第一部成文宪法。新宪法决定组织全国性的、实行三权分立制度的联邦政府。杰弗逊指出:“政府的一切权力——立法、行政和司法,均归于立法机关。把这些权力集中在同一些人的手中,正是专制政体的定义。……立法、行政和司法部门应该分立,以至没有一个人能同时行使其中一个以上部门的权力。”[③]我国伟大的资产阶级民主主义革命的先行者孙中山先生,在美国(林肯总统)的民有、民治、民享思想的基础上,提出了民族、民权和民生的“三民主义”思想,并在此基础上,结合我国的历史传统,确立了立法、行政、司法、监察、考试“五权分立”制度;其间也有一些国家采用“四权分立”或集权于一个机构的政治体制等。不管“几权”分立,现代意义上的行政权力是在国家权力分化过程中产生的,是除立法、司法以外的那一部分国家权力。

---

① 唐:传说中的朝代名,尧所建;虞:传说中的朝代名,舜所建。

② 参阅:《尚书·尧典》。

③ [美]汉密尔顿,杰伊,麦迪逊:《联邦党人文集》,程逢如等译,商务印书馆 1980 年版,第 254 页。

人民代表大会制度是我国的基本政治制度,全国人民代表大会是最高国家权力机关,行政权力、司法权力及其赖以实现的行政机关和司法机关,都由权力机关产生,并对权力机关负责,接受权力机关的监督。这种基于"议行合一"原则确立的政治体制,从根本上保证了人民当家做主的民主权利和国家行政权力的顺利实现,体现了社会主义民主政治的性质和对行政效率的要求。

在国家权力体系中,行政权力与立法权力和司法权力相比,具有明显的强制性和执行性特点。恩格斯指出:"国家是从控制阶级对立的需要中产生的",[①]国家权力或行政权力是凌驾于社会之上的一种特殊强制力。这种"强制力"是同国家权力的实质相一致的,而"集权是国家的本质、国家的生命基础……每个国家必然要力求实现集权,每个国家,从专制君主政体起到共和政体止,都是集权的。美国是这样,俄国也是这样。没有一个国家可以不要集权,联邦制国家需要集权,丝毫也不亚于已经发达的集权国家"。[②] 这里的"集权"主要是指行政权力的集中行使而言的。

三、现代行政权力的功能及其表现形式

(一) 现代社会行政权力的主要来源

在现代法治国家,行政权力运行的基本前提是:有法可依、有法必依、执法必严、违法必究;而现代国家行政权力的来源,主要有以下四个方面:

第一,宪法、法律和法规是行政权力的基本来源。具体说来,宪法是国家的根本大法,是国家的最高法律规范;普通法律是根据宪法制定的实体法,其制订和执行不能与宪法相抵触;而行政法规是行政机关为了有效执行宪法和法律、履行政府职能而依法制订的各种行政管理规范的总和,其制订和执行不得与宪法和法律相矛盾。

第二,惯例裁决是自由裁量权的重要形式。由于行政事务量巨事繁、变化多端,行政法规往往难以对各项具体的行政事务加以一一概括、项项规定,因而在行政实践中常会沿用过去已有的事例,久而久之就成为办事的惯例,其形式近似于习惯法,亦称不成文法。这些惯例比较硬性而有文字记载并经一定法定程序通过后,成为处理有关案件的成例。根据惯例而处理的案件,同样可以获得法律效力。在运用惯例处理行政事务时,应注意以下几个问题:(1) 惯例不得违背原有的法律和法规;(2) 惯例为原有法律的推论或补充;(3) 惯例必须为关系人乐于接受;(4) 惯例用于处理行政机关的行政管理事务,目的在于提高行政效率,

① 《马克思恩格斯选集》第4卷,人民出版社1972年版,第168页。
② 《马克思恩格斯全集》第41卷,人民出版社1982年版,第396页。

以克服法制的固有缺陷。

第三,授权也是行政权力的重要来源。授权主要包括"法律授权"和"人为授权"。法律上的授权是依法赋予的,例如总理因公出国,常务副总理依法代理总理职务,行使总理权力。人为的授权,亦可分为两种,一是以行政首长名义的授权,其效力与行政首长亲自裁定相同;二是必须亲自参加而分身乏术时,只得口头授权派代表出席等。

第四,法理是推量裁决的基本依据。在现代法治化信息社会,由于科学技术突飞猛进,行政环境瞬息万变,行政事务日趋复杂,即使有完备的法制体系,也无法包揽无遗,适用于各种突发的行政事务,因此,可以依据法理进行推论合情合理地加以适当解决。法理是法律的来源,法律又是行政权的来源,所以,法理有时也是现代国家行政权力的重要来源。

（二）现代行政权力的分类

在单一制国家结构中,行政权力可以区分为中央行政权力和地方行政权力。我国是单一制国家,中央行政权力主要分为三大类:

第一,行政性立法权。这是一种部门立法权,行使这种权力的结果是制定行政法规。任何国家的行政权力,都在一定程度上参与立法事项,这是因为立法权力和行政权力在管辖范围上具有重叠性,立法权确定基本原则之后,在行政领域执行法律时,有许多具体事项需要法律性保障,但又不必事事都经过立法机关,而由行政权力机关自主地制定法规加以处理。

第二,行政性管理权。从行政层次上来看,中央政府的行政性管理权属于最高行政管理权限,管理国务院及其各部、各委员会的工作,管理不属于各部、各委员会的全国性公共事务,管理和协调地方各级国家行政机关的工作;从内容上来看,国务院负责国民经济和社会发展计划以及国家预算工作,管理经济工作和城乡建设工作,管理教育、科学、文化、卫生、体育和计划生育工作,管理民政、公安、司法行政和监察工作,管理对外事务及同外国缔结条约和协定,管理国防建设事业,管理民族事务,管理侨务工作等。

第三,行政性决定权,包括改变或撤销各部、各委员会发布的不适当命令、指示和规章,改变或者撤销地方各级国家行政机关的不适当的决定和命令,批准省、自治区、直辖市的区域划分,批准自治州、县、自治县、市的建置和区域划分,决定省、自治区、直辖市的范围内部分地区的戒严,审定行政机构的编制,依照法律规定任免、培训、考核奖惩行政人员等。

（三）现代行政权力的基本功能

在我国,行政权力贯穿于国家行政管理过程的始终,是实施国家行政管理、达成行政目标、履行国家行政职能的根本保证。

第一,管理国家与社会公共事务,维护国家正常的社会秩序。设置行政权力的基本目的是管理国家和社会公共事务，实现政府的行政职能，维持正常的政治、经济、文化和社会秩序，保持国家的长治久安。

第二，组织、调控国家经济、文化建设，增进人民福利。社会主义国家行政权力的基本任务之一是组织社会经济和文化事业，服务于社会主义现代化建设，调动一切积极因素，动员一切社会力量，努力创造更加充裕的物质和精神财富，不断提高人民物质文化生活水平。

第三，维护国家的主权和领土完整，不断提升国家的国际地位，为人类的发展作出应有的贡献。在国家和平时期，行政权力受到其他国家权力体系和人民群众的广泛制约，其对外职能主要用于国家和国民的安全；在国家与国民安全受到严重威胁时，作为一种紧急措施，国家会通过一定的法律程序，授予行政首长更大的权力，以增强政府的迅速反应能力。

第四，行政权力是一把双刃剑，既有积极建设作用，又有消极破坏作用。因此，在发挥行政权力积极建设功能的同时，要注意加强对行政权力的制约和监督，尽量防止或减少行政权力的消极破坏功能。

（四）现代行政权力运行的基本原则

现代公共行政是政治民主基础上的法治行政，因此，行政权力的运用和行政权力系统的运行，必须充分反映广大人民群众的意愿和要求，以政策为依据，以法律和法规为准绳，以国家和社会公共服务为目的。

第一，以民意为基础。国家行政机关是国民共同意志的执行机关，执行宪法、法律和政策，全心全意为人民服务，是中央和地方各级人民政府的天职。因此，不仅在实质上，而且要在公共行政过程中，充分体现民意、尊重民意，反映广大人民群众的意愿和要求。

第二，以政策为依据。“政党是现代政治的生命线”（S. 诺伊曼）。在现代社会，政党是综合民意、代表民意的社会政治组织，尤其是执政党通过综合民意、提炼政策，通过政策领导政府，影响政府行为，属于现代民主政治的常规。所以，国家行政权力的运行，必须以执政党的政策为依据，接受执政党的政策指导。

第三，以法律为准绳。在行政权力运行过程中，法律是最重要的依据和准绳。执政党基于民意提出的各项政策，虽然可以有效地影响政府权力的运行，但有时会因为缺乏权威性和规范性，导致自由裁量权的滥用，影响政府职能的实现。所以，通过立法或行政机关，及时地将执政党的成熟政策制定为法律或法规，用来规范行政权力的运用和社会公共行为，是现代国家管理的基本范式。

（五）行政权力与行政管理过程

行政权力贯穿于行政管理过程的始终，在具体的行政行为中，如果把行政权力与组织、人力、财力、物力和信息等行政资源进行有效地配置，就能最大限度地发挥行政权力的作用。早在美国建国之初，联邦党人汉密尔顿就指出：“统治权,如果组织适当、运用适当,就能够把它的力量发挥到很大的限度;而且通过对其从属机构的适当安排,在某种意义上能在一个大国的各个部分得到扩大。"①

在行政管理过程中,行政权力主要体现为以下几个方面:

(1)行政权力在行政管理过程中体现为行政组织的权威。具体说来,包括领导权、指挥命令权、行政立法权、决策权、监察督导权等。

(2)行政权力在人事行政管理过程中体现为人事决定权,主要包括考试录用权、任免权、考核权、奖惩权、处分权等。

(3)行政权力在财务管理过程中体现为财政和财务决定权,具体包括预算决算编制权、会计检查或审计权、计划审批权、行政经费支配权等。

(4)行政权力在机关行政事务管理过程中主要体现为行政事务处理权,包括程序性决策权、行政事务督办权、行政经费使用权和日常事务处理权等。

第二节　行政权力与行政体制

一、行政体制的内涵及形式

(一)行政体制的内涵及特征

行政体制又称为行政管理体制、公共行政体制等,是国家行政机关内部权力结构、组织形式、制度规范和事权配置方式的总称,包括中央集权制、地方分权制以及介于二者之间的各种形式。行政体制是政治体制的重要组成部分,在一般情况下,一国的行政体制取决于其政治体制的状况,而政治体制和行政体制同时又取决于一国的经济体制状况。

从学理上来看,理解行政体制概念的内涵需要把握好以下几个方面的问题:

第一,行政体制介于经济体制和政治体制之间,在经济和社会基础方面取决于经济体制,同时也有影响、制约或促进经济与社会发展的功能;而在政治价值和政治统治方面,正如行政权力取决于政治权力的状况一样,行政体制则是政治体制的重要组成部分,取决于政治体制的状况。

第二,行政体制的核心问题是行政权力划分和政府系统各级各类部门职权的配置。包括上下级之间的纵向权力配置和部门间的横向权力配置,即各级政府之间的事、权、责、利等方面的配置,其中主要是中央政府与地方政府之间的权力配置;横向的权力配置主要是在同级政府的各部门之间所进行的职能安排,如

① [美]汉密尔顿,杰伊,麦迪逊:《联邦党人文集》,程逢如等译,商务印书馆1980年版,第64页。

决策、执行、监督职能相互分离制约的行政三分制以及与此相关的大部门、小部门制等，都属于横向的权力配置。

第三，行政体制的状况决定了行政组织机构的设置、变动和运行机制。[①] 一般情况下，有什么样的行政体制，就有什么样的行政组织结构体系；行政组织是行政体制的结构要素，行政体制则是行政组织的结构方式。因此，行政体制的状况，决定行政组织机构的设置、变动和运行机制的总体状况。

一国行政体制的特点，通常和这个国家的政治、经济、文化和社会管理体制以及历史文化传统密切相关。例如，我国是采用中央集权制行政体制的国家，和其他中央集权制国家相比，在政治上具有鲜明的自身特点；经济上带有明显的计划经济体制的“管制”痕迹；文化上保有历史的传承和意识形态倾向，处在传统到现代的过渡之中；社会上难免受到来自宗法关系和家长制的影响，具有鲜明的历史继承性。因此，可以把我国现行行政体制的特点，粗略地概括为集中管制性、转型过渡性和历史继承性。

行政体制的作用在于科学配置行政资源，优化行政权力结构，改善公务员工作的制度环境，推动公民的行政参与，提高政府的效率和能力，进而可以有效地促进社会发展，提高国家的竞争力。

（二）行政权力与行政体制的关系

人们对行政权力的认识通常是通过行政体制和行政实践活动得到的。行政权力是抽象的“内核”，行政体制是其外在的、静态的结构形式，而行政实践则是行政权力、行政体制运行和实现的动态过程。就是说，行政权力是通过行政体制实现的，行政体制的状况直接决定了行政权力实现的程度。

行政体制是国家政治体制的重要组成部分，是国家行政权力的结构形式及其与政治、经济、文化和社会活动的静态结构关系和动态机制的总和。行政体制主要包括行政系统内纵向和横向两个方面的关系，纵向体制是指中央政府与地方政府间以及地方各级政府间的行政关系，其外延也涉及政府与社会自治组织的直接行政关系；横向体制主要是指同级政府内部各部门间的行政关系，其外延同样涉及政府与企业以及其他社会组织实体间的直接行政关系。一国的行政体制是为了有效实现其行政权力而设计和创造出来的，并在行政实践活动中不断改进和成长的，目的在于确保国家政权和社会管理活动的有效存续、运行和发展。在行政权力运行过程中，行政体制与行政环境处在经常的相互作用过程中，为了适应不断变化的行政环境，必须积极主动地进行行政体制改革，增强行政体制的弹性适应能力。

行政体制是行政权力物化的结果，是各种行政组织、行政制度和行政关系的

---

① 王惠岩主编：《当代政治学基本理论》，天津人民出版社 1998 年版，第 194～201 页。

集合体。因此,行政权力决定了行政体制的状况,行政体制是行政权力的外部表现形式;行政体制的核心是国家行政权力的配置和划分,尤其是在中央政府和地方政府之间的配置和划分;行政权力和行政体制的关系及其变革取决于一国的行政环境的状况,特别是政治体制的状况。

在现代社会,政府的行为越来越受到行政环境因素的制约和推动,从而它与社会间的互动越来越成为现代行政发展的主旋律。因此,现代行政体制的一个突出特点就是静态结构与动态机制经常处在一种相生相克、相辅相成的相互作用关系之中。

首先,现代行政体制的静态稳定性越来越受到行政环境的动态变动性的挑战和压力,使一向以稳定著称的现代法制体系和官僚制为基础的现代行政制度陷入了不同程度的困境,成为影响和制约各国行政发展的关键因素。

其次,随着现代行政权力的不断扩大和行政职能的社会化,行政体制和企业管理体制、社会管理体制的相互作用成为第二次世界大战后各国行政体制发展的基本趋势。以企业化政府为特征的新公共管理正在改变着现代行政体制,尽管在某些方面遇到许多障碍,但它给现代行政体制带来的纵向“扁平化”、横向“集约化”及其与社会间权力配置的“分散化”已经成为不可避免的发展趋势。

最后,政府职能向社会的延伸和社会参与向政府管理与决策活动的渗透,为现代服务型政府的诞生创造了充分必要条件,进而为现代行政体制的发展规定了方向。

(三)行政体制的基本形式

世界上已经存在过或现存的行政体制主要有两种,即中央集权制和地方分权制。把行政权力的这两种形式和国家结构形式结合起来,又可以派生出四种不同的国家行政体制,即联邦分权制、联邦集权制、单一分权制和单一集权制。从实质上看,行政权力的这四种结构形式仍在集权制与分权制的范畴之内。当然,具体到一个国家的行政体制,其复杂性是可想而知的。例如,日本和我国同属于单一集权制行政体制,但具体分析日本中央政府和地方各级政府关系,又可以看到日本行政体制是多种类型的复合体,其中主要包括:中央集权与地方分权型体制的结合;官治行政与自治行政的结合;权力统合与权力分散体制的结合;独裁制与合议制体制的结合,等等。[①] 因为一国的行政体制都是各种因素相互作用的结果,包括传统的继承、外国的经验、新政府的独创等。但从总体上看,多数国家的行政体制都是多种行政权力结构形式的复合体。

由于各国政治体制不同,中央与地方行政权力的配置和划分也不同。一般

① [日]加藤一明等:《行政学入门》,有裴阁双书 1985 年第 2 版;村松歧夫著:《行政学讲义》,青林书院新社 1977 年版;本田弘编:《行政管理系统》,行管中心监修,劲草书房 1993 年版。

说来，凡是中央势力较强或有分权痛苦经验的国家，通常会把一切权力集中于中央政府，地方政府行为基于中央政府的授权或委托；相反，地方势力较强的国家，大多采用地方分权制度；也有中央与地方势力相对平衡发展，即采行均权制度或其他类似的行政体制的国家。

第一，集权制行政体制。所谓集权制或中央集权制，表明国家行政权力大多集中于作为最高国家行政机关的中央行政机关；地方国家行政机关隶属于中央国家行政机关，是中央政府的执行机关，并向中央政府负责；各级地方国家行政机关也存在着下级服从上级的指挥命令关系；地方政府或下级政府的一切行政决定和行政措施，必须依照中央政府或上级政府的决定或指示办理。中央政府与地方政府之间、上级与下级机关之间，是领导与被领导、指挥与服从的关系；中央政府或上级政府所制定的各项法规、政令、指示、政策、计划等，地方政府或下级政府必须贯彻执行。所以这种集权制又可以称之为“逐级集权制”，有一个共同的最高权威和一个自上而下的指挥命令系统。

现在的法国、西班牙等，都采用集权制行政体制。法国的行政体制是典型的中央集权制，构成法国政府的省区、市县、乡镇等机构，都是国家的行政单位，各级行政首长，由中央政府或上级政府任命，服从和执行中央政府的行政命令；法国虽有名义上的地方自治，但却不承认任何一个地方政府有按照自己意志实行地方自治的权力，即使办理地方范围内的行政事务，也须秉承中央政府的命令。

第二，分权制行政体制。所谓分权制或中央与地方分权制，主要是基于国家共同体和地方共同体之间的权益划分，依法形成的权力分工体制。在分权制条件下，中央政府只是把维持国家共同体存在和发展所需要的那一部分行政权力集中起来，以维护国家的统一、安全和社会的稳定与发展，而地方共同体的绝大部分行政权力由地方政府执掌；地方政府与中央政府不存在直接的隶属关系，除就国家与地方共同体的共管事务向中央政府（或联邦政府）负有一定的责任外，就辖区内地方共同体的行政事务可以全权处理，不必请命于上级；中央政府或上级政府对于权限范围内的事项亦不加干涉，地方共同体有广泛的自治权，实行地方自治。但是，即使是在地方分权制或地方自治的行政体制下，在一级政府机关内部，即在中央政府（或联邦政府）、中间政府（联邦制下的州或共和国）和地方政府内部各层级之间，行政权力的结构和运行也是集中的。因此，地方分权制行政体制也可以称之为“分层集权制”或“分级集权制”。

美国是典型的联邦分权制国家，中央政府（联邦政府）、中间政府（州政府）属于主权联邦及其联合，地方政府实行地方自治的分权制行政体制，类似于瑞士联邦分权制行政体制。与美国不同，意大利和英国是典型的单一分权制国家。历史上的意大利本来是一个郡（County）或城市（City）国家，是在古罗马城市基础上建立的大帝国,因此,近 2 000 年来的意大利文化都是以罗马、米兰、都灵、拿波里等城市为中心的。意大利建国以后,由于人民缺乏统一国家的观念,不喜欢中央集权制度,所以,其政治与行政改革的宗旨,一直是削弱中央政府的权力,增加地方政府的独立性,充分显示出意大利人热爱地方分权的传统。在单一分权制条件下,地方政府的权力有明确的法定范围,同时,地方政府还可以请求国会制定法律,或自己制定法律请示中央政府核准,以取得新的权力;无论何种来源的新权力,只要地方政府在自己权力范围内的活动,中央都不加干涉;因此,地方政府的权力,既有随时增加的可能,又有自由活动的余地。

第三,均权制行政体制。我国自秦汉以来,形成了大一统的政治体制和中央集权的行政体制。迄今为止的几千年中,虽有分久必合、合久必分的历史现象,但一直以中央集权制为基本发展脉络。孙中山先生在权衡我国历史上中央集权制和地方分权的诸种弊害的基础上,提出了“均权制”行政体制的设想,他在“建国大纲”中提出:中央与省之权限,采均权制度,凡事务有全国一致之性质者,划归中央,有因地制宜之性质者,划归地方,不偏于中央集权或地方分权。这是一种比较理想的行政体制,但却需要相对完美的环境条件,因此,在多数情况下只是作为体制设计的理想模式。在均权制体制下,中央与地方行政权力趋于协调,臻于合理,各尽所能,相辅相成,一方面有发达的地方自治制度,使民主政治的基础得以稳固;另一方面,国家权力的统一,又使民主政治的功能得以有效发挥,两者相互促进,相得益彰。所以,均权制熔集权制和分权制于一炉,取其长而去其短,是孙中山先生在行政理论上的一大贡献。中华人民共和国建立以后,以毛泽东为主要代表的中国共产党人秉承孙中山先生的行政思想,一再强调要发挥中央和地方“两个积极性”,并在制度建设中不断促进均权制行政体制的发展,进一步完善了民族区域自治制度,建立了特别行政区制度,改革了国家人事、财政、预算和税收制度,发挥了地方政府的积极性和创造性,维护了国家的长治久安。目前,我国的行政体制正处在社会转型阶段,均权制作为行政体制改革与发展的一种价值取向,越来越受到学界和官方的关注和重视。

总之,在当今世界,由于各国的历史传统和政治现实各有不同,存在着各种各样的行政体制及其形形色色的表现形式,尤其是二战后的新兴国家,更是复杂多样。但是,无论何种政治制度,至少有三种公共事务必须由中央政府执行,一是国防,二是外交,三是币制,都属于全国性的行政事务,不宜地方政府各自为政。至于其他行政事务,或由中央政府掌管,或由地方政府处理,或由中央与地方政府共管,各国需要根据本国的实际情况和行政事务的性质,因地制宜地加以安排,属于国家的内政,别国无权干涉和责难。

二、集权体制与分权体制的利弊分析

（一）集权制行政体制的利弊分析

众所周知，行政体制的雏形，最早可见于古代的家族组织和军事组织，后来才成为国家统治与社会管理的手段和工具，进而形成了行政权力结构和运行的一般模式——“塔式层级制”或“官僚制”行政体制。在这种权力结构中，“权力线”或“指挥命令系统”是行政管理的“中枢”，它将各层级行政首长和行政“单位”连成一体，形成一个层次分明、等级节制的集权制公共行政系统。“权力线”或指挥命令系统运行的基本规则历来是：下属服从首长，下级服从上级，局部服从整体，地方服从中央的逐级集权制。从执行或实现统治者意志角度来看，正如军队指挥贯彻长官意志所表明的那样，这种塔式层级制集权结构是最有效率的组织形式。在这种首长制的集权体制下，能够卓有成效地做到命令统一，步调一致；指挥灵便，行动迅速；事权集中，责任分明；层级节制，统筹兼顾；能够保证上级决策或领导意志得到最有效地贯彻执行。

在古今中外的历史上，集权制行政体制曾被用于有效地组织或强制劳苦大众进行过无数次大规模的征伐，完成过宏大的土木建筑工程等，被广泛地应用于征服自然、征服人群的斗争，并在这些伟大的组织活动中，使许多统治者或群众领袖获得巨大的成功。但是，集权制体制随着时间的推移，开始成为阻碍社会发展的力量。

集权制具有行政官僚制的普遍特征，适用于政府组织系统的自身管理，是被实践充分证明了的行之有效的管理模式。但是，如果把这种集权制的功能无限制地扩大与延伸到社会生活的各个方面，就会出现超强的政治与行政控制，出现一个高高在上的、脱离现实社会的绝对权威，一种没有任何限制和制约的专制权威。正是在这个意义上，恩格斯指出：“集权的历史是同专制的历史平行发展的。”“正因为集权，才不可避免地使国家超越自己的范围，使国家把自己这个特殊的东西规定为普遍物、至高无上者，并希图取得只有历史才具有的权限和地位。”①任何集权制都有它自身所固有的缺陷。例如，就中央集权制来说，它容易使行政权力过分地集中于中央政府、上级政府及其行政首长，不能因地制宜地发挥地方政府或下级政府的积极性与创造性；同时，由于严密的等级节制和程序化、规范化管理，不能因时、因事制宜地处理复杂多变的行政事务，容易使行政体制失去对环境的弹性适应能力和迅速反应能力，导致行政体制的僵化和活力的丧失；而且容易造成行政首长的专制擅权行为，造成一个没有限制和制约的权威

① 《马克思恩格斯全集》第41卷，人民出版社1982年版，第394、397页。

系统。但是,不可否认,集权是国家行政体制的本质所在,分权只是其外在形式,是基于历史的、文化的、地理的和政治上的需要而形成的一种行政体制。

（二）分权制行政体制的利弊分析

历史经验告诉我们,集权制的许多缺陷是其自身无法克服的,必须通过外部的或内部的强制力量来加以限制和制约。也就是说,在社会主义条件下,发挥集权制优势是有条件的,这些条件从外部说来,主要来自于政治的、经济的、法律的、社会的方面。例如执政党的正确督导、广泛的政治民主、经济实体的自由和自主、强大的法制力量、社会公众的有效监督等。但是,解决集权制弊端的根本途径依然在行政组织内部。

在行政组织内部寻求克服集权制消极影响的尝试由来已久,其中得到充分发展的唯有“行政委员会制”①和“地方分权制”,这是许多西方国家在克服集权制弊端过程中普遍采用过的行政体制。地方分权制和行政委员会制虽然在一定程度上克服了集权制的固有缺陷,但在采用这些分权措施的同时也失去了集权制固有的优点和长处。并且,和集权制体制一样,行政委员会制和地方分权制也有其自身无法克服的缺陷。例如,在行政委员会制下,行政首长的权威十分有限,各行政委员会委员实际上不接受行政首长的领导,而且责任不清、互相推诿、不负责任的现象也司空见惯;整个行政组织及行政事务被分割成许许多多“小王国”。因此,作为分权制补充形式的行政委员会制,不仅不能增进行政效率,而且会严重妨碍行政效率的提高。同样,在分权制体制下,由于政令不一,力量分散,政府无法有效地集中人力、物力和财力,平衡、协调、指导国家与社会的发展。尤其是那些地区差别和社会差异较大的国家,在“一个还需要铲除许许多多的中世纪残余,还必须打破很多地方性和省区性的褊狭习俗的国家里”,②这种体制的固有缺陷就更加突出,更加不适宜采用。在这种体制下,落后地区无法获得足够的物力和财力支持,寻求自己的发展,进而加剧各地区、各省区之间政治、经济与社会发展的不平衡,不利于国家的统一与社会的发展。同时,由于诸多地方政府各行其是,容易造成地方主义泛滥和地方政府之间的矛盾和冲突,增加内耗,降低效率,不利于国家总体管理水平和效率的提高,甚至会威胁到国家的统一、安全和主权完整。

（三）集权与分权的模糊选择

---

① 行政委员会制:是议会制条件下通常采用的一种行政体制,在这种体制下,由于行政权力大多集中于议会中名目繁多的行政委员会中,所以又称弱行政首长制。它最早产生于英国,流行于欧美许多国家。美国自1850年到20世纪20年代,一直盛行这种制度,如当时各州的行政委员会从100余个(加州)到246个(马里兰州)不等。1923年以后,随着行政改革的展开,首长制下的部局制取代了行政委员会制。

② 《马克思恩格斯选集》第1卷,人民出版社1972年版,第390页。

实践表明,在集权制和分权制之间,存在着一个"两难选择"现象。为了克服这种现象,近代以来的政治学者、行政学者、法律学者、经济学者都曾进行过许多专门的探讨。远的如霍布斯、孟德斯鸠、汉密尔顿、施泰因等,现代的如威尔逊、古德诺、马克斯·韦伯等,在这方面都做过大量的研究。在我国,孙中山先生也提出过中央与地方"均权制"的设想。但是,近代以来的资产阶级学者和政治家对行政体制的探讨,充满了理想主义色彩,试图在资产阶级共和国的制度下,寻求一个集集权制和分权制优点于一身的、合理的、完美的行政体制。实际上,这种"理想体制"在资产阶级国家从来也没有成为现实。但是,有一种迹象是值得注意的,进入20世纪以来,尤其是第二次世界大战以来,西方主要资本主义国家行政体制发展的普遍趋势是强化中央政府或联邦政府及各级行政首长的权力,实际上是加强行政集权。这种现象和二战后席卷整个西方世界的行政权力的扩大、行政机构膨胀化的趋势是相一致的。

那么,是否有一种可以集集权制与分权制的优点于一身、克服双方缺陷而又切实可行的行政体制呢?历史经验表明,在社会发展没有提供足够的条件之前,在政治、经济、文化与社会心理方面没有摆脱传统束缚以前,理想的行政体制是不具有现实性的。同时,另一方面,在目前条件下,无论是资产阶级国家,还是社会主义国家,在行政体制上追求绝对的(或强大的)集权制或绝对的(或彻底的)分权制都是徒劳的。生活在集权制条件下的人们向往分权制体制,期待着通过分权制可以克服他们生活于其中的那个社会公共行政中的病理现象,和生活在分权制下的人们,期待着用集权制来解除他们那个社会公共行政所面临的困境一样,都是现实的行政体制和行政管理水平在文化社会心理上的反射。这只是表明,分权制与集权制的有机结合或完美统一,是行政管理体制变化发展的理想价值取向,是人们衡量行政体制的抽象标准或参照系统。实际上,集权制与分权制恰如一条光谱的两端,在二者之间存在着不同灰色梯度的广大空间,设想在二者之间划分一条明确的界限是不可能的,因为在二者之间本来就没有明确的界限,不存在绝对的集权制,也没有绝对的分权制。因此,在现实行政管理过程中,要注意寻求如何集中行使行政权力,以发挥集权制的优点,如何分散行使行政权力,以发挥分权制的长处,并通过外部和内部机制,克服集权制和分权制的缺陷,把二者在合理的范围内有机地结合起来,寻求行政权力集中行使和分散行使的合理机制。这就是当前所能希冀的"满意的"行政管理体制。

(四)社会主义国家为集权制和分权制的有机结合创造了条件

马克思主义经典作家关于行政权力集中和分散行使有效结合的结论,对当前我国的行政体制改革具有重大现实指导意义。在马克思主义看来,中央集权制是社会主义条件下国家行政体制的实质和主体,地方分权制或地方自治是这一体制的必要补充和实现形式。认为"中央集权制的大国是从中世纪分散状态走向将来世界社会主义和统一的巨大的历史步骤……”。因为“民主主义的无产阶级不仅需要资产阶级最初实现的那种中央集权，而且还应当使这种中央集权在更大的范围内得到实行”[①]，并且，这种中央集权制丝毫不排斥广泛的地方自治，只要“公社”和省区自愿坚持国家统一，这种地方自治就一定可以消除任何官僚制度和任何自上而下的命令主义。权威与自治区是相对的东西，它的应用范围是随着社会发展阶段的不同改变的。在这里，真正民主意义上的集中制的前提是历史上第一次造成的这样一种可能性，就是不仅使地方的特点而且使地方的首创性、主动精神和各种各样达到总目标的道路、方式和方法，都能充分顺利地发展。这表明，第一，作为共产主义第一阶段的社会主义时期，即从资本主义过渡到共产主义初期，应在更大的范围内推广“资产阶级最初实现的那种中央集权制”，以适应彻底克服“中世纪分散状态”、建立统一的社会主义的需要。第二，社会主义中央集权制不仅“丝毫不排斥广泛的地方自治”，而且可以通过发达的“地方自治”，消除官僚制度和官僚主义的弊端。第三，中央集权和地方分权是相对的，在社会主义初级阶段，中央集权制有利于消除中世纪分散状态，打破省区间的经济、政治、文化的壁垒和偏见，在统一市场的基础上建立统一的社会主义伟大事业。

由此可见，社会主义国家第一次为集权制和分权制的完美结合创造了条件，提供了现实的可能性。在社会主义条件下，我们坚持集中制，只是坚持民主集中制。这是有条件的集中制，即在广泛的政治、经济与社会民主基础之上的行政集权制，是在“中央和地方都要彻底执行同样程度的民主制”基础上的中央集权制。通俗地说，决策要有广泛的民主，一定要通过广大人民群众；执行需要有效的集中，需要一支素质好、能力强、精干高效的职业化公务员队伍。前者标志着政治的发展，即人民当家作主问题，后者标志着行政的发展，即科学和效率问题。这正是社会主义国家民主集中制的要旨。

从理论上来说，马克思主义为在社会主义条件下集权制与分权制的有机结合奠定了理论基础；社会主义制度又为建立行政权力集中与分散行使的合理机制提供了现实条件。但是，这并不意味着社会主义国家在行政管理过程中已圆满解决了行政权力的集中与分散行使问题，已经建立了一种集集权制与分权制优点于一身、又能克服其缺陷的完美的行政体制。马克思主义理论和社会主义制度，只是提供了一种可能性，只是为建立一种合理的满意的行政体制提供了一个理论基础。苏联的社会主义国家联邦集权制行政体制存续了70多年，我国的单一集权制行政体制也有半个世纪的历史，社会主义行政管理的实践表明，虽然那种理想化的行政体制离我们的现实还相当遥远，但是，当今世界和我国的行政

① 《马克思恩格斯全集》第4卷，人民出版社1958年版，第391～392页。

环境已经发生了很大的变化,应当根据现实行政发展的需要,调整“权威”和“自治”的关系,在法治化、制度化的基础上,缩小“集权”的范围,加强“权威”的有效性,扩大“自治”的范围,加强地方的自律性。也就是说,我们应当不失时机地改革现行的行政体制和行政管理,从我国实际出发,探索适合改革开放和社会主义现代化建设需要的新型行政体制和行政管理模式。

第三节 行政责任

一、行政责任

(一) 行政责任的内涵

责任一词,通常在两个意义上使用。一是使人担当起某种职务和职责;二是指分内应做的事,如职责、岗位责任等。而所谓“问责”,即做不好分内应做的事应该承担的过失或强制性义务。

行政责任是行政机关及其工作人员的职责或任务。有广义和狭义之分,广义的行政责任是指行政行为主体在行使行政权力过程中向授权机关或上级机关负责,进而向公民或全社会负责的活动。在我国,行使行政权力的主体是中央和地方各级人民政府,即国务院和地方各级国家行政机关及其工作人员。国家行政机关通过直接向国家权力机关负责并报告工作,进而间接地向公民或全社会负责。通过行政组织系统,行政权力与行政责任被具体化为行政职权和行政职责,形成层级节制的权责体系,从而保证行政权力的有效运用和行政责任的有效履行。在行政行为中,根据行政责任主体和责任内容的不同,可以把行政责任分解为政治责任、法律责任、道德责任和行政职责。

第一,行政行为中的政治责任。各级政府行政首长及其他政府组成人员,既是一个行政角色,履行国家公务;又是一个政治角色,执行执政党的政策,接受执政党的政治领导。因此,在行政权力运行过程中,各级政府行政首长及其他政府组成人员对政策指导负有重大的责任,这在内阁制和议行合一制政府中最为显明。在实行内阁制的英国,首相及内阁阁员,都是国会议员,并分管某一部门的工作,对下议院负责;在内阁继续获得多数议员的信任时,可以继续任职,一旦失去信任,必须全体辞职,另行组织内阁,全体内阁成员都负有政治责任。在实行总统制的美国,总统为最高行政首长,政府部长都是其幕僚,对总统负责;总统除有重大违法失职会遭国会弹劾,或重大法案、措施须经国会通过外,几乎谈不上其他重要的政治责任,但作为一届政府的组成人员,总统和阁员对国会负有连带政治责任。我国采用议行合一的政府体制，宪法规定政府须向同级人民代表大会负责并报告工作，同时，就重大政府行为向同级和上级党委和政府负责。当前改革的关键是：如何从法律和制度上完善各级政府首长及其组成人员的政治责任。

第二，行政行为中的法律责任。国家公务员在执行公务，行使行政权力的过程中，必须公正无私，依法行政。其法律责任主要包括：(1) 惩戒责任，即公务员如有玩忽职守、违法失职、渎职行为，致使公共利益蒙受损害，应接受公务员惩戒机关的惩戒处分；(2) 刑事责任，即公务员在履行其职务时，因触犯刑事法规，侵犯国家、社会或人民的法定权益，应负刑事责任，在有知法犯法情节时予以从重处罚；(3) 民事责任，即公务员在履行职务时，因故意或过失造成违反民事法规的行为，使国家利益或他人权益受到损害的，应负民事上损害赔偿的责任。

第三，行政行为中的行政职责。公务员在执行公务，履行职责时，应克己奉公，尽职尽责，树立服务第一、效率第一的观念，全心全意为人民服务。我国《公务员法》对公务员义务作了明确的规定，各级政府及其部门机构也有细致的公务员岗位职责规范。公务员在行政行为中必须依照其义务规范和岗位规范的要求，严格履行其岗位行政职责，以保证政府的整体效能和行政目标的顺利实现。

第四，行政行为中的道德责任。道德是一种社会规范，而对公务员个人来说，往往是一种精神上的责任，同时也是任何公务员做人做事在道德上无可逃避的一种责任。有些违反道德责任的行为虽不触犯法律法规或职务规范，但往往内受良心的谴责，外受舆论的非难，如不事先严肃对待和妥善处理，事后常常会导致无地自容的尴尬境地。因此，作为国家公务员一定要做到自尊自爱，道德自律。首先，公务员要牢记人民是国家的主人，公务员是人民的公仆，受国家和人民的重托，应该克己奉公，廉洁自律，不辜负国家和人民的期望，做一个合格的人民公仆，全心全意为人民服务。其次，由于公务员的身份是代表国家行使行政权力，在众目睽睽之下履行公共责任，其行为往往是众目所视，众手所指，一言一行，一举一动，常常受到社会公众的极大关注，对社会风气有非常大的影响力。因此，公务员一定要洁身自爱，率先垂范，树立良好的职业风范和个人形象。

狭义的行政责任通常是指行政法学意义上的“行政责任”，人们习惯于把行政责任理解为违法行为在行政上应承担的法律后果。其实，责任一词包括两方面的内容，一是分内应做的事，即岗位职责或角色义务；二是没有做好应做的事所应承担的后果，即负责或追究责任。行政责任也包括两个方面的含义：一是国家公务员在其职权范围内必须做什么或不能做什么，表现为工作上的义务；二是行政单位或个人实施了违反行政管理法规或有关规定的行为所必须承担的行政上的法律后果。这两个方面的含义是紧密联系、不可分割的。对于国家公务员来说，常常表现为：应完成的行政责任（义务）是应负的行政责任（后果）的前提，应负的行政责任(后果)是应完成的行政责任(义务)的保障。如果国家公务员不知道应该做什么,即责任不明,就谈不上负什么行政责任;如果只知道做什么,失误之后不承担任何后果,则行政任务就没有保障。因此,行政责任这两方面的含义是一个问题的两个方面。

在政府工作中,行政责任这两方面的含义表现得十分明显。完善的工作责任制应当保证国家公务员的职、责、权、利相统一。"职"就是公务员的职务;"责"就是公务员应当完成的义务和应当承担的后果,主要表现为行政职责;"权"就是为保障完成职责任务而具有的权限;"利"就是国家公务员的劳动报酬。要保证这四者的统一,关键要做到使国家公务员负多大的行政责任,就应当有多大的权限,达到权责相称;同样,尽多少行政责任(第一方面的含义),就应该得到多少利益,达到责利相符。因此,把握行政责任这两方面的含义,尤其应注意第一方面的含义,对于健全政府行政责任制度具有重要意义。如果只关注第二方面的含义,即"法律后果",而忽视第一方面的含义,即"义务",就会使国家公务员安于不被追究行政责任,而不去积极尽职尽责地完成所担负的行政责任,满足于工作上不出现大的过失,而办事拖拉扯皮、工作效率不高等不尽职责的现象就得不到查问,不承担任何"行政责任"。那种只有出现后果才负行政责任的思想,在相当一部分公务员的思想中占有一定的地位,构成了对行政责任第一方面含义的认知障碍,因此,必须通过行政立法、执法和司法环节,保证国家公务员在其职务范围内尽职尽责。

(二)行政责任的基本特征

行政责任具有如下两个重要特征:

第一,行政责任具有不可推卸性。无论是第一种含义的行政责任,还是第二种含义的行政责任,都与行政责任的主体相联系,为法律所规定而不能随意推诿和抛弃,否则,就要接受批评、处分或处罚。认识到行政责任的这一特殊性,才能使国家公务员在思想和行为上重视行政责任的履行,增强其责任感,树立主动承担责任、接受制裁的行政风范。

第二,行政责任具有法律的规定性。无论是第一种含义上的行政责任还是第二种含义的行政责任都来源于法律、法规的规定,即使违反组织内部制度和规章所引起的行政责任,最终也取决于法律的某种规定。因此,履行行政责任和承担行政责任都是一种执法活动。

在行政管理实践中,明确行政责任的这两个特征,对于健全和完善行政责任制度具有重要意义。首先,要实现行政责任的法制化,建立健全各项行政责任制度,将公务员的职、责、权、利关系纳入制度化管理,教育广大公务员充分意识到自己担负的行政责任和应负的行政责任,正确履行其职责。其次,要大力加强行政立法工作,在定性和定量分析的基础上,建立各种行政责任的评价指标体系和绩效管理系统，以保证国家公务员在职务范围内依法尽职尽责，并且使违法失职和不尽职责的行为得到应有的追究，进而提高单位行政效率和行政管理水平。

（三）狭义行政责任的分类

根据不同的标准，可以对行政责任进行不同的分类：

第一，以行政责任产生的原因为标准，可以分为依职位而产生的行政责任和依法行政而产生的行政责任。依职位而产生的行政责任是指因国家公务员担任一定的行政职务而具有的行政责任，即在职权范围内必须做什么或不能做什么而产生的行政责任；依法行政而产生的行政责任是因国家公务员或其他公民、单位违反行政管理法规或有关规定而产生的责任关系，即当事人必须承担的法律后果，也可以称之为应负的行政责任。这种分类的意义在于，防止仅从法律后果的角度对行政责任作消极的理解，以充分认识作为国家公务员工作义务的行政责任。国家公务员担任一定的行政职务以后，就相应地依法具有工作职务上的权利和义务，即担负一定的职责：国家公务员首先应当适应在自己的职位上应尽哪些行政责任，这是行使行政权力、履行国家公务的前提；然后应该了解通过什么渠道和方法去履行责任，完成任务；同时，应该懂得没有尽职或违反法律规定应负什么样的责任。所以行政管理法规中应当明确规定国家公务员应尽的行政责任和应负的行政责任。

第二，以承担行政责任的主体不同为标准，可以分为一般行政责任和专门行政责任。一般行政责任是指公民或单位违反行政管理法规所应承担的行政法律后果，专门的行政责任是指国家公务员在职权范围内应尽的义务和因违法失职行为所必须承担的法律后果。这种分类的意义在于明确承担者所承担的行政责任的程度及其一般范围。公民因没有职位上的责任，也不存在违法失职所应承担的行政责任，只有违反行政管理法规所招致的后果，因此，这种行政责任对于普通公民来说，始终是外在的，其最终结果总是接受行政管理法规所规定的行政处罚。单位的行政责任主要是因违反行政管理法规所负的行政上的法律责任。而国家公务员的行政责任，则包括应完成的行政责任和应负的行政责任两个方面。对于国家公务员来说，应完成的行政责任始终是内在的，因为国家公务员因其职务关系始终处在行政责任的链条中。因此，行政责任贯穿于公务员履行职权过程的始终。国家公务员在履行职位所赋予权限的过程中，出现过错或过失就应该承担相应的行政责任。因此，专门行政责任的内涵比一般行政责任的内涵要广泛得多。

第三，以行政责任的不同作用为标准，可以分为程序行政责任和实体行政责任。程序行政责任是指国家公务员按照国家机关组织活动的法定程序所必须进行的工作以及没有按照法定程序进行工作所必须承担的行政法律后果；实体行政责任是指国家公务员的工作所必须达到的预期结果以及没有达到预期结果而必须承担的行政法律后果。这种分类的意义在于分清公务员程序上的任务和实体上的任务,分清公务员程序上失误和实体上失误之间的界限。程序行政责任的意义在于保障国家行政管理各环节的有机联系,使政府各项工作有条不紊、秩序井然地进行;实体行政责任的意义在于保证国家机关的工作任务、工作目标和工作方向的顺利实现。对于行政机关来说,实体行政责任是主要的,因为程序行政责任要按照实体行政责任的要求设计的,离开实体行政责任,程序行政责任就失去其现实意义;但是,离开程序行政责任,实体行政责任将无从实现;二者相辅相成,缺一不可。因此,在建立和健全行政责任制度的过程中,必须以实体行政责任为主,以程序行政责任为辅,在实体行政责任的基础上把两者有机统一起来。同样,对于国家公务员,不能只强调在工作程序上负责,更重要的是对工作结果负责,否则,就会出现每个环节上公务员都照章办事,而结果如何却无人负责。一些给国家造成重大损失的工作失误,常常因为实体行政责任不清而无法追究责任者的行政责任或其他责任。可见,把程序行政责任与实体行政责任区分开来,具有重大的现实意义。

二、行政权力与行政责任的关系

(一)行政权力的责任机制

行政权力在行政管理过程中物化为政府或公务员履行责任的具体权限和行为,从岗位职权、职责到一级政府的决策权责、执行权责和监督权责,行政管理过程中任何权力和责任都必须是统一的,不可分离的;对行政行为主体来说,接受或授予一定的权限,就必须课以相应的责任,权责一致是现代公共行政的基本要求。从权责的大小和重要性上来看,行政责任与行政权力属于相互对应的管理范畴,即有多大的行政权力,就要担负多大的行政责任。具体来说,行政责任与行政权力的关系主要包括以下几个方面:

第一,从国家行政权力层面来看,采用三权分立和地方自治体制的国家,实行的是基于宪法的直接授权和独立问责的政治责任机制,在行政权力的具体运行中,由于实行政务官和事务官分类管理的体制,行政责任通常以首长(政务官)责任制和首问负责制为主,这种责任体制以分工负责、分权制衡为基础,以保证行政权力和责任的对应、对等关系见长;而采用议行合一或中央集权体制的国家,实行的是基于宪法的间接授权和集体问责的政治责任机制,即通过最高国家权力机关的授权所派生的行政权力和责任关系,负责行使行政权力的国家行政机关以集体负责的形式向国家权力机关负责,国家权力机关则负有监督和问责的责任,而行政责任通常以首长(被授权机关的代表)负责制和岗位责任制为主，这种责任体制以集中统一领导为原则，可以保证行政权力的有效行使和整体问责。

第二，从现代行政组织内部职能和权责配置上来看，主要有两种类型的权责关系。一种是基于个人行为的分工负责关系，以层级节制、岗位问责为主，通常为坚持“政治中立”的官僚制国家所采用；另一种是基于集团行为的团结协作关系，以思想引导、行为自律、政治问责为主，通常为坚持“政治领导”的社会主义国家和政教合一的国家所采用。近年来，这两种类型的权责配置方式之间的界限越来越模糊，决策、执行和监督的职能以及与其相关的权责关系也受到各国的普遍关注；事权一致、权责相当、依法问责成为行政组织内部建立良好内部权责关系的基础。

第三，从政府与社会、政府与市场的关系来看，行政权责关系主要表现为指导、管制、服务和社会问责。其中，行政指导权的实现主要是通过政策指引、宏观调控等政策和制度供给，来驱动、引导、调节市场和社会组织行为。如果政府在公共管理过程中出现严重的缺位、错位、越位等现象，企业、社会组织和公众可以追究其行政责任。管制权的实现主要是通过审批、监管和其他行政强制来限制、阻止和制止某些市场和社会组织行为，如果出现过多、过分的行政强制或过少的管制、不作为等现象，政府应主动承担公共责任，以化解社会矛盾和危机。公共服务中的权责关系主要体现在公共产品和公共服务的生产、供给、授权、委托、外包、购买和监管等环节上，需要通过法律、制度和程序规范政府和其他主体的行为。社会问责则属于社会力量追究政府作为或不作为的责任问题，因此，针对以上领域中涉及公共利益和公众关心的社会影响较大的问题，必须建立社会问责制度和程序安排。

（二）行政权力与行政问责

近年来，随着我国公民社会的发展，政府问责问题越来越受到人们的广泛关注，并引起巨大的社会反响。“问责”一词中的“问”是询问、追究的意思，而从“责任”的内涵来看，“问责”意味着运用或行使行政权力的人员在没有做好分内之事的情况下，必须回应和接受作为权力主体的人民或公民的询问和质询，并就其所承担的过失追究责任。因此，问责制是一种权力主体向掌权者的质询和追究责任的行政制度。

近代以来的“社会契约”理论表明，国家权力或行政权力源于人民公意的达成和授权，政府与公民之间是一种权力委托和代理关系，这就决定了运用或行使行政权力的行政人员必须向权力主体——公民负责，而公民有权对行使权力者履行责任的状况及其后果进行询问、质询。就是说，政府及其工作人员接受公民的委托，依法行使行政权力，而公民则按照法定程序，对政府及其工作人员行使权力的行为和后果，通过直接或间接询问及质询等方式，要求其作出具体的解释或明确答复,并对未能履行责任目标或造成严重后果的予以追究责任。

众所周知,"程序正义"在法律上被视为"看得见的正义",是英美等国家的一种法律传统。运用到行政实践中,意思就是仅仅是结果上的合法、公正、合理是不够的,要得到人们的普遍认可,必须确保整个过程(程序)的公正、正义。因此,所谓"看得见的正义",实质上就是指管理过程(相对于结果而言)的公平、公开、公正,法律和事务处理程序(相对于实体结论而言)的正义。问责制解决了行政权力运行过程中关键岗位及其角色的行为控制问题,包括信息、决策、执行、反馈、追踪、监督等环节出现的失职或其他过错,都可以纳入行政问责的范畴,而且由于以行政首长和主管部门首长为主要对象,问责制成为制约行政权力运行过程的重要管理机制。近年来,我国一些地方政府出台了政府部门行政首长问责的暂行办法,列举了执行不力、决策失误、效能低下、违法行政、滥用职权等方面共计 34 种应当问责的情形。规定政府各部门不履行或者不正确履行职责,或者政府部门行政首长在公众场合的言行与职务身份不相符合造成重大失误或不良社会影响的行为,将追究行政首长(含主持工作的副职)的责任。

第一,决策失误要问责。行政首长及政府部门违反规定进行决策,发生重大决策失误,有下列情形之一的,应当对行政首长和部门负责人问责,例如:超越部门权限擅自决策的;重大决策事项不按照规定的程序和议事规则进行决策的;重大决策事项不按照规定进行公示、组织咨询论证或者可行性论证的;社会涉及面广、与人民群众利益密切相关的决策事项,未按照规定通过组织听证会、论证会等形式听取意见的;应当公开的决策信息未按规定公开的;因决策失误造成重大人员伤亡或者财产损失、生态环境破坏或者其他不良社会影响的,等等。

第二,执行不力要问责。行政首长及政府部门执行上级机关的决策和部署不力,有下列情形之一的,要对行政首长问责,例如:不贯彻落实或者拒不执行国家的方针政策、上级行政机关依法做出的决定和命令的;无正当理由未能按期完成上级政府确定由其承担的工作任务的;不正确执行上级机关依法做出的决策和部署,给公共利益、行政管理相对人合法权益、国家财产造成严重损失或者影响政府整体工作部署的,等等。

第三,不认真履行管理职责要问责。行政首长及政府部门不认真履行管理职责,有下列情形之一的,应当对行政首长问责,例如:瞒报、谎报、迟报突发公共事件等重要信息的;发生重特大突发公共事件时,未按照相关法律规定、上级要求和实际情况,及时、妥善、有效处理和组织有关救援工作的;因采取行政措施违法或者不当引发群体性事件,或者对群体性、突发性事件处置失当造成严重后果的;对涉及人民群众合法利益的重大问题不及时解决,或者对群众反映强烈的问题能够解决而不及时解决,造成严重后果或者不良社会影响的;违法实施行政许可、行政处罚、行政事业性收费或者行政强制措施，造成严重后果或者不良社会影响的；截留、滞留、挤占或者挪用财政专项资金和政府代管资金的，等等。

第四，内部监督管理不力要问责。行政首长及政府部门不认真履行内部管理职责，有下列情形之一的，应当对行政首长问责，例如：本部门工作效率低下，服务质量差，群众反映强烈的；违反干部选拔任用规定选拔任用干部，造成严重不良影响的；用人严重失察、失误，造成严重后果的；对本部门的违纪、违法行为隐瞒不报，包庇、袒护、纵容的；指使、授意本部门工作人员弄虚作假的；授意、指使、纵容本部门工作人员阻挠、干预、对抗监督检查或者案件查处，或对办案人、检举人、控告人、证明人打击报复的，等等。

第五，行政首长言行与职务身份不符要问责。行政首长有下列情形之一的，应当对行政首长问责，例如：在公众场合发表有损政府形象的言论的；违反规定泄漏国家秘密或者所掌握的工作秘密的；利用工作之便掌握的未公开信息为自己或者亲属牟取利益的；对配偶、子女、身边工作人员的严重违法违纪知情不管，或包庇、纵容的，等等。

第六，根据权威的问责信息，可以通过合议机构启动问责程序。这些权威的问责信息包括：(1) 公民、法人和其他组织署名的附有相关证据材料的检举、控告材料；(2) 上级领导机关的指示、批示；(3) 审判机关、检察机关提出的问责建议；(4) 审计、行政监察等监督机关提出的问责建议；(5) 部门工作考核结果；(6) 新闻媒体曝光的材料；(7) 其他反映部门行政首长存在问责情形的材料。

此外，问责制的有效性还取决于问责方式的科学性、合理性。目前我国部分地方政府所采取的问责方式主要有 6 种，包括责令限期整改、责令作出书面检查、责令公开道歉、通报批评、责令辞职和建议免职。责任追究方式可以单独适用或者合并适用。被问责的行政首长涉嫌违反政纪，应当给予行政处分的，由监察机关依照有关规定和程序处理；涉嫌违反党纪的，移送党的纪律检察机关处理；涉嫌犯罪的，移送司法机关处理。

(三) 行政责任与行政处罚

国家公务员因违法失职行为而引起的行政责任，其结果是接受行政处分或行政处罚。国家公务员在执行职务过程中因违法失职所承担的责任，主要有行政责任、民事责任和刑事责任。其中行政责任不同于民事责任和刑事责任，是因公务员违反行政管理法规或有关规定所引起的，由行政机关来追究而不是由人民法院来追究。这种违法失职行为的构成须具备两个基本条件：一是行为的违法性和社会危害性；二是行为人主观上必须有过错。衡量国家公务员的某种行为是否构成违法失职，首先要看其是否违反行政管理法规，违反了行政管理法规，就侵犯了行政法所保护的社会关系，就具有社会危害性，这是行政法律责任产生的客观依据；其次，要看行为人在主观上否有过错，行为人有意识地进行行政违法行为是故意过错，行为人不了解或没有意识到所实施行为的违法性，是过失过错。故意或过失的心理状态的存在是必须承担行政法律责任的主观要素。

因违法失职行为引起的行政责任主要有两种：一种是依职务从属关系所承担的行政责任，另一种是非依职务从属关系所承担的行政责任。依职务从属关系所承担的行政责任，是因国家公务员在执行职务中的一般违法失职行为所引起的，这种行政责任的后果，是国家公务员依职务从属关系承担行政处分，由国家公务员在职务上有从属关系的机关课处，其形式有警告、记过、记大过、降级、降职、撤职、留用察看、开除等 8 种。非依职务从属关系所承担的行政责任，是由国家公务员在执行职务过程中违反某种特定的法律或行政管理法规的违法行为所引起的，这种行政责任的后果是国家公务员承担相应的行政处罚，一般由特定的国家行政机关依照行政管理法规课处，其形式有警告、罚金、拘留、没收、劳动教养等。应当指出，我国有关行政处分、行政处罚的法律还不够完备，尤其对国家公务员的行政处分条款还不够健全。完善这方面的法律制度是当前的重要任务之一，因为健全和完备国家机关行政责任制，不仅要明确每种职位的工作任务，更重要的是明确每个职位上的公务员完不成其工作任务时所要承担的行政责任和处罚后果。对每种职位通过科学的定性、定量分析，确立行政责任的不同标准，为各级政府机关及其工作人员有效地履行行政责任，提供法律、制度和技术上的保证。

普通公民的行政责任不能基于职务而产生，只能基于违反行政管理法规的行为而产生，因为普通公民不担任国家委托的职务，不代表国家执行某种公务，没有与职位相应的行政责任。但是，公民有遵守宪法和法律的义务，因此，普通公民违反行政管理法规，必然招致相应的行政法律后果，即应负行政责任。这种行政责任的后果就是国家行政机关对违反行政管理法规的人给予行政处罚。受行政处罚制裁的人首先要有违反行政管理法规的行为，而且这种行为具有一定的社会危害性，但尚未构成刑事犯罪，在主观上行为人具有故意或过失的过错，并且行为人须达法定的责任年龄和具有责任能力。行政处罚的规定散见于各种行政管理法规当中。

我国行政管理法规所规定的行政处罚大体上可以按两个标准分类：一是按处罚的形式可分为警告、罚款、拘留、没收和劳动教养等；二是按所触犯的社会关系不同可分为治安管理处罚、财政金融管理处罚、工商行政管理处罚、环境和农林水利管理处罚、文教卫生和其他行政处罚等。

行政处罚不同于刑事处罚，它不是以触犯刑律而是以违反行政管理法规为前提，它不是由司法机关课处而是由行政机关课处。行政机关对于行政违法者的处罚必须遵照法定的程序，主管机关须制作裁决书，送交违法者本人，当事人不服处罚，可以根据法律规定向上级行政机关提出申诉或向人民法院提起诉讼，由人民法院作出最后的判决；国家公务员如果不是在执行职务时触犯行政管理法规的，和普通公民一样，承担普通公民的行政责任，接受行政处罚。行政处罚和行政诉讼制度有利于行政责任后果的具体化、明确化、合法化，是建立和健全政府行政责任制度的重要保证。

第三章

行政组织与行政结构

行政组织是行政管理活动的主体，一般是指国家行政机关。依据宪法，我国行政管理活动的主体是指狭义上的政府，即由中央和地方各级人民政府组成的行政组织体系。行政组织在我国有着悠久的历史渊源和复杂的组织形式，现代行政组织通常是基于本国行政发展的需要汲取其他国家和地区的先进经验而不断改进和发展的，凝聚着人类政治文明与公共精神的精华。学习与研究行政组织必须在弄清一般组织和行政组织概念、特征和理论的基础上，沿着历史的线索把握各国不同历史时期行政组织的纵向和横向结构、功能、发展趋势及其与行政环境的相互作用关系，从本国行政改革与行政发展的实际出发，探索行政组织机构改革、创新与发展的规律。当前我国行政组织发展的主要任务是行政组织管理的法律化、制度化、规范化和科学化。

第一节　行政组织的含义及特征

一、组织与行政组织的含义

（一）组织与管理组织的含义

“组织”是指人们围绕一定目标联合起来进行有序活动的群体。“组织”是一个历史悠久的词汇，从语义学上来看，在西方起源于医学的“器官”，在我国则起源于农耕生活。现代汉语中的“组织”一词可以作名词或动词使用，其内涵主要有：(1) 通过安排、配置使之成为有序的系统；(2) 通过编制而成的集体；(3) 系统化的资源配置；(4) 细胞的结构形式；(5) 编织物的结构形式等。

在现代管理理论中，组织是受目标和使命驱使的群体，其含义可以从静态与动态两个方面来理解。从静态方面看,是指组织结构,即:人、职位、任务以及它们之间稳定的关系状态,包括分工范围、程度和相互协调配合关系,任务、职责和权限的分解,部门、层次及其框架体系等。从动态方面看,是指维系与变革组织结构及其良性机制的活动,目的在于更好地达成组织目标。

(二)行政组织概念的含义

作为行政学的基本概念,人们在使用"行政组织"概念时,通常只作名词理解,如果用来描述动态过程时,通常要在"行政组织"后加上"行为"、"活动"或"过程"。虽然行政组织是由人、职位和机构组合而成的有机整体,但却经常处在动态管理过程之中,所以,对"行政组织"概念,同样可以进行静态结构描述和动态过程分析。但这和定义"行政组织"概念是两回事。在现代社会,作为一个科学概念,行政组织是行政管理活动的主体,即国家为推行政务,依照宪法和有关法律规定的程序组建的行政机构体系。简言之,行政组织是指国家为推行政务依法组建的行政机构体系。

随着近代社会化大生产的普及,国家行政组织模式开始普及到企业甚至教会、政党等社会组织中,相继出现了企业行政组织、宗教行政组织和政党行政组织等社会行政管理机构。本章对"行政组织"概念的讨论,主要是指"国家行政组织"和"地方政府行政组织"而言的。

正确理解"行政组织"概念,需要把握以下几个要点:

(1)行政组织是行政权力的物化,是中央和地方各级政府行政管理活动的主体。我国的行政组织包括中央人民政府和地方各级人民政府,其主要任务是组织中央和地方各级政府的行政管理活动,管理国家和社会公共事务。

(2)国家行政组织是依照法定程序组建和变更的。现代法治行政的基本标志之一,就是政府组织的依法设置、依法组建、依法管理、依法变更和依法废止。这些法律在我国主要包括宪法、组织法、公务员法、编制法和其他相关法规。

(3)行政组织是各类行政机关的有机组合,是由人员、职位、单位、部门等复合而成的有机整体。行政组织的生命力取决于行政组织的结构、功能、内部运行机制以及行政组织与行政环境的相互作用机制。

(4)行政组织机构改革与发展的直接目的,在于有效地配置行政事权和资源,从组织上处理好公平与效率的关系,更加有效地管理国家和社会公共事务。一般说来,行政环境的变动,政府职能的调整与转换,以及国家与社会公共事务的"质"和"量"的变化,决定了行政组织的规模、结构、功能和发展趋势。

二、中国行政组织的历史发展

(一) 中国行政组织发展的历史线索

行政组织的历史是人类自己管理自己事务的轨迹,是人类社会经验的结晶。在我国行政发展史上,我们的祖先积累了极为丰富的农业社会官僚组织经验,建立了农业社会中最为发达和完备的官僚组织系统及官僚制度,孕育了许多伟大的组织天才,创造了东方社会特有的、丰富多彩的官僚文化和组织形式。

根据《尚书》、《史记》等史料的记载,我国在商周时期就已经形成了较为完备的中央和地方官僚组织。例如,当时的"三公"、"三孤"和"六官"制中央官僚组织,而地方官僚组织则以"乡"和"遂"为主体;体系严密,层级井然,极富管理美学价值。仅以地方官僚组织为例,在周代,"乡"为王亩百里以内之地,"遂"为王亩百里以外之地;据《周礼》记载:国中以五家为比,五比为闾,四闾为族,五族为党,五党为州,五州为乡;其中比有比长为下士,闾有胥为中士,族有师为上士,党有正为下大夫,州有长为中大夫,乡有大夫是为卿(上大夫)。野中以五家为邻,五邻为里,四里为酂,五酂为鄙,五鄙为县,五县为遂。遂有大夫,县有正,鄙有师,酂有长,里有宰。其官阶均较乡官减一级,职掌与所辖之户口,则均与乡同。

同时,这个时期与官僚组织相互配合的军事组织,则有"卒伍制度",即五人为伍,伍有长;五伍为两,两有司马;四两为卒,卒有长;五卒为旅,五旅为师,旅师皆有帅;五师为军,军有将为卿;这种"卒伍"军事组织与"乡遂"官僚组织,不仅职阶相同,而且进位数也完全相同。其中除了四闾构成一族,四里构成一酂,四两构成一卒,凑成一百整数外,其他都以五进位,既整齐,又严密。

随着秦、汉时期政府规模的扩大,建立了以皇帝为中心的三公九卿制。三公为丞相、御史大夫和太尉,分掌行政、监察和军事。汉武帝为加强皇权,削弱丞相权力,建立了中朝制,即选用一批地位较低的内廷人员参与朝政。朝廷政务往往先与尚书、侍中、大将军等近侍内廷"中朝"人员商议,然后告之以丞相为首的"外朝"官员。汉成帝时,大司马(武帝时由太尉改称)、大司空(成帝时由御史大夫改称)和丞相(哀帝时改称大司徒)三公权力进一步被削弱。尚书权力开始扩大,尚书令为主管,设五曹,管辖范围也随之扩大,到东汉时尚书权力进一步得到扩大,分割或取代了九卿部分职权。东汉至魏晋,中央政务逐步由三公向三省转移,行政事务渐由九卿向六部过渡。[1] 从而,在不断的重组中找到了比较稳定的中央政府官僚组织结构。

---

① 参阅韦庆远、柏华:《中国官制史》,东方出版中心 2001 年版,第 4 章。

隋、唐时期中央集权政体趋于完备，建立起以皇帝为中心的三省六部制，并开始实行了以科考方式取官的科举制度，为中国传统官僚制度奠定了社会基础。唐初，始合三省，中书主出命，门下主封驳，尚书主奉行。三省长官具有宰相之职，形成三省分工明确、又相互牵制的机制。这是行政制度的重要变化。尚书省是中央行政管理的中枢，下辖六部二十四司。尚书采取联合办公制。六部由六曹演变而来，包括吏、户、礼、兵、刑、工，以吏部为首，各设四司。隋、唐形成的尚书六部，无论从名称、职掌权限，还是组织建制，较之秦汉九卿都是一大进步。六部之外又有九寺五监，它由秦汉九卿演变而来。自魏晋六曹取代九卿部分职权后，九卿名称虽存，但职责有了很大变化。南北朝改称九寺，正副长官称卿、少卿。九寺五监形式上独立，实际上是配合六部的办事机构。

隋唐时期形成的科举制，使普通的读书人获得参加考试然后被选拔做官的机会，从而使传统官僚制获得了更加广泛的社会基础。科举制历经隋、唐、宋、元、明、清，一直为历代王朝所采用，成为选拔人才的主要组织形式。

宋朝的中央机构在神宗元丰前后有很大的不同。元丰以前，虽仍有三省六部，但形同虚设。以“同中书门下平章事”为真宰相之任，参知政事为副相，总揆行政；又设枢密院掌军事，转运使司、铁盐使司、度支使司等三司掌财政，这样形成行政、军事、财政三权分立的局面，宰相的权力大大削弱。六部的权力也被不断增设的机构所侵夺。九寺五监中部分寺、监权力的转移也有类似的情形。神宗元丰五年（1082 年），实行中央官制改革，罢去三司及一切丛杂机构，基本恢复到唐代三省六部的格局。

明清时期是中国封建君主专制制度和社会治理结构完善发展的时期。明初朱元璋对中央官制作了较大的调整。首先废除了秦汉以来的宰相制，改为咨询顾问并办理日常公务的内阁制。监察方面改汉以来的御史台为都察院；军事上改大都督府为五军都督府。提高六部地位，直接向皇帝负责，并建立庞大的宦官机构及其控制下的厂卫特务组织。清王朝依然以六部制为基本架构，初期君主与八旗旗主和议政王大臣会议共同议政。雍正年间设军需房，后改称“办理军机处”，简称军机处。始为临时机构，后不仅取代议政王大臣会议，且权力扩大，成为由皇帝直接控制下处理全国军政事务的中枢辅政部门。清六部职权缩小，已不是行政管理中枢，不能对下直接发布政令。清代寺监仅存大理寺、太常寺、光禄寺、太仆寺和鸿胪寺。宗人府的地位则在六部之上。五监仅存国子监，其余四监先后并归工部。

总之，在中国几千年的封建官僚政治下，吏治好坏全系于官吏及其组织，甚至国家安危、民族兴亡、人民荣枯，最后要看帝王及朝中一小部分大臣的忠奸智愚而定,人民则对之无可奈何。[①]

（二）中国古代行政组织的基本特征

我国古代政府组织的主要特征是天人合一的价值观、精致严密的组织结构、完美的事权划分模式和高超的组织美学设计。这些成就,足以在世界组织文明体系中铸就自己的传统和东方社会的组织特色。

1. 天人合一的价值观。例如,商周时期的政府组织发源于中国先人的农耕生活和对“天”(太阳)的原始信仰,[②]除了“三太”(太师、太傅、太保)“三少”(少师、少傅、少保)掌管宫内事务外,“六官”(天官、地官、春官、夏官、秋官、冬官)以天地“两极”和春夏秋冬“四象”的演化作为价值设计,其中,天官和地官的主要职责是“管人”,春夏秋冬四官的主要职责是“管事”,而人和事在皇权那里结合起来一统天下,渗透着顺天而治、天人合一的价值内涵。这种理念一直传承在中国传统行政文化里,渗透在现代行政组织的价值设计之中。

2. 精致严密的组织结构。同样以商周为例,商周时期的中央行政分“三太”、“三少”和“六官”为建制,地方行政则以“乡州党族闾比”、“遂县鄙酂里邻”的“乡遂”为建制,军事行政以“军师旅卒两伍”的“卒伍”为建制;自上而下,等级节制,精致严密。其突出特征是层级多,幅度窄,结构精美,权力集中,以追求效率为目标。

3. 完美的事权划分模式。春秋时期的“六官”中的天官冢宰掌邦治,统百官,均四海;“地官”司徒掌邦教,敷五典,抚兆民;“春官”宗伯掌邦礼,治神人,和上下;“夏官”司马掌邦政,统六师,平邦国;“秋官”司寇掌邦禁,诘奸慝,刑暴乱;“冬官”司空掌邦土,居四民,时地利(《尚书·周官》)。这种近乎完美的事权划分和精干的组织机构让后人难以置信,正如美国资深管理思想史学者雷恩所概括的那样,“在孔子之前很久,中国的官僚机构早在公元前一千年就发展成为一个分等级层次的体制。”[③]

4. 高超的组织美学设计。始于商周以来古代中国中央政府的组织设计,一直贯穿着东方美学的基本理念,即“对称性”,如“三太”、“三少”、“六官”等,注重数字和组织的审美思考。自商周以来,这种理念早已成为一种文化,渗透在历朝历代甚至新中国成立以来的政府组织设计中,如后来的三公九卿制、三省制、六部制等,成为古代东方国家或政府组织设计的文化传统和典型范式。

---

① 参阅王亚南:《中国官僚政治研究》,中国社会科学出版社 1980 年版。

② 参阅[美]维尔·杜伦:《东方的文明》(下),李一平等译,青海人民出版社 1998 年版,第 765～816 页。

③ [美]丹尼尔·A.雷恩:《管理思想的演变》,孙耀君等译,中国社会科学出版社 1986 年版,第 15 页。

我国古代官僚组织建设的历史经验表明，古代官僚组织是国家组织的重要组成部分，甚至可以说是国家组织的同义语。从发展观点来看，现代行政组织几乎包含了整个古代国家组织，或者说古代国家组织在现代社会已经萎缩为现代国家中的“行政组织”。因此，古代国家组织经验是现代行政组织改革和行政组织研究的一座宝库，在权力结构及其调整、组织机构和部门职能的配置、人才激励机制、决策执行和监察机构的协作机制、中央和地方政府权限的划分等方面，有许多历史经验和教训值得汲取。我们要根据现代公共行政发展的需要，去粗取精，去伪存真，批判地继承和发扬我国历代政府组织管理的精华。

三、现代国家行政组织的特征及发展趋势

（一）国家行政组织的一般特征

行政组织属于国家组织的范畴，是国家组织的基本组成部分，因此，它与其他国家机关具有共同的政治性质。但在其功能、结构和运行机制上，则具有明显的“行政”特征；而这些特征通常也是其他社会组织所不具备的。

国家行政组织与一般社会组织相比，其基本特征如下：

1. 政治性与权威性。国家行政组织是国家政权组织的重要组成部分，是统治阶级实施政治统治与社会管理的工具，具有明显的政治统治意义。国家行政组织在执行国家意志、管理国家和社会公共事务过程中，以国家强制力为后盾，是国家行政权力和国家强制力的象征和代表，具有权威性特点。

2. 公共性和服务性。任何国家行政组织的政治职能，都以其社会公共职能为基础，承担管理一般社会公益事业和公共事务的职责，具有社会公共服务性质。同时，各级政府机关及其工作人员都是由纳税人供养的，服务社会是各级各类国家行政组织的天职。

3. 科学性和系统性。行政组织是围绕权力线和指挥命令系统展开的上下级之间具有严密等级节制关系的组织体系，是国家和社会组织中最为复杂、庞大的组织系统之一，在组织结构上具有严密性和系统性特征。同时，随着现代管理理论和实践的发展，各国行政组织的设计、设置、废止、变动和管理越来越依赖于科学知识和技术支持。

（二）国家行政组织的比较特征

行政组织与政党组织和国家组织相比，具有派生性、执行性、垂直性和强制性特点。

首先，行政组织与政党组织相比，具有国家强制性特点。二者具有各自不同的职能。政党是一种社会政治组织，不属于国家组织的范畴，不具备国家强制力，具有社会政治组织特有的性质和职能。中国共产党是我国的执政党，“党的

领导”就是中国共产党通过政治的、思想的和组织的途径，执掌国家行政权力，对国家机关实行有效的领导，但并不意味着由党组织直接行使行政组织的职权。理顺党政关系就是从法律和制度上理顺政治与行政的关系，保证执政党组织和行政组织在宪法和法律规定的范围内，各司其职、各负其责，从各自的职能范围出发，行使各自的权限，履行各自的责任，实现其政治与社会职能。

其次，行政组织与国家权力机关相比，具有不同的职能和“派生性”、“执行性”、“垂直性”特点。我国宪法第 2 条规定：“中华人民共和国的一切权力属于人民，人民行使国家权力的机关是全国人民代表大会和地方各级人民代表大会。”第 57 条规定：“中华人民共和国全国人民代表大会是最高国家权力机关。”第 3 条规定：“国家行政机关、审判机关、检察机关都由人民代表大会产生，对它负责，受它监督。”第 85 条规定：“中华人民共和国国务院，即中央人民政府，是最高国家权力机关的执行机关，是最高国家行政机关。”第 105 条规定：“地方各级人民政府是地方各级国家权力机关的执行机关，是地方各级国家行政机关。”国务院依照全国人民代表大会制定的宪法和法律，执行全国人民代表大会的决议和命令，统一领导全国地方各级国家行政机关的工作，管理国家和社会公共事务。由此可见，我国行政组织在其产生上具有派生性，在运行机制上则具有执行性、垂直性特点。

最后，行政组织与司法机关相比，主要是性质和职能上的差异，在上级对下级的“领导”关系上，也具有各自不同的特点。在我国，司法机关包括人民法院和人民检察院。宪法第 126、131 条规定，人民法院和人民检察院依照法律规定独立行使审判权，不受行政机关、社会团体和个人的干涉。第 127 条规定：“最高人民法院监督地方各级人民法院和专门人民法院的审判工作，上级人民法院监督下级人民法院的审判工作。”各级法院之间，不存在垂直的领导与被领导关系；同时第 128 条规定：“最高人民法院对全国人民代表大会和全国人民代表大会常务委员会负责。地方各级人民法院对产生它的国家权力机关负责。”而第 129 条规定：“中华人民共和国人民检察院是国家的法律监督机关。”第 132 条规定：“最高人民检察院领导地方各级人民检察院和专门人民检察院的工作，上级人民检察院领导下级人民检察院的工作。”但是，最高人民检察院对地方各级人民检察院、上级检察院对下级人民检察院的“领导”，主要是一种“业务”性质的领导，而国务院对地方各级人民政府的“统一领导”，主要是一种“行政”性质的领导。

（三）现代行政组织的发展趋势

以人为本、服务为本和绩效为本越来越受到人们的重视，成为现代政府组织设计和管理的基本原则。在行政组织诸要素中，作为主体的行政人员是核心要素，人员素质、制度设计、事权配置和组织运行机制，成为现代行政组织机构改革发展的关键要素。政府行为首先是一种组织行为、集团行为，每个公务员都毫无例外地隶属于一个特定的组织机构或岗位；而每个职位又都是由具有不同资历和素质状况的个体公务员担当的；在公共行政活动中，个体公务员之间的相互作用状况，构成集团领导者的基本素质，而集团领导者在与政府组织和社会公众的相互作用中发挥其领导作用。

人类的许多谬误发生在常识之中，看似微不足道的谬误可能导致灭顶之灾，而人们在行政组织问题上的谬误就是这样。在现实生活中，各国行政组织不同程度地存在着以下几个问题：

（1）个人利益往往重于集体利益；

（2）凝聚力衰退或离心力越来越大于向心力；

（3）互相推诿、无人负责现象困扰着各国政府；

（4）内部关系紧张，矛盾重重，甚至互相倾轧等。

究其原因是多方面的，其中一个很重要的原因，是源于对“组织”和“集团”的认识。

在人类历史发展中，有两种类型的“组织”，一是由一些“成员”组成的集团，二是由一些“个人”组成的集团。“成员组织说”表明，组织中的个人不是以个人身份进行集团活动的，而是隶属于这个组织的一个“成员”；他在组织行为中不存在独立人格和自由意志，他必须以组织的立场，表达一个“组织成员”的意见。因为他不能控制自己在该组织中的生存的条件，因此，也不能获得自由发展的条件。而“个人组织说”则表明，组织是由具有独立人格和自由意志的个人组成的共同体，个人和组织之间不存在隶属关系，组织是每个个人的一种自由联合，这种联合是建立在控制自己的生存条件和自由发展条件的基础上的。由于组织中的每个人已经控制了自己的生存条件，所以为其自由发展提供了可能。

迄今为止，人类社会的各种“管理组织”，大多都是由隶属于该组织的“成员”构成的，而不是由“个人”构成的共同体。作为成员组织的政府组织对公务员的基本要求是：

（1）行政组织的成员在领导和管理活动中，必须积极主动地把组织目标化作个人目标，并严格按照组织目标的要求从事各种管理活动。也就是说，统一意志是组织活动的首要原则。

（2）在行政行为中，行政组织中的个人的身份是“组织成员”，不管这个组织内部是集权的，还是分工负责的，只要他是在从事领导和管理活动，他就必须履行“组织成员”的角色，任何逾越都被视为违背组织原则的行为。那些在组织行为中一味强调个人身份的人，如个人立场、个人意见、个人表现、个人利益等等，是引发组织成员之间“意气之争”，造成组织内部或领导集团内部矛盾冲突的主要原因。

（3）作为组织成员的公务员，在行政管理活动中，可以创造性地发挥其角色功能,但不允许在管理活动中表现个人独立的自由意志和自由人格,赋予管理活动以个人的名义和性质。那些惯于在管理活动中追求个人自由意志,企图为管理活动打上个人烙印的人,不会在领导集团中久留;而那些创造性地发挥领导成员角色作用的人反而能够在领导和管理活动中留下自己的光辉形象。

(4) 行政领导集团中的每个成员,不管他掌握着多大的权力,具有多大的权威,都不可能达到控制领导集团的生存与发展条件的程度。所以,那些聪明的领导者大多能够控制自己的权力欲望,深怀“水可载舟,亦可覆舟”的古训;而那些试图获得绝对权威,控制领导集团生存与发展条件的人,都不可避免地遭遇权力倾覆,受到历史的惩罚。

“成员组织说”依然是当代社会认识、改善和提高集团领导素质的基本前提,是公务员在领导行为或领导集团中进行角色定位的基础。但是,现实中的领导集团,经常受到“个人组织说”的挑战,这是一个不可避免的基本事实。因为“个人组织说”代表着未来发展的方向,是人类组织发展的必然趋势。在现代社会生活中,由个人组成的共同体正在悄悄地成长。例如,在一些发达国家的家庭组织中,传统的“成员家庭”正在受到挑战,一种新型的“个人家庭”正在成长,这和现代家庭组织中每个人对自己生存与发展条件的控制能力增强成正比;而我国的独生子女家庭组织,也开始出现这种倾向。再譬如一些文化社团和基层自治组织,它们是一种新型的社会公共组织,即由自由自主的个人组成“个人共同体”,它们散发着未来的信息。但是,如果把这种规则导入现在的领导组织,肯定会带来灾难性的后果。而现行领导集团中出现的种种“病理形象”,恰恰是由于公务员的“个人组织”意识造成的。

赫伯特·西蒙认为,人是具有“有限理性”的人,而有效的组织管理和组织领导,可以扩大个人的“有限理性”及行为能力,而组织能力的成长进而又成为改进管理组织、提高管理水平的内在动力;同样,人们从帕金森那里看到了组织能力的内耗和人际关系的陷阱,因为他揭示了人与人之间在没有事情可做的时候可以制造出“事情”来,而他们制造出来的“事情”比原有的事情还要多得多。既然我们知道行政组织是在与行政人员的相互作用中塑造今天的政府组织和政府行为的,那么,我们必须把静态的行政组织放在动态的行政过程中,探索我国行政组织改革与发展的契机。

随着现代科学技术对政府组织和政府行为的渗透,以及和行政环境有互动关系的政府职能的不断调整,行政组织机构改革往往成为整个行政改革的焦点,目的在于提高政府组织能力和行政行为能力。同时,面对来自各方面的挑战和压力,传统的塔式层级制行政组织模式已不能适应现代公共行政发展的需要,面临着全面更新的艰巨任务;一种以系统为单位、纵横复杂交织的“网状组织结构”——权力分立、结构松散、多中心同心圆式的大型管理组织——正散发着未来的信息。这是一个变革的先兆，一个新时代即将到来的信息。

在人类已经涉足的信息社会或管理社会中，任何个人或组织都不可能具有绝对的权力，因为任何一项工作都不可能由一个人或一个组织独自完成；人们都在一个巨型组织的巨大事务链的网结上工作着，都需要别的个人或组织的合作、支持与配合；离开了这些"工作伙伴"，人们既无法正确工作，也无法正常生活。所以，服务于当代和未来政府和其他大型组织的领导者，必须深刻了解我们这个时代的特征和行政组织变革的趋势，树立一种全新的组织观念、团队意识和强烈的历史责任感，并不断发现新的历史责任，培养与你不相识的人在近距离和远距离中都能有效合作的精神和能力。

第二节　行政组织理论与行政组织原则

一、国家行政组织理论及组织原则

（一）近现代行政组织理论及原则的形成

行政组织原则是行政组织理论在行政组织管理中的具体应用，在行政组织的设计、设置、废止、变动和管理过程中，具有价值准则与行动指南的作用。因此，不同国家或同一国家不同历史时期的行政组织理论，自然形成不同的行政组织原则。但是，随着科学管理理论和方法的普及与传播，世界各国行政组织和公共行政的理论背景也呈现出复杂化、多样化的趋势，进而，行政组织原则也越来越具有五花八门的特点，尽管其核心内容依然保持相对稳定的形式。在现代行政组织机构改革与发展过程中，往往从古今中外及其不同历史时期甚至不同学科背景中，寻找行政组织设计、设置、废止、变动和管理的基本原则，以改善本国政府组织状况，提高政府组织的活力和能力。

作为近现代政府组织模式的一个重要标志是近代官僚制的形成。"官僚"一词在中国古籍中早已出现，《国语・鲁语下》中记载，"今吾子之教官僚"①。但是，在国家出现后相当长的时期内，官僚一直保持着"非官非民"、"亦官亦民"的状态。因为早期先是氏族遗风，接着又转化为贵族遗风，这些贵族官员都有自己的经济来源，而且往往身兼多职，尚未形成相对稳定的官僚机构和职业化的官僚集团。近代真正意义上的"官僚制"的出现是近代社会分工和法治行政的结果，随着近代国家职能范围的扩大，为了实现政治权力的有效运作，出现了国家职能

① 《辞海》，上海辞书出版社 1989 年缩印本，第 1143 页。

分化和法定化的趋势。而国家职能的分化和职位的法定化(以法国的“行政机关说”为典型代表),需要有人相对固定地司掌国家某一方面的统治或管理职能,并且需要相应的法律和制度来规范政府权力的运作,以保障国家职能的有效实现;而这种相对固定地司掌某一方面职能及其权力的分工又必须通过法定职位固定下来,进而由这些法定职位按照一定的组织原则形成一个庞大的国家政治统治和文官行政管理体系。正是国家政治统治和公共行政领域中的这种分工和法治行政的推广,才使官员集团呈现出职业化的趋势,形成了以文官为主体的官僚集团,并为这些从社会中选拔出来、从事行政管理活动的文官“制造”了一个基于法制的制度平台。近代官僚制和文官制度是宪政理念和依法行政的伟大成就,它基于近代理性主义原则,按照理性组织原则结构而成,它的形成标志着近代政府组织模式的基本完成。

和中国相比,欧洲的“官僚”一词出现得很晚。到了 18 世纪中期,欧洲政府论者才开始关注官僚制或官僚统治问题。法语中的“官僚”一词原意是指一种“庄重的色调”,作为专用术语首次出现于法国哲学家德·格里姆的一封信中,他将这一术语的发明人归功于一个叫德·古内尔的政府高官。他引用古内尔的话说“法国有一种后患无穷的病症,这种病症就是官僚病”。一年后,他又写道,“法国的真正精神是官僚制……公职的委任,不是为了促进公共利益;公共利益确立的目的,似乎倒成了使这些公职得以存在的理由。”①在这里,官僚一词的最初含义是指为君主服务的公职人员,初期的定位是勤勉忠诚的文职工作人员。到了 19 世纪初期,官僚制在欧洲开始被看成一种政府组织形式,“这种政府形式的权力不是掌握在一个特定的社会阶层手中,也不是掌握在一般公众手中,而是掌握在官员手中。”②由此可见,早期的“官僚”概念主要是把他作为不同于一般公众的职业群体,他们的主要工作是驾驭“政府”这架机器,属于效忠于君主的公职人员。

德·古内尔基于政府的官僚制的言论(即后来的“行政机关说”)成为法国乃至欧洲政府组织理论研究的真正起点,到了 19 世纪后期管理组织理论开始形成,而作为一个相对独立的研究领域或分支学科,组织理论或行政组织理论则是进入 20 世纪以后的事情,其历史演变和一般组织理论亦步亦趋,大致可以分为三个时期,我们也可以借用一般组织理论的术语,把这三个时期的行政组织理论也分为古典行政组织理论、新古典行政组织理论和现代行政组织理论。

(二) 行政组织理论原则及其发展

“古典行政组织理论”是以行政法学理论和经营管理理论为基础的,其主要

① [英]M. 阿尔布罗:《官僚制》,阎步克译,知识出版社 1990 年版,第 1 页。

② [英]M. 阿尔布罗:《官僚制》,阎步克译,知识出版社 1990 年版,第 6 页。

代表人物有施泰因、法约尔、马克斯·韦伯等。施泰因在《国家行政学》一书中从宪法和行政法角度论证了近代行政组织原理；法约尔通过研究企业组织与政府组织的异同，从理论上对行政组织与企业组织做了区分，为行政组织理论的发展指明了方向；马克斯·韦伯则运用社会学方法论对官僚组织进行了系统的剖析，论证了官僚组织的合理性和有效性。

"新古典行政组织理论"是和美国行政学的崛起分不开的，这个时期行政组织理论的代表人物主要是一批美国的行政学者，例如，威尔逊、古德诺、怀特、威洛比、古立克，等等。在他们的论著中，有两种行政组织理论观点是可以鉴别的，一是从政治与行政功能融合的角度，论证了行政组织与政治组织和其他国家组织及其功能的异同；二是从政治与行政分离和行政中立角度，论证了文官组织系统与政治组织系统的不同特征，认为政治是权力斗争的世界，行政组织则是中立的技术系统，二者具有不同的组织结构和价值体系。

古典时期（包括古典与新古典）的行政组织原则主要有以下几条：

（1）专业化分工原则。即根据行政事务的性质、特点对行政事务进行专业分工，分工的主要依据是目标、程序、人或物、地区，等等。

（2）命令统一原则。命令统一是官僚组织的基本要求，一个下属只服从一个首长的命令，一个部门只服从一个上级的命令，不得多头领导和越级指挥。

（3）业务类同原则。即性质相同和相关的行政事务，应划归一人或一个部门来完成。

（4）权责法定原则。行政组织中的每个行政人员的工作任务、权限、责任和上下左右关系应有明确的规定。

（5）权责统一原则。即凡课以执行的责任，必须赋予指挥的权力。

（6）行政幅度原则。即对一级行政首长报告工作的部属不应超过6人，控制幅度易小不易大。

（7）政治与行政分离原则。政治是政策的制定，是权力斗争的场合；行政是政策的执行，是中立的技术系统。

（8）政治中立原则。"政治中立"原则是19世纪英、美等国建立公务员制度的价值准则之一，即在文官或公务员法中都有要求公务员在政治上保持中立的严格规定。所谓"政治中立"原则主要是对事务类公务员在执行公务活动中必须在政治上保持中立的立场，如对政党政治要采取公正超然的态度，对任何政治问题必须保持缄默，不允许公开自己的政治信仰或提出有关政治问题的建议；在辞职以前不允许参加党派之争及相关的政治活动；也不得兼任议员等。

现代组织理论的代表人物及其代表性的理论观点，主要是20世纪30年代巴纳德等人的社会系统学派的理论和梅奥等人的人际关系理论，直到第二次世界大战期间，他们在行政首长的功能、小集团理论、非正式组织与非正式关系理论、扁平组织结构研究、后官僚制(国家消亡时代的官僚组织)研究等方面多有建树。

第二次世界大战以后,现代组织理论又吸收了系统论、控制论和信息论的研究成果,对传统的行政组织理论和组织原则进行了系统的批判,其主要代表人物是赫伯特·西蒙、里格斯、德罗尔、奥斯特洛姆等。西蒙等人对传统行政组织原则的批评主要有几个方面:

(1) 专业化分工原则中的四项分工标准,不仅含义不清,而且在内涵上互相排斥,行政组织必须在与行政环境的相互作用中发展。

(2) 行政幅度宜小的原则缺乏对行政层次的考虑,在规模庞大、人员众多的机关中,控制幅度小,层次必然增多,而层次增多,势必增加沟通的障碍;问题的关键是扬弃甚至摒弃近代以来的官僚制。

(3) 命令统一原则中的"命令"是以权威为基础的,权威有基于层级地位的、有基于专业技术知识的,如果不加分辨地规定行政人员只接受其直接上级的命令,基于技术专长的权威必须通过上级才能生效,自然就增加了沟通的历程。因此,应将这一原则修改为:当两种权威发生冲突时,应由一个人做最后的决定。

(4) 政治是决定政策,行政也是决定政策,决策贯穿于行政管理过程的始终……管理就是决策。

(5) 卡斯特(F. E. Kast)和伍德沃德(J. Woodwind)等还提出了"权变组织理论"原则等。

(6) 德罗尔等认为现代管理科学的弱点——缺乏制度、缺乏政治、缺乏价值、缺乏创造性。公务员在政治上保持中立越来越形式化,缺乏硬性的约束性制度保障。

二、马克思主义行政组织理论

(一) 马克思、恩格斯的行政组织理论观点

我国行政组织理论的主要来源是马列主义政治理论、巴黎公社经验、苏维埃经验、革命根据地经验和丰富的历史经验,蕴涵着丰富的管理思想,富于革命理想主义色彩。马克思、恩格斯基于巴黎公社经验,提出了无产阶级政府组织的基本框架和基本原则,[①]对当前我国行政组织建设依然有重大的理论意义和实践指导意义。

---

① 《马克思、恩格斯、列宁、斯大林:论巴黎公社》,人民出版社1961年版;《马克思、恩格斯、列宁、斯大林:论政治和政治制度》上卷,群众出版社1984年版。

(1) 马克思、恩格斯对未来社会的基本设想是“劳动者自由联合体”,主张劳动者“自治”和直接参与管理。强调把民主作为政治组织的现实基础。

(2) 马克思、恩格斯认为政府只有“为数不多的重要职能”,这和劳动者自己管理自己的思想是一致的。从这个意义上说,马克思、恩格斯也是提倡“小政府”思想的,主张“小政府,大社会”。但这和早期资本主义国家的“小政府”思想是有本质区别的。

(3) 主张未来的社会主义国家应采取议行合一的组织形式,突出代议制机构(后来的苏维埃或人民代表大会)的地位,行政组织系统是执行人民共同意志的社会公仆,体现了一切权力属于人民的思想。

(4) 强调“廉价政府”,政府及其工作人员都是社会的和人民的公仆,由人民群众直接选举和监督,并且提出政府工作人员拿普通工人工资,人民可以随时罢免他们的职务。政府本身是不会创造价值的,因此,维持政府组织活动所支出的经费越少,劳动者付出的也就越少,政府也就越“廉价”;同时,人民所需要的是负责的政府,如果不能有效地向人民负责,人民有权罢免它,推翻它;所以,廉价的、负责的政府,才是马克思、恩格斯所期望的政府。

(二) 列宁的行政组织理论观点

列宁是第一个马克思主义政府组织理论的实践家。俄国十月革命后,列宁十分重视苏维埃政权建设,重视政府管理工作,提出了许多有价值的行政组织理论观点。①

(1) 创立了议行合一的苏维埃国家政权形式,论证了行政组织在国家与社会管理中的重要性,尤其是政府在国民经济与文化建设中的重要作用,并在实践中提出了人民参与管理与“专家”管理相结合的行政管理模式。

(2) 重视民族自治和发展民族干部队伍,以适应少数民族地区行政管理模式发展的需要。

(3) 主张政府机构要精干,职责要明确,工作要程序化,会议和文件要简短,反对任何形式的官僚主义。

(4) 提出要用先进的科学技术武装政府,重视干部的作用和干部素质的提高。

(三) 中国共产党在革命和建设时期的行政组织理论观点

中国共产党在革命战争年代和社会主义建设时期,把马列主义组织理论与中国革命实践相结合,积累了丰富的组织管理经验,发展了马列主义行政组织理论。

首先,中国共产党在革命战争年代提出了丰富的组织理论,并在组织建设上

① 《马克思、恩格斯、列宁、斯大林:论政治和政治制度》下卷,群众出版社 1984 年版。

实行了一些行之有效的措施，对新民主主义革命的胜利起了重要作用。具体有以下几点：

(1) 重视组织目标，强化干部素质，提出干部是人民勤务员、人民公仆和全心全意为人民服务思想。

(2) 强调机构设置要精干，实行精兵简政，以期达到“精简、统一、效能、节约和反官僚主义”五项目的。

(3) 重视民主建设，实行民主集中制。

(4) 强调纪律性，实行严格的组织纪律。

(5) 重视思想政治工作，倡导群众路线，运用批评与自我批评方法处理人际关系。

其次，在社会主义建设时期，中国共产党运用马列主义行政组织理论指导政权建设和经济、文化建设，创立了独具特色的国家行政组织理论。

(1) 建立了议行合一的国家行政制度，国务院是最高国家行政机关，是最高国家权力机关的执行机关。

(2) 提出了社会主义国家公务员制度理论，建立了国家公务员制度，明确了国家公务员是人民和社会的公仆，全心全意为人民服务是公务员的最高行为准则。

(3) 系统地发展了马克思主义民主集中制理论，并把民主集中制作为国家机关活动的原则，形成科学的民主集中制度。

(4) 提出了首长负责制和岗位责任制理论，重视强化行政首长的作用和行政人员的岗位责任，使行政效率有了明显的提高。

(5) 提出了富有中国特色的中央与地方政府关系理论，建立了中央集权与地方分权相结合，旨在调动中央和地方两个积极性的行政体制；同时，确立了民族区域自治制度，从组织上保障了各少数民族平等参与国家与社会管理的权利。

(6) 完善了马克思主义精简和改革政府机构理论，尤其是从转变政府职能出发，调整和改革政府机构，创造性地发展了马克思主义行政组织理论。

(7) 提出了理顺党政关系，实现政企分开、政事分开的理论设想，并在实践中理顺了执政党和行政组织，政府与企业组织、事业单位的关系，初步达到简政放权的目标，增强了行政组织的整体效能。

(8) 提出了建立社会主义宏观调控体系的理论，改变了过去计划经济体制下政府组织这只“看得见的手”到处大包大揽的做法，为社会主义市场经济的发展开辟了道路。

(9) 提出了行政体制与行政管理改革理论和行政管理现代化的理论设想，并在实践中积极推进行政管理现代化运动，逐步实现由计划经济体制下的“管制型政府”向“服务型政府”的历史转变。

总之,理论是实践的先导,实践是理论的源泉。在行政理论与行政实践活动之间,有许多中间环节,而行政组织原则就是行政理论和行政管理实践相结合的产物,是一个非常重要的中间环节。也就是说,在行政组织管理中,要善于把抽象的理论具体化为行动的原则,用原则来指导具体的实践活动,即用行政组织指导原则来指导行政组织管理活动。

三、现代行政组织原则

行政组织原则是行政机构设置、调整、废止、建设和管理的理论依据,是行政机构改革的理论指南。根据中外组织理论的发展和我国行政改革的实际需要,以下几个方面可以作为当前我国行政组织发展的指导原则。

（一）法治行政原则

法治国家和法治行政是现代政治和行政的基本价值准则。现代法治行政表明,行政组织机构的设置、调整废止、建设和管理,必须依法循制来进行。在组织管理和机构改革过程中,贯彻法治行政原则的基本要求是:

(1) 在组织管理中,消除人治残余,树立法治权威,从法律和制度上消除因人设事、因人设职和因人改废行政组织机构的动因。

(2) 制订完备的行政组织法规体系,使行政组织管理和机构改革做到有法可依。

(3) 依法建立和健全各项行政组织制度,从制度上保证行政法规能够有效地贯彻执行,依法循制来进行组织管理。

(4) 建立有效的组织管理执法体系,加强行政组织管理和行政机构改革中的执法力度,严格依法设置,依法管理。

（二）职能目标原则

行政组织是实行政府职能目标的工具,因此,必须依据政府职能目标的需要,设置、调整和废止相应的行政组织机构,并且适应政府职能目标变化的需要,对行政机构进行经常性的调整和改革。在组织管理中,贯彻职能目标原则必须注意以下几个问题:

(1) 政府职能不是永恒不变的,而是随着行政环境和政府任务的变化不断发展变化的,因此,在组织建设中,要密切注视政府职能的变化,确立行政组织的职能目标体系。

(2) 政府职能目标,是调整和改革行政机构的前提。在组织建设中,要对职能目标进行经常性的调查认证,以确认职能目标变化的状况和变化周期,并在此基础上,决定增设或废止哪些机构,明确哪些机构需要裁并,哪些机构需要加强,以保证职能目标的实现。

（3）政府职能目标是决定政府组织规模和人员编制的先决因素。组织建设中，政府组织规模大小，人员编制多少，权限责任配置轻重，都要视政府职能目标的状况而定。

（三）精干效能原则

精干效能是党和国家在组织建设中一直贯彻的原则，早在抗日战争时期，毛泽东就采纳了民主人士李鼎铭先生的意见，在党政军组织中，实行精兵简政，提出达到“精简、统一、效能、节约和反官僚主义”五项目的。中华人民共和国建立后，又把这一原则郑重地写进了宪法，规定“一切国家机关实行精简的原则”。贯彻精干效能原则的基本要求是：

（1）机构设置要合理精干。合理性表明政府规模要合理适度，符合公共行政的实际需要；精干意味着设置最低限量的机构和最低限量的职位，可设可不设的机构和职位坚决不设，实设机构和职位要有科学依据。

（2）人员编制要合理精干。人员编制数量必须根据工作任务多少，管辖范围大小，工作难易程度等科学地加以限定，坚持因事择人，防止因人设事，做到事得其人，适才适所，以最少的人力投入，取得最大的效能。

（3）坚持效能至上。效能是行政组织内部的行政效率和外部的社会效益的有机统一。效能至上表明行政组织机构的增设和废止，要以效能高低为取舍；同时，在组织运行过程中，要把整体效能放在首位，注意组织内部的纵向和横向协调与功能整合。

（4）建立廉价负责的政府。行政组织的物质基础是行政经费，它自身不创造价值，行政经费是在国民收入再分配中的财政拨款，来自于劳动者创造的价值。因此，行政经费支出越多，表明政府的行政服务就越昂贵，反之，行政服务就越廉价。廉价的政府是人民所需要的政府，是向人民负责的政府。

（四）管理幅度与层次适度原则

管理幅度又称行政幅度，是指领导机关直接管辖下属部门或人员的数额。管理层次则指行政组织系统划分层级的数额。管理幅度和层次适度，就是根据不同组织系统确立幅度与层次的最佳限度。贯彻管理幅度与层次适度原则，科学地确定管理幅度与层次，要注意以下几种量的关系：

（1）特定幅度与层次成反比。在机构和人员不变的情况下，管理幅度越大，层级越少；反之，管理幅度小，层级必然增多。

（2）管理幅度与管理者的管理素质、管理水平、管理手段的先进程度等因素成正比例关系。即管理者的管理素质、管理水平和管理手段先进程度越高、越先进，行政幅度就越大，反之亦然。

（3）管理幅度的大小与行政事务难易程度、组织内部信息是否通畅、规章制度是否健全等因素密切相关。

中外行政学界和管理学界对管理幅度进行过系统的研究，但至今尚无令人信服或普遍接受的结论。有的学者提出高效率小组以 4 ~ 6 人为宜，也有学者提出高层管理幅度一般控制在 7 个部门（每位行政首长）以内；中层管理幅度以 9 为宜，最高可达 15；工作层的管理幅度最高可达 30（职员）。这些数据，尚无权威的科学依据，仅供参考。

（五）职、责、权一致原则

行政组织是一个权责系统，因此，职、责、权一致是行政组织建设的基本原则之一。在行政组织中，职务、责任、权限三者是互为条件、相称平衡、三位一体的。每个层级、部门、单位乃至每个行政人员，都必须有职、有责、有权，职权相称，权责统一。贯彻职、责、权一致原则的基本要求是：

（1）从组织层面上，贯彻职、责、权一致原则，要运用法制的手段；明确规定各单位、各部门、各层级的职能范围，授予相应的行政权限，课以相应的责任，即成职权统一、权责一致的行政组织体系，避免有职无权、有责无权和有权不尽责的现象发生。

（2）从公务员层面上，贯彻职、责、权一致原则，要通过制度化途径，建立岗位责任制度和分工负责制度，做到事权统一，责权一致，使每个公务员都有职、有权、有责，人人各司其职、各行其权、各负其责。

（六）稳定性与适应性相结合原则

行政组织的规模、建制、规章、程序等要做到相对稳定；但是，稳定性是相对的，行政组织机构必须适应行政环境的变化，不断地加以调整、改革，以适应公共行政的需要。贯彻这一原则的基本要求是：

（1）要保持行政组织系统的相对稳定。行政组织是一个复杂的社会系统，组成这个系统的各分支系统、部门、各单位之间，由一些程序化、标准化的规章制度相联系，形成依存、作用的关系，这些关系的稳定是行政组织系统高效运转的保证。同时，行政组织系统是一个由公务员组成的社会群体，组织机构的动荡不稳、变化多端，必然触及一些人的权力和利益，结果会使公务员失去职业安全感，影响公务员士气，进而影响行政效率。因此，保持稳定的行政组织系统，是调动公务员的工作积极性，保持公务员奋发向上的士气，稳定公务员队伍的重要前提。

（2）行政组织机构要适应经济、政治、文化和社会生活发展变化的需要，即根据行政环境的变化，适时、适度地调整和改革行政机构，以保证行政组织的内部活力和外部适应能力，防止组织僵化或组织弹性及适应能力的丧失。

（3）要把稳定性与适应性有机地结合起来，准确地把握公共行政的实际需要，把行政机构改革作为组织发展的一种恒常机制，在改革中力求稳定，在稳定的前提下锐意改革。

第三节 行政组织结构与组织体制

一、行政组织的分类及其构成要素

（一）行政组织的分类

对行政组织进行分类的意义，在于了解和掌握各种类型的行政机关在公共行政中各自不同的结构和功能。

根据政治体制、行政体制、行政职能和行政管辖范围，可以从宏观上对行政组织进行分类：首先，在联邦制条件下，可以把行政组织划分为联邦政府行政机关、中间（州或加盟共和国等）政府行政机关和地方政府行政机关三类；其次，在单一制条件下，可以把行政组织划分为中央国家行政机关和地方国家行政机关两类。我国是单一制国家，中央国家行政机关是国务院，即中央人民政府；地方国家行政机关包括省级人民政府、市级人民政府、县级人民政府和乡镇级人民政府，即地方各级人民政府；此外还有一些特设的省级（直辖市）、副省级和县级市以及民族区域自治地方的区、盟、州、旗等。

我国宪法规定：中华人民共和国国务院，即中央人民政府，是国家最高权力机关的执行机关，地方各级人民政府是地方国家权力机关的执行机关。就是说，中央人民政府和地方各级人民政府相对于国家各级权力机关来说，是执行机关，相对于权力机关来说，国家行政机关属于执行性的机构。但是，并不能由此得出结论说，国家权力机关是决定政策的机关，而行政机关仅仅是执行政策的机关。这是因为，第一，政府是国家和社会事务的直接管理者，关于直接管理国家和社会公共事务的重大决策，从调查研究，政策规划，到设计方案，做出抉择等活动，都是由政府来进行的；第二，执行国家权力机关的意志，即把权力决策具体落实到基层，落实到具体的管理实践中去，这一过程，也是由一系列决策活动构成的，不过，相对于最初的权力决策来说，只不过是更加具体的决策而已。例如，按照我国宪法规定，国家最高权力机关对于国民经济计划和国家预算享有最高的和最后的决策权。但是，国民经济与社会发展计划的制订，国家预算的编制及其执行，都是由中央人民政府和地方各级人民政府通过一系列具体决策活动来完成的。

在一级政府内部，根据工作的性质、内容和作用，可以对行政组织进行微观分类，即可以把行政组织划分为领导机关、职能机关、辅助机关、咨询机关和派出机关等。

（1）领导机关是指中央和地方各级人民政府的行政首脑机关。例如各级政府行政首长及其合议制决策机构。根据传统政治学方法论，领导机关是各级政府组织系统的“发动装置”——领导与决策的核心，具有统筹全局，运筹决策，协调、控制与监督的功能。

（2）职能机关是指各级政府中负责管理某一专门行政事务的执行机构，是领导机关的部门机关。例如中央政府各部委、省级政府的各厅局等。此外还包括权限与部门机关大致相当，但规模小于部门机关的直接直属机关和间接直属机关。与部门机关相比，直属机关和领导机关的关系略有不同，而且专业性较强。在公共行政实践中，职能机关发挥着承上启下的作用，对上服从和接受上级领导机关的指挥和领导；对下进行工作指导和业务监督。

（3）辅助机关是指中央和地方各级政府内部为行政组织提供辅助性工作服务的机构，包括政务性、事务性、专业性和综合性的辅助机关。例如各级政府内设的调研机构、机关事务管理机构、人事机构和办公、办事机构等。其主要功能是保证行政组织系统灵活高效地运作。

（4）咨询机关是指为政府出谋划策、提供政策方案、政策规划的机构。咨询机关一般有两种形式：一是行政组织内部常设的政策规划组织，例如咨询委员会、研究中心、发展中心等；二是与政府组织保持密切联系的社会智囊机构。咨询机关的设置与发展基于现代行政决策过程中“谋”与“断”的分离，其主要功能是协助领导机关进行系统的决策科学研究，以保证行政决策的科学性、可行性、有效性。在现代公共行政中，由于行政事务的复杂化，咨询机关的作用越来越大，犹如政府的“内脑”和“外脑”，是政府决策科学化和公共行政现代化的前提和保证。

（5）派出机关是指一级政府机关根据公共行政的需要，在其管辖区域内设立的代表机构。派出机关不是一级国家行政机关，而是由一级政府委派，代表一级行政机关在特定地区实施管理，例如地区行署等。设置派出机关的目的是为了强化一级政府的直接领导，以维持该辖区的正常秩序，促进该地区的经济与社会发展；但结果往往事与愿违，因为在增加派出机关的同时，增加了一个行政层次，延长了决策流程，甚至助长了官僚主义。所以，对派出机关的设置要慎之又慎，要把精干效能原则贯彻始终。

（二）国家行政组织的结构要素

国家行政机关是一系列行政单位的集合，而每一个行政单位又是由多种组织要素复合而成的集合体。对行政单位进行进一步的分解，可以看到，构成行政组织系统的基本“元素”是行政职位、行政人员和行政资源，它们构成行政组织的三大结构要素。在行政组织中，由职位、人员和资源等因素的有机组合，形成行政组织中的具体工作岗位，进而由一定的工作岗位依照一定的法规、制度和程序组成一个组织实体,即单位,单位是行政组织中最基本的组织单元。

我国行政组织的基本组织单位在不同层级分别是处(中央或省级)、科(市、县)和股(县、乡),通常以科室加以概括。行政组织的结构要素是行政组织状况的指示器,因为行政组织的变化集中体现为这些基本要素及其相互作用关系的变化。遗憾的是,我国历次中央和地方政府机构改革,大多都是自上而下地进行,以中央或上级政府的改革为开端,以地方或下级政府向上级政府整齐划一地看齐为完成;殊不知,行政组织机构改革的动力和组织创新的关键恰恰就在于基层组织或单位之中。

第一,行政职位是行政组织的最基本的结构要素,它是行政组织系统的"细胞组织",主要由职务、职责和职权等因素复合而成。职位是行政组织中相对稳定的因素,其数量、职级、名称、业务范围等,一般都是由一定的法规、制度严格加以规定的,其变化应和一定的机构调整和改革相联系。但是,在法制不健全的情况下,职位又是最不稳定的因素之一,"因人设职"、"因事设职"最终会导致"职位"和"人员"的迅速膨胀,成为机构臃肿、人浮于事的最初动因。因此,职位法定、职数法定、权责一致、名实相符,应该是行政改革的基点;而职位的组合、职位关系的变更与调整,则是形成良好组织机制的基础。

第二,行政人员或公务员是行政组织中最积极、最活跃的因素,也是行政组织结构要素中唯一具有主观能动性的因素。有了人的因素,其他要素才能有效地发挥作用。所以,人员因素是行政组织结构要素的关键因素,行政人员的素质状况直接关系到行政管理水平和行政效率的高低。进入 20 世纪 90 年代以后,随着我国公务员制度的全面实施,尤其是公务员录用考试制度的规范化,有效地解决了公务员的"入口"问题,使公务员的素质有了明显的提高。但是,由于"小政府"模式的导入和公共行政现代化的迅猛发展,中高级公务员过剩和中高级职位紧张状况一直居高不下,公务员晋升过程中的"梯口"和淘汰过程中的"出口"一直不畅,极大地影响了公务员队伍的整体素质。

第三,行政资源是信息、经费、物材等物质因素的总和,是公共行政的物质基础。正如任何政府机关都需要办公处所、桌椅、文件、经费等物材一样,没有资源就不成其为行政组织,就无法进行有效的公共行政活动。行政资源主要来自于政府预算中的行政经费,行政经费的数量直接关系到公共行政的成本和效率;一般说来,行政资源与政府所提供公共服务的数量成正比,但是,行政资源与行政服务的质量并不完全成正比,有时甚至成反比。因此,行政资源领域里的改革蕴涵着巨大的潜力。现代科学管理的宗旨是"少投入,多产出"、"少花钱,多办事",通过行政资源方面的改革,不仅可以降低成本,提高行政效率,而且可以从总体上改善政府的管理水平。

二、国家行政组织的纵向与横向结构

（一）国家行政组织的纵向结构

行政组织的纵向结构是指一个国家内部各级政府间的结构形式，是一种以层级制为基础，垂直方向的业务分工和事权配置。主要包括两个方面，一是业务分工，即以管辖范围为基础在不同层级政府之间的业务分配，二是以行政管理权限为依据在不同层级政府之间的事权配置。国家行政组织所管辖的公共事务，在地域上遍布全国各地，在内容上涉及整个公共领域。以地域来划分居民是国家的基本特征之一，为了有效地实现国家行政管理职能，管理好国家和地方公共事务，需要将国家所管辖的地域划分成若干行政层次，而每个行政层次需要根据管理幅度原则，合理划分为若干"单位"，并由不同层级的政府及其部门加以管理。

一般说来，在联邦制国家，行政组织从纵向上分为联邦政府、中间政府（州或共和国等）和地方政府（省市县乡郡等）；而在中央集权制国家，则主要由中央政府和地方政府结构而成。在现代社会，一级政府组织基于对大行业、大系统管理的实际需要，通常采用大部门（决策部门）和小部门（执行部门或独立部门）相结合的方式加以设置。而在各级政府之间，层级越高，管辖范围愈广，组织规模和数量愈小，反之亦然。在事务和职权配置上，一般而言，凡属全国性的事务和职权划归中央，凡属地方性的社会事务划归地方。国家依法将国家事务、地方事务和共管事务加以明确规定，并依据行政权力的集中或分散的程度不同，采用不同的行政体制。在单一制国家，中央与地方行政组织之间是垂直领导关系。而在联邦制国家，联邦政府与各成员之间分属独立的政治实体，不存在垂直领导关系，联邦成员在不违反联邦宪法的前提下，独立管辖本地区的事务；但组成联邦的各成员辖区的行政组织称为地方政府，联邦成员如州政府对地方各级政府一般是垂直领导关系。

现代行政组织的主体结构是建立在马克斯·韦伯官僚制理论基础上的，我国行政组织也是一样，从纵向结构划分为中央、省（自治区、直辖市）、市（地区）、县市、乡镇等五个层级。根据目前对世界上191个国家和地区的初步统计，地方行政层次多为二、三级，约占67%，超过三级的只有21个国家，占11%。[①] 显然，我国行政组织纵向结构依然有调整和改革的空间。

近年来，随着全球化时代各国、各区域内经济和社会生活的联系日益紧密，

① 孙学玉、伍开昌：《当代中国行政结构扁平化的战略构想——以市管县体制为例》，《中国行政管理》2003年第6期。

尤其是随着通信和互联网技术的高速发展及广泛运用，各类组织观念的现代化，以及管理者素质的不断提高，“扁平化结构”几乎成为现代管理组织（如企业、政府等）改革和发展的共同趋势。彼得·圣吉所倡导的“学习型组织”的基本特征之一，就是“地方为主”的扁平化结构。组织结构扁平化的基本宗旨是减少信息中转层次，缩短管理和决策链条，提高管理效率和水平。

（二）国家行政组织的横向结构

行政组织的横向结构主要是指一级政府内部平行部门之间的结构形式，在实质上是一个事务（任务）、职能、责任和权力的配置方式。分析一级政府的组成方式，在我国通常以国务院为例。

新中国成立初期，我国根据《共同纲领》建立的中央人民政府体制，基本上属于一种委员会制结构方式；1949 年 10 月 21 日政务院成立时，虽是“最高国家行政机关”，但必须对中央人民政府委员会（同时履行人民代表大会的部分功能）负责，是中央人民政府的执行机关。当时，设置行政组织的主要依据来自于三个方面：一是当时行政管理的实际需要；二是我国的历史经验，尤其是国民党统治时期的历史经验和新民主主义革命时期中国共产党在解放区的组织工作经验；三是苏联政府的组织模式和组织工作经验等。很多研究机构改革问题的文章或书籍，经常引证当时的政务院只有 35 个工作部门，以作为“机构精干”的“历史见证”。实际上，当时政务院的机构设置是比较粗糙的，和精干、高效的组织目标尚有距离，这是由当时的政府体制、职能和行政环境状况决定的。所以，把“政务院”等同于后来的“国务院”加以论证，常常会引起人们的误解。同样，这个时期的地方政府组织也十分复杂，层级繁多，称谓各异，如大行政区政府、省、署和中央直辖市政府、大行政区直辖市政府和专区行署、县区和乡镇政府等；当时有些地区尚未解放，在初解放的地区又依据《共同纲领》实行“军事管制”。所以，从 1949 年到 1954 年宪法实施后的 1955 年，几乎每月都有中央和地方政府机构的重大变动和调整，直到 1955 年以后，我国行政组织才开始逐步纳入了制度化轨道。

从历史发展线索来看，国务院组织体制在新中国成立以后大致经历了三个发展阶段。第一阶段是 1949 年至 1954 年的政务院。它采取委员会制，即政务院由总理一人、副总理若干人、秘书长一人以及政务委员若干人组成。政务委员可以兼任政务院所属委员会的主任和各部的部长。但部长和主任不一定都是政务委员，也就是说，他们不一定都是政务院下属各部、会、院、署、行的行政首长。因为如果各部委的行政首长都是政务委员，再加上不管部的政务委员，则政务院的人数太多，无法正常地开展工作。

第二阶段是根据 1954 年宪法确立的部长会议制组织体制。1954 年宪法通过后，政务院改称国务院，由总理、副总理若干人、各部部长、各委员会主任和秘书长组成。这个体制持续时间最长，后来的 1975 年宪法、1978 年宪法除了增加秘书长为国务院组成人员外，基本上没有变化。国务院与政务院的组织形式有很大的差别，一是国务院不设委员，既没有兼部长的委员，更没有不管部的委员；二是各部部长、各委员会主任无一例外地都是国务院的组成人员，因此可以称之为部长会议制，其中，自然部分地采纳了苏联的行政组织模式和组织经验。

第三阶段是 1982 年宪法通过后，确立了总理负责制。它既不同于建国初期政务院的委员会制，又不同于 1954 年宪法之后的部长会议制，而是吸收了二者的优点，一方面设立国务委员，保留委员会制的优点；另一方面各部部长都是国务院的组成人员，带有部长会议制的特点。但又与二者有明显区别。虽然总理负责制和委员会制都设立委员和部长，但委员会制中的部长不是政务院的组成人员，而总理负责制中的部长是国务院组成人员。总理负责制和部长会议制的区别，不仅在于总理负责制设立了国务委员，而且在于两种组织体制中部长的地位不同。在部长会议制中，各部部长和委员会主任都是国务院常务会议的成员，而在总理负责制中，各部部长和委员会主任如果不是国务委员，就只能参加国务院全体会议，而国务委员既能参加国务院全体会议，又能参加国务院常务会议。

总理负责制可以最大限度地减少副总理的职数，补充设立若干名国务委员，从而使行政领导权更为集中，有利于总理更好地行使中央行政权。国务院虽然由集体组成，但是在国务院本身的领导体制中，总理居于主导地位，副总理、国务委员是总理的助手。总理召集和主持国务院常务会议和国务院全体会议。这种会议形式和其他实行合议制的机关，在工作程序和决定问题的方式上是不同的。合议制机关的每一个成员之间，地位基本上都是平等的，在决定问题的时候，一般每个成员都有同等的表决权。而总理负责制则不同，总理不仅有权召集和主持国务院的常务会议以及全体会议，而且，这两种会议在决定问题时，是在充分展开集体讨论的基础上，最后由总理集中大家的正确意见，形成国务院的决定。因此，总理负责制与民主制并不矛盾。因为实行总理负责制，重大问题的决定仍要经过国务院常务会议或国务院全体会议的集体讨论，特别是常务会议是国务院集体领导的核心。总理负责制固然是集中的，但这是民主基础上的集中，是民主集中制的一种表现形式。

在我国行政组织制度化过程中，中央和地方行政机构总是处在不断的调整和改革之中，其原因是多方面的，一是我国幅员广大，整齐划一的行政体制无法适应中央和地方不断变化的新情况；二是法制不健全，制定的法律、法规空洞抽象，缺乏实际效力，执行中又不能坚持依法设置、依法变更，往往从一时的实际需要出发，通过中央和国务院发布文件来设置、架空或增减机构；三是对行政组织机构的设置、变更、撤废缺乏科学理论的指导和系统的科学研究。进入 20 世纪 80 年代以后，随着政治学、行政学和管理学研究的复兴，行政组织理论和行政机构改革研究获得了迅速的发展。

(三) 国家行政组织的横向结构方式

随着我国从计划经济体制到市场经济体制的全面转型,尤其是为了适应加入 WTO 以后行政发展的需要,必须坚持从国情出发,从实际出发,积极吸收国内外公共行政研究的最新成果,合理借鉴境外、国外的先进经验,在行政事务分析、职能分析的基础上,按照"以人为本"、"服务为本"、"绩效为本"和精干、效能、统一、高效的原则,在一级政府内部,建立现代化的公共行政系统平台,将政府行政管理的决策职权、执行职权和监督职权等管理职能和权限适度分离,以政府内部管理体制及其机制创新为突破口,重组现行的政府机构,并在做好配套制度建设与改革的基础上,制订科学可行的实施计划,稳妥地实现我国行政体制的改革、过渡和转型,以建立法制化、科学化、现代化的政府工作系统。

我们把这一重大改革概括为"行政三分制",即在一级政府管理系统内部,将决策、执行和监督职能适度分离并在运行过程中使之相辅相成、相互制约、相互协调。基于"行政三分制"的行政体制改革和政府创新的基本宗旨是:

(1) 分权。通过制度设计,实现政府决策、执行和监督功能的分离,分散决策权、集中执行权、强化监督权,促进行政管理的科学化、民主化。

(2) 重组。按照决策、执行、监督分离的原则,重组现行政府机构,建立以决策局、相对独立的有决策权的审议机构、服务于决策局长的咨询机构、执行局(或分局)、部外制监督机构(直接向人大、党委和行政首长负责的监督机构)为主体的行政系统。

(3) 创新。按照新公共管理理念和方法,彻底转变政府职能,优化、创新政府管理制度和运行机制;在新体制下,政府不再是传统意义上的管理者或统治者,而是公共物品和基本公共服务的生产者和供给者,政府的主要任务是为社会公众提供高质量的公共物品和基本的公共服务。

(4) 协调。通过制度创新,在决策、执行和监督相对分离的基础上,实现三项管理职能之间的相互制约和相互协调,从而克服部门行政的弊端,提高政府管理的整体效能。

(5) 目标。通过改革达到提高政府绩效、管理水平、服务质量和综合治理能力,建设法治、民主、负责、高效的政府。

行政体制改革是一个复杂的系统工程。在新的公共管理系统中,设置一定数量的决策和执行部门,决策部门的行政首长属于一届政府的组成人员,决策和执行部门的数量要根据业务性质、复杂程度、管辖范围、财政收支、人口数量及质量等因素因地制宜地加以确定,并在条件成熟时逐步实现法定化。例如,就我国目前一级政府的决策部门而言,作为参考,按照管理幅度原则,中央政府一般不要超过 21 个,省市(含副省级城市)级政府 9 ~ 13 个左右,最多不要超过 15 个为宜，县乡两级政府一般在3～5个为宜，最多不要超过7个。

现代政府工作系统的核心是集合各类机构、各部门的共同需要，逐步形成与各种政府任务普遍关联的分支系统，即政府各部门共享的公共行政系统平台。主要包括：

（1）综合法制系统平台。依法行政是依法治国的关键和难点，也是行政体制改革的重点。建立统一的权威的法制系统，形成统一的法规口径，是决策、执行、监督分离，制约、协调和有效运行的基本保证。各决策部门只有行政法规的建议权和提案权，而不具备任何行政性立法权。通过各部门共享的法制平台，可以打破部门行政的藩篱，从制度上消除部门利己主义和本位主义等部门行政的弊端，从根本上规范政府的运作和行为。

（2）公共财政系统平台。公共财政是指国家（或政府）为全社会提供公共服务的分配活动或经济行为，它是与市场经济相适应的一种财政模式。其主要功能是弥补市场失灵，为社会和市场活动提供无差别服务。在“行政三分制”条件下，通过公共财政平台，可以最大限度地集中和整合公共财政资源，围绕公共管理目标，创造高质量的公共产品和高效率的公共服务，从体制、制度和运行机制上形成“长效”的利益分配和监督机制，以维护和保持政府的廉洁奉公形象。

（3）公共人力资源系统平台。公共人力（含传统意义上的劳动力和人才）资源系统是政府赖以正常运作的重要资源系统之一，建立统一的公共人力资源系统的目的，就是整合人力资源及社会保障业务，为政府、企业和社会提供优质高效的人力资源服务和社会保障体系。在社会主义市场经济条件下，市场在人力资源配置中发挥着基础性的作用，因此，建设一个机制健全、功能完善、法制配套、服务规范、信息灵通、调控得力、竞争有序的人才大市场，率先基本实现人才资源配置的市场化，并在此基础上简化政府职能，将部分政府人力资源管理职能下放给社会，培育人才市场，并加强和改善政府对人才市场的宏观调控和行政指导，逐步将政府人力资源工作的中心转移到宏观调控、行政指导和人力资源开发上来。

（4）公共信息资源系统平台。在新的管理体制下，政府各部门的监督、决策和执行等三类相对独立的职能的实现，对信息质量提出了更高的要求，它关系到决策的质量、执行和监督的有效性，是关系到整个政府管理水平的大问题。因此，必须整合政府信息部门，整合信息资源，建立公共信息资源系统就成为势在必行的措施。该系统建立后，不仅有利于推进“阳光行政”的发展进程，而且有利于开发公共信息资源，推进电子政务或电子政府以及公共服务电子化的全面发展。

（5）公共物料管理系统平台。建立科学合理的公共物料管理系统，切实保障政府各部门的物资需求，将政府工作必需的基础设施、办公厅舍管理、物料采购等业务纳入严格的成本管理系统之中,建立统一的政府消费体系,控制政府开支,推广资源增值计划和物料管理电子化。

三、行政组织的系统结构与组织体制

行政组织的系统结构,是指行政组织的纵向和横向关系整体协调的结构体系,其主要表现形式即行政组织体制。行政组织体制是行政组织内部各要素、各部门、各单位乃至各层级之间的组合方式,是行政组织内部各种行政关系制度化的表现。各国普遍采纳的行政组织体制,主要有首长制与委员会制、层级制与职能制、集权制与分权制等。行政组织体制是各国优良行政传统和管理经验的结晶,但没有哪一个国家只单纯地采用某一种组织结构方式,通常是根据本国历史传统和公共行政的实际需要,将各种组织结构方式有机地结合起来加以运用。

(一)首长制与委员会制

行政组织中法定最高决策权由行政首长一人行使者为首长制;而法定最高决策权由委员会行使者则是委员会制。首长制的优点是事权集中、责任分明,指挥灵便,行动迅速,效率较高;但由于权力集中于一人,容易造成行政首长的主观片面,独断专行,不易监督和制约。委员会制的优点是集思广益,相互监督,能够发挥群体作用,协调各方利益和意见;其缺点是决策和行动缓慢,权力分散,责任不明确,容易造成无人负责现象。由此可见,首长制和委员会制各有利弊,在行政组织管理中,应力求把二者有机地结合起来,发挥各自优点,克服其缺点,形成良好的互补关系。

在我国行政管理实践中,首长制与委员会制是各级政府普遍采用的一种组织形式,但在其实际运行过程中,各自的优点难以充分发挥,而双方的缺点又无力避免,甚至出现二者"优点相克、缺点相生"的异常现象。因此,在行政改革中,对于首长制与委员会制及其运行机制必须予以高度重视。为了有效地发挥首长制与委员会制的优点,克服双方的缺点,应根据我国各级政府组织的具体情况,尝试对几近僵化的首长制与委员会制进行弹性化改革。根据近年来各国行政改革的经验,这些改革主要有:(1)对领导集团的决策和执行功能加以适当分离,导入"执行部"机制,以强化决策的执行环节,适应瞬息万变的行政环境;(2)为了强化行政责任,应在建立有效的权力制约和监督机制的基础上,实行强首长制,以保证行政首长在领导行为中有足够的权威;(3)决策以委员会(临时委员会为主,常设委员会为辅)为核心,执行以行政首长为核心,并依此建立委员和首长的责任机制。

(二)层级制与职能制

层级制是指政府组织从纵向上划分若干层级,每个层级所管辖的业务性质相同,各对其上一层级负责,形成有效的层级节制关系;但其管辖范围自上而下逐层级缩小。职能制是指政府组织平行划分为若干部门,每个部门所管辖的业务内容不同,但管辖范围大致相当。采用层级制,由于各级行政首长业务性质相同,便于集中领导,统一指挥和行动。但是,如果不同时采用职能制,就会导致各级行政首长管辖过多,责重事繁,难以处处精通,事事胜任。而职能制的优点,在于合理分工,相互配合,使行政首长不至于因管理事务过多而顾此失彼,进而可以提高行政效能。不过,职能制不能离开层级制独立存在,所以,在组建行政机关时,一般都是把二者有机地结合起来,以发挥各自的长处。在动态行政过程中,层级制和职能制主要体现为管理幅度与管理层次之间的关系。

我国各级政府组织普遍存在着层级过多、管理幅度过大现象,是造成机构臃肿、部门林立、互相扯皮等现象的主要原因。层级制和职能制虽然是行之有效的组织结构方式,但它自身并没有自我控制机制,因此,层级制和职能制改革的基本途径是层级法定和部门法定,即根据行政职能状况和行政业务量,按照层次最少、幅度最小的原则,设置各级政府的行政层次和管理幅度,并用法律或法规加以规范化。

(三) 集权制与分权制

作为组织体制的集权制和分权制,主要是指一级政府内部的权力结构方式和权力运行机制。集权制表明行政权力是集中行使的,行政管理中一切重大决策都是由行政首长或上级领导决定,部门领导和下级职员很少有自主决定权;分权制是指一级政府组织的各层级、各部门对管辖范围内的行政事务有充分的自主决定权,行政首长对下级或下属范围内的事务亦不加干涉。所以,在行政组织结构中,集权制是"一元统御制",分权制则是"多元统御制"。在行政组织结构关系中,集权制与分权制各有利弊,关键在于形成行政权力集中或分散行使的合理机制,明确哪些权力应该集中行使,哪些权力应该分散行使,防止行政权力的过于集中或过于分散,以保证行政权力的有效运用。

第四章

行政职能与公共服务

行政职能，也称为政府职能，它体现了政府管理活动的实质和方向，是公共行政活动内容的总概括，是建立公共行政组织的基本依据。行政职能模式是历史发展的产物，它反映了政府行政组织在社会公共生活领域中的地位和作用，受经济社会发展阶段的影响和制约。行政职能转变是行政体制改革的核心内容，关系到政府行为方式和基本任务的变革，是一项长期性的系统工程。我国政府行政职能转变的根本目标是进一步提升和完善政府的公共服务职能，以科学发展观和构建和谐社会理论为指导，建设以公民为本位的服务型政府。

第一节　行政职能概述

一、*行政职能的含义和特点*

（一）现代政府行政职能问题的由来与争论

现代政府的行政职能问题大体发端于20世纪30年代西方资本主义国家的经济大危机。自那时起，围绕行政职能问题的争论经久不衰，与此相关的理论观点和政策主张也在公共行政学研究中占据了显要地位，正如世界银行(World Bank)在其《1997年世界发展报告:变革世界中的政府》中指出的那样:“在世界各地，政府正成为人们注目的中心。全球经济具有深远意义的发展，使我们再次思考政府的一些基本问题:它的作用应该是什么、它能做什么和不能做什么，以及如何最好地做这些事情。"[①]

总体来说,与现代政府行政职能有关的争论是沿着两条路径、围绕着三种关系发展变化而来的。发达资本主义国家的政府职能演进引出了相关争论的第一条路径,而发展中国家的政府职能发展则将争论引向了第二条路径。20 世纪 30 年代的资本主义经济危机迫使西方发达国家开始重新思考政府干预和市场自由之间的关系问题,其结果是西方发达国家在理念上普遍认可政府干预的合理性,而关键问题则在于政府干预什么、怎么干预和如何干预。实践表明,政府干预经济事实上已经成为西方国家的普遍做法,但干预的合理性和实际效用,则取决于政府的职能定位以及政府履行职能的能力。[②] 以肇始于 20 世纪 60 年代末期的"东亚经济奇迹"为代表,发展中国家在经济起飞的初期就强化政府参与在经济社会发展中的重要作用,政府通过制定经济规划和产业政策、实行金融和价格管理、实施出口导向型发展战略等手段,推动了社会经济的快速发展。美国经济学家斯蒂格利茨(Joseph E. Stiglitz)就曾经专门指出,"东亚奇迹"的一个关键因素在于"东亚政府采用积极参与政策,加速工业化的步伐,增加工业产出中出口的比重"。[③] 尽管日后的"东亚金融危机"暴露出此种政府职能模式的不足,但在特定的历史发展阶段,继续发挥政府职能的积极作用并适时推动政府职能的现代化转型,对于维护发展中国家的社会稳定和经济发展仍旧具有不可替代的作用。

"三种关系"则关乎国家与社会、政府与市场、公平与效率的关系问题,其关键之处并不在于主次之分,而在于先后顺序和侧重点的区别。(1) 国家与社会的关系。其实质涉及政府的政治职能,核心问题则是权威与民主关系的争论。自"二战"结束后半个多世纪以来,政府公共权威的不断扩展和延伸已经成为不争的事实,以至于形成如沃尔多(Dwight Waldo)所谓的"行政国家"(Administrative States),政府成为名副其实的"大政府",因而能够深刻地影响社会公众的日常生活。但这种发展趋势又与普遍高涨的民主诉求产生现实性的矛盾,深层次的原因则在于传统的精英政治格局与日渐成形的社会治理模式之间的冲突。(2) 政府与市场的关系。政府与市场的关系涉及政府的经济职能,正如林德布洛姆(Charles E. Lindbloom)所说,"政府与市场的关系既是政治学又是经济学的核心问题,它对计划制度和市场制度来说同样重要",[④]因而自凯恩斯经济学理论之后,有关政府与市场关系讨论的核心议题一直纠缠于强调"政府失灵"

---

① 世界银行:《1997 年世界发展报告:变革世界中的政府》,中国财政经济出版社 1997 年版,第 1 页。

② 张国庆主编:《公共行政学》(第三版),北京大学出版社 2007 年版,第 65 页。

③ [美]约瑟夫·E. 斯蒂格利茨等编:《东亚奇迹的反思》,王玉清等译,中国人民大学出版社 2003 年版,第 5 页。

④ [美]查尔斯·E. 林德布洛姆:《政治与市场:世界的政治—经济制度》,王逸舟译,上海三联书店/上海人民出版社 1995 年版,《序言》,第 1 页。

(government failures)还是“市场失灵”(market failures)这样两种截然相反的价值取向之间。而争论的焦点则在于社会资源分配过程中,政府职能与市场职能之间的边界应如何划分,职能有效性发挥的最佳范围到底应该是什么。政府与市场的关系问题既具有现实性,也具有历史传承性,经过大量的历史反复,二者之间的取舍已不成其为问题,关键是如何实现市场对资源的基础性配置与政府对市场的合理性干预之间的动态平衡。(3)效率与公平的关系。这是行政职能研究的重要问题,它涉及如何有效履行政府的社会职能,这种关系也可以理解为个人利益与公共利益、经济增长与大众福利、政府经济职能与社会职能之间的关系。[①] 效率与公平的争论由来已久,大体存在“效率优先论”、“公平优先论”和“效率与公平平衡论”三种观点,对待二者关系的不同态度决定了行政职能侧重点的不同。实践表明,效率与公平的取舍,“这是最大的社会经济抉择,而且它在社会政策的各个方面困扰着我们。我们无法在保留市场效率这块蛋糕的同时又平等地分享它”,[②]因此,目前具有可能性的选择方案,只能是通过不断完善行政职能体系来实现二者之间的动态平衡。

(二)行政职能的含义

行政职能亦称政府职能,作为公共行政学的基本概念之一,它是指政府依法对国家政治、经济和社会公共事务进行管理时所承担的职责和任务。行政职能反映了政府管理活动的内容和基本方向,决定了政府的规模和管理方式。

行政职能是公共行政实践的产物,伴随着公共行政广度和深度的拓展,行政职能也日益多元化和复杂化,因此,现代意义上的行政职能已经逐渐演变为一个系统化的概念。

第一,行政职能是行政功能的表现形式。所谓行政功能,是指行政组织系统在整个政治体系结构中发挥的作用。美国著名政治学家阿尔蒙德(Gabriel A. Almond)在分析政治体系时认为,政治体系是由不同的结构组成的,而不同的结构又与相应的功能发生联系。“体系结构是那些维持或改变政治结构的组织和机构,特别是那些执行政治社会化、政治录用和政治交流功能的结构的组织和机构。”[③]行政组织系统是一个国家政治体系中的重要组成部分,其功能的发挥对于整个政治体系的良性运转发挥着关键性的作用。行政职能是整个国家职能体系中的重要组成部分,而其自身也是一个多维性的结构体系。对于各级政府及其组成部门来说,由于在国家行政组织系统中所处的地位不同,所具有的功能也

① 张国庆主编:《公共行政学》(第三版),北京大学出版社 2007 年版,第 83 页。

② [美]阿瑟·奥肯:《平等与效率——重大的抉择》,王奔洲等译,华夏出版社 1999 年版,第 2 页。

③ [美]加布里埃尔·A. 阿尔蒙德,小 G. 宾厄姆·鲍威尔:《比较政治学:体系、过程和政策》,曹沛霖等译,上海译文出版社 1987 年版,第 72 页。

是截然不同的。当对某一级政府所具有的功能以规范化的职责、任务加以确定时，行政功能就表现为具体的行政职能。因此，研究行政职能，必须以行政功能为基本依据。

第二，行政职能是国家职能体系的重要组成部分，并与其他国家职能形成有机整体。所谓国家职能，是指国家政权机关活动的总方向、总任务及其基本使命和基本目的，是国家在实施社会管理过程中担负的职责和功能。[①] 一般来说，国家政权机关由权力机关、行政机关和司法机关组成，它们在国家管理过程中分别发挥决策、执行、监督的功能，也相应地行使立法职能、行政职能和司法职能。三种职能紧密联系、相互制约，共同构成有机的、完整的国家职能体系。其中行政职能是国家的基本职能，它以国家的立法职能为依据，以国家的司法职能为后盾，同时又受立法机关和司法机关的监督和制约。

第三，行政职能与特定的公共行政目标相联系。公共行政目标是对特定时期内政府行政组织基本价值理念的阐释，具体表现为政府公共行政的基本内容和方向。公共行政目标决定了政府行政组织存在的必要性，它引导行政职能的发展方向，即为了实现特定的行政目标而设定相应的行政职能。

第四，政府行政组织是行政职能的实施主体。行政职能是政府行政组织及其工作人员在管理社会公共事务过程中所应承担的职责和任务，政府行政组织的效能高低往往以行政职能的实现状况为判断标准。因此，行政职能体系也是政府行政组织设置的基础和考核依据。

第五，公共政策是履行行政职能的主要形式。戴伊（Thomas R. Dye）认为"公共政策乃是政府选择作为与不作为的事项"，[②]因此，公共政策过程实践上就是政府行政组织为履行特定行政职能的选择过程，其目的是实现行政职能的具体化和可操作化。从这个意义上来说，履行行政职能的过程也是公共政策的执行过程，公共政策的有效性构成了政府有效实现其行政职能的现实基础。

（三）行政职能的特点

行政职能是一个历史性的概念，不同性质的国家以及处于不同历史发展阶段的同一个国家的行政职能具有不同的特点。但总体上来说，行政职能主要表现为以下几个特点：政治性和社会性、动态性和相对稳定性、多样性和整体性、强制性和服务性、共同性和专门性。

第一，行政职能的政治性和社会性。政府的各项职能都是为统治阶级的政治统治服务的，都直接反映和体现了国家的阶级本质，其根本目的是为了维护统治阶级的利益，因而政治性十分突出。同时，行政职能又具有广泛的社会性。从

① 张康之、李传军编著：《公共行政学》，北京大学出版社 2007 年版，第 162 页。

② 转引自吴琼恩等：《公共行政学》，北京大学出版社 2006 年版，第 227 页。

静态上看,行政职能涉及经济、政治、治安、财政、文教、科技、社会福利、环境保护等诸多社会领域;从动态上看,行政职能又是行政主体对社会资源进行计划、组织、协调、控制的过程,包括一系列的环节和步骤。可以说,社会生活的各个方面,无一不包括在行政职能的范围之内;全社会的各个阶层,无一不接受政府的管理和服务。

第二,行政职能的动态性和相对稳定性。作为上层建筑组成部分的行政职能不是一成不变的,社会生产力发展水平不同,行政职能的内容和范围也会有所差别;政治体制和经济体制不同,行政职能的基本内涵和实现手段也会发生相应的变化。如在新中国成立初期,我国的社会生产力水平低下,政府面临的首要任务是巩固新生政权、发展国民经济和医治战争创伤,因此这一时期行政职能的侧重点主要是加强政治统治和大力发展国民经济。而自改革开放以来,我国政府的行政职能的侧重点则转向社会经济发展。再就政府的经济职能来说,新中国成立后我国一直实行计划经济体制,政府通过制定经济计划干预社会经济发展,伴随着改革开放的深入和社会主义市场经济体制的初步确立,政府的经济职能逐步转变为通过宏观调控手段保障经济的健康发展。然而在一个特定的历史时期内行政职能又表现出相对的稳定性,在这个时期内,行政职能不会轻易发生变化和做出调整,这是与国家政权在该阶段的主要任务相一致的。如自改革开放以来,我国政府的首要任务是大力发展国民经济,提高人民的生活水平,因此,从1978年至今,发展经济就成为各级政府重中之重的任务,经济发展水平也成为评判政府政绩的主要指标。

第三,行政职能的多样性和整体性。行政职能的多样性包括以下两个方面:一是行政职能内容的多样性。行政主体在履行管理社会公共事务职能的过程中,涉及社会生活的各个领域,包括政治、经济、文化、教育、体育等,可以说是无所不包。二是行政职能层次上的多样性。行政职能不可能由中央一级政府独立行使,它必须由上至下分成若干个层次,建立不同层级的行政机构来分别行使职能。行政职能体系的层级既相互贯通,又相互独立,呈现出互相交错的局面。尽管在内容和层次上表现出一定的多样性,但相对于立法职能和司法职能来说,行政职能又是作为一个整体而存在的。此外,行政职能还包括产生于公共行政自身运动的内在机制和过程之中的计划、组织、指挥、控制、沟通、协调、监督等职能,这些职能贯穿于整个行政活动的始终和各个方面。

第四,行政职能的强制性和服务性。作为国家权力的表现形式,行政职能以强制性的国家权力为基础和后盾,因而具有强制的性质。同时,在社会公共事务的管理过程中,行政职能又具有服务的性质,通过协调社会利益关系,保护公民和社会组织的合法权益,维护正常的社会公共秩序。在公共行政的实践中,行政职能的强制性和服务性通常是紧密结合在一起的,服务中有强制,强制中也包含着服务。

第五,行政职能的共同性和专门性。任何国家的政府,不论其性质、国情、发展阶段以及行政组织的层次如何设置,都必须适应国家和社会生活发展的共同需要,解决一些共同的社会问题,履行统治职能和一般社会公共事务的管理职能。同时,行政职能是政府管理某项事务的职责和能力,某项行政职能就是政府行政组织对某项事务的专门管理,它需要由掌握专门技能的专门人才通过特定的专门程序来履行,因此,行政职能也具有很强的专门性特征。

二、行政职能的类型

对行政职能进行多角度的分类研究,是深入理解其含义和特征的基本途径之一。根据不同的划分标准,可以将行政职能分为不同的类型。

(一) 按国家性质的不同分类

从国家性质的角度出发,行政职能可分为奴隶制国家的行政职能、封建制国家的行政职能、资本主义国家的行政职能和社会主义国家的行政职能。

1. 奴隶制国家的行政职能

奴隶制国家是占统治地位的奴隶主阶级剥削和压迫处于被统治地位的奴隶阶级和平民阶级的政治工具,其行政职能也是为巩固这种阶级统治服务的,是为实现奴隶主阶级的利益而存在的。由于社会生产力发展水平的低下和社会结构的初级化,奴隶制国家的行政职能不论是从内容上,还是从范围上来说都不如现代国家的行政职能那样丰富和多样,职能体系还比较单一。

2. 封建制国家的行政职能

尽管相对于奴隶制国家来说,封建制国家是一种历史的进步,但其本质仍旧是剥削阶级压迫被剥削阶级的工具,与此相适应,封建制国家的行政职能同样是为占统治地位的封建地主阶级的利益服务的。只是由于生产力发展水平的提高和人类生活领域的拓展,使得封建制国家的行政职能比奴隶制国家的行政职能更为复杂和发达,履行行政职能的手段也更多样一些。

3. 资本主义国家的行政职能

比较起奴隶制国家和封建制国家血腥而残暴的社会统治方式来说,资本主义国家的社会管理手段无疑要文明和进步得多。发端于工业大生产的现代工业文明在广度和深度上使人类社会的面貌发生了翻天覆地的变化,机器大生产不仅推动了科学技术的飞速发展,也带动了大规模的专业化分工。资产阶级凭借先进的生产力不仅摧毁了封建贵族的堡垒,也一并将封建制国家赶出了历史的舞台,建立起自己的国家政权。资本主义国家的建立无疑是人类历史上的巨大进步,但却掩盖不了少数人剥削和压迫大多数人的阶级本质,因此,“现代国家,不管它的形式如何，本质上都是资本主义的机器，资本家的国家，理想的总资本家”。[①] 资本主义国家的行政职能也是以维护资产阶级的政治统治为根本目的的，经过两三百年的发展，资本主义国家的行政职能已日趋完善，不论其专业化水平还是有效性都远远超过了以往的任何时代，但其并不代表最大多数人利益的行政职能却很难说是最先进的。

4. 社会主义国家的行政职能

社会主义革命是人类历史上最伟大的革命，它第一次实现了多数人的统治，社会主义政权实行无产阶级专政（在我国是人民民主专政），但它没有自己的特殊利益，而是与占人口绝大多数的广大人民群众的利益相一致，因此，它具有广泛的代表性。尽管从形式上来看，社会主义国家的行政职能与资本主义国家的行政职能并无太大的差别，但两者之间却存在着本质的区别。资本主义国家的行政职能也强调提高社会生产力发展水平和全体社会成员的生活水平，但它充其量仅仅是维护资产阶级统治的手段，而社会主义国家的行政职能则将提高社会生产力和人民生活水平作为最终目标，将管理社会公共事务，促进社会生产发展，维护社会公共秩序，不断发展各种社会公益事业视为政府责无旁贷的义务。虽然现阶段社会主义国家的行政职能还不完善，但强大的自我更新能力却预示着它的持久生命力。

（二）按作用领域的不同分类

按照不同的作用领域，可以把行政职能划分为政治职能、经济职能、文化职能和社会职能等。

1. 政治职能

政治职能是任何国家政府都不可缺少的职能。不同类型的国家，其政治职能体现的阶级利益、性质和要求也有所不同。政治职能的实质是维护统治阶级的统治地位，保障统治阶级的根本利益不受侵犯，因而这种职能最能体现国家的阶级性质和活动方向。我国政府的政治职能集中体现了广大人民群众的意志和利益。政治职能涉及国内和国外、敌我矛盾和人民内部矛盾，内容比较复杂，具体又包括保卫职能、专政职能和民主职能等几个方面。

2. 经济职能

经济基础决定上层建筑，上层建筑又反作用于经济基础。公共行政是上层建筑的重要组成部分，必须为巩固和发展产生它的经济基础服务。发展国民经济是各国政府共同面临的任务，政治的稳定、社会的繁荣和文化的发达，都必须建立在经济发展的基础之上，因此，经济职能就成为最主要和最基本的职能，区别在于不同国家履行经济职能时所采用的手段和所依赖的途径有所不同。以往

① 《马克思恩格斯选集》第3卷，人民出版社1995年版，第753页。

在比较社会主义国家与资本主义国家的经济职能时,主要看政府在履行经济职能时是依靠计划多一些,还是依靠市场多一些。但随着从计划经济体制向社会主义市场经济体制的转变,我国政府的经济职能也发生了显著的变化,正在从过去的依靠经济计划和政府指令管理经济逐步过渡到依靠经济杠杆等宏观调控手段,以及加强法制建设并充分发挥市场机制的作用来管理经济活动。

3. 文化职能

政府的文化职能是指政府通过思想政治教育和对科学、教育、文化艺术、卫生、体育、新闻出版、广播电视等事业的管理活动,提高全体国民的思想道德水平和科学文化素质,以推进精神文明和社会文明发展的职能。政府的文化职能是通过一系列专门管理机构的活动来实现的,如我国对文化事业的专门管理机构有教育、科学技术、文化、广播电影电视、卫生、体育等公共行政组织。

4. 社会职能

社会职能是保持社会稳定、维持社会正常秩序的基本职能之一。按照马克思主义的观点,凡是国家行政机关对一切具有社会性质的公共事务的管理职能,都称为政府的社会职能。这意味着政府的社会职能对不同社会形态的国家而言具有共性,与人类社会相始终。社会职能是与阶级统治或政治职能相对应的,因而在不同性质的国家,社会职能首先要与该国的阶级倾向相协调。但是,社会职能的确执行着某些"超阶级"的、任何一个社会都需要的共同事务。社会职能是阶级统治职能或政治职能的基础,它能够促进社会稳定和经济发展。社会职能的内容非常丰富,一般来说,改善、保障人民物质文化生活的事业和措施,都属于社会职能的范畴。

(三) 按作用的过程和方式不同分类

根据作用的过程和方式,可以将行政职能分为计划、组织、协调和控制等程序性职能。

1. 计划职能

所谓计划职能,就是政府行政组织为了实现既定的目标,对整体目标进行科学分解和测算,并策划必要的人、财、物,拟定具体实施的步骤、方法以及相应的政策、策略等一系列职能。

2. 组织职能

组织职能包括对有关行政机构的设置、调整和有效运转;对工作人员的选拔、调配、培训和考核;对已有的人员、资金、物资等做出合理安排和有效利用;对执行活动中的各项具体工作进行督促、检查和指导等,其目标是具体落实和实现决策和计划。

3. 协调职能

协调职能是对各行政机关之间、行政人员之间以及各项行政活动之间的关系进行调整和改善，使它们按照分工协作的原则，互相支持、密切配合、步调一致，共同完成预定的任务和工作。

4. 控制职能

公共行政过程中的控制职能，起着监督、检查、修正、纠偏的作用，力求使实际工作的结果同预期的结果保持一致，按计划完成任务。其主要任务就是要通过监督、检查和反馈，掌握有关情况，发现问题，采取必要的措施，纠正偏差，保证行政组织按照科学的轨道有效运行，最终达到预期的管理目标。

（四）按作用性质的不同分类

按照作用性质的不同，行政职能可以划分为统治性职能、保卫性职能、管理性职能和服务性职能。

1. 统治性职能

统治性职能是由政府的阶级性所决定的，集中体现了政府行政组织的阶级性。统治性职能的任务是镇压一切敌对阶级或敌对分子的反抗和破坏，维护本阶级的政治统治。实现统治性职能的手段是通过对军队、警察、监狱等国家暴力工具的运用。

2. 保卫性职能

保卫性职能主要是预防和制止动乱，保卫国家的独立、主权和安全，抵御外来侵略、颠覆和威胁；维护政治稳定和社会治安，打击各类犯罪，保护国有财产和公民合法财产的安全；维护社会秩序，保障公民的人身权利、民主权利和其他权利；保护各种经济组织的合法权益；保障国家宪法和法律赋予公民的各项权利。

3. 管理性职能

管理性职能是指根据国家宪法和有关法律的规定，政府管理国家或地方的经济、文化教育、环境保护、财政、民政、民族事务等行政工作。政府管理性职能的有效行使，有赖于运用科学的方法、技术、程序和规范来推行政令。一般来说，政府行使管理性职能的手段有经济手段、法律手段、行政手段、思想教育手段和纪律手段，其中经济手段是政府行使管理性职能的最主要手段。另外，由于各种管理手段是有机联系、相互渗透的，政府要特别注意各种手段的综合配套使用。

4. 服务性职能

公共行政的服务性职能是不同社会制度的国家政府所共有的。政府要采取一切有效的方式，组织和动员全社会的力量，创办和发展各种社会公用事业，开展各种形式的社会服务工作，为促进经济发展服务，为提高人民的物质文化生活水平服务，为国家的富强服务。

（五）按作用手段的不同分类

根据作用手段的差异，还可以将行政职能分为立法性职能、行政性职能和司法性职能。

1. 立法性职能

所谓立法性职能就是指政府行政组织在依据国家的宪法和法律从事公共行政活动的过程中,可以根据实际情况和客观需要,也可以接受立法机关的委托,通过法定程序,就某一专门领域制定法律、法规。行政的立法性职能是国家立法工作的有益补充和重要组成部分,也是推动法制建设的重要手段之一。行政的立法性职能是将公共行政活动规范化的过程,它是通过行政立法将政府公共行政活动纳入法制化的轨道,并且将政府的公共行政过程以国家法律和法规的形式固定下来,成为全体社会公众接受政府管理的特定行为方式。

2. 行政性职能

行政性职能是行政职能的重要内容,它是指政府行政组织根据国家宪法和法律的有关规定,通过合法的手段和途径推行政令和对社会公共事务进行有效管理的职能。行政性职能具有很强的程序性,这是由行政活动本身的特征决定的。行政性职能还具有权威性,这主要是与国家宪法和法律授予行政机关的职权相联系的。同时,行政性职能还具有唯一性,即只有国家行政组织才享有行使行政性职能的权力。

3. 司法性职能

司法性职能是政府行政组织依照国家法律和有关行政法规的授权,执行法律和法规的实施和对社会公共事务进行有效监督的职能。从过程的角度来说,政府各级行政组织本身就是执法部门,正是因为它们的活动才将行政立法等抽象行政行为转化为具体行政行为。另外,在公共行政过程中,各级政府行政组织又可以依照国家法律和法规的规定进行部门内部和部门之间的相互监督和制约,这涉及行为、过程和结果的各个方面。

对行政职能的多角度划分规定了行政职能种类的多样性,除了上面划分的几种类型之外,还可以根据公共行政的层次,将行政职能分为中央政府的行政职能、地方政府的行政职能和基层政府的行政职能;也可以按照行政职能的指向,把行政职能分为对内职能和对外职能,等等。

三、行政职能的意义

作为公共行政的核心内容,行政职能在公共行政过程中具有重要的地位和作用。

首先,行政职能是认识公共行政的前提。政府的公共行政活动是通过发挥自身的作用以有效地完成国家所赋予的职能的。认识特定国家的公共行政,首先应该认识其核心——行政职能。由行政职能出发,可以进而了解国家公共行政活动的性质、行政组织结构、行政过程和行政改革等相关内容。

其次,行政职能是建立政府行政组织的主要依据之一。公共行政组织是行政职能的载体,是行政职能的执行者,因此,有什么样的行政职能,就应该根据职能要求设立相应的组织结构。行政组织设置的规模、层次和数量,行政组织的调整和重组,都必须以执行行政职能的需要为依据。

第三,行政职能反映行政组织的性质和运行方向,规范行政组织运行的行为方式。行政职能规定了政府在特定的历史阶段管什么、管多少、怎么管的问题。具体来说,行政职能通过明确公共行政的职责、落实公共行政的任务、界定公共行政的范围、确定公共行政的目标,为政府活动的开展指明了基本方向。政府只有在明确自身职责和能力的前提下,才能有所作为,才不会产生方向性失误。

第四,行政职能的转变是变革行政组织、行政活动方式的重要前提。行政职能随外部环境的变化而变化,如果行政组织缺乏灵活性,难以适应因行政职能的变化而带来的对行政组织和行政活动方式的新要求,那么必将影响政府管理活动的效率。因此,公共行政组织和行政活动方式的变革绝不是随意性的,而是以行政职能的变化为基本依据的。

第五,行政职能是确定和划分政府职权的基础和依据。行政职能说明政府行政组织应该做什么和不应该做什么;政府职权规定政府行政组织必须做什么和怎样去做。政府职权是实现行政职能的法律形式,是法律化的行政职能。政府职权的内容是以行政职能为依据,依法定程序,通过法律授权而取得的。政府有什么样的职能,在法律上就应该有实现该职能的政府职权,政府职权的划分又必须以行政职能的划分为依据,与行政职能的划分相适应。

第六,行政职能的实施状况是政府公共行政效能的体现,进而显现出公共行政在国家社会生活中的实际作用。公共行政是国家政治生活的重要组成部分,因其具有的广泛性特征,人们认识国家的政治生活往往是从政府的管理活动开始的。行政职能的实施状况不仅体现了政府管理能力的高低,同时也影响到人们对国家政治生活的认同感,对维护社会秩序的稳定具有关键性的作用。

第七,行政职能是科学组织管理过程的重要依据。实现公共行政的程序化和科学化,必须依据行政职能,把每一项行政职能都作为公共行政过程的一个环节,并根据各项行政职能之间的先后顺序和相互制约关系,把它们联结成紧密配合、运转协调的系统。

总之,行政职能是公共行政过程中的中心的、基本的问题,这个问题不解决好,整个公共行政的运行和改革就难以正常运行。理论研究和实践发展都表明,科学地认识并确定行政职能,对充分发挥公共行政在国家和社会发展中的推动作用有着决定性的意义。

第二节 行政职能体系及其影响因素

一、行政职能体系

（一）行政职能体系的结构

行政职能是一个完整的体系，从整体上来看，其构成包括外结构和内结构两个方面。

行政职能体系的外结构是指行政职能的总体配置，它表明公共行政与外部环境之间的关系，“任何组织都需要注意外部世界，因为在那里可发现组织的关联因素、机会和威胁。对于公共组织来说，情况尤其如此，它们受到外部团体影响的程度大于私营部门”。[①] 行政职能体系的外结构主要由政治职能、经济职能、社会职能和文化职能等基本职能与计划、组织、协调和控制等程序性职能构成。基本职能和程序性职能紧密联系、相互作用，表明了公共行政在国家政治和社会生活中的范围和作用。

行政职能体系的内结构是公共行政的总体职能在行政系统内部分解的结果，其实质是行政权力的内部分配。总体职能在行政系统内部的分解基本上是沿着纵向和横向两个方向进行的，由此形成行政职能体系的层次性和部门性。虽然不同层次和部门之间的行政职能存在着差异，但又相互联系，具有一定的相关性，从而使不同层次的行政职能和同一层次不同部门的行政职能相互交织，形成行政职能的内在结构体系。

行政职能的总体配置是行政职能内在结构的基础和依据，行政职能的内在结构是行政职能总体配置的具体体现。行政职能的总体配置是行政职能的细分过程，根据不同的目的将行政职能进行专业化分工是现代社会的客观要求，与之相适应，设立专业化的部门和结构就成为提高政府行政效能的根本手段。另外，行政职能的总体配置总是通过特定的结构形式来实现的，缺乏必要的结构形式，行政职能的总体配置将成为无源之水和无本之木。因此，通过对行政职能内在结构的考察和研究，也可以从总体上把握行政职能的总体配置情况。

（二）公共行政的基本职能

公共行政的基本职能是政府行政组织作为国家政治和社会生活中的重要角色所必须发挥的基本作用。如世界银行在其 1997 年的《世界发展报

---

① ［澳］欧文·E. 休斯：《公共管理导论》（第二版），彭和平等译，中国人民大学出版社 2001 年版，第 223 页。

告》中就指出,每一个政府的"核心使命"应包括五项最基本的职能:(1) 确立法律基础;(2) 保持非扭曲性的政策环境,包括宏观经济的稳定;(3) 投资于基本的社会服务和基础设施;(4) 保护承受力差的阶层;(5) 保护环境。[①] 总体来看,公共行政的基本职能集中体现了公共行政在国家社会生活中的整体作用,反映了公共行政的基本内容,包括政治职能、经济职能、文化职能和社会职能等几个方面。

1. 政治职能

政治职能是维护国家统一的政治秩序的基本职能,其核心在于维护和巩固国家政权。政治职能具有鲜明的阶级性,它包括抵御外来敌对势力的颠覆和侵略,维护国家的独立和主权,防范和打击国内敌对阶级和反社会分子,维护社会秩序,增进法制和民主等。具体来说,政治职能包含的内容有:

(1) 保卫职能。政府通过加强武装力量建设、军事科研、国防工程建设等,提高抵御外来侵略和颠覆的能力,维护国家的独立和主权的完整,保卫国家安全。另外,政府还可以通过外交外事活动,借助各种政府间国际组织并承担应有的国际义务,平等协商、多边合作,加深本国人民与世界各国人民的友谊,维护合理的国际政治秩序,推动世界和平事业的发展。从方向上来看,政府的保卫职能是对外的,目的是要保护国家利益不受外来侵犯,为本国的经济社会建设创造有利的外部环境。

(2) 专政职能。政府要从维护广大人民群众的根本利益出发,镇压叛国、分裂国家和颠覆政府的活动,惩办和改造各种违法犯罪分子,制裁危害社会治安、破坏社会政治、经济秩序的各种行为。从方向上看,专政职能主要是对内的,目的是维系国家的基本政治经济制度,维护安定团结的政治局面,为社会生活的正常运转提供良好的内部环境和秩序。

(3) 民主职能。民主首先是一种国家制度,而作为国家制度的民主又首先是指哪个阶级掌握国家政权,享有民主,这是民主的本质。社会主义民主的本质和核心是人民当家作主,真正享有各项公民权利,享有管理国家和社会的权利。政府的民主职能表现为进一步完善民主制度,建立健全民主监督程序,提高公共行政过程的公开性和透明度,扩大政府同社会公众联系的渠道,提升公民的参政意识,完善公民参政议政的机制等。发展社会主义民主政治,建设社会主义政治文明,是我国全面建设和谐社会的重要目标。因此,切实强化各级政府的民主职能,是我国政治体制改革的重要内容,目的是调节政府与公民间的关系,促进人民内部的利益协调,增强人民群众对国家和社会的责任感,调动人民群众参与社

① 世界银行:《1997 年世界发展报告:变革世界中的政府》,中国财政经济出版社 1997 年版,第 4 页。

会公共事务的积极性。

2. 经济职能

经济是立国之本,也是国家发展壮大的动力和源泉,它不仅是国家实力的反映,而且对提高国民生活水平和维护社会稳定具有重要的意义。经济职能是公共行政的一项基本职能,是政府根据一定时期社会经济发展的需要,对经济生活进行管理的全部活动,目的在于巩固特定的经济基础,促进经济繁荣。实践表明,虽然市场机制在社会资源配置方面的基础性作用日渐突出,但政府的宏观调控对于维护社会经济秩序同样具有不可替代的地位。

一般来说,政府管理经济的方法通常有三种,即行政方法、经济方法和法律方法。这三种方法各有利弊,孤立地使用某一种方法,都会给社会经济生活带来危害。在实际的国民经济运行中,政府应该针对经济事务的不同特点,灵活地把三种方法结合起来,互相补充,互相促进。

行政方法是指政府行政组织将一般行政工作的原理、措施、手段运用于经济事务的管理,这是从公共行政的根本属性——执行国家意志的管理活动中产生出来的一种管理经济的方法。它主要是依靠自上而下的行政组织结构,通过运用各种行政手段(政策、规章、指令、计划)来实现国家对国民经济的领导和组织。强调纵向的垂直领导关系和强制性是这种方法的两个显著特征。

经济方法是政府的经济管理部门运用经济手段、按照经济运行客观规律的要求管理国民经济活动的一种方法。它有两个特点:第一,它依靠经济组织本身进行管理,如企业、专业公司、银行等;第二,它运用反映价值规律的经济杠杆进行管理,如价格、工资、利润、利息、税收,以及价值工具如经济合同、经济责任制等。政府运用经济方法管理经济,从本质上说,是利用经济组织和经济活动的根本目的是获取经济利益这一特质,组织、协调和影响社会经济活动,促进国民经济的发展。

法律方法是指政府的经济管理部门运用法律手段管理国民经济的一种方法。经济事务有其自身的发展运动规律,经过长期演变已经外化为人们在经济交往中必须遵守的规则,国家以立法的形式把这些规则固定下来,并要求所有社会成员在各自的经济活动中严格遵守。政府的经济管理部门在从事经济管理的过程中必须运用这些法律制度,裁判经济活动,做到有法必依,执法必严,违法必究,使社会经济生活走上法制化和规范化的轨道。

科学技术进步带动了社会生产力的提高,也推动了社会经济形态和内容的巨大变化,再加上政府工作重心的转移,从而使调整和变革成为当代各国政府经济职能的共同特点。政府经济职能的转变在广度上涉及制度、组织和方法等几个方面的内容:

(1) 管理模式的变革。所谓管理模式就是政府为管理社会经济事务而采取的一系列手段和方法的总和。对管理模式的选择,不仅是为了适应社会经济发展水平,也是一定思想意识指导下的产物。特别是在社会主义国家,选择什么样的经济管理模式,取决于对政府与企业关系以及计划与市场关系的不同认识,因而也就形成了部门管理和产业管理两种模式。管理模式的转变就是要使政府的经济管理从原来适应计划经济需要的部门管理模式,转变为适应市场经济需要的产业管理模式。① 产业管理模式与部门管理模式有着根本的区别:一是管理对象不同,部门管理是直接面向企业,而且是直接管理国有企业,而产业管理则是面向整个产业的所有企业进行"一视同仁"的管理;二是内容不同,部门管理实际上是对国有企业经营权的管理,而产业管理则是对企业活动的外部环境进行管理;三是手段不同,部门管理主要依靠行政手段进行控制,而产业管理则主要依靠政策和法律手段进行引导。

(2) 经济管理机构的改革。经济管理机构的改革是与管理模式的转变相适应的,政府应变按行业和产品分类设置单一性的管理机构为设置综合性的管理机构。具体来说,就是要打破条块分割、各自为政的分散管理格局,对工业、农业、商业和交通运输业进行统一规划和布置,精简机构,加强对宏观调控机构的建设和完善,扩大综合性管理机构的权限,将不同行业和产品纳入统一的管理体制中,打破地区封锁和行业封锁,使经济管理机构改革与全国大市场的形成协调起来。

(3) 经济管理职能的转变。市场机制在资源配置过程中的高效率决定了它的基础性作用,这使政府经济管理职能的转变成为大势所趋。特别是在社会主义市场经济体制初步确立后,随着以公有制为主体的多种所有制经济成分的共同发展,政府对经济活动的管理已不再单纯面向国有企业,而是面向各类所有制企业。由于我国国民经济市场化程度的不断提高,市场机制在资源配置过程中的基础性作用显著增强,加快政府经济管理职能转变已成为日益迫切的需要。政府经济管理职能的转变,一是要与经济管理机构的改革相配合,简政放权、政企分开,实现所有权和经营权相分离,使国有企业真正成为自主经营、自负盈亏的市场主体;二是通过将部分经济职能部门进行产业化和实体化,实现部分经济职能与政府相剥离,减轻政府负担,以保证政府将更多的精力放在对国民经济的宏观调控上;三是适应经济管理模式的变革,改变以往政府经济管理的手段和方法,变以计划为主为以市场为主,变微观干预为宏观调控,主要通过法律法规的完善和经济杠杆的运用来规范和调节社会经济生活。

3. 文化职能

文化职能也是政府行政职能中最古老、最基本的职能之一,它的目的是影响

① 宋德福主编:《中国政府管理与改革》,中国法制出版社 2001 年版,第 126 页。

和控制公民的社会化过程，增进政府统治的合法性，并对公民的精神生活加以引导。正如有学者指出，“个人行为举止通常都被分析为历史的与同时代的影响共同起作用的结果”，①公民的社会化是一个漫长的历史过程，在此过程中通过参与社会生活、接受教育、文化传播等途径，借助灌输、沟通、学习、强制等手段，公民逐步融入一定的社会体系中，并表现出对某种体系或系统的认同。政府往往成为推动公民社会化进程的重要力量，而文化职能的发挥又成为强有力的工具。

政府文化职能又具有一定的多样性，其内容和实现方式在不同时代和不同国家中存在显著的差异，这是与社会经济发展水平和国家性质相联系的。资本主义国家政府的文化职能建立在资本主义充分发展的基础之上，以宣扬资产阶级价值观为主要内容，对内通过强化资本主义的文化符号，对外通过文化扩张来实现相应的文化职能。而社会主义国家要实现现代化，既应该有繁荣的经济，也应该有繁荣的文化。就我国的实际情况来说，只有经济、政治、文化和社会协调发展，才能使中国特色社会主义事业走向成功。中国特色社会主义文化，既要反映我国社会主义初级阶段的基本文化特征，又要对政治、经济和社会的发展起巨大的促进作用，是凝聚和激励全国各族人民的重要力量，是综合国力的重要标志。面对当今世界科学技术的迅猛发展和基于综合国力的激烈竞争，面对世界范围内各种思想文化的相互激荡，面对人民群众日益增长的文化需求，政府应该从社会主义事业兴旺发达和民族振兴的高度出发，充分认识文化职能的重要性。

中国特色社会主义文化建设的基本目标是：以马克思主义为指导，坚持社会主义先进文化的前进方向，建设社会主义核心价值体系，增强社会主义意识形态的吸引力和凝聚力，建设和谐文化，培育文明风尚，弘扬中华文化，建设中华民族共有的精神家园，推进文化创新，增强文化发展活力，推动文化大发展大繁荣，让人民共享文化发展成果。根据这个目标，我国政府现阶段的文化职能主要包括以下具体内容：

（1）制定科学、文化、教育、卫生、体育等事业发展的战略、规划和计划。

（2）制定和颁布科学、文化、教育、卫生、体育等事业发展的法规和政策，为科教文卫体的发展提供良好的服务和环境。

（3）组织力量对重大科学技术项目进行协调攻关，统筹安排基础研究和应用开发研究，组织科技知识的推广和应用工作。

（4）健全文化市场和管理体制，规范文化市场的行为，坚持不懈地开展打击非法出版物的斗争，净化社会环境，维护文化市场的健康发展。

---

① ［美］戴维·O.西尔斯：《政治社会化》，《政治学手册精选》下卷，［美］格林斯坦，波尔斯比编，储复耘译，商务印书馆1996年版，第1页。

(5) 加强对图书馆、博物馆、科技馆、文化馆、体育场馆、纪念馆等文化基础设施的建设,为社会公众学习科学文化知识、陶冶情操、丰富业余生活提供更多更好的场所。

(6) 指导、协调和监督检查科学、教育、文化、卫生、体育等单位有效贯彻国家科教文卫体发展的规划、计划、法规、政策和经费使用情况。

(7) 深化科技、教育、文化、卫生、体育管理体制的改革,建立与社会主义市场经济相适应的新体制。

(8) 加强思想政治工作,增加政府对科教文卫体等事业的投入,稳定和加强科学文化教育人才队伍的建设。

4. 社会职能

政府的社会职能在这里是指除政治、经济、文化职能之外政府所具有的管理社会公共事务的职能。它是通过专门机构对社会福利、社会救济、社会保险等事业进行管理,来保障和改善公民的社会生活水平。

社会职能的内容异常丰富。一般来说,凡是致力于改善和保障社会公众物质文化生活的事业和措施,都属于社会职能的范畴。具体地说,政府的社会职能主要有:

(1) 制定社会发展的战略、规划、计划、法规和政策,改革社会事务管理体制。

(2) 建立健全社会保障体系,改革社会保障制度,建立与社会经济发展水平相适应的社会保障制度。

(3) 筹集社会保障基金,监督和管理社会保障基金的有效使用。

(4) 加强公共服务和公共设施的建设和管理,提供优良的社会服务。

(5) 合理利用和保护自然资源,强化对环境污染的综合治理,改善生态环境。

(6) 控制人口增长,提高人口素质,促进人口生产与社会经济的协调发展。

(7) 及时收集、汇集、整理、发布和传递各类信息,促进信息畅通。

(8) 积极引导社会生活,提倡文明、健康、科学的生活方式,克服愚昧落后和腐朽颓废的生活方式。

(三) 公共行政的程序性职能

公共行政的推进需要通过一定的步骤和过程,为完成行政工作和处理行政事务而必须遵循的一系列前后相继的操作步骤和过程就是行政程序。政府行政组织在从事公共行政活动时为履行一定的行政程序所体现出来的职能就是公共行政的程序性职能。关于公共行政的程序性职能,国内外有多种观点,其中最著名的是美国学者古立克创立的管理七职能说(即 POSDCORB),其他许多观点都是在对该观点进行增加、删减及修正的基础上形成的。

所谓“管理七职能”，是指规划(Planning)，即为需要解决的问题设计总体计划并采取措施以实现组织的目标；组织(Organizing)，即通过为特定目标而进行的对次级结构的安排、确定和协调来建立权威的正式结构；人事(Staffing)，即为雇佣、培训员工及维持工作的适宜条件而具有的整体的人事功能；指挥(Directing)，即为制定决策和将决策体现为特殊的和一般的命令及规章制度以及作为组织领导者所承担的持续性任务；协调(Coordinating)，即为使工作的不同部分相互联系而承担的所有重要职责；报告(Reporting)，即使对执行负有责任的人能够随时得到进展情况的信息，包括使其本人和其下属通过记录、研究和检查随时获得信息；预算(Budgeting)，即与所有以财务计划、账目和监控的形式表现的与预算有关的活动、职能等的统称。[①] 我们还可以进一步把上述程序性职能概括为计划职能、组织职能和控制职能。

计划职能是政府行政组织确定目标、选择实现目标手段的过程，包括确立目标、进行预测、预算和方案抉择等。具体地说，计划职能是行政组织为实现既定的行政决策目标，对整体目标进行科学的分解和测算，并筹划必要的资金、财物和人员，拟定具体实施的步骤、方法以及相应的政策、策略等的一系列管理活动。计划职能在公共行政活动中发挥着重要的作用，它有利于调动各方面的力量和积极性，集中目标，协调发展；有利于消除隐患，未雨绸缪；有利于行政决策的具体化，并为行政执行提供依据。计划职能事实上是对实现决策目标和任务做出的具体设想和安排，为了保证决策目标和任务的完成，计划必须讲究科学、统筹兼顾、协调完整。计划职能本身也是一个系统，包括计划的制订、计划的执行和计划的检查监督三个基本环节，且三个环节必须相互配套协调，并形成回路。

组织职能是政府为实现目标、计划而建立相应的组织体系，并对公共行政过程进行有效的指挥、沟通和协调，也是行政组织及其工作人员把确定的计划方案付诸实施的活动过程。具体来说，公共行政中的组织职能包括：设置、调整和有效运转有关机构；选拔、调配、培训和考核工作人员；合理安排和有效利用已有的人员、资金、物材等；督促、检查和指导执行活动。组织职能的有效发挥是实现决策和计划的关键，公共行政目标的实现，在很大程度上依赖于组织职能的充分发挥。可以说，组织职能是实现公共行政目标的依托，是公共行政组织形成有序系统并产生整体效应的基础。

控制职能是政府为保证计划的实现而确立的职能，包括监督、检查和纠偏等方面的内容。它是上级部门或行政领导者，通过对具体执行部门或人员的监督、检查、修正、纠偏等，力求使实际工作的结果与预期的结果相符合。控制职能贯

---

① Luther Gulick：Notes on the Theory of Organization，《公共行政学经典文选》(英文版)，竺乾威、马国泉编，复旦大学出版社 2000 年版，第 71 页。

穿于公共行政过程的各个环节、各个方面和各个层次，内容涉及事前事中的预防、督促、检查和事后的纠偏、惩戒。控制职能主要体现在两个方面：一是通过收集、加工、分析、研究计划执行和完成过程中的有关情报资料，对活动中数量、时间、质量等因素加以控制；二是通过了解和掌握活动中的人事、组织、财务、物资和方法等情况，对活动中的各种行为进行控制。控制职能的主要任务是通过监督、检查和反馈，掌握情况，发现问题，采取措施，纠正偏差，保证公共行政组织科学、有效运行，最终达到预期的管理目标。从动态上看，控制职能的发挥过程具体包括以下几个互相联系的环节：确立明确的控制标准和适当的控制幅度、获取偏差信息、采取有力的调节措施、实施有效持久的监督。

公共行政的程序性职能与基本职能一起，构成了政府行政职能的立体网络，并相互联系，共同作用，从而形成了一个互相渗透、有机统一的整体。

二、行政职能体系的影响因素

“体系是指各部分之间的某种相互依存以及体系同环境之间的某种界限。所谓相互依存，就是指在一个体系中，当某个组成部分的性质发生变化时，其他所有的组成部分以及整个体系都会受到影响。”①具有复杂结构体系的行政职能也同样受多种因素的影响，这些因素有的来自行政职能体系内部组成要素的变异，有的来自行政职能体系外部环境的变迁。影响因素及影响程度的不同，决定了古今中外政府行政职能的巨大差别。

（一）国家的阶级本质

国家的阶级本质决定行政职能的性质和作用方向，因此，阶级性是政府行政职能的本质属性。“每一次新的人民革命总是使国家机器管理权从一些统治阶级手中转到另一些统治阶级手中，在每次这样的革命之后，国家政权的压迫性质就更充分地发展，并且更无情地被运用，因为革命所许下的、似乎保证了的那些诺言只有使用暴力才能破坏。”②承担着管理社会公共事务的任务，行政职能在内容上和形式上都充分体现了统治阶级的意志。任何公共行政活动都服从于国家，服从于统治阶级，其性质由国家性质决定，并最终受到特定社会经济基础的制约。

资本主义国家是以生产资料私有制为经济基础，建立在资本主义私有制基础上的国家政权，在本质上是资产阶级专政。资本主义国家的公共行政，本质上

① ［美］加布里埃尔·A.阿尔蒙德，小G.宾厄姆·鲍威尔：《比较政治学：体系、过程和政策》，曹沛霖等译，上海译文出版社1987年版，第6页。

② 《马克思恩格斯选集》第2卷，人民出版社1972年版，第435～436页。

也是为资产阶级的统治服务的,体现着资产阶级的根本利益。因此,其行政职能也就自然而然地是为资产阶级的根本利益服务的,体现了资本主义国家的阶级性质。社会主义国家的经济基础是生产资料公有制,建立在此基础之上的国家政权本质上是无产阶级专政或人民民主专政。社会主义国家的公共行政,作为无产阶级专政或人民民主专政的国家政权的一种重要功能,必然要吸收广大人民群众共同参与,按照他们的意志来进行,体现他们的根本利益,必然是具有最广泛代表性的公共行政。

（二）社会经济发展水平

与社会经济发展水平相适应的社会公共事务总量及其复杂程度直接制约着行政职能体系的范围和内容。

社会经济发展水平是行政职能体系的现实基础,这是因为:一方面,社会经济的发展为行政职能的发挥提供了必要的物质条件;另一方面,社会经济发展水平的提高也为行政职能体系的完善创造了外部动力。社会经济的发展总是与社会分工的深化相伴始终的,集约化和产业化的现代化大生产带动了社会生活的分化,并进而使社会公共事务的总量和复杂程度大大增加。政府的公共行政活动必须与社会经济条件的变化相适应,作出适时的调整,这无疑将影响行政职能体系范围和内容的变化。

行政职能体系的变化主要涉及两个方面:一是纵向体系上的多层级化。社会经济发展促进了社会生活层次的日益丰富,行政职能体系的层次也将逐步扩充。二是横向范围的扩大化。社会经济发展水平的提升使多样性的社会生活需求成为可能,同时也使社会矛盾日渐突出,这导致行政职能体系的范围不断延伸,为了满足繁杂的社会需求,内容上的分类也不断多元化和细化。

（三）一国特定的政治文化

“对于人类学家和社会学家来说,文化意味着个人或群体的一整套生活方式,它是包括社会组织所有方面的最宽泛的范畴——政治、经济、宗教和其他。”①政治文化是社会和历史发展的产物,它涉及社会公众对政治生活的基本看法、价值理念以及精神气质。它不仅是一种行为方式,更重要的是培育了特定政治体制的心理基础。具有特定表现形式的政治文化,不仅成为政府行政组织体系的隐性制约因素,也深刻影响着行政职能体系。首先,传统的政治意识将决定行政组织体系是采取分权的模式,还是采取集权的模式。如我国传统文化强调对民族国家的认同感和“大一统”的政治意识,以此彰显中央政府在国家政治生活中的地位和作用,因而中央集权式的行

① [美]莱斯利·里普森:《政治学的重大问题——政治学导论》,刘晓等译,华夏出版社2001年版,第89页。

政组织体系得到了广泛的文化认同。其次，习惯性政治思维制约着行政职能体系与外部环境之间的关系。如我国几千年封建统治遗留下来的“官本位”思想，形成了社会公众对政府在社会公共领域中主导地位的普遍心理认同，这在一定程度上奠定了我国政府行政职能单向性运行的社会基础。最后，长期形成的政治理念也成为左右行政职能体系的制约因素。以美国和日本为例，美国社会注重个人自由，认为社会由个人组成；而日本社会则深受儒家思想的影响，强调人首先是社会的动物，离开了社会，也就无所谓个人自由。美国的行政职能体系强化对个人自由的保护，强调对民主意识的培养，而忽视公共空间的存在；日本的行政职能体系则强调公共精神的培养，强化人与人之间的公共性，注重对公共空间的发掘和维护。

需要说明的是，尽管特定的政治文化对一国行政职能体系具有深远的影响，但并非决定性因素，政治文化对行政职能体系的影响毕竟是有限的，起决定性作用的还是该国的社会经济发展水平和政治体制。

（四）行政主体的认知水平和管理能力

公共行政虽然是国家权威的表现形式，但说到底，它的主体是人，离开公共行政组织及其工作人员的作用，公共行政将成为空中楼阁。政府行政职能实施的最终效果如何，与行政主体主观能动性的发挥是分不开的，而主观能动性又取决于行政主体对公共行政目标的认知水平和自身管理能力的高低。

当代公共行政的专业化特征日益突出，科技手段的普遍运用促使以经验为基础的传统行政模式发生着深刻的变革，公共行政活动内容和范围的不断扩展，也对行政主体的组织形态和认知水平提出了越来越高的要求。行政主体的认知水平依赖于先进科技手段辅助下对管理目标和管理对象的客观认识，背离客观规律的公共行政活动只会导致行政职能的偏差，引发整个行政职能体系的扭曲。行政主体的管理能力则包括对管理目标和管理对象进行宏观和微观的双方面调控能力，这种能力的高低除了借助先进的技术手段之外，在更大程度上是通过对管理程序和过程的控制来实现的。

效率是公共行政的基本要求，如何充分发挥行政职能体系的作用，就成为提高政府行政效率乃至行政效能的首要任务。行政主体的认知水平和管理能力必须适应时代发展的步伐，滞后于社会发展阶段的行政职能体系，不论内容上还是结构上都将阻碍社会正常的发展进程。

此外，一个国家科技、文化的发展水平及其普及程度，社会公众的民主意识，现代公民社会的发育程度，以及一些重大的或随机性的社会变迁也都会在一定程度上对行政职能体系产生影响。

第三节　行政职能的转变

一、行政职能模式

行政职能模式也称为政府职能模式,它是指政府行政组织对社会经济生活进行调整和控制的方式、方法以及过程的总和,集中表现在政府行政组织所确立的公共事务管理组织结构、决策机制、公共利益的实现方式等方面。从历史发展的角度来看,行政职能模式存在着不同的类型,且会发生更替和转变。有国内学者根据政府行政组织与市场的不同关系,将行政职能模式划分为"保护型"、"干预型"和"引导型"三大基本模式;[①]而美国行政学者盖伊·彼得斯(B. Guy Peters)则基于对传统行政模式的批判,结合结构、管理、决策和公共利益等四个方面的特征,认为将存在四种新的政府治理模式,即"市场式政府"、"参与式政府"、"弹性化政府"、"解制式政府",与之相适应的行政职能模式也将存在差异。[②]

行政职能模式突出反映了不同历史发展阶段政府行政组织在社会公共生活领域中的地位和作用,而这一地位和作用又受到特定的社会经济发展水平、阶级关系、利益取向、社会结构等多重因素的影响和制约。因此,根据政府行政组织的地位和作用,可以把行政职能模式区分为三大类,即:统治型政府的行政职能模式、管制型政府的行政职能模式和服务型政府的行政职能模式。

(一)统治型政府的行政职能模式

统治型政府的行政职能模式是建立在社会经济发展水平低下、阶级关系紧张、利益取向单一且社会结构高度聚合的社会背景之下的,其典型特征正如里格斯(Fred W. Riggs)所说的"融合型行政模式":经济发展水平低下,以农业生产力为主;政治与行政不分,权力来源于君主;实行世袭制的行政制度,行政官吏在政治和经济上形成特殊的阶级;政府与民众较少沟通;土地的分配和管理是政府行政组织的重要事务;官僚的职位重于行政决策;行政活动以地域或土地为基础,行政职能的首要任务是维持行政的一致和统一。换句话说,统治型政府的行政职能模式完全从属于政治,是政治借以实现的工具,因此,政治性就成为这种行政职能模式的基本规定性。

---

① 参见张康之、李传军编著:《公共行政学》,北京大学出版社 2007 年版,第 167 页。

② 参阅[美]B. 盖伊·彼得斯:《政府未来的治理模式》,吴爱明等译,中国人民大学出版社 2001 年版,第 18 ~ 23 页。

可以说,统治型政府的行政职能模式是政府一经产生就存在的较为初级和原始的行政职能模式。其中,政府最主要和最根本的职能就是统治,是实现统治阶级的意志和利益,因此,整个社会公共事务的管理主要表现为国家管理而不是政府管理。政府行政组织作为统治阶级的“驭民之器”,本质上代表的是统治阶级的利益,是为阶级统治的需要而存在并为阶级统治服务的。

统治型政府的行政职能模式的主要特征是:一是集权管理,少数统治者掌握国家的最高统治权,立法权、司法权和行政权没有严格区分;二是“权治”管理,政治权力是实施社会公共事务管理的唯一依据,即使存在法律,法律也是依附于政治权力的;三是强制管理,行政职能的根本目的就是为了统治,因此行政职能履行的过程也表现出自上而下的强制性特征;四是单一化管理,由于社会结构高度融合,专业化分工程度低,因此行政职能所涉及的内容和范围都较为单一,其组织结构呈现出集束化形态,缺乏必要的分权和分工。

(二) 管制型政府的行政职能模式

管制型政府的行政职能模式是近代社会生产力发展和社会分化的产物。其基本社会形态是:工业生产力占据主导地位;政治与行政发生分化,权力来源于制度化的组织结构;实行功绩制的行政制度,并建立起专业化的公务员制度;政府与民众之间形成了特定的沟通机制和交往模式;政府行政组织的重要事务是强化公用事业和基础设施建设;强调行政决策的科学化和民主化;公共行政活动以专业化分工为基础,行政职能的首要任务是规范社会成员的社会行为并维护正常的社会秩序。由此可见,管制型政府的行政职能模式已经逐步摆脱了政治性和统治性的束缚,日益表现出管理性和社会性的特征。

在管制型政府的行政职能模式下,社会公共事务的管理成为政府工作重心,政府行政组织自身的管理则是出于更好地实现社会公共事务管理的需要。政治部门对政府行政组织的控制也主要表现为要求政府行政组织提供优质、高效的社会公共事务管理。国家的政府部门已经不再单纯是统治阶级意志的代表机构,而主要是社会公共利益的代表机构,是社会公众意愿的代言人。对社会公共事务的管理和社会公共生活的制约不仅成为国家政治生活的中心内容,也成为基本目的。

管制型政府的行政职能模式的主要特征是:一是分权管理,社会分化和专业化分工导致社会公共事务管理分别由不同的专业化部门承担,专业化职能体系的确立使行政权力实现了在纵向层级间和横向部门间的重新配置;二是“法治”管理,法律规范是实施社会公共事务管理的唯一依据,任何权力的行使都应该依法进行;三是强制管理,尽管行政职能的根本目的已不仅仅是为了统治,但政府行政组织为了强化对社会公共事务的规范和约束,还需要借助国家强制力自上而下地履行其管理职能,以强制措施实现社会管理的目的;四是多元化管理,社会分化导致社会公共事务复杂化和多元化,促使政府行政组织的职能结构和管理能力逐步显现出多元化的发展趋势,行政职能涉及的领域和内容也获得了极大扩展,其组织结构逐步呈现出分散化的形态,层级和部门间的分工与协作得以强化。

（三）服务型政府的行政职能模式

服务型政府是服务型社会治理模式的重要组成部分,"在公共管理中,控制关系日渐式微,代之而起的是一种日益生成的服务关系,管理主体是服务者,而管理客体是服务的接受者。所以,这是一种完全新型的管理关系,在这种管理关系的基础上,必然造就出一种新型的社会治理模式,是一种服务型的社会治理模式。"①与传统的行政职能模式相比,服务型政府的行政职能模式表现出在行政主体与客体的关系、公共行政组织及其工作人员的角色定位、行政职能体系的组织结构、行政职能价值取向以及行政职能体系的开放程度等方面的重大区别。

不论是统治型政府还是管制型政府,其行政职能的定位都是以控制为主,因而行政主体与客体之间往往形成控制与被控制的关系。而服务型政府行使公共权力的目的则在于有效实现公共利益并提供优质的公共服务,因此行政主体与客体之间已非控制与被控制的关系,社会公众成为公共行政活动服务的对象,是公共服务的接受者。

服务型社会治理模式强调管理主体的多元化,因而公共行政组织已不再是社会公共事务管理的唯一主体,其基本职能也不再是强化统治和实施对社会秩序的控制,而是提供公共服务,公共行政组织及其工作人员因作为公共服务的提供者而获得合法性地位,"对于公务员来说,越来越重要的是要利用基本价值的共同领导来帮助公民明确表达和满足他们的共同利益需求,而不是试图控制或掌控社会新的发展方向。"②

与传统行政职能模式下强调纵向层级化和横向部门化的组织结构不同,服务型政府行政职能模式的组织结构表现出典型的"扁平化"和"网络化"特征,这是与服务型社会治理模式相适应的。在新型社会治理模式下,由于服务意识的确立,公共服务的供给已不再仅仅借助于强制力的推动,公共行政组织也不再是凌驾于社会之上的组织,因而不再需要依靠等级关系来组织相应的管理要素,而是以公共服务精神为纽带,将不同的公共服务主体联系在一起,通过灵活的组织结构和良好的分工协作实现社会公共事务的共同治理。

管制型政府确立了以效率为中心的价值取向,将效率看做是衡量行政职能

① 张康之:《公共管理伦理学》,中国人民大学出版社 2003 年版,第 7 页。

② ［美］珍妮特·V. 登哈特,罗伯特·B. 登哈特:《新公共服务:服务,而不是掌舵》,丁煌译,中国人民大学出版社 2004 年版,第 41 页。

履行效果的标准,这也往往引发公平与效率之间的冲突和矛盾,而服务型政府则确立了公正导向,将保障和实现公民的基本权利作为政府行政组织的首要责任,强调公正前提下的效率并以公正激发效率。此外,传统行政职能模式都强调政府本位,突出以政府为主的社会公共事务管理,社会公众只是公共产品和公共服务被动和片面的接受者,而服务型政府从本质上来说则是以公民为本位的,其行政职能定位的依据是社会公众对公共服务的满意程度,公民满意度是考量公共行政组织服务质量的核心标准。

服务型政府建立在多元社会格局的基础之上,政府行政组织已不再是公共服务的垄断者,有更多的社会组织和成员成为公共服务的提供者,这也表明了服务型政府行政职能模式的开放性特征。与传统的封闭式行政职能模式相比,这种开放式的行政职能模式主要表现在两个方面:一是变信息不对称为信息共享,所有社会成员都能够平等和无障碍地获取社会公共信息;二是履行行政职能的过程是公开和透明的,所有社会成员都可以参与公共决策,并通过民主和法治的手段及渠道影响行政过程。

二、行政职能的发展趋势

行政职能是政府行政组织在一定历史条件下根据社会经济发展的需要而负有的职责,因此行政职能不是一成不变的,它会因历史条件的变化而发展,并根据不同时期形势和任务的改变而变化。按照马克思主义的基本观点,作为上层建筑的行政职能,在经济基础发生重大变化的情况下,必然会发生相应的调整。凡是在发展方向和形式上适应经济基础的行政职能,就能存在和巩固下来;反之,就会与经济基础发生矛盾,并迟早发生变革。从人类社会发展的总体进程来看,由统治型政府的行政职能模式发展到管制型政府的行政职能模式,再逐步转变为服务型政府的行政职能模式,正是行政职能发展趋势的客观反映。

(一) 行政职能的内容和手段日趋丰富和多样化

从传统社会到现代社会,行政职能的内容和手段日趋丰富和多样化。

政府行政组织对社会公共事务的管理主要依靠生产力发展和社会生活的内在运行机制及创造力来维持和延续,在进步生产力的推动下,人类社会生活的内在运行机制也必将发生深刻的变化,这成为制约公共行政活动的决定性因素。人类社会从传统到现代的演变,是一个不断挑战自我和完善自我的过程,与之相适应,人类的活动领域和范围得到了极大的扩展,社会生活的内在运行机制也逐步实现了从简单、一元化形态向复杂、多元化形态的转变,这成为推动公共行政活动内容和手段日益丰富和多样化的内在动力。

多元化的现代社会形态,决定了公共行政活动不论在广度上还是深度上,都是传统社会所难以比拟的。从内容上来说，公共行政的政治职能逐渐弱化，而经济职能、文化职能和社会职能则日益强化，行政职能体系正在逐步摆脱以政治职能为主、其他职能为辅的传统格局，而代之以多种职能并重的现代模式，特别是当社会经济发展成为人类社会第一要务的情况下，经济、文化和社会职能在整个行政职能体系中地位的提升已经成为客观的要求。自第二次世界大战以来，现代科学技术和社会生产力的迅速发展，促使大多数国家政府开始强化公共服务与公共产品的供给和需求管理，普遍采取多种措施干预社会经济事务，经济、文化和社会职能不断扩张，政府行政组织在社会保障、环境保护、信息服务、教育、文化、科研、娱乐、医疗保健、公共交通、通讯、能源等方面，都大大拓展了自身作用的范围和途径。

此外，就某一项具体的行政职能来说，其内容和实现手段也表现出日益多样化的特征。以社会职能为例，传统形态的社会职能以维护社会稳定为主要内容，主要通过政治和法律手段实现社会管理的目标；而现代形态的社会职能则以推进社会有序发展为首要目标，综合运用政治、经济、法律和文化等多种手段以推进社会平衡与发展目标的实现。行政职能内容和手段的丰富和多样化必将引发公共行政活动的变革，也将对行政组织体系和治理方式提出新的要求。

（二）行政职能日益分化和专业化

随着现代社会生活的日渐复杂化，行政职能也出现日益分化和专业化的发展趋势。

从初级到高级、从简单到复杂是社会发展的基本规律，每一次社会大分工都成为人类社会向更高阶段发展的助推器，社会分工不仅带动社会生产方式的转变，也影响着生活方式的巨大变革。现代社会复杂化的过程是伴随生产部门化和专业化程度的提高而出现的，行政职能的分化和专业化则是政府行政组织为适应外部社会环境的变化而作出的积极反应。

总体来看，行政职能的分化主要表现为两个层次：一是横向的分化，即不同职能间的分化，传统形态的行政职能由于社会生活领域的简单和初级而比较单一，现代形态的行政职能则日趋多元化；二是纵向的分化，即行政职能层级上的分化，与传统形态相比，现代形态的行政职能将更多借助于纵向上处于不同层次的行政主体间的协调与配合来实现，那种仅仅依靠单级行政组织来实现全部行政目标的做法已经远远不能适应现代社会的发展规律。因此，专业化成为现代公共行政活动的主要特征，行政职能的实现越来越依赖于专业化知识和受过专业化训练的专门人才。专业化手段和专门知识的应用，不仅提高了行政效率，也提升了公共行政活动的科技水平，为行政职能提供了更为多样的实现渠道，促进了公共行政活动质量的整体提升，能够更好地为履行社会公共事务管理职责服务。

（三）行政职能的重心逐渐由阶级统治性职能过渡到社会管理性职能

由于统治阶级的意志和利益已可以直接通过履行社会性职能来实现，因此，现代政府行政职能的重心将逐渐由阶级统治性职能过渡到社会管理性职能。

政府行政职能的首要任务是维护统治阶级的统治，并为统治阶级的利益服务，不论是资本主义国家还是社会主义国家，概莫能外。在阶级斗争和阶级矛盾不断激化的特殊时期，发挥阶级统治性职能成为政府行政职能的重心，依靠国家强制力实现统治阶级的意志和利益是阶级统治性职能的基本特征。伴随着统治阶级统治地位的逐步稳固和社会经济的发展，社会各阶级和阶层有可能通过增加可供分配的社会资源的总量，来共同增加各方所得的分配数额，进而达到某种政治妥协，使阶级对立和对抗的程度有所缓和。尤其是在自身的统治地位稳固后，统治阶级在国家法律的框架范围内采取和平的方式解决对立双方的矛盾，从而使原先那种作为阶级镇压工具的政府形象得以改变，弱化了政府公共行政的统治职能，而注重于社会管理性职能的发挥。对于社会主义国家来说，在生产资料所有制的社会主义改造完成以后，由于剥削阶级已经消灭，政府的阶级统治性职能只是用来对付极少数敌视社会主义制度的敌对分子和防范可能的外部入侵，而因物质生活和精神生活的不发达所导致的社会矛盾纯属人民内部矛盾，更多的是要借助社会管理性职能来解决。

政府实现统治阶级意志和利益的手段和途径多种多样，阶级统治性职能只是最原始和最具暴力性的一种形式，社会文明程度的不断提高为统治阶级意志和利益的实现提供了更多的选择，科技进步和生活领域的不断扩展也使寻找新的利益实现方式成为可能。现代社会的发展正在把人们的注意力越来越多地吸引到社会和经济生活领域，统治阶级意志和利益的表现形式也日益多元化，仅仅依靠阶级统治性职能并不能最充分地实现统治阶级的意志和利益。而社会管理性职能则为实现统治阶级的意志和利益创造了更为有效的途径，统治阶级借助于政府对社会公共事务的管理活动将自己的意志和利益通过政策、法规和法令等形式加以制度化，成为社会公众普遍接受的行为规范，经过教育、灌输等社会化途径和手段获得社会公众的认同和支持，并进而确立和巩固其合法性地位，将会越来越多地成为统治阶级实现其阶级意志和利益的最优选择。但政府行政职能重心的过渡需要一定的过程，而这在很大程度上又取决于政府行政组织变革和行政职能体系转变的进程。

三、我国行政职能的转变

行政职能的转变是指政府的行为方式和基本任务的转变，它包含以下几层意思：第一，行政职能的转变主要是政府的经济、文化、社会职能的转变；第二，行政职能的转变是行政职能体系的重心从一个职能转向另一个职能的过程，但其他职能并未消失；第三，行政职能转变是行政职能内涵由简单转向复杂的过程；第四，行政职能转变是行政职能行使方式由政治性、行政性、直接性向社会性、法律性、间接性转变的过程；第五，行政职能转变是由"无限政府"向"有限政府"的转变过程；第六，行政职能的转变过程是行政能力提升的过程。总之，行政职能的转变是一个综合的、连续的和动态的过程。

（一）行政职能转变是行政职能发展的普遍规律

行政职能是政府行政组织和行政生态系统互动过程的产物。行政生态系统，是指政府行政组织在履行行政职能的过程中所依托的外部环境，包括政治、经济、文化、社会等多种因素。作为复杂的系统，行政职能与行政生态系统之间存在相互的信息传输运动。行政生态系统的变化与社会生产力的发展密不可分，社会生产力的变化带动了社会生活领域多层次的变化，也对政府的行政活动提出了新的要求。通过特定渠道，行政生态系统将有关信息输入行政职能体系，行政职能体系据此对目标和行为方式做出相应的调整和改变，再以法令和政策的方式输出到行政生态系统，相互协调，共同促进，形成行政职能与行政生态系统的良性互动。因此，行政生态系统发展变化的持续性决定了行政职能转变的普遍性。

行政职能的转变包括两个方面的内容，即行政职能外结构的转变和内结构的转变。行政职能外结构的转变意味着政府行政组织与行政生态系统之间关系的重大调整，而行政职能内结构的转变则是行政职能体系内部的重新分解、转移和合并等。行政职能外结构的转变必然导致内结构的重建，而且也只有通过内结构的转变才能实现。同时，公共行政活动与行政生态系统之间还有一个相互适应的过程，并在一定时期内达到均衡状态，此时公共行政活动与行政职能体系相对稳定，不会发生大的变化。行政生态的变迁会引发政府行政组织所承担压力的变化，进而导致公共行政活动与行政生态系统之间关系的失衡，这会迫使行政职能重新开始与外界诸多因素的适应过程，直至达到新的平衡，其外结构也随之做出重大调整。行政职能外结构的转变只是整个行政职能体系在行政生态变化压力下的外部表现形式，最终还将直接影响行政职能体系内部不同要素间的整合，这种内结构的变化才是行政职能转变的核心内容。行政职能的外结构和内结构并不是相互独立的，而是相互作用、密切相关的，二者互为因果。行政职能外结构的调整成为内结构变革的激励性因素，通过信息沟通，将外部环境的要求反馈给行政职能体系，从而使行政职能体系能够及时做出反应；行政职能内结构的转变又成为外结构调整的前提条件，通过对内部要素的重新组合和设计，从体系内部提升行政组织的运行质量和效果，才能最终实现"双赢"格局。

就形式而言，行政职能转变可分为结构性转变和非结构性转变。行政职能的结构性转变包括两种情况:一是由于革命、战争等重大社会变迁导致政权更替或社会飞跃而引发行政职能在较短时间内从性质、内容到整个体系都发生了根本性的转变。如1949年新民主主义革命的胜利,使中国摆脱了半殖民地半封建的社会形态,政治体制和社会结构发生了翻天覆地的变化,政府的行政职能由原来维护少数人的剥削统治转变为维护革命的胜利果实和大力发展落后的国民经济,以满足广大人民群众日益增长的物质生活和精神生活需求。再如第二次世界大战的爆发,促使西方资本主义国家迅速调整政府的行政职能,以适应对外战争和战时经济的需要。二是在同一社会形态下,由于社会环境发生了重大变化(如政府更迭、工作重心转移等),导致行政职能范围、内容和作用方式的重大变革。如富兰克林·罗斯福在担任美国总统后,为应对经济危机造成的国内社会、经济动荡,大力推行"罗斯福新政",积极实行凯恩斯主义的经济发展模式,强调政府在国民经济中的干预作用,从而使政府行政职能在范围、内容和作用方式上得到了空前的强化。再如1978年中共十一届三中全会之后,我国大力推行改革开放政策,政府的工作重心由"以阶级斗争为纲"转变为"以经济建设为中心",特别是中国特色社会主义市场经济体制的初步确立,使公共行政的政治职能逐渐弱化,而经济职能和社会职能的重要性逐渐提升,"依法治国"方略的提出,又进一步将行政职能的实现方式纳入法制化和规范化的轨道。

行政职能的非结构性转变是行政职能在运行过程中发生在内容上的局部调整以及组成要素结构上的较小变化。行政职能的运行过程会随外部环境的变化和政府阶段性任务的转变而做出相应的调整,但这种调整并不涉及行政职能的整体结构,仅仅是对内容进行的补充和对组成要素进行的适当整合。如我国政府在经济发展过程中曾一度强调速度而忽视了质量,1997年爆发的"亚洲金融危机"引发了对国民经济运行质量的关注,因而自20世纪90年代末期以来,政府经济职能已逐渐从一味追求发展速度调整为质量与速度并重,大力整顿市场秩序、推行积极稳妥的财政政策等一系列措施的出台逐步实现了我国国民经济发展模式的转变。

行政职能的转变作为行政职能发展的发展趋势和普遍规律,是社会进步的必然要求,对于处在社会转型期的国家来说,如何在经济和社会都不发达的情况下适时转变政府的行政职能,对于维护社会稳定和发展具有重要的现实意义。

（二）我国行政职能转变的意义和依据

总结改革开放30年来的实践经验,政府行政职能的转变始终是我国现代化建设过程中的重大核心问题,也是长期的历史任务。转变行政职能就是要改变以往政府管得过多和管得过死的局面,按照市场经济体制的客观要求重新界定政府行政组织在公共生活领域中的地位和作用,减轻政府负担,提高公共行政活动的科学化和民主化水平,建立一套高效、廉洁、透明的行政职能体系。

长期以来,我国的行政职能偏重于对社会公共事务的政治控制,强调通过运用政治手段和统一计划的方式来实现社会管理,并进而大包大揽,管理手段落后僵化,管理效能低下,难以适应社会变革对政府管理活动提出的新要求。通过行政职能的转变,可以正确发挥政府的作用和地位,改变以往治理社会公共事务的模式和方法,改善政府行政组织与社会公众之间的关系,提高工作效率,重塑政府形象。行政职能转变也有利于建立科学的行政组织体系,这是我国政府机构改革的关键。我国以往的行政职能建立在经验管理的基础之上,缺乏科学性和民主性,这是与传统的行政组织体系分不开的。改革开放以来历次政府行政机构改革的难点恰恰在于政府行政职能界定的不确定性和模糊性。转变行政职能就是要明确政府公共行政的界限,真正使政府成为一个负责任的政府,该管的管,不该管的不管,科学合理地划分政府的责权范围,并以此为基础建立科学规范的行政组织体系,推动我国行政体制改革的稳步前进。行政职能转变还有助于理顺政府管理体系内部的各种关系,克服官僚主义,增强政府管理的生机和活力。建立在计划经济体制基础上的行政职能体系容易导致条块分割和政出多门,诱发保护主义,不利于社会资源的有效分配和合理利用。同时作为国家计划的制定者和实施者,政府行政组织扮演了公共产品和公共服务垄断者的角色,也在很大程度上滋生了行政组织的官僚作风,扼杀了政府行政组织进行公共事务管理的主观能动性,使政府成为保守和缺乏创造力的代名词。行政职能的转变实质上是一个催生动力机制的过程,"……一个商品或一项劳务的所有权并不那么重要,不管是公有的还是私有的;更为重要的是生产商品和提供劳务的市场或机构的内部动力机制",[①]因此,我国的行政职能转变就是要通过对行政职能的重新界定,打破原有的条块分割状态,真正使不同部门各司其职,精简机构和降低行政成本投入,转变工作作风,激发行政主体的主动性和创造性,变以往被动地发号施令为积极主动地适应社会变化的需要,为经济发展和社会进步服务。正是基于上述认识,党的十七大明确指出,"行政管理体制改革是深化改革的重要环节。要抓紧制定行政管理体制改革总体方案,着力转变职能、理顺关系、优化结构、提高效能,形成权责一致、分工合理、决策科学、执行顺畅、监督有力的行政管理体制。健全政府职责体系,完善公共服务体系,推行电子政务,强化社会管理和公共服务。加快推进政企分开、政资分开、政事分开、政府与市场中介组织分开,规范行政行为,加强行政执法部门建设,减少和规范行政审批,减少政府对微观经济运行的干预。规范垂直管理部门和地方政府的关系。加大机构整合力度,探索实行职能有机统一的大部门体制,健全部门间协调配合机制。精简和

① [美]戴维·奥斯本,特德·盖布勒:《改革政府——企业精神如何改革着公营部门》,上海市政协编译组/东方编译所译,上海译文出版社 1998 年版,第 24 页。

规范各类议事协调机构及其办事机构,减少行政层次,降低行政成本,着力解决机构重叠、职责交叉、政出多门问题。统筹党委、政府和人大、政协机构设置,减少领导职数,严格控制编制。加快推进事业单位分类改革。"①

我国行政职能的结构性转变有着广泛的社会基础,它是以现阶段政治、经济、社会发展的客观现实为依据的。

1. 社会主要矛盾的转变使国家和政府的工作重心发生转移

虽然仍然存在敌对势力,但现阶段我国社会的主要矛盾已经不再是敌对阶级之间的矛盾,而是人民日益增长的物质文化需要同落后的社会生产之间的矛盾。我国政府把推动经济发展和社会建设放在政府工作的首要位置正是适应历史潮流的明智选择。经济发展离不开社会的稳定与健康运转,政府通过履行社会职能,建立和健全社会保障机制,维护人民群众的基本生活需要,不断提高人民群众的生活水平和健康水平,加强公共安全建设,完善社会管理体制,培育公民的自我管理和自我约束能力,推进和谐社会建设。与此相适应,行政职能体系的外结构也必将因政府经济职能、社会职能、文化职能的全面提升而做出重大调整。

2. 从计划经济体制向社会主义市场经济体制转变的要求

从计划经济体制向社会主义市场经济体制的转变不仅是一种经济体制和经济运行方式的变革,更重要的是一种社会制度的变迁。市场经济体制的内涵要远比单纯的商品和交换丰富得多,它不仅改变社会个体的行为方式,也改变政府行政组织的行为方式。从计划经济体制向社会主义市场经济体制的转变,也是一次"公共领域的结构转型"过程,即"作为公共领域的基础,国家和社会的彻底分离,首先是指社会再生产和政治权力分离开来……它冲破了等级统治的桎梏,要求建立公共权力机关的管理方式。"②计划经济体制以命令和服从为特征,政府行政组织过多干预社会经济生活,甚至将纯粹的个人生活领域也纳入政府管理的范围,而市场经济体制则更多地强调自主选择和利益交换,充分尊重个体的生存空间。社会主义市场经济体制的初步确立使建立"小政府,大社会"的政府管理模式成为大势所趋,政府的主要目标将越来越多地集中于对社会经济生活的宏观调控以及对稳健社会环境的维护,将部分职能从行政职能体系中剥离出来,充分培育和发挥社会组织的治理功能,真正将企业交还给市场,深化行政职能体系内结构的改革,轻装简从,集中精力解决那些市场和企业不愿意或不能解决的问题。

① 胡锦涛:《高举中国特色社会主义伟大旗帜 为夺取全面建设小康社会新胜利而奋斗——在中国共产党第十七次全国代表大会上的报告》,人民出版社 2007 年版,第 32 页。

② [德]哈贝马斯:《公共领域的结构转型》,曹卫东等译,学林出版社 1999 年版,第 170 页。

3. 推进社会主义民主建设,实现公共行政民主化、法治化和现代化的需要

实现社会主义民主,是我国政治发展的终极目标,而政治的民主化又离不开公共行政的民主化、法治化和现代化。与经济发展和社会进步相适应,社会公众参与公共事务管理的热情日渐高涨,参政议政的意识日益强烈,要求对政府的公共行政活动享有充分的知情权,更迫切地希望参与社会公共事务的管理活动。公共行政的现代化与民主化具有相同的内涵,就是要变以往垄断式的管理模式为参与式的管理模式,要求转变政府工作作风和适当的简政放权,做到公开、公正和透明,重新界定行政职能的范围和边界,认真听取人民群众的意见和建议,勇于接受社会公众的监督和评议,鼓励和吸收社会公众参与社会公共事务的管理工作。"依法行政"也是公共行政现代化的必然要求,它不仅要求行政主体严格按照国家的法律规范行事,还要求对行政职能进行明确划分,分清责、权、利,强化行政职能履行的法定程序,进一步推进和完善行政问责制,提高政府行政组织工作人员的法律意识,推动公共行政的良性发展。

4. 继续深化改革开放对行政职能的重新思考和定位

"新时期最鲜明的特点是改革开放",[①]过去 30 年来我国社会经济发展取得的一切成就,都是同坚定地推行改革开放分不开的。特别是进入 21 世纪以来,社会主义市场经济体制的进一步发展和融入全球化进程的加快,使我国政府面临越来越多的新局面和新问题,传统的行政职能已远不能适应时代和社会发展的需要。社会主义市场经济体制确立了新的社会经济发展模式,也导致一系列的社会问题,如社会阶层分化、贫富差距、地区发展不平衡等,进而产生巨大的社会压力和不稳定因素。同时,以加入世界贸易组织为契机,我国在更大程度上和更广范围内参与全球化进程,对外开放程度进一步深化,这在创造更多发展机遇和发展空间的前提下,也使我国政府遭遇激烈的、全方位的外部竞争与挑战。从实践来看,改革开放是一项长期的社会化系统工程,现阶段存在的诸多内外部问题只有通过继续深化改革开放才能得以解决,别无他途,而改革开放的继续推进也是向世人表明我国政府遵守国际准则、走规范化发展道路的坚强决心,是政府管理体制走向文明化、法治化、人性化和道德化的必由之路,因而将引发对行政职能深层次的重新思考和定位,并积极推动政府行政职能转变的进程。

5. 科学发展观和构建和谐社会对行政职能的新要求

党的十七大报告指出,"科学发展观,是立足社会主义初级阶段基本国情,总结我国发展实践,借鉴国外发展经验,适应新的发展要求提出来的","科学发展观,第一要义是发展,核心是以人为本,基本要求是全面协调可持续,根本方法

---

① 胡锦涛:《高举中国特色社会主义伟大旗帜　为夺取全面建设小康社会新胜利而奋斗——在中国共产党第十七次全国代表大会上的报告》,人民出版社 2007 年版,第 8 页。

是统筹兼顾”;“社会和谐是中国特色社会主义的本质属性。科学发展和社会和谐是内在统一的。没有科学发展就没有社会和谐,没有社会和谐也难以实现科学发展。”[①]科学发展观合理地解释了社会发展中的的公平与效率问题,也指明了我国政府行政职能转变的基本方向,即各级政府应该在发展的基础上正确处理各种社会矛盾,要通过加快推进经济结构调整和增长方式的转变,以增加社会物质财富,提高人民生活水平,同时还要促进区域协调发展,强化政府行政组织的社会建设职能,按照民主法治、公平正义、诚信友爱、充满活力、安定有序、人与自然和谐相处的总要求和共同建设、共同享有的总原则,着力解决社会公众最关心、最直接和最现实的利益问题,为发展提供良好的社会环境,努力实现物质文明、精神文明、政治文明和社会文明的共同繁荣。

(三)我国行政职能转变的目标、内容和途径

当前,我国的改革和发展已经进入新的历史阶段,为适应新形势,必须加快转变政府行政职能,为继续深化政治体制、经济体制和社会体制改革,促进经济发展,推动和谐社会建设创造有利条件。

1. 我国行政职能转变的目标

我国行政职能转变的目标是:第一,按照社会主义市场经济体制的要求,转变行政职能,实现政企分开,把行政职能切实转变到宏观调控、社会管理和公共服务方面来,把企业生产经营管理的权利切实交还给企业;第二,调整行政组织结构,强化宏观经济调控部门,调整和减少专业经济部门,适当调整社会服务部门,加强执法监督部门,培养和发展社会中介组织;第三,按照权责一致的原则,调整行政部门的职责权限,明确划分行政部门之间的职能分工,相同或相近的职能交由同一部门承担,克服多头管理、政出多门的弊端;第四,按照依法治国、依法行政的要求,加强行政职能体系的法制建设,实现行政职能运行的法制化;第五,按照科学发展观和构建和谐社会的总体要求,切实转变政府实施社会管理的方式和方法,高度重视解决涉及群众切身利益的问题,推动区域协调发展,积极推进物质文明、精神文明、政治文明和社会文明建设。

2. 我国行政职能转变的内容

行政职能转变是关系到我国行政体制改革成败的核心问题,“我们要加快推进行政管理体制改革,进一步转变政府职能。继续推进政企分开,减少和规范行政许可和行政审批。坚决把不该由政府管理的事交给市场、企业、社会组织和中介机构。切实转变政府管理经济方式,加强社会管理和公共服务职能。大力推行政务公开,完善政府新闻发布制度和信息公布制度,提高工作透明度和办事

---

① 胡锦涛:《高举中国特色社会主义伟大旗帜　为夺取全面建设小康社会新胜利而奋斗——在中国共产党第十七次全国代表大会上的报告》,人民出版社2007年版,第13、15、17页。

效率。建立健全行政问责制，提高政府执行力和公信力。"[①]具体来说，我国政府行政职能转变的主要内容有：

（1）根据市场经济发展的要求，进一步明确政府职能定位。首先，政府的经济管理职能必须切实转变到宏观调控方面来，深化对社会主义市场经济规律的认识，从制度上更好地发挥市场在资源配置中的基础性作用，形成有利于科学发展的宏观调控体系；其次，加强市场监管，真正使政府从对市场的直接干预者转变为市场规则的制定者以及规则执行的监督者，从侧重市场准入转向全面规范市场主体、维护正常的生产经营秩序，推进垄断行业改革，引入竞争机制，支持、引导非公有制经济发展，规范发展行业协会和市场中介组织，健全社会信用体系；第三，强化政府的社会管理职能，统筹城乡发展，加强能源资源节约和生态环境保护，推动区域协调发展，完善社会稳定预警体系和应急处理机制，搞好社会治安综合治理，加快建设社会治安防控体系，引导和鼓励群众自治组织的有序发展；第四，强化政府的公共服务职能，在教育、医疗、就业等方面加大投入，弱化权力意识，贯彻服务意识，增加基础设施建设投入，为进一步应对深化改革开放所面临的挑战和机遇创造良好的环境。

（2）按照权责一致的原则，继续理顺政府行政组织内部的职能分工。理顺行政组织内部的职能分工是实现行政职能转变的基础，也是避免职能交叉重叠和互相推诿、无人负责的有效途径。按照廉洁、勤政、务实、高效的方针，进一步精简机构，从横向上理顺部门间的关系，明确分工；在纵向上调整好职能关系，切实解决权力下放和职能统一的问题。在部门明确分工的基础上，明确岗位职责分工，防止多头行政和各自为政。同时，必须加强行政机关组织建设的法治化进程，规范行政行为，理顺垂直管理部门和地方政府的关系，加大机构整合力度，健全部门间协调配合机制，精简和规范各类议事协调机构及其办事机构，减少行政层次，降低行政成本。进一步明确各部门的职责分工，理顺党委、政府和人大、政协之间的关系，落实宪法、组织法等法律规范关于行政机关权限划分的规定，严格控制编制，使各级政府及其职能部门之间权限清晰、分工明确。

（3）坚决依法行政，从严治政。党的十五大明确提出了"依法治国，建设社会主义法治国家"的基本方略，党的十七大又再次重申"全面落实依法治国方略，加快建设社会主义法治国家"，并将依法治国看做是社会主义民主政治建设的基本内容，而依法行政是实现依法治国的关键，也是实现行政职能转变的中心环节，是发展和完善社会主义市场经济体制的内在要求。大力提高行政立法的质量是依法行政的基础，为此，必须严格按照立法法等法律规范的要求，建立健全立法权限制度、立法程序制度、立法监督制度，做到科学立法、民主立法。公正

---

① 温家宝：《在第十届全国人民代表大会第五次会议上的政府工作报告》2006年3月5日。

执法和从严治政是依法行政的关键，其实质是依法治官、依法治权，要加强行政执法部门建设，不断提高行政执法队伍的整体素质，强化法治观念。实施和完善严格的行政问责制度是依法行政和从严治政的有力保障，加强对行政权力的制约和监督，健全和完善内外部的监督机制，提高行政监督的效能，推动行政执法责任制的落实，加大立法和司法机关对行政立法和执法过程的监督力度，完善行政机关内部的级别监督和审计、预决算等专项监督，并充分调动和保障公民、社会团体和新闻媒体监督行政机关的积极性和合法权益，使公共行政真正走上法治化的轨道。

(4) 改革和规范行政审批制度。行政审批是政府实施管理的一种手段，在我国计划经济体制下曾经发挥过重要的作用。但是随着改革开放的不断深入和社会主义市场经济体制的初步确立，原有的行政审批制度已经越来越不适应社会经济的发展进程，改革行政审批制度已势在必行。改革和规范行政审批制度是适应社会主义市场经济发展的必然要求，是进一步转变政府行政职能的突破口和紧迫任务，也是加强廉政建设的一项根本性措施。改革和规范行政审批制度应严格遵守《行政许可法》的规定，首先要在保留必需的审批项目并规范审批内容的基础上，进一步减少行政审批项目，抓好审批项目的审核；其次，科学界定行政审批权的法律依据，建立健全科学民主的审批程序，规范操作，简化程序，使审批程序制度化、法定化，并在此基础上实现公开审批。此外，还必须明确责任，建立相应的行政审批责任制度和监督机制，对于违法审批、越权审批等都要追究相应的法律责任，对于那些必不可少的审批项目，要加强监督检查，建立与社会主义市场经济体制相适应的结构合理、管理科学、程序严密、制约有效的行政审批制度。

(5) 加快政府管理的信息化建设。信息技术的发展对行政职能提出了新的要求，我国也在政府信息化建设方面进行了不懈的努力，并取得了重要的进展。随着《国家信息化发展战略(2006—2020 年)》等一系列指导性文件的颁布实施，政府信息化与电子政务建设进入了快速化发展的轨道。据统计，至 2005 年年底，我国政府域名(gov. cn)注册量达到 23 752 个，政府网站达到 11 995 个，县级以上门户网站拥有率达到 81. 1%，其中部委、省级、地市级和县级政府网站的拥有率分别为 96. 1%、90. 3%、94. 9%和 77. 7%。[①] 2007 年 4 月《中华人民共和国政府信息公开条例》的公布实施，对政府信息化和电子政务建设也提出了更高的要求。但由于我国政府的信息化和电子政务建设起步较晚，基础薄弱，政府信息资源开发利用的相关技术能力不足，网络等基础设施还比较落后，再加之思想意识方面的局限，从而极大影响了政府与社会公众之间的信息交流和互动效果。

---

① 国务院信息化工作办公室:《中国信息化发展报告 2006》2006 年 3 月，第 48 页。

以网络为基础的电子政务不仅增加了政府管理活动的科技含量,也改变了政府的行为模式,加速了信息流动,带动了政府管理模式和工作方式的变革,有助于提升政府公共服务质量和效能,促进政府与社会的良性互动,提高公共行政的整体效能。

3. 我国行政职能转变的基本途径

"……评价一个政府的好坏,应该根据它对人们的行动,根据它对事情所采取的行动,根据它怎样训练公民,以及如何对待公民,根据它倾向于促使人们进步或是使人民堕落,以及它为人民和依靠人民所做工作的好坏。"[①]不论是从理性主义的角度抑或是从经验主义的角度来看,行政职能从传统形态向现代形态的转变都是一个长期的历史过程,不可能一蹴而就。尤其是对处于转型期的国家来说,除了要受到政治体制、经济体制变革进程的影响之外,固有的传统文化、公民意识、社会环境所共同组成的强大惯性力量同样制约着行政职能的转变。因此,从历史和现实出发,在维护社会稳定的前提下,我国行政职能的转变应该走由点到面、由表及里的渐进式发展道路。

(1) 继续发展和完善社会主义市场经济体制。经济基础决定政治上层建筑,作为上层建筑重要组成部分的行政职能体系也必将受到经济因素的制约。社会主义市场经济体制的初步确立,为我国政府行政职能的转变创造了有利的外部条件,也促使行政职能体系发生了深刻变化。但由于市场经济体制还不够发达和健全,还难以为转变行政职能提供充足的物质和精神基础,因而在一定程度上限制了行政职能转变的进程。发展和完善社会主义市场经济体制,就是要充分发挥市场机制在资源配置过程中的基础性作用,逐步实现部分行政职能的剥离,减轻政府行政组织的负担,为转变行政职能创造有利的外部环境。

(2) 进一步推动政治体制改革。政治体制改革的成败是行政职能转变的关键。我国的政治体制改革是适应市场经济发展的要求,建设社会主义民主政治,实现有序政治发展的根本途径。行政职能体系是政治体制发展的必然结果,是与政治体制的现状相适应的,政治体制改革的不断深入将为行政职能转变创造内在动力机制。因此,离开政治体制改革,行政职能的转变将仅仅浮于表面,难以真正实现行政职能核心的变革。

(3) 政企分开是实现行政职能转变的根本途径。政企不分,成为长期阻碍我国行政职能转变的"瓶颈",不仅严重制约国有企业的生存和发展,而且也成为行政组织机构臃肿、管理权限混乱等弊端的症结之所在。政企分开首先要实现国有企业的产权变革,建立现代企业制度,完善国有资产监管体制,健全国有资本经营预算制度、经营业绩考核体系和国有资产重大损失责任追究制度,规范

---

① [英]J. S. 密尔著:《代议制政府》,汪瑄译,商务印书馆 1997 年版,第 29 页。

国有企业改制和产权转让行为，使国有企业真正成为“独立经营、自负盈亏、自我发展、自我约束”的经济实体。其次要建立和健全国有经济的进退机制，通过培育市场竞争机制，制定和完善竞争规则，建立科学的管制体系，解决企业运行机制与外部环境之间的相容性矛盾。

（4）培育社会公众的自我管理意识。行政职能的转变离不开社会公众的支持和监督，而社会公众自我管理意识的增强又成为转变行政职能必不可少的外部条件。生活水平和社会文明程度的不断提高，为社会公众实现自我管理提供了充分的物质条件和实现手段，而政府的正确引导又成为社会公众真正实现“自治”的前提和基础。社会公众自我管理意识的培育离不开组织上和制度上的支持和保障，通过积极推进基层民主管理，实现农村村民自治和城市居民自治，保护自治组织的合法权益，充分发挥人民群众自我管理和自我约束的主动性和积极性，使社会公众真正成为社会公共生活的主人。同时，大力发展社会中介组织，切实发挥社会中介组织在社会公共事务管理中的作用，是培育社会公众的自我管理意识和推动行政职能转变的有效途径。

第四节 公共服务与服务型政府

一、公共服务的含义

2002 年九届全国人大五次会议期间，国务院总理朱镕基在《政府工作报告》中明确提出，“必须进一步解放思想，彻底摆脱传统计划经济的羁绊，切实把政府职能转到经济调节、市场监管、社会管理和公共服务上来”，[①]突出强调了公共服务在新时期我国政府职能中的重要地位。贯彻落实科学发展观和构建和谐社会，除继续有序推进社会经济发展之外，更重要的是以人为本，要以人的发展为第一要义，以社会公众的利益需求为导向，因此也要求强化政府的公共服务职能，改进政府提供公共服务的手段和方式，并努力建设服务型政府。

公共服务的概念有广义和狭义之分。在广义上，可以将政府行政组织及其工作人员出于维护公共利益的目的，使用公共权力和公共资源所从事的工作都统称为公共服务。而狭义的公共服务则是指除政府的行政管理行为、维护市场秩序和社会秩序的监管行为以及影响宏观经济和社会整体的操作性行为之外，能够满足公民直接需求的并由政府介入的服务活动，如教育、医疗保健、社会保

① 朱镕基：《在第九届全国人民代表大会第五次会议上的政府工作报告》，2002 年 3 月 5 日。

障以及生态环境保护等。[①]

公共服务是一个系统性概念,对其含义的理解主要包括如下几个方面:第一,政府行政组织及其工作人员是提供公共服务的主体。政府行政组织在社会资源分配和使用中具有的垄断性和权威性地位,决定了其在提供公共服务方面的主体地位。第二,公共服务有明确的利益导向和价值取向。公共服务必须以社会公共利益的实现和维护为目的,并以社会公众直接需求的满足为价值取向,这也决定了公共服务"服务于公民"的基本属性。第三,公共服务的基础是公共权力和公共资源。公共服务是权威性的价值分配过程,公共权力成为这一过程得以顺利实现的权力基础,而公共资源则成为必要的物质基础。第四,公共服务以公民为本位,而非以政府为本位。公共服务强调满足公民的直接需要,这就要求政府行政组织从社会公众的角度出发提供符合社会公众需要的公共服务,换句话说,公民的满意程度应该成为衡量公共服务质量的唯一标准,而不是以政府行政组织自身利益的实现程度作为考量对象。第五,公共服务强调服务,而不是管制。公共服务强调政府行政组织与社会公众在平等地位上的"服务"与"被服务"关系,重视公民权和人的价值,而非"统治"与"被统治"关系,也不是以计划和指令为特征的单向度的"管理"和"服从"关系。

作为现代政府行政组织的一项基本职能,公共服务受到特定社会经济发展水平的影响和制约,它还具有公共性、广泛性、非排他性、均等性和动态性等基本特征。

(1) 公共服务的公共性。公共服务的公共性可以从三个方面来理解:首先,公共服务的提供主体是公共行政组织及其工作人员,其他有条件参与公共服务供给过程的社会组织和个体只是适当的补充,并不能够取代公共行政组织提供公共服务的主体地位。其次,公共服务的目的是为了实现和维护社会公共利益,满足社会公众日益增加的社会生活需要,而不是为了实现某个组织或个人的特定利益。因此,"公共行政官员必须促进建立一种集体的、共同的公共利益观念。这个目标不是要找到由个人选择驱动的快速解决问题的方案。更确切地说,它是要创立共同的利益和共同的责任"。[②] 最后,政府行政组织提供公共服务的手段是依赖于运用公共权力对公共资源在公共领域内的生产和分配,它不同于经济组织借助市场竞争就特定产品和服务在私人领域内的生产和分配。

(2) 公共服务的广泛性。广泛性特征主要表现在公共服务的主体、客体和内容等方面。从主体来说,所有的政府行政组织及其工作人员都是公共服务的

① 赵黎青:《什么是公共服务》,《学习时报》2008 年 7 月 14 日。

② [美]珍妮特 · V. 登哈特,罗伯特 · B. 登哈特:《新公共服务:服务,而不是掌舵》,丁煌译,中国人民大学出版社 2004 年版,第 40 页。

提供者,而没有级别、地域、职位、部门的差异;从客体来看,所有拥有合法公民权的社会公众都是公共服务的服务对象,而不应有出身、家庭背景、民族、教育程度、收入水平等方面的限制;公共服务的内容也是广泛的,它涉及与社会公众利益和基本生活需要相关的所有领域。

(3)公共服务的非排他性。这是公共服务与私人服务的最根本区别,也是公共服务的基本属性所决定的。非排他性意味着公共服务的开放边界和低门槛,也就是说,任何社会公众在接受政府行政组织提供的公共服务时都应该是无障碍和低成本的,而不会因高昂的使用费用被排斥在公共服务体系之外,从这个意义出发,公共服务也应该是一个开放和透明的体系。

(4)公共服务的均等性。公共服务的均等性是以解决公平和效率问题为出发点的。均等化的公共服务更加强调公平,其目的应该是在充分保障市场竞争效率的前提下,政府通过履行公共服务职能,完善基本的社会基础设施,弥补"市场失灵"所导致的社会利益损失,缩小贫富分化,促进社会资源的平等分配,力图使社会成员均等受益,以保证稳定、健康、持续的社会发展。

(5)公共服务的动态性。公共服务是特定社会经济条件的产物,也会随社会变迁和经济发展水平的变化作出调整,因而,公共服务也具有动态性的特征。公共服务的动态性特征主要表现在两个方面:一是公共服务的内容会因社会问题和矛盾的转化以及政府公共管理目标的转变而发生变化;二是提供公共服务的手段和途径也会随生产技术和政府管理模式的变革而相应调整。

按照内容和形式,可以将公共服务分为基础公共服务、经济公共服务、社会公共服务和公共安全服务,也有学者将基础公共服务和公共安全服务合并在一起,称之为维护性公共服务。[①] 基础公共服务是指那些通过国家权力介入或公共资源投入,为公民及其组织从事生产、生活、发展和娱乐等活动都需要的基础性服务,如水、电、气、交通与通讯基础设施,邮电与气象服务等。经济公共服务是指通过国家权力介入或公共资源投入为公民及其组织即企业从事经济发展活动所提供的各种服务,如科技推广、咨询服务以及政策性信贷等。公共安全服务是指通过国家权力介入或公共资源投入为公民提供的安全服务,如军队、警察和消防等方面的服务。社会公共服务则是指通过国家权力介入或公共资源投入为满足公民的社会发展活动的直接需要所提供的服务,如公办教育、公办医疗、公办社会福利、环境保护等。[②]

---

① 吴玉宗:《服务型政府建设研究》,经济日报出版社 2007 年版,第 71 页。

② 赵黎青:《什么是公共服务》,《学习时报》2008 年 7 月 14 日。

二、服务型政府的理论基础

服务型政府不仅来源于公共行政实践发展的客观要求,也得益于公共行政学创新发展的理论成果,它们共同构筑了服务型政府的理论基础。总体来看,服务型政府的理论基础包括新公共行政理论、新公共管理理论、治理理论、新公共服务理论以及科学发展观与建设和谐社会理论等理论体系。

(一) 新公共行政理论

"新公共行政"理论是相对于"传统公共行政"理论而言的,其主要特征是运用现象学方法、本土方法论、符号互动论以及解释学和批判理论等新的研究方法并且强调以公共行政的"公共"部分为研究重心。[①] 新公共行政理论的主要贡献是:(1) 提出了公平和公正的行政理念。新公共行政理论在对传统公共行政理论的"效率至上"观进行批判和反思的基础上,提倡公共行政中的社会公平价值观,认为公共行政不仅要追求管理的效率,还要将实现社会的正义、公平和公正作为公共行政的"公共目的",正如弗雷德里克森(H. G. Frederickson)所说,"倡导公共行政的社会公平是要推动政治权力以及经济福利转向社会中那些缺乏政治、经济资源支持,处于劣势境地的人们"。[②] (2) 提倡动态开放的行政组织观。新公共行政理论主张用分权、权力下放、规划、合同、敏感性训练、组织开发、责任扩大、对抗和公民介入等概念来构建新的组织结构,公共行政人员应更加关注组织对公众的影响,更加强调公共组织为"公"的特性,将公众的需求作为组织存在和发展的前提,对社会公众的服务需求应作出及时和有效的回应,而"回应"能力是评价行政组织结构和功能的重要指标。同时强调组织的灵活性和组织结构的弹性,以提高行政组织对外界刺激作出迅速反应的能力。(3) 民主行政模式。新公共行政理论认为,民主行政是行政发展的未来趋势,行政改革的最终目标就是要建立民主行政模式,它应将公民需求作为行政体系运转的核心,也即公民的权利和利益应高于政府自身的利益扩张和利益满足,政治的民主必须实实在在地体现在民主的行政过程之中,民主行政是现代社会的大势所趋,是社会进步的体现。[③]

(二) 新公共管理理论

新公共管理理论来源于"新公共管理"改革实践,其理论根植于公共选择理

① 丁煌:《西方行政学理论概要》,中国人民大学出版社 2005 年版,第 256 页。

② 转引自丁煌:《西方行政学理论概要》,中国人民大学出版社 2005 年版,第 260 页。

③ 参见孙柏瑛:《公共行政的新思维——美国新公共行政学派及其思想评述》,《国外社会科学》1995 年第 8 期。

论、委托人—代理人理论、交易成本理论等新制度经济学派的相关研究成果,希望以此来解释政治与行政、政治与市场、政府与社会之间的相互关系。从实践来看,“新公共管理作为一种可选择的典范可以比传统的公共行政模式提供更为切实可行的方法”。① 具体来说,新公共管理理论主要包括如下几个方面的内容:(1) 以输出为价值取向,将公共管理的注意力从过程转向结果,强调管理者的责任;(2) 以市场机制取代官僚组织;(3) 引入民营部门的管理方法,明确组织和个人的工作目标;(4) 通过市场测试将政府的某些功能外包出去,以缩减管理成本;(5) 把社会公众视为公共管理的客户,确立明确的服务标准;(6) 削减政府机构的直接成本,强调政府部门的资源配置效率;(7) 引入更多的竞争机制,如任期合同、公开招投标等,以缩小政府规模、节制政府开支、改善公共服务质量。

新公共管理理论的贡献在于:(1) 重新定位政府职能。政府行政组织已不再是社会公共事务的全面干预者和管理者,而应是宏观调控者和监督者,不再是“全能政府”,而应是“有限政府”。(2) 转变政府管理手段。在公共行政过程中,应充分发挥市场竞争机制的作用,通过市场化和企业化运作削弱政府行政组织对公共资源的垄断地位。(3) 积极借鉴民营部门的管理手段和方法。新公共管理理论主张从民营部门的管理方法中获得有益的经验,通过运用在民营部门管理实践中行之有效的绩效管理、目标管理、人力资源管理等方法以提高公共部门的效率,从而整体提升公共服务和公共产品的质量和效益。

（三）治理理论

“治理是一种内涵更丰富的现象。它既包括政府机制,同时也包含非正式、非政府的机制,随着治理范围的扩大,各色人等和各类组织得以借助这些机制满足各自的需要、并实现各自的愿望”。② 因此,治理理论的核心观点是主张通过合作、协商、伙伴关系,确定共同目标等途径,实现“更少的统治,更多的治理”(less government, more governance),以最大限度地利用社会资源促成公共目标。它的主要内容包括:(1) 公共治理是由多元公共管理主体组成的公共行动体系。政府并不是唯一的公共管理主体,各种社会组织和民间机构只要得到公众的认可,也可以成为公共管理主体。(2) 公共管理的责任边界日益模糊。治理理论认为,随着众多民营部门进入传统公共领域,公共领域和私人领域的界限已经不再像以前那样清晰了,大量的非政府组织涌现出来,它们在社会生活中的作用和影响越来越大,那些传统上由政府承担的公共管理责任正逐渐转由非政府组织

① [澳]欧文·E. 休斯:《公共管理导论》,彭和平等译,中国人民大学出版社 2001 年版,第 62 页。

② [美]詹姆斯·N. 罗西瑙主编:《没有政府的治理》,张胜军、刘小林等译,江西人民出版社 2001 年版,第 5 页。

和个人来承担。(3) 多元化公共管理主体之间存在权力依存和互动的伙伴关系。在政府与市场关系问题上,治理理论注重将市场的激励机制和民营部门的管理手段引入公共管理之中,强调以最小的成本获取最大的社会收益;在政府内部权力的划分方面,治理理论则主张应确立分权化和多中心的治理结构。(4) 公共治理是多元化公共管理主体基于伙伴关系进行合作的一种自主自治的网络管理。治理理论认为,这种网络化管理的特征不再是监督,而是自主合作;不再是集权,而是权力分散;不再是追求一致性和普遍性,而是追求多元化和多样性基础上的共同利益。(5) 政府在社会公共管理网络中的"元治理"角色。治理理论认为,在社会治理网络中,虽然政府不再拥有最高的绝对权威,但是却承担着建立指导社会组织行为主体的大方向和行为准则的重任,它被视为"同辈中的长者",特别是在那些"基础性工作"中,政府仍然是公共治理领域中最重要的行为主体。

治理理论对服务型政府具有重要的理论价值和积极的指导作用,它提出了完善政府治理模式的基本目标:(1) 实现政府善治,优化公共行政效率,以最小的政府投入获得最大的治理成效;(2) 提高政府的综合竞争力,保证公共产品和公共服务的可持续供给;(3) 提升政府对待可持续发展的战略管理能力,将可持续发展战略纳入政府决策和管理过程;(4) 通过分权改革和政府再造,重塑政府与社会、政府与市场之间的关系,强化政府回应社会多元需求的快速反应能力;(5) 促进政府行政组织与社会团体、公共部门与民营部门之间的合作与伙伴关系;(6) 完善整个社会的自组织体系,激发社会活力,引导和推进公民社会的建设。

(四) 新公共服务理论

新公共服务理论是在对新公共管理理论进行反思和批判的基础上提出来的,它以民主的公民资格理论、社区与公民社会的模型理论、组织人本主义、新公共行政理论以及后现代公共行政理论为理论基础。新公共服务理论提出,在以公民为重心的新公共服务模式中,政府的服务角色应遵循的七项原则是:(1) 服务于公民,而不是顾客。公共利益产生于对共同利益的对话和协商,而非个人利益的聚集,因此,政府行政组织不能仅关注"顾客"的需求,还要更加关注公民并且能够在社会公众之间建立信任和合作关系。(2) 追求公共利益。公共行政组织必须促进建立一种"集体行动的逻辑"——公共利益观念,并创立共同的利益和共同的责任。(3) 重视公民权胜过重视企业家精神。致力于为社会作出有益贡献的公务员和公民要比具有企业家精神的管理者能够更好地促进公共利益的实现,因为具有企业家精神的管理者往往容易将公共资源看做是自己的财产,而忽视对公民权的保护和公共利益的实现。(4) 战略地思考、民主地行动。符合公共需要的政策和计划,通过集体努力和协作的过程,能够最有效、最负责任地得到贯彻执行。政府应该是开放的、容易接近的和有回应力的。(5) 责任并不是单一的。新公共服务理论认为,传统公共行政要求公共行政官员只是对政治官员负责以及新公共管理理论要求公共行政官员像企业家一样行事而对市场负责的观点是对责任问题的过度简化,他们还应该关注法令和宪法、社区价值观、政治规范、职业标准以及公民利益。(6) 服务而不是掌舵。公共行政组织越来越重要的角色就是帮助公民表达和实现他们的共同利益,而不是试图控制或掌控社会新的发展方向。(7) 重视人而不只是重视生产率。公共组织及其参与的网络,如果能在尊重所有人的基础上通过合作和共同领导过程来运作的话,那么从长远的角度来看,它们就更有可能获得成功。[①]

(五) 科学发展观与建设和谐社会理论

科学发展观与建设和谐社会理论是中国新一届中央领导集体在继承和发展中国共产党关于发展问题的重要思想的基础上,通过认真总结我国长期发展经验和深入分析我国发展的阶段性特征,并在准确把握世界发展趋势的前提下提出的有关发展问题的新认识和指导我国新时期社会主义现代化建设的理论体系。

科学发展观的基本内涵是:(1) 强调以人为本,正确处理经济社会发展与人的全面发展的关系。以人为本是科学发展观的本质和核心,坚持以人为本就是要坚持人民群众在国家现代化建设中的主体地位,从人民群众的根本利益出发谋发展、促发展,让全体社会成员广泛参与发展进程,并平等地享受经济社会发展的成果,最终实现共同富裕。(2) 强调全面发展,正确处理以经济建设为中心与促进社会全面进步的关系。经济发展决定政治发展和文化发展,政治发展和文化发展也会反作用于经济发展。因此,全面发展就是要以经济建设为中心,全面推进经济、政治、文化和社会建设,实现经济发展和社会全面进步。(3) 强调协调发展,正确处理加快发展与协调发展的关系。在抓住机遇、加快发展的同时,也要做好"五个统筹",高度关注并切实加强经济社会发展的薄弱环节,避免经济社会发展失衡。(4) 强调可持续发展,正确处理当前发展与长远发展的关系。可持续发展,就是要促进人与自然的和谐,在充分运用好各项资源的有利条件,大力推进发展的同时,也要充分认识基本国情,加强生态环境保护与建设,不断提升经济增长的质量和效益,为长远发展创造优良的发展条件和广阔的发展空间。

在强调和坚持科学发展观的同时,党的十六届四中全会又明确提出了建设和谐社会的概念,从而实现了理论上的又一次重大突破。"构建社会主义和

① [美]珍妮特 · V. 登哈特,罗伯特 · B. 登哈特:《新公共服务:服务,而不是掌舵》,丁煌译,中国人民大学出版社 2004 年版,第 40 ~ 41 页。

谐社会，是我们推进经济社会发展的重要保障。要按照民主法治、公平正义、诚信友爱、充满活力、安定有序、人与自然和谐相处的要求，加快推进和谐社会建设。"①从含义上来看，和谐社会更具人文内涵，它体现了经济、社会和价值体系的统一，是社会公众各尽其能、各得其所而又和谐相处的社会。从战略上来看，和谐社会体现了国家发展的价值取向，体现了国家的"软实力"。建设和谐社会是提升国家"软实力"的过程，必须调动一切积极因素，增强全社会的创造活力，协调好各方面的利益关系，维护和实现社会公平，营造良好的社会氛围，形成和谐相处的人际环境，加强社会建设和管理，切实维护社会安定。从本质上来说，建设和谐社会与科学发展观一脉相承，是在坚持科学发展观的基础上对发展问题的进一步拓展和深入认识，并以此形成了一套完整的理论体系和指导思想。

三、服务型政府的内涵及其基本职能

服务型政府是当代政府公共行政的基本模式，是人类社会在进入21世纪后政治、经济、社会和文化演进的产物。服务型政府的核心在于政府职能的转变，其外在表现则是政府行政组织结构和行为方式的变革。

（一）服务型政府的内涵

所谓"服务型政府"，是指在当代公共行政理论指导下，以市场经济体制和公民社会为特征，建立在公民本位和社会本位的理念基础之上，在社会民主秩序的框架下，依照法定程序建立的、以公民意志为导向并以为社会公众服务为宗旨且承担明确服务责任的政府模式。服务型政府是一个系统性和综合性的概念，因而它具有以下几个方面的基本内涵。

1. 服务型政府是现代公共行政发展的必然产物和发展方向

服务型政府是适应现代社会及其公共行政发展要求的政府模式，也代表了公共行政的未来发展方向。历史经验表明，人类社会经过了从简单到复杂的发展过程，与早期社会相比，现代社会在内容和结构上都要更为复杂，其复杂程度来源于工业化大生产导致的社会化大分工以及市场经济发展带来的社会利益结构大分化。因此，政府行政组织为适应社会变革带来的冲击和压力，在公共行政过程中不断调适自身与行政客体及外部环境之间的关系就成为维持行政发展的唯一途径。21世纪的公共行政将发生重大的变革，这一方面是因为社会化大分工已经发生了质的飞跃，不再局限于职能部门间的简单分工，而逐渐转向系统化

① 温家宝：《关于制定国民经济和社会发展第十一个五年规划建议的说明》，《中国共产党第十六届中央委员会第五次全体会议文件汇编》，人民出版社2005年版，第37页。

和以价值为导向的复杂分工；另一方面是市场经济的发展也已经不再仅仅局限于实体性的经济交换过程，而是向纵深发展为以价值为导向的社会交换过程。由此引发的权威结构的改变和政府与社会关系的调整，是现代公共行政发展过程中必须面对的问题，必须适时调整和转变传统行政模式中不相适应的手段和方法，而以价值分配和管理为核心的服务型政府则是适应这种变革的必然产物和发展方向。

2．服务型政府是以公民为本位的政府

"以公民为本位"是服务型政府最重要的内涵，也是与统治型政府和管制型政府"以政府为本位"相比的最本质区别。"所谓'公民本位'就是政府在公共管理中，首要考虑的应该是公民的利益，或者说公民利益的最大化是政府工作首要关注的价值追求；而要保证公民利益最大化的实现，就必须保证公民意志在公共管理中的决定性地位，即在政府这艘大船的航程中是公民的意志而不是政府的意志决定着公共管理的航向，或者说怎样提供服务、提供什么样的服务以及什么时候提供服务等是由公民意志来决定的。"①具体来说，服务型政府的"以公民为本位"主要体现在以下三个方面：首先，政府行政组织的一切公共管理活动都应该以公民意志为基本的价值导向；其次，政府公共行政应该是公开和透明的过程，公民有权参与公共行政过程并拥有充分和自由的发言权；最后，公民的满意度是评价政府工作好坏的最终标准。

3．服务型政府是以公共服务为宗旨的政府

提供公共服务是服务型政府最突出的外在表现，也是区别于其他政府模式的最直观反映。公共服务不同于"统治"和"管制"，它不仅是内容的升华，也是手段的演进。作为"以公民为本位"的政府模式，服务型政府要求其组成机构及工作人员遵循服务行政的理念，在提供公共服务的程序、方式和方法等方面，应以公民的意志为转移，以尽可能地满足公民的服务需求。具体来说，服务型政府提供的公共服务应包括如下内容：(1) 制度和规则供给；(2) 良好的公共政策服务；(3) 信息服务；(4) 保护共有资源和自然资源；(5) 提供公共产品和公共服务；(6) 维护宏观经济秩序；(7) 保障社会公平和维护社会稳定。

4．服务型政府是法治政府

服务型政府是在社会民主秩序框架下，依据法定程序建立的政府模式，因而，服务型政府一定是法治政府。其原因在于：首先，服务型政府是按照公民意志依法律规定和法定程序组建的，其权力行使受法律约束，政府是"限权政府"，而非"全能政府"，因而服务型政府是权力受到约束的政府；其次，作为"以公民

① 井敏：《构建服务型政府：理论与实践》，北京大学出版社2006年版，第71页。

为本位”的政府，服务型政府的一切活动都应该以维护公民利益和公民权利的实现为最高准绳，一切危害公民利益和公民权利的行为都将受到法律的追究，政府行为也概莫能外。所以，服务型政府必定是法治政府。

5. 服务型政府是责任政府

美国行政学者登哈特（Robert B. Denhardt）在谈及行政责任时认为，行政责任实际上涉及三个问题，即“（1）我们为了什么而负责？（2）我们对谁负责？（3）怎样才能最好地保证那种责任？”①服务型政府则很好地回答了上述问题。首先，服务型政府以公民利益和公众需求为己任，因而服务型政府的责任就是提升公众福利水平，促进社会公共利益的实现，满足社会公众的基本需求。其次，服务型政府以社会公众利益取向为基本价值观，它是向全体社会公众负责，而不是向某一个社会群体或某一个部门负责。最后，服务型政府的责任往往通过两种途径得以实现。一是借助于责任内化的机制，将政府应承担的责任内化为政府行政组织及其工作人员的主观责任，形成特定的职业道德认同感；二是通过责任追究机制，由社会公众来评估政府责任的履行情况，以监督和促进政府责任的实现。因此，服务型政府也一定是负责任的政府。

（二）服务型政府的基本职能

与传统政府模式下的行政职能相比，服务型政府的基本职能主要有提供公共服务、强化制度供给服务、“以人为本”促进公民基本权利的保障、加强社会管理，推进公民社会建设等方面的内容。

1. 提供公共服务

提供公共服务是服务型政府的最基本职能。服务型政府应通过政府干预和加大公共资源的投入，为社会公众及其社会组织从事生产、生活、发展和娱乐等活动提供所需要的基础性服务，加强对社会公众及其组织从事经济发展活动所需的公共服务的投入力度，为经济社会的可持续发展构建有序的市场运行秩序和良性的经济发展环境。同时，服务型政府还应提供必要的公共安全服务和社会公共服务，加强灾害事件和公共危机的预防和处置机制建设，加大对包括教育、科技、医疗卫生、社会保障和环境保护等方面的公共财政投入，以满足公民生存、生活、发展等社会性直接需求的需要。

2. 强化制度供给服务

“服务型政府最好和最大的服务就是良好的制度供给。”②制度供给是服务型政府的重要职能，其核心内容是对良好社会秩序的维护，是从宏观的层面为公

① ［美］珍妮特·V.登哈特，罗伯特·B.登哈特：《新公共服务：服务，而不是掌舵》，丁煌译，中国人民大学出版社2004年版，第121页。

② 吴玉宗：《服务型政府建设研究》，经济日报出版社2007年版，第22页。

民提供的具体服务,是对社会行为方式进行的必要约束和规制。制度供给涉及社会生活的方方面面,如宪政制度、经济制度、产权制度、财政制度、社会保障制度等,它是通过规则的确立来保障公共利益和公民自身利益规范化实现的有效途径。实践表明,制度供给能力的强弱往往是评判一个政府社会治理有效性的重要依据,因此,"我们有理由提出政府的主要功能就是制度供给、制度实施、制度裁定以及适时的制度创新。一句话,政府功能必须以制度方式向社会提供,并且政府本身也必须按照制度行事。"①

3. "以人为本"促进公民基本权利的保障

"以人为本"是服务型政府行政职能的核心价值,它要求政府的一切活动都应以公民为本位,以公民需求的满足为政府所有工作的出发点。而现阶段社会公众的需求是建立在公民基本权利的基础之上的,生存权和发展权是公民基本权利的核心内容,因此强调对公民生存权和发展权的保障就成为服务型政府的重要职能。为此,政府除进一步加大对公共服务和公共产品的投入之外,还应从"以人为本"的角度出发,通过公共政策的途径和方式,努力提高社会公众的物质文化生活水平,以社会公平为先导积极推进经济社会的发展,兼顾社会公众的当前利益和社会发展的长远利益,让社会公众共享经济社会的发展成果。同时,还应强化依法行政,有效制约行政权力,强化服务行政意识,切实做到依法保护公民权利,推进行政民主化进程。

4. 加强社会管理,推进公民社会建设

服务型政府是公开和透明的政府模式,它一方面强调政府公共服务的能力和水平,另一方面也强调社会公众对公共服务的参与。公民参与的实现既依赖于民主政治的制度框架,也依赖于合法有序的参与渠道和广泛的参与意识。因此,要提升服务型政府的行政效能,政府有必要加强社会管理,拓宽社会公众的参与渠道,引导社会中介组织的建设,为社会公众参与公共服务奠定合法有序的制度和机制框架。同时,政府还应积极推进公民社会建设,强化公民教育,组织和培育自我管理、自我完善和自我发展的公民组织建设,提升社会公众的参与意识,为社会公众充分表达意愿创造条件,培养和发挥社会公众参与社会公共服务的主动性和创造性,从而形成和谐共生的政府与社会关系。

四、建设服务型政府的基本途径

建设服务型政府是一项长期的、复杂的系统工程,其目标只有在理顺关系的前提下,才能通过转变政府行政职能、完善公共财政体制、建立公共治理机制和

① 李文良主编:《中国政府职能转变问题报告》,中国人民大学出版社 2003 年版,第 235 页。

改革公共行政体制等基本途径得以实现。

（一）理顺关系——建设服务型政府的前提条件

理顺关系，是保证服务型政府建设目标得以实现的前提条件，也可以为建设服务型政府创造必要的社会环境。具体来说，就是要处理好包括经济发展与公共服务、管制与服务、政府与社会等几个方面的辩证关系。

1. 经济发展与公共服务的关系

经济发展是基础，它为良好公共服务的实现创造物质基础，而公共服务则是经济发展的重要保障，只有政府提供了充足优质的公共服务，才能更好地促进经济发展。因此，经济发展与公共服务存在着内在统一性，要正确处理经济发展与公共服务的关系，必须坚持如下原则：首先，经济发展是经济增长与社会发展的统一，是整个国家和社会的全面、协调和可持续发展，经济发展最终要体现为政府的公共服务。其次，要正确处理以经济建设为中心和履行政府职能之间的关系，政府应通过引导和适度干预的手段促进经济发展，而不能取代市场，政府公共服务要为市场繁荣和经济发展创造条件。最后，经济发展与公共服务是推进社会进步的不同手段，二者相互作用，互为条件，要实现经济发展与公共服务的平衡发展，不可偏重一方而轻视另一方。

2. 管制与服务的关系

管制与服务实际上是政府履行行政职能的不同手段，管制侧重于规范和约束，服务强调协调和合作，二者具有相同的目的性，即都是为了实现和维护公共利益。服务型政府强调服务，但并不排斥管制，只不过服务型政府所实施的管制是为了更好地为公民提供服务，是“为服务而管制”，这不同于传统行政模式下“为管制而管制”的做法。因此，建设服务型政府要正确处理管制与服务之间的关系，关键在于转变政府行政职能，变“全能政府”为“有限政府”，通过管制规范公共服务过程，以公共服务提升管制的质量和能力。

3. 政府与社会的关系

政府与社会关系的核心是“官与民”的关系问题，这涉及服务型政府价值取向和行为方式的转变。服务型政府突出政府在提供公共服务过程中的主导地位，但同时也强调“以公民为本位”的价值取向，倡导公共服务的“官民共赢”。因此，要理顺政府与社会的关系，首先应进一步提倡和发挥政府在公共服务中的主导地位，明确政府的服务责任和职能权限，强化服务意识；其次要确立新的公共事务治理网络，鼓励和吸纳社会公众和其他社会组织在特定的制度安排下参与社会公共事务的治理过程，一方面可以减轻政府提供公共服务的负担，另一方面也可以充分发挥其他社会成员参与公共服务的主动性和积极性；最后要大力培育社会中介组织的力量，为社会中介组织的发展提供基本的制度保障，规范政府监管行为，为社会中介组织创造良好的发展环境。

（二）建设服务型政府的基本途径

结合社会主义初级阶段政治、经济和社会发展的现实状况，我国服务型政府的建设应坚持以转变政府行政职能为核心，以完善公共财政体制为手段，以建立公共治理机制为基础，以改革公共行政体制为目的的战略方针。

1. 转变政府行政职能

转变政府行政职能是建设服务型政府的核心和根本途径。政府行政职能的转变是一场政府的“自身革命”，是政府治理方式的根本性变革，涉及公共行政价值导向、政府的行政组织结构、利益分配模式以及行为方式等多方面的内容。具体来说，转变政府行政职能首先应实现政府经济职能的转变，从“以经济建设为中心”转变为“经济建设、公共服务和社会建设并重”的职能体系，突出政府社会职能的地位，实现经济职能服务于社会职能、社会职能促进经济职能的良性互动。其次，以政府行政职能转变促进政府行政组织结构的重组，为“政府再造”创造条件，具体思路是在理顺政府与企业、政府与社会关系的前提下，进一步减少政府的微观管理机构，打破政府行政职能“条块分割”的传统格局，切实做到以行政职能的统一行使为标准来整合和建构政府行政组织结构。再次，改革与传统行政体制相适应的利益分配模式，真正实现从“与民争利”向“为民让利”和“利益共享”的转变。一方面要使政府退出竞争性的经济领域，保障社会组织和公民在经济交往中的自由和平等地位；另一方面应以“公共服务”为导向调整中央与地方、部门与部门之间的关系，在充分发挥各级政府部门主动性和积极性的同时，也要保证政令的统一。最后，加快政府行为方式的转变，以约束行政权力的行使来规范政府行为，继续完善行政监督机制，在大量减少行政审批的同时，应变以往“强制型”的管制型行为方式为“合作型”的服务型行为方式。

2. 完善公共财政体制

公共财政是一切政府活动的基础，因此，强化政府的公共服务职能，建设服务型政府，必须进一步完善公共财政体制，在规范政府公共收入的前提下，合理增加政府的公共支出，为社会公正的实现提供必要的财政基础。公共财政体制的完善首先应从明确各级政府的事权划分入手，以立法的形式规范各级政府的权力范围、利益配置结构以及责任和义务，切实充实地方财政收入的基础，着力解决地方政府“吃饭财政”的问题。其次，加快公共收入制度改革，目的是为了进一步提高财政收入占国内生产总值的比重，为此应尽快建立统一、公平、强制性的税收系统，建立和完善个人所得税征收制度，开征统一的、强制性的社会保障税。第三，调整公共支出的范围，将公共支出优先分配给那些政府更具比较优势和有利于社会公正的领域，诸如基础教育、社会保障、公共医疗卫生、环境保护等。第四，变生产投资型财政为公共服务型财政，建立可持续发展的公共财政体制。这就要求政府财政支出应“以人为本”，在满足社会公共需要的领域加大财政投入，并逐渐退出不属于社会公共需要的领域，缩小在生产和投资领域的支出规模，增加在公共安全、公共卫生、公共教育、社会保障和公共基础设施等方面的财政支出。同时，还应“开源节流”，增强公共财政的“造血”功能，着力解决内在的结构性矛盾，提升我国公共财政体制的可持续发展能力。

3．建立公共治理机制

公共治理强调由多元公共管理主体构成的网络化的公共行动体系，不同主体具有平等的地位，通过协商和合作的方式共同实现社会治理的目标。因此，要推进政府行政职能转变，建设服务型政府，必须改进公共服务的供给方式，推进公共服务的市场化和社会化进程，创造条件让其他社会组织和成员参与公共服务的供给，建立多中心的公共治理机制。首先，应加强制度建设，一方面强化政务信息公开的制度约束，另一方面从制度上构建多元主体参与的途径和渠道，保障其他社会组织和成员参与社会公共事务的合法权利。其次，加快公共基础领域改革，打破公共基础领域的行政垄断，积极推进公共服务的市场化和社会化进程，拓宽其他社会组织和成员参与公共服务供给的空间和领域，提升公共服务供给的质量和整体效益。第三，提升其他社会组织和成员提供公共服务的意识和能力，一方面为社会中介组织的发展创造条件，理顺社会中介组织的管理机制；另一方面培育社会中介组织的自律机制，加强对组织成员的培训和管理，提升中介组织的业务素质和能力。

4．改革公共行政体制

建设服务型政府，并不只是对传统行政体制“零打碎敲”式的调整和完善，而是公共行政体制战略变革的整体性推进。因此，为促进政府提高公共服务的质量和水平，必须改革公共行政体制，完善政府公共服务结构体系，为建设服务型政府提供组织基础。

推进公共行政体制改革必须与政治体制改革相协调，要在渐进政治体制改革的基础上形成适应社会发展的公共行政体制。在此过程中，一方面要在坚持中国共产党对政府工作领导的前提下，转变党对政府的领导方式；另一方面要进一步完善人民代表大会制度，加强人大对政府行政组织的监督和制约，建立健全公共行政权力体制，完善我国社会主义的民主宪政制度，建立不同利益主体的利益表达机制，完善公民的政治参与机制。

同时，以承担公共产品和公共服务供给的责任来合理划分中央政府与地方政府的权限，建立中央宏观调控和地方自主管理有机结合的行政体制。要合理调整政府部门内部的决策职能和执行职能，推行决策职能和执行职能的适度分开，实行政府部门内部决策职能的核心化，强化决策执行机构的建设，在保证行政首长对执行机构适度控制的前提下，对执行机构实行严格的合同管理、绩效管理、法制管理和综合管理。进一步完善市场监管机构体系的建设，构建知识经济型的政府行政组织，加大政府知识管理的力度，提升政府信息处理能力和水平，推进行政机构设置法治化进程，增强财政预算的硬约束作用，弘扬“公共服务”精神，真正建立以公民权利为基础、以“以人为本”为价值导向的现代化法治政府和服务型政府。

第五章

行政领导与领导体制

国家行政机关及其工作人员是行政管理的主体，全部行政管理活动都借助于一定的行政组织形式，并通过行政人员的工作而展开。其中，以行政领导者为主导力量的行政领导，在行政管理中起着决策、计划、组织、协调、控制等方面的重要作用。行政领导是行政领导者统率全体行政人员，依法行使国家行政权力，对国家事务和社会事务实施行政管理的活动及其过程。在实施行政领导的过程中，注重行政领导者的素质及群体结构，不断改进领导方式与方法，固然十分重要，但进一步完善行政领导体制更具根本性、全局性意义。

第一节　行政领导概述

一、领导的含义及构成要素

（一）领导的含义

领导是指一种组织、指挥活动。它是人类社会中自古就有的一种最普遍和不可缺少的现象，人类社会生活的群体性、复杂性、组织性，决定了社会生活各个领域的活动都离不开领导，凡是有组织、有团体活动的地方就有领导存在。没有领导，社会生活就会陷入混乱和瘫痪状态。马克思曾谈到人类进行较大规模社会劳动时就需要有指挥，以协调个人的活动，行使一般职能，他说："一切规模较大的直接社会劳动或共同劳动，都或多或少地需要指挥，以协调个人的活动，并执行生产总体的运动——不同于这一总体的独立器官的运动——所产生的各种一般职能。"[①]所有参与社会活动的人，不是在领导别人，就是受别人领导，或者领导别人又受别人领导，人们都感受到领导的存在和重要，于是就产生了一门专门研究领导活动及其规律的科学——领导科学。

由于各人的理解不同，关于什么是领导就产生了各种解释，我国台湾学者傅肃良在其所著的《行政管理学》一书中列举了关于领导含义的六种具有代表性的观点：(1) 管理学者泰罗认为：领导是指领导者通过人际关系，来影响团体中每一分子，以激发其努力及达成组织目标。(2) 谭尼宝认为：领导是人际间的影响力，这种影响力是在各种情势中并经由意见沟通程序朝向组织目标的达成。(3) 霍特(Willian Foote Wpyte)认为：领导是影响他人并为他人创始行动。(4) 卡里索(Howard M. Carlisle)认为：领导是提供团体活动的指导及影响他人，以达成团体的目标的程序。(5) 马克斯·韦伯认为：领导是一种相互的影响，领导的重心是制订、沟通及保证属员能了解途径与目标的关系。(6) 孔兹(Harold Koont)认为：领导是规划各种技能，以影响属员达成特定的目标。

美国学者余克(Gary A. Yuki)在其《领导学》一书中也列举了关于领导含义的七种观点：(1) 领导是个人引导群体活动以达共同目标的行为。(2) 领导是施于某一情境的人际影响力，通过沟通过程来达成特定目标。(3) 领导是创造和维持期望的与互动的结构。(4) 领导是人与人的互动，其中一人以某种方式提供某种情报，使另一人深信他若照做时成果会更好。(5) 领导是一种特殊的权力关系，特征为一群人觉得另一群人有权规定他们的行为。(6) 领导是某甲的行动改变某乙的行为的影响历程，而某乙认为这种影响是合法的，其改变的行为符合个人的目标。(7) 领导是超过例行组织指引的机械式服从的影响力。

尼克松在其《领导者》一书中，不仅对领导的本质作了解释，而且区分了领导和管理的不同含义。他同意南加利福尼亚大学企业管理学院的沃伦·G. 本尼斯所说："管理人员的目标是把事情办妥，领袖人物的目标则是去做应该做的事。"他说："伟大的领导是一种特有的艺术形式：既需要超群的力量，又需要非凡的想象力。""长久以来美国国内有一种普遍的看法，即这个国家真正需要的是找一个最高级的企业家来管理政府，找一个业经事实证明卓有成效地管理大型企业的人。"他认为这种看法没有看到领导的本质。他提出企业管理是一回事，领导国家则是另一回事。领导国家需要思想，必须既能说服人们，又能感动人们，他们可以创造新事物，他们代表的是明天。尼克松指的虽是国家领导人，但他明确提出了领导与管理的区别。

关于领导和管理的关系，管理学和行政管理学的创始者如威尔逊、古德诺、

---

① 《马克思恩格斯全集》第23卷，人民出版社1972年版，第367页。

法约尔等都认为二者是不同的。如法约尔认为:“经营”、“领导”和管理不是一回事,不能“把管理同领导混同起来”,他说管理、执行或行政是同一个含义,在英语中都是一个词。[①] 当代一些学者如管理学大师德鲁克和获得诺贝尔经济学奖的决策学大师西蒙,则把领导和管理不加区分,认为领导也是管理。德鲁克在《有效的管理者》一书中,把总统、首相、军事统帅也说成是“主管”、“管理者”,西蒙则认为管理就是决策,而决策则是领导的职能。

以上关于领导及领导和管理关系的各种观点,对我们正确理解领导的含义有重要的价值。综上所述,可以这样理解领导的含义:领导不同于一般的管理,而是一种能影响别人去完成(实现)一定目标的管理活动。

不管是军事、政治、社会,还是经济、文化各个领域的领导,都是指一种通过影响力对所管辖或所从属的人们及其行动进行组织、指挥、协调、控制的活动及其过程。

领导自古以来就有,但领导活动的本质、特点是受社会生产方式和社会关系决定的,因此领导活动具有社会性、历史性,在不同的社会形态中,领导活动的本质、特点、目的各不相同。奴隶社会、封建社会领导活动本质上是一种依靠权力命令下级服从上级的统治活动。资本主义社会的领导活动在本质上也是一种依靠权力的统治活动,但由于大生产和社会分工的需要,资产阶级的领导活动采用了民主的科学管理方式。社会主义国家的领导活动的本质就是服务,社会主义国家的各级领导者都是为人民服务的公仆,领导活动的目的都是为了满足人民日益增长的物质文化需要。

(二)领导的构成要素

领导是组织者、指挥者和被组织者、被指挥者共同活动的过程。因此,形成领导活动必须具有领导者、被领导者、作用对象和环境四个基本要素,在领导活动的这四要素中,领导者是担任领导职务的个人或集团,他们是领导活动的主体、主导方面。“领导是关键”,充分指明了领导者的重要地位,领导者依靠自身的知识、专长、智慧、能力,运用一定的职权组织领导活动,带领整个组织和被领导者去实现既定的目标。没有领导者,“群龙无首”,无从统一行动,整个活动就会处于混乱和瘫痪状态。被领导者是领导活动的客体,是领导者组织和指挥的对象,同时又和领导者共同作用于领导活动的对象。在任何社会里,被领导者总是多数,同时也是社会实践的主体、历史的创造者。因此领导活动中的被领导者不是被动的作用对象,而是具有创造性、能动性的作用力量,不仅作用于领导活动的对象,也作用于领导者。领导活动不仅要依靠领导者的能力、水平,更重要的要依靠被领导者的能动性和觉悟程度。因此,在领导活动中,领导者必须尊重

---

① 转引自孙钱章主编:《现代领导方法与艺术》(上),人民出版社1998年版,第11、16、17页。

和依靠被领导者,一方面把被领导者的行动纳入所需要的轨道,另一方面又要为被领导者发挥创造性、完成自己职责提供必要的劳动和生活条件。作用对象指的是领导者和被领导者共同作用的客体,如国家、农村、企业、学校、军队等不同的机构、单位和行业。社会活动有政治、军事、经济、教育、外交等不同领域,因而就形成了不同的领导活动。认识领导活动作用的对象的特殊性,是进行正确的领导活动、取得成效的前提和基础。客观环境是领导活动的现实基础,包括与领导活动相联系的发生影响作用的政治、经济、历史、文化传统等社会环境以及具体的上下左右的工作环境。领导活动是认识世界和改造世界的一种高层次创造性活动,它要受到历史所形成的现实环境的制约,受到各种有利的不利的工作环境以及偶然事件的影响。"人们自己创造自己的历史,但是他们并不是随心所欲地创造,并不是在他们自己选定的条件下创造,而是在直接碰到的、既定的、从过去承继下来的条件下创造"。[①] 因此领导者必须审时度势,在正确认识和利用客观环境的基础上进行领导活动,使领导活动更符合客观规律、更适应客观环境的要求。

二、行政领导的含义和主要特征

(一) 行政领导的含义

社会生活丰富多彩,社会分工复杂细致,社会组织分化扩大,每一领域、每一组织都需要领导者,因此领导活动具有多种类型。从领导工作性质和对象来划分,可以分为政治领导、行政领导、学术领导、军事领导、经济领导等,在我国,政治领导也就是党的领导,是指决定和执行党和国家大政方针的领导活动。行政领导主要是指国家行政机关的领导。国家行政机关即各级政府,它们的任务是推行国家政令,管理政治、经济、科学、文化、教育、卫生、体育等社会公共事务。行政领导就是国家各级行政机关的行政领导者依法行使国家行政权力,组织和管理行政事务,进行决策、指挥、组织、控制、检查、监督等行政活动。行政领导在整个国家管理活动中处于极为重要的地位,是整个国家机器正常运行的核心部分,行政机关的决策、执行都直接影响到国家各项事业的发展,关系到国家的前途和命运。

(二) 行政领导的特征

由于行政领导主要是指国家行政机关的行政领导者(行政首长)依法行使国家行政权力,进行的一种高层次的组织、协调、监督、控制活动,因此它与其他的领导活动比较,在领导活动范围、领导活动内容、领导活动过程、领导活动基

① 《马克思恩格斯选集》第1卷,人民出版社1972年版,第603页。

础、领导活动的结果等方面都有重要的区别。行政领导虽也是一种管理活动,但它不同于一般的行政管理活动,它是组织、指挥被领导者为实现行政领导提出的目标、任务而协同努力的一种活动。因此它具有两个较为显著的特征。

1. 统一性

首先,行政领导是整个国家机器正常运行的核心部分。行政组织是整个国家机器中纵向横向分布最广泛、最重要的组织,机构数、职位数大大高于其他国家机构。一般行政机关的职位数占整个国家机关职位数的80%,国家机器的日常运转主要靠各级行政部门、行政组织有条不紊地进行。如果国家行政机关因故停止活动,整个国家活动就会陷于瘫痪,并造成巨大损失。1995 年 12 月至 1996 年 1 月美国行政系统因总统与国会就削减预算未能达成统一而迫使国家机关三次关门,几十万联邦政府工作人员回家,造成了十几亿美元的损失,使全国的行政活动、经济活动都受到很大影响。因此行政领导活动在国家机器中处于牵一发而动全身的地位。

其次,行政领导是国家管理活动中最具直接性、时效性的活动,对国家、社会的各类问题,包括突发事件要迅速有效地作出反应。因此行政领导活动必须具有高度的统一性,统一政令、统一行动。在实行单一制的中国,在行政体制上宪法就明确规定:国务院统一领导全国地方各级国家行政机关的工作,并规定了中央和省、自治区、直辖市的国家行政机关的职权的具体划分。地方各级人民政府对上一级国家行政机关负责并报告工作,全国地方各级人民政府,都是国务院统一领导下的国家行政机关,都服从国务院的领导。上级政府有权改变或者撤销所属各工作部门和下级人民政府的不适当的决定。我国在行政领导体制上规定实行行政首长负责制,国务院实行总理负责制,地方各级人民政府实行省长、市长、县长、区长、乡长、镇长负责制。这就从行政组织体制、行政领导体制上也保证了政令统一。实行联邦制的美国联邦政府各部门在行政管理活动上都要统一服从总统领导。据报道每天上午 8 点 30 分,联邦政府各部的办公室主任都会准时守候在电话机旁等待接受白宫的命令。行政领导的统一性保证了国家行政管理活动的有序运行、及时有效,也是各国政府提高行政效率的重要保证。

2. 执行性

虽然一些行政学家提出领导与管理有区别,领导是决策,管理是执行。但行政领导与政治领导、经济领导相比有着明显的特殊性,就是各级国家行政机关及其行政首长的领导活动具有很强的执行性。其原因有两个:一是国家行政机关在整个国家机关中是居于行政执行的地位,因此行政领导具有明显的执行性。我国宪法规定:国务院即中央人民政府是最高国家权力机关的执行机关,地方各级人民政府是地方各级国家权力机关的执行机关。法国 1958 年宪法规定:“政府决定并执行国家的政策。”世界各国宪法都赋予行政领导者——总统或总理领导政府工作、行使国家行政权的权力,因此一般说,行政领导,从中央政府首脑到地方各级行政机关的首长,必须执行其他国家机关主要是来自立法机关的决策和决定。二是政党政治时代,国家政权由执政党掌握,因此国家行政机关必须执行执政党的决定,接受执政党的领导。在我国,中国共产党是执政党,因此社会主义现代化进程中的重大问题,都由党中央提出路线、方针、政策,再由国务院拟定实施方案。中央和地方国家各级行政机关,都要自觉接受中央和地方党委的领导,重大问题要提请同级党委讨论决定。

统一性、执行性是行政领导不同于其他领导类型的两个最显著的特征,除此之外,行政领导还具有一般领导的特征,如权威性、强制性、合法性等,权威性、强制性、合法性,是行政领导本质特征的重要体现。行政领导是依法行使国家行政权力,对整个国家实施的行政管理活动,因此行政机关及行政领导者的行政领导权是由宪法和有关组织法规定的,是合法权力。如我国宪法规定"总理领导国务院的工作",并规定了国务院行使的 18 项职权。行政领导在行使法律规定的职权时,都有强大的国家强制力作后盾,法律赋予的权力作保证,因此行政领导的合法行为具有强制性、权威性,被领导者必须服从和执行。如有违反,如违纪、违法等行为发生,行政领导机关和行政领导者可以依法追查其责任,给予违反者政纪处分或追究其刑事责任。

第二节 行政领导的基本职能

行政领导的基本职责是什么呢? 西方学者或领导人认为任何领导的共同职能是决定未来目标和激励下属去实现目标。有"领导学大师"之称,曾任美国四位总统顾问的麻省理工学院教授华伦·丹尼尔,明确地将一切领导的职能概括为"制定未来远景目标"并动员组织成员"使之转化为行动和成果"。《政治领导论》的作者塔克则认为,领导职能是"制定政策,动员支持"。戴高乐、蒙哥马利等军事领导人也将"制定政策"、明确共同目标并鼓舞人们的信心等看做是军事领导的基本职能。① 英国行政管理学家在谈到英国内阁的职责时,认为内阁既是中央行政机构的顶点,又是范围较大的政治系统的顶点,即英国政治和政府的最高领导层,它的主要任务是"协调各个部门和委员会的工作,以保证政府的行动具有一定的一致性"。内阁的三大任务是:决策;行政控制;协调和划分

① 孙钱章主编:《现代领导方法与艺术》(上),人民出版社 1998 年版,第 15、17 页。

权限。①

毛泽东曾对一般领导者的职责也作过科学的概括，他指出："领导者的责任，归结起来，主要地是出主意、用干部两件事。一切计划、决议、命令、指示等等，都属于'出主意'一类。使这一切主意见之实行，必须团结干部，推动他们去做，属于'用干部'一类。"②

我国领导科学的理论在论述领导者的职责时，着重指出领导者的职责有：规划目标、制定规范、合理用人；计划决策、组织协调、指导激励、放权考核；调查和了解情况，制定方针、路线和政策；培养、挑选、使用干部；组织和动员群众实现预定的意图和决定；进行思想政治教育等。行政领导的职责和其他领导的职责基本上是相同的，都要进行计划、规划、用人选人、组织协调等，只是具体规划的内容、选才的专业要求、组织协调的手段和形式有区别。任何行政领导总是领导着一定的机构和人员，他的职责和权力就是组织合理的机构和挑选合格的人才，通过正确指导，去完成他的职位所赋予的工作任务。一个省长、一个市长就是要通过省政府、市政府及其全体行政人员、下级领导干部等，行使法律规定的省政府和市政府的职权，实现省政府、市政府所担负的任务。行政领导的这些职责可以归纳为六个方面：决策职能、计划职能、组织职能、协调职能、控制职能、监督职能。

一、决策职能

决策是指行政机关和行政领导者为了执行党和国家权力机关的决定、规定、任务，结合本地区的实际情况，确定本地区的发展目标并拟定出实现这些发展目标的实施方案。决策是选择、确定本地区、本部门将"干什么"和"如何干"的问题，是作决定，因此它关系到本部门、本地区乃至整个国家的发展方向、目标完成、社会效益等最重要的问题。

党和国家权力机关对国家、社会发展方向，如实现现代化、经济发展战略等作出规划、决定是决策，它属于重大问题的决策，而国家行政机关根据这个规划提出具体的实施方案。如国务院"编制和执行国民经济和社会发展计划"并"领导和管理"经济工作、城乡建设及教育、科学、文化、卫生、体育、国防、民族事务等。再如县级以上地方各级人民政府为执行本级人大的决议、上级国家行政机关的决定和命令，规定行政措施，发布决定和命令，执行国民经济和社会发展规

① ［英］戴维·威尔逊，约翰·格林伍德：《英国行政管理》，汪淑钧译，商务印书馆1991年版，第62～63页。

② 《毛泽东选集》第2卷，人民出版社1991年版，第527页。

划、预算，管理本行政区域内的经济、教育、教学、文化、卫生、体育、环境和资源保护、城乡建设事业和财政、民政、公安、民族事务、司法行政、监察、计划生育等行政工作。这一切都必须制定出整体的和部分的、宏观的和微观的各类具体实施方案，制定这些具体实施方案也是出主意作决定，也是进行决策。英国学者认为：行政决定——关于执行某项政策的决定——本身也需要执行，所以常常表现为另一项政策性决定。我国每年各级政府向本级人大所作的政府工作报告，国外的总统咨政报告等都是大大小小的施政报告，都是有关政策的实施决定，都是大大小小的决策。

行政机关级别和行政领导者职位越高，其行政决策的范围就越大，对决策所负责任也越大。尤其是在社会发展迅速、社会改革任务繁重的时期，行政决策任务也更繁重，决策方案实施后的影响也更大。正确的决策将促进社会经济、政治、文化的繁荣和发展。如我国关于经济体制改革、建立社会主义市场经济体制、贯彻科学发展观等一系列决策，由于坚持了实事求是，从实际出发，因此取得很大成功。由此可见行政决策是保证行政领导正确有效的关键。为了保证行政领导决策活动的正确性、可行性，必须实现决策活动的科学性、民主性。决策活动的科学性、民主性要求行政领导者在实施决策职能时必须做到：(1) 目标明确。围绕如何实现既定的目标进行决策。(2) 有预见性，对实施的决策方案可能遇到的各种情况、可能导致的各种后果作出预测。(3) 遵循科学决策程序。(4) 发扬民主，听取群众、行政人员、专家学者的意见，使决策方案符合客观实际，具有可行性。(5) 统筹兼顾。行政决策的范围较广，会涉及各方面的问题，一些较高层次的决策还要考虑各种因素的相互影响和联系，不能顾此失彼。

二、计划职能

制订计划、规划目标也是行政领导不可缺少的一项重要职能。通过制订计划，可以使整个组织目标正确并集中，也为组织提供了一个考核、检查工作的标准。制订计划，实际上也是决策的一部分，但制订计划的决策是属于更为具体，可以直接实施的那一类决策。它是行政领导根据自己的职权范围，构想、选择工作目标，规定实现目标的程序、措施，确定一项计划将由谁来执行，什么时候完成，以及如何完成等。行政机关的规划、计划，从层次上可以分为宏观、中观、微观三类。就全国范围看，中央的规划是宏观的；省、市级的规划相对于中央的规划来说是中观的，相对于县一级是宏观的；县一级的规划相对于省一级是中观的，相对乡、镇又是宏观的。宏观计划是全局性的，是有指导性的计划，它的正确与否，将影响中观、微观计划。如按时间来分，规划可以分长期、中期、短期三类，长期规划包括确定目标应遵循的方针、实现目标的步骤安排和措施、实施阶段等，长期规划的目标是一种设想，因此比较笼统，不够明确、具体和完整，所以长期规划的预测程序不很精确。中期规划如 3 ~ 5 年的计划，短期计划则是指年度计划，它们是长期规划的一个实施阶段，比较具体的对完成计划所要求的人力、物力、财力以及行政人员完成计划的具体活动，都能明确地作出安排和分配。

如我国国务院决定进行机构改革，并提出了机构改革的总体方案，为了实施这个方案，国务院还需提出更为具体的实施计划：如各部委的三定——定编制、定机构、定职能方案；实施步骤；人员分流计划等。又如国务院每年向全国人大提出工作报告，对各个领域的工作目标提出了总体要求和任务，但如何去实现这些具体任务，国务院各部委、全国各行政区领导都会根据本行业、本地区的情况，提出和制定更具体可行的计划，以保证整个国家计划的实现。规划和计划的制订具有超前性、预见性，因此，为保证计划的实施，制订计划时也必须遵循几个原则：(1) 制订计划必须从本地区、本行业实际出发，具有可行性，切勿脱离实际，也不可保守不进取。(2) 计划尽量周到细致，充分考虑各方面的条件和因素，正确预测各种后果，做到统筹兼顾，切勿顾此失彼或因小失大。(3) 计划要有弹性，要留有余地，要根据条件的变化及时修改计划，使计划更符合实际。

三、组织职能

这是指行政领导者为了执行规划根据任务进行的具体组织建设，如设计组织、选用人才、分配任务、授予权力、制定规章制度等。组织建设有三方面的内容：一是合理设置机构，并进行科学定编；二是制订出保证机构正常运转的规章制度；三是选用人才，将合适的人安排在适合他能力和特长的岗位上。

机构、人员是行政组织的主要结构要素，是行政领导者实现领导、完成目标的重要条件，领导者必须通过一定的组织机构才能行使他的职权，怎样设置行政组织机构和编制行政人员呢？这是很复杂且变化较大的问题，一般行政学家提出，政府机构设置的原则应是职能原则，根据政府承担的职能设置、拟定工作部门，即根据工作对象和工作任务设置机构。除此之外，机构设置、人员编制必须遵循精干、合理、高效的原则。精干的原则要求机构设置、人员编制、管理层次、行政领导班子、行政工作人员五个方面都要精干。一个机构能完成的工作，不要由两个机构去做。工作人员精干原则要求一个人能完成的工作，不要用两个人，在行政机关更应推行满负荷工作法，以较少机构和人员完成较多的工作。高效的原则要求各级行政机构和各级行政领导者职责明确，各司其职，合理分工，协调一致。首先要从法律上规定各级行政组织的职权，使各级行政组织和行政领导者明确自己的职权范围，独立负责地进行工作，同时又要明确上下级行政机关之间的关系，既防止越权、集权，又防止失职、分散。

组织建设的第二方面内容是制定规章制度,使各级行政组织有章可循,有规可蹈。俗话说“没有规矩不成方圆”,一个组织没有规章制度,必定是组织涣散,纪律松懈,工作疲沓。规章制度是行政领导者领导一个组织去实现既定目标的重要保证。刘邦打进咸阳,约法三章巩固了汉政权。“三大纪律八项注意”使红军成为一个富有战斗力的革命军队。一个政府、一个单位也应这样,都要按规定办事。1998 年,朱镕基总理在新一届政府的第一次国务院全体会议上与大家约法三章:第一,在国内考察工作要轻车简从,减少随行人员,简化接待礼仪,不设宴、不迎送;第二,精简会议,压缩会议时间,减少会议人员,不在高级宾馆和风景名胜区开会;第三,除党中央、国务院统一组织安排的活动外,国务院领导同志一般不出席各部门、各地方、各单位召开的会议,不参加照相、颁奖、剪彩及首发首映式等事务性活动,不为各部门工作会议发贺信、贺电,不题词、题名,把精力集中到研究处理重大问题上来。

选用人才是行政领导行使组织职能中的一个核心问题,任何任务都要靠人去完成,选用人才是完成任务的关键。古人说:为政之要,惟在得人,用舍中间定兴亡。毛泽东也指出:政治路线确定以后,干部就是决定的因素了。政治路线和干部是事业发展的两个基本条件。选用人才必须遵循适才适位的原则,因此领导者必须明确每个工作单位的基本职责和完成这一职责必须具备的条件,同时要熟悉每个工作人员的专业、特长、能力、兴趣、爱好、个性,使每个人都能分配到最合适的工作岗位以充分发挥其聪明才智。用人是否合理,关系到能否调动工作人员的积极性努力去完成任务的大事情,因此领导者必须知人善任。选用人才也必须要注意做到:(1) 全面考察人的素质,不能求全,也不能只强调一个方面。如改革开放以来,有些地方只强调人的能力,提出只要是“能人”就用,事实证明,许多能人缺乏政治、文化、科学素质,滥用权力,“能人”变成“罪人”,给国家和人民带来损失。(2) 要注意整体组合要求,要根据任务性质,选择完成任务所必需的各类人才,并注意整体组合条件,将相互配合默契的人员组织为一个整体。为了避免选用人才方面的错误,应该强调在知人的基础上经集体讨论决定,并遵循有关用人制度予以善任。

四、协调职能

行政协调是搞好行政工作的一种方法,一种手段,是行政领导的一项必不可少的经常性工作,它贯穿于整个行政活动过程的始终。行政协调是调整行政管理系统内部和外部各个方面的关系,明确职、责、权范围,使各部门各方面紧密合作,互相配合,和谐运转,发挥整体行政功能,实现行政目标的行为。简单的理解,协调就是控制个人或机构的活动与决定,使大家能步调一致地追求已经确定的共同目标和目的。

行政协调在行政管理活动中地位极为重要，西方学者认为它几乎与管理同义，同时协调工作体现了综合管理能力，具有较强的操作性，因此行政领导者需要讲究协调工作的方法和艺术，以提高行政效率。首先协调者和被协调者都要出于公心，要有全局观念和合作精神。其次要统筹兼顾，考虑到各方面的利益。再次要调查了解熟悉各方面的情况，沟通信息，制定协调原则，做到依法协调。

行政领导协调的活动的内容主要有两个方面：(1) 各种决定的协调。即决策工作协调。(2) 各种活动的协调。决策工作的协调主要是为了避免采取互不相容的政策，避免和解决矛盾。各种活动的协调也是为了避免和解决矛盾，为了效率和一致性而寻求共同的行政程序和方法，使各单位和个人一致行动，以达到有效地执行政策。因此一项行政决策和行政活动涉及的范围越广，参与的单位越多，层次越高，协调就越重要。从中央到基层，协调都很重要，而在中央行政机关协调越发显得重要。

行政协调的范围包括：(1) 行政机关内部各部门之间和各部门成员之间的协调。(2) 上下级行政机关之间的协调。(3) 行政机关与各协作单位之间的协调。行政协调的方式可以有：(1) 正式的沟通、协调方式，如通过上级对下级的指示、命令、意见，下级对上级的报告、请示、申述，以及简报、简讯、会议等方式进行信息沟通和协调。(2) 非正式的沟通、协调方式，如利用交谈、聚会、宴请等进行信息沟通与协调。

五、控制职能

行政控制是指通过调节、纠正等措施将行政体系的运行纳入完成行政目标、行政计划的轨道，使行政机关和行政人员的行为符合行政目标要求的一种活动。行政控制是对整个行政管理活动或完成某项行政任务的执行过程进行监控。行政领导者在确定行政任务，作出行政决策后，还要组织、推动本级或下级行政机关去完成任务，为此行政领导者需要制定执行任务的行政程序，规定具体的行政方法，编制切实可行的计划，组织安排财力、物力、人力及组织设施等。在行政活动过程中，要对本级或下级行政机关是否遵循行政程序、按计划执行任务，是否科学、节省、有效使用财力、物力、人力，组织设施是否完备，措施是否有力等问题予以密切关注。为了实现有效的行政控制，必须制订合理的行政程序和行政控制的办法与制度，设立或确定行政控制的机关和组织。同时要加强和提高行政领导的权威和威信，保证行政命令畅通，行政指挥得力。

六、监督职能

监督即检查和督促,行政监督的根本目的、基本职能是通过对国家行政管理活动和行政管理人员的行为的监督,控制行政活动的过程,改善行政管理,提高行政效率,维护国家法律和人民的利益。监督也是行政领导的一项重要职能,没有监督,就没有履行领导的职责。政府工作,不能只布置不检查,不落实。行政监督的主要内容是:(1)对政府的计划、目标、任务,行政人员及下级行政机关是真正执行,还是阳奉阴违,另搞一套。(2)政府的计划、目标、任务是否正确,是否符合实际,有无修正的需要,以防止官僚主义、命令主义等错误。(3)检查监督行政机关及人员依法行政,执行国家政策、法律和法纪的情况。(4)监督检查行政机关及人员进行行政管理活动的方式、方法的科学性,提出改进意见,促进行政工作效率的提高。(5)检查、考核行政人员的工作实绩、工作态度、工作作风、工作能力、职业道德等,并作出实事求是的评价,为他们的职务升降、调动提供可靠的依据。

以上行政领导的六项基本职能,表明各级行政领导者担负着领导和管理国家、社会公共事务的重要职责。行政领导者履行这些职责和行使上述各项职能依赖的基础是法律所赋予的职权,为此,行政领导者必须正确认识和运用这些职权。

第三节 行政领导的方式、方法和艺术

一、行政领导方式

行政领导方式是行政领导者从事行政领导必须遵循的比较稳定的领导模式。行政领导效果与许多因素有关,如领导体制、领导制度、领导者素质、领导班子结构、领导方式和方法、领导艺术等。领导方式对领导效果有直接影响。由于行政领导活动的范围、内容比较广泛,因此按行政领导的不同方面划分领导方式,有集权式、分权式、均权式、专断式、民主式、放任式、重事式、重人式、人事并重式等。选择哪种领导方式有利于提高行政领导效率,有些比较好判断,如民主式领导比专断式领导好些,但有些就难以简单地下结论,如集权式和分权式,重事式和重人式。因为一种领导方式能否取得好的领导效果,还取决于其他诸如环境、工作任务特点、被领导者的状况等多种因素。实践中,行政领导者常常是混合交替运用多种领导方式开展行政领导工作的。

（一）按行政领导者运用行政权力的不同方式或程序分类

按行政领导者运用行政权力的不同方式或程序分类，可以将行政领导方式划分为专断式、民主式、放任式三类。

1. 专断式领导方式

专断式领导方式是把行政权主要是行政决策权、决定权集中于领导者一人手中，由领导者个人作出决定，以强制命令推动工作，下级服从上级，下属行政人员不参与决策，也不了解决策的内容和要求，只是按照命令，被动地开展工作。当部下执行命令不力，工作成绩不佳，完成任务不出色，甚至出现差错时，部下没有申诉的机会和权利，领导靠惩罚手段予以处置。因此这种领导方式造成部下工作积极性不高、主动性差，领导者官僚主义严重，高高在上，主观武断，不关心人，不了解情况。这是一种落后的、不受欢迎的、效果低劣的领导方式，不利于工作任务的开展和完成，除特殊领域、特殊情况外，现代领导者应摒弃这种领导方式。

2. 民主式领导方式

民主式领导方式是指行政领导者的领导活动比较公开，和下级行政管理活动主体关系密切、互相沟通，能充分发挥其作用的一种领导方式。这种领导方式的特点是行政领导者相信群众，遇事同群众商量，将群众中正确的意见集中起来，再形成领导者的决定。在执行决定中，领导者充分授权，让部下自主负责地进行工作，工作人员积极性高。领导者关心群众，平等待人，关系融洽。领导者和被领导者能齐心合力、团结一致地完成各项行政任务。这是一种效率高、比较成功的现代领导方式。

3. 放任式领导方式

放任式领导方式是指行政领导者将较多的行政决策权下放给下级行政主体，下级行政主体享有较多的行政管理权限，行政领导者只进行必要的指导和监督的领导方式。这种领导方式中，行政领导者不把持领导权，没有严格的规章制度和明确的分工负责，领导者比较放手地由工作人员凭其自己的责任和能力进行工作，只在出现问题时，领导才出面帮助解决。领导和下属单位及群众关系较疏远，有些还不同在一地，因此缺乏经常性的检查监督。这种领导方式不适合有明确任务且限期完成的绝大多数单位，而只适用于以往的科研等单位。这种领导方式缺乏严格管理，不利于工作任务的完成，常常造成人浮于事的情况。因此实行这种领导方式的单位，应加强经常性的监督检查，争取出色地完成工作任务。

（二）按对行政权力控制的程度分类

按对行政权力控制的程度来分类，行政领导方式有集权式、分权式和均权式三种。

1. 集权式领导方式

集权式领导方式的特点是领导者权力欲、支配欲较强，不进行适当的分权、授权，凡事都要亲自出面、亲自决定，对工作人员缺乏信任、不放手，事无巨细，事必躬亲，造成工作人员对工作没有热情，缺乏责任心和积极性、主动性，领导者和工作人员关系冷漠或紧张，领导威信不高，工作难以开展。

2. 分权式领导方式

分权式领导方式的特点是领导者只决定总体目标、有关政策和应该完成的任务，而不过问完成任务的细节和具体方法，组织内分工明确、职责清楚，工作人员有较多的自由和决定权，在规定的政策范围内，对完成任务的具体方式、政策的贯彻执行、具体的工作方式，可以自由选定、自由运用。领导者只是检查督促目标任务的完成情况和政策执行效果，工作人员各司其职，发挥积极性完成工作任务。这种领导方式最适合独立工作能力强、业务熟练、工作水平较高的工作人员，是现代民主领导的有效方式。

3. 均权式领导方式

均权式领导方式的特点是介于集权式和分权式之间，领导者和工作人员的权力和职责划分明确，分工负责，分层负责，各人在各自的工作岗位上都有权处理自己职责范围的事情，不必事事请示汇报。这种领导方式既避免了集权式领导造成的官僚主义，也可以避免分权式领导可能造成的分散主义，是一种比较有效的领导方式。

（三）按行政领导者指导工作的重点不同分类

按行政领导者指导工作的重点不同分类，可将领导方式划分为重人式、重事式和人事并重式三类。

1. 重人式领导方式

重人式领导方式是以人为中心的领导方式，领导者比较民主、宽容，关心下级，平易近人，体贴人、关心人，注重工作人员的情绪和积极性的发挥。这种领导方式能使群众感到满意，能较好地团结在一起，为调动积极性，完成工作任务创造了条件。一般情况下，如工作人员觉悟较高、责任心较强，那么这种领导方式能创造最好的效果、最高的效率。但它并不是在任何情况下都能创造最高的工作效率，因为领导者尊重下级，比较民主，较少运用惩罚手段，有些下级就可能工作不努力。

2. 重事式领导方式

重事式领导方式是以任务为中心的领导方式，领导者对任务本身的关心压倒一切，把任务和完成任务放在首位，重视工作效率，注重以工作效率和质量评价工作人员实绩，以完成任务好坏评价单位的工作。这种领导方式，工作抓得很紧，但忽视工作人员的生活福利条件和精神满足，因此，在工作环境较好，任务明确，领导者威信高、权力大的情况下，能提高工作效率；如果环境一般，则不适用这种领导方式。

3. 人事并重式领导方式

重人式和重事式领导方式各有偏颇，最可取的领导方式是人事并重式。重人式和重事式并不绝对对立，两者可以融合，结合这两种领导方式的优点，既强调人又强调任务。研究表明，凡是对人和对任务都表现热切关心的领导者，都能比只对人或只对任务表现一般关心的领导者取得更好的效果。有人认为，最能干的领导者总是趋向于强烈地关心人和任务。

总之，选择何种领导方式应对环境、任务、对象的特点进行充分的研究，在从事不同的任务时及时变换领导方式。这就是应变式领导方式，做到因人制宜、因事制宜、因地制宜。

二、行政领导方法

领导方法是领导者从事领导活动的方式、手段。科学的领导方法（如实事求是、调查研究、理论联系实际、群众路线等）能指导人们正确地认识世界和改造世界，使人们的认识活动和改造活动符合事物的客观情况和发展规律，达到主观愿望和客观实际相一致，实现预想的目的。错误的领导方法如主观主义、教条主义、官僚主义、经验主义将导致主观脱离客观、理论脱离实际，不能达到认识世界和改造世界的目的。

（一）群众路线法

在领导社会主义现代化建设中，马克思主义科学的领导方法仍是我们做好领导工作的一大法宝。在马克思主义的科学方法中，最基本的方法是从群众中来到群众中去的群众路线，这也是做好各项工作的根本方法。邓小平说："从领导方法来说，只有从群众中来，才能到群众中去。"①"只有认真地总结群众的经验，集中群众的智慧，才能指出正确的方向，领导群众前进……离开群众经验和群众意见的调查研究，那末，任何天才的领导者也不可能进行正确的领导。"②群众路线的工作方法之所以仍是我们社会主义现代化建设中行政领导的基本方法，这是由于：

（1）只有坚持群众路线才能保证行政领导进行科学决策。群众路线的工作方法要求领导者在行政管理活动中，先到群众中去，倾听群众的意见，反映群众

① 《邓小平文选》第1卷，人民出版社1994年版，第304～305页。

② 《邓小平文选》第1卷，人民出版社1994年版，第218～219页。

的要求，了解群众的实际问题，然后从群众中来，即集中群众中的正确意见，形成正确的方针政策。只有坚持从群众中来，从实践中获得认识，才能保证我们的认识符合客观，保证我们的决策不脱离实际，才能将政府的决策变为广大群众改造世界的活动。

(2) 只有坚持群众路线才能有效地克服官僚主义。官僚主义是一种腐败现象，严重的官僚主义给我们的事业和人民带来灾难。邓小平说："官僚主义现象是我们党和国家政治生活中广泛存在的一个大问题。它的主要表现和危害是：高高在上，滥用权力，脱离实际，脱离群众，好摆门面，好说空话，思想僵化，墨守成规，机构臃肿，人浮于事，办事拖拉，不讲效率，不负责任，不守信用，公文旅行，互相推诿，以至官气十足，动辄训人，打击报复，压制民主，欺上瞒下，专横跋扈，徇私行贿，贪赃枉法，等等。这无论在我们的内部事务中，或是在国际交往中，都已达到令人无法容忍的地步。"[①]如何克服官僚主义呢？最重要的途径和方法是坚持群众路线。只有坚持群众路线，领导才能做到正确对待群众，才能增强责任感，树立全心全意为人民服务的思想，改革领导作风，做人民的勤务员。

(二) 调查研究法

调查研究是马克思主义的又一科学方法。深入实际，深入基层，深入群众，开展系统的周密的调查研究，是克服官僚主义的基本条件，毛泽东在领导中国革命中，在与党内主观主义、本本主义的斗争中，曾大声疾呼"没有调查就没有发言权"。

现在虽然科学技术发展了，坐在办公室里也能知道天下事，但是当前社会变革异常迅速，新问题新情况层出不穷，要对不断发展变化的客观事物获得真知，对解决各种复杂矛盾形成卓见，就要进行调查研究。一是要深入实际，大量掌握第一手材料；二是在这个基础上深入了解事物的本质，按照事物的本来面目认识事物。这是一个去粗取精、去伪存真、由此及彼、由表及里的艰苦思索过程。只有做到这两条，我们作计划、定政策、提方案、拿办法，才能建立在对客观事物规律性的正确认识的基础上，保证党的路线、方针、政策的贯彻落实，提高工作水平和工作效率，避免发生大的失误。

(三) 矛盾分析法

马克思主义的科学方法还有矛盾分析法。坚持矛盾分析法才能正确认识矛盾的普遍性和特殊性，认识主要矛盾和次要矛盾，认识矛盾的主要方面和次要方面，以及它们之间的辩证关系。只有这样，才能正确认识事物的性质，并找到解决矛盾的方法。

(四) 现代科学方法

① 《邓小平文选》第2卷，人民出版社1994年版，第327页。

为了适应现代科学技术和社会化大生产的发展,行政领导者需要借助一些现代科学技术所提供的现代科学方法,主要有建立在系统论、控制论、信息论基础上的系统论方法、信息论方法、控制论方法以及定性定量方法、优选统筹方法、比较方法、预测方法、运筹学方法、博弈论方法等。信息论方法就是通过信息的收集、处理、输出、反馈为行政决策服务的一种方法。系统论方法就是把客观对象看成是一个由各个有机部分组成的整体而加以研究的方法。控制论方法是建立在信息论基础上的,它是通过对有关信息收集、反馈过程把计划和决策联系起来,把有关工作的信息资料反馈给决策者,使决策者能够把实际效果与预定计划进行比较,以作出必要的调整的一种方法。

三、行政领导艺术

领导艺术是领导者为了有效地实现领导目标而灵活运用的各种领导技巧、手段和方法。领导艺术是在实际领导活动中总结出来的,建立在经验和理论基础上的领导技巧,它反映了领导者的智慧、能力和经验。

领导艺术是一种领导技能、技巧,是实现行政领导科学化的重要方面。领导工作艰巨复杂,客观对象复杂多变,因此领导者进行领导工作不仅要注意采用科学的领导方法,同时要掌握科学的领导艺术,根据客观情况机动灵活、随机应变地实行领导,善于因地制宜、因人制宜、因势利导地进行领导。领导艺术是在实际领导活动中总结出来的,是建立在经验和理论基础上的领导技巧,它遵循了事物一般的发展规律,又依据了不同事物在不同条件下发展的特殊规律,对领导活动产生积极有效的影响。领导者掌握了领导艺术,就能对一些随机性大的人、事、物,经过周密的思考,作出相应的、当机立断的判断和决策。一般的领导艺术包括:处理事的艺术,领导人的艺术,掌握时间的艺术等。

(一) 处理事的艺术

处理事的关键是要当机立断。当机立断就是不失时机地抓住事物发展的关键时刻、最佳时期作出果断的决定,该办的能办的事,立即就办,不该办的不能办的事也应采取果断措施立即停办。

领导者应学会抓中心工作、统筹兼顾、协调平衡、弹钢琴等理事艺术。弹钢琴的领导艺术要求领导者在千头万绪、日理万机的繁忙工作中,既要抓住中心工作,又要带动其他工作,分清轻重缓急。重要的先办,比较次要的缓办,但不是不办。只抓重点不及其余的一点论、不分主次的均衡论都不利于工作,不能顾此失彼而要统筹兼顾、协调一致,才有利于工作和事业的发展。

(二) 领导人的艺术

对人的领导艺术是很复杂很重要的,目的是调动人的积极性,中心是处理好上下级和左邻右舍的关系,使下级努力工作,同级乐于配合,上级大力帮助,上下左右齐心协力拧成一股绳,共同做好工作。为达到这个目的,行政领导者必须掌握一些主要的处理人与人关系的技巧:第一是关心人、了解人、尊重人。只有关心人、了解人、尊重人才能使人们之间感情得到沟通,建立起友好、和谐的关系,才能使每个人的才能得到充分发挥。第二是对己严、对人宽。作为领导者,一定要严格要求自己,处处起表率作用,要求别人做到的,自己首先要做到,才能产生影响作用,领导者才能有威信。领导者在工作中要给下级及时的指导和帮助,出现了问题要实事求是,决不能把成绩归于自己,把责任推给别人。对别人的缺点和错误要诚恳帮助,以诚相见,这样才能团结同志,赢得同志的信任。第三是知人善任。善于识人、用人,善于授权给下级,让下级独立负责地完成任务,调动下级的积极性。第四要善于处理人与人之间的矛盾,遇到矛盾要客观地调查、分析,分清责任,奖罚分明。尽量采取冷处理方法,摆事实,讲道理,消除矛盾、团结同志。

(三)掌握时间的艺术

掌握时间的领导艺术主要有:第一,有计划地安排好时间。对所要做的事情按轻重缓急订出年度、季度、月份工作计划和日程安排,有条不紊地进行。第二,学会节省时间。如提高办事速度,能合办的事一起办;减少会议;利用打电话、写便条联系工作和指导工作;精力旺盛时办难事、大事、急事;学会利用零星时间等。第三,开好会议。会前有准备,会中有控制,会后有布置,不开无准备的会,不开议题不明确的会,不开可开可不开的会,不开重复的会,不开议而不决的会,不开闲扯的会,更不能开游山玩水的会。

第四节 行政领导者的素质及群体结构

一、*行政领导者的基本素质*

行政领导者的重要职责要求行政领导者应具有良好的素质,在政治思想、基础知识、专业知识、领导能力、组织能力、道德品质等方面都应是优秀者。因为只有具有优秀品质、丰富知识、较强领导能力的人才能对被领导者产生影响力和凝聚力,才能实施行政领导活动。现代国家行政管理范围广、责任重,对行政领导者的素质有很严的要求。

(一)思想素质和政治素质

领导者的素质包括很多方面,就大的方面说主要是指干部的思想素质、政治素质、业务素质和领导能力等。领导者的政治素质、思想素质是指干部的“德”，即在政治方向、政治立场、政治品德、思想作风和工作作风方面的表现。领导者的品德是最重要的。《论语》讲“政者正也，子帅以正，孰敢不正”。只有领导者身正，才能产生影响力、凝聚力，团结群众做好工作。关于我国各级领导者的德，我们党在各个时期都提出了许多要求。改革开放一开始，邓小平提出了干部的四化（革命化、知识化、专业化、年轻化）标准，并多次强调选拔干部时应把革命化放在首位，他在1977年中央军委全体会议上说：“我们今后配备领导班子的时候，要选用什么人呢？要选那些认真学习马列主义、毛泽东思想，在斗争中经得起考验的人；要选那些党性强，能团结人，不信邪的人；要选那些艰苦朴素，实事求是，说老实话，办老实事，做老实人，作风正派的人；要选那些努力工作，联系群众、关心群众疾苦，有魄力，有实际经验，能够办事的人。”①

江泽民在党的十六大报告中明确提出，要按照“三个代表”要求加强和改进党的建设，按照革命化、年轻化、知识化、专业化方针，建设一支能够担当重任、经得起风浪考验的高素质的领导干部队伍，特别是培养造就大批善于治党治国治军的优秀领导人才。在加快推进社会主义现代化、全面建设小康社会的新的历史时期，胡锦涛在党的十七大报告中要求全党同志特别是领导干部要全面把握科学发展观的科学内涵和精神实质，增强贯彻落实科学发展观的自觉性和坚定性，要“加强党员、干部理想信念教育和思想道德建设，使广大党员、干部成为实践社会主义核心价值体系的模范，做共产主义远大理想和中国特色社会主义共同理想的坚定信仰者、科学发展观的忠实执行者、社会主义荣辱观的自觉实践者、社会和谐的积极促进者”。这是新时期对广大领导干部思想政治素质的基本要求。

（二）业务素质

行政领导者的业务素质，即干部的“才”，是指领导者的专业化、知识化，具有真才实学、能够开创新局面的组织领导才能和管理才能。领导者的知识化和专业化是指干部要具备一定的文化水平和业务知识。同时作为一个领导者还必须具备专业知识，是所管辖业务范围内的行家与专家。我国在新中国成立前，面对大城市的管理和国家经济建设任务，毛泽东在中共七届二中全会上曾号召全党、全军干部要加强学习经济和管理知识，适应党的工作重点由革命斗争向经济建设的转移。当前在建立和完善社会主义市场经济体制的过程中，我们党也号召各级领导干部要学习和掌握有关市场经济的理论，尽快成为熟悉和能够驾驭市场经济的领导者。

（三）其他素质

---

① 《邓小平文选》第2卷，人民出版社1994年版，第75页。

领导者除具备上述主要的政治素质、思想素质和业务素质之外，还必须具备健康的体魄和较好的气质，具有坚强的意志，充满活力和富有创造力。这是关于干部年轻化的要求。实现干部年轻化不仅是保证我们的事业后继有人的战略任务，也是保持我们党和国家充满活力的保证。邓小平在“文化大革命”结束后就提出了这个战略任务，他曾多次指出：“让比较年轻的同志走上第一线，老同志当好他们的参谋，支持他们的工作，这是保持党和政府正确领导的连续性、稳定性的重大战略措施。”①他在谈到政治体制改革的目标时也说：“第一个目标是始终保持党和国家的活力。这里说的活力，主要是指领导层干部的年轻化。”②为了对被领导者产生重要的影响力和吸引力，领导者还需具有平易近人、广交朋友、风趣幽默、胸襟开阔、豁达大度等风格和优点。这些方面对提高领导者的威信也能起重要作用。

（四）组织领导能力和管理能力

做一个领导者还必须具有较强的组织领导能力和管理能力。这些能力主要是指：

（1）计划和决策能力。行政领导者要善于提出行政目标并根据行政目标和手中掌握的人力、物力、财力，作出统筹安排，制订出实现行政目标的实施方案，选择最佳方案，以较少的投入获取较大的效益。

（2）组织、协调和指挥能力。行政领导者要善于根据任务的需要组织人员和机构，制定规章制度，合理配备人员，协调好有关各方面的关系，形成一个有机整体，然后指挥整个机构和全体成员协调一致地行动，为实现既定目标而努力工作。

（3）创造能力。行政领导应模范地执行国家方针政策，同时也要有开拓精神和不断学习、不断进取的精神，创造性地将国家方针政策与本地区实际相结合，制定出本地区的发展目标，加速改革开放和建立社会主义市场经济的步伐，在较短的时间内将本地区的经济建设和社会发展推向新台阶。

（4）应变能力。行政管理工作是一个发展着的过程，原先制订的计划、方案常常会与变化着的现实发生不一致，还可能出现情况变化，行政领导要善于沉着机智地处理各种问题。适时适当调整原有的决策和措施，还应准备好应急措施，随时应付不测、避免损失。

（5）处理人际关系能力。人际关系是很复杂的，行政领导者不仅要了解各个人的才能，知人善任，充分调动各方面的积极性和潜力，注意培养和选拔优秀人才；而且要学会处理好上下左右的人际关系，善于关心人、团结人、帮助人；作

① 《邓小平文选》第2卷，人民出版社1994年版，第321页。

② 《邓小平文选》第3卷，人民出版社1994年版，第179页。

风民主，善于倾听各种不同意见，集思广益，做好工作。

二、行政领导班子的合理结构

领导班子的结构是指行政领导成员的结合方式。行政领导不是一个人的领导活动，而是由若干人组成的一个集体的领导活动。挑选什么样的人组成领导班子共同领导整个行政组织的工作，是完成行政领导任务的关键。强有力的行政领导班子要求在年龄、知识、业务、能力、性格等方面都要有合理结构，相互吸引，相互补充，配合默契，团结一致，目标一致，行动统一，使整体功能得到充分发挥，成为高水平、高效率的行政领导。

担当起领导社会主义现代化建设重任的最佳领导班子的合理结构应是：

（一）具有丰富全面的知识结构

知识结构是指行政领导班子成员有较高的文化素养和各个方面的知识。行政领导必须具有政治学基本理论知识、现代管理知识、现代科学技术知识、社会主义市场经济知识等，才能履行起行政领导的责任。重视领导班子的文化知识水平不是唯文凭，更应该注重干部的真才实学；也不是要求所有领导成员具有相同程度的文化水平，应该由不同层次、不同门类的、懂得各种知识的成员组成领导班子。

（二）具有较高的专业知识结构

专业知识结构是指领导班子成员应具备各类业务专业特长和精通分管专业的管理知识。领导成员要懂得专业知识，同时还要懂得专业管理知识，实现真正的内行领导。有不少专家精通专业知识，但缺乏组织领导能力和管理能力，这样的专家不宜进入领导班子。

（三）具有较强的能力结构

领导班子的能力结构是指领导者所具备的认识世界和改造世界的水平、才能方面的合理构成。行政领导者必须具备较强的认识事物和改造事物的能力水平，这些能力主要包括观察能力、思维能力、研究能力、创造能力、组织能力、指挥能力、协调能力、控制能力等。行政领导工作需要具有各方面才能的人共同协作才能做好。

（四）具有合理的年龄结构

合理的年龄结构是指领导班子成员的年龄要形成一个梯队，老、中、青相结合，并以中年为主。中年人是领导班子中的中流砥柱，可以承担主要领导工作，是整个领导班子坚强有力的体现。年龄大一点的领导者，具有凝聚力，能团结、影响周围工作人员完成所担负的任务。年轻人是领导班子朝气蓬勃的象征，也是领导班子承前继后的主要力量。合理的年龄结构不仅是建立充满朝气又富有经验的领导班子的基本条件,也是实现领导班子自然交替的基础和条件,而且可以弥补因为年龄差别带来的不利因素,避免行政领导工作中因年龄因素而带来的问题。

（五）具有良好的气质结构

领导班子良好的气质结构是指领导班子成员在性格、气质、兴趣、意志、风度、风格等方面应有合理的结构。领导班子成员由各种性格的人组成,能保证班子工作积极稳重,避免急躁冒进和安于现状、不求进取。因此组建各级行政领导班子时要注意到政治、文化、知识、年龄等多方面的素质。

第五节 行政领导体制

一、行政领导体制的含义

要实现有效的领导,达到预定的领导目标,需要有优秀的领导者和结构合理的领导班子,需要采用适宜的领导方式和领导方法,同时也需要有一个科学的领导体制。在整个领导活动中,领导体制具有决定性的作用。它同领导者及其领导群体的素质、结构、思想作风以及领导方式、方法相比,更带有根本性、全局性的意义。

所谓领导体制,是指社会各类组织为实施某种领导活动所规定的机构设置、权限划分以及其他各种领导制度的总称,它实质上是领导关系的制度化、体系化。领导体制的核心内容,是领导系统上下左右之间的权力划分。按照组织的任务性质的不同,领导体制可以分为政治领导体制、行政领导体制、企业领导体制等。行政领导体制,即政府领导体制,是行政组织为实施行政领导活动,依法规定的各类行政机构、权限划分以及其他相关行政领导制度的总称,它实质上是行政领导关系的制度化、体系化,是行政组织结构中各层次、各部门之间的行政关系、职权划分制度化的表现形式。行政领导体制,大体上包括四个方面内容:一是中央政府对地方政府的领导体制,即中央政府与地方政府之间的权力分配、权限划分方面的原则和规定;二是地方各级政府之间的领导体制,即地方各级政府之间的权力分配、权限划分方面的原则和规定;三是政府工作部门之间的领导体制,即中央政府各部门与地方政府各部门、上级政府部门与下级政府部门之间领导关系的规定;四是各级政府机关和政府工作部门内部所实行的领导体制。在这四个方面的领导体制中,最重要的是中央政府对地方政府的领导体制,它集中体现一国行政领导体制的基本特征。

二、我国行政领导体制的基本原则

所谓行政领导体制的基本原则,就是构建和实行一定时空条件下行政领导关系必须遵循或贯彻的一些最重要的规定或原则。我国是共产党领导的社会主义国家,这就从根本上决定了在我国行政领导体制中必须贯彻实行以下四项基本原则:

1. 共产党领导原则。中国共产党是当代中国的执政党。执政党就是执掌国家政权的党,党的执政地位,是通过党对国家政权机关的领导来实现的。党的领导主要是政治、思想和组织领导,通过制定大政方针,提出立法建议,推荐重要干部,进行思想宣传,发挥党组织和党员的作用,坚持依法执政,实施党对国家和社会的领导。在我国行政领导体制中坚持共产党领导,就是要按照总揽全局、协调各方的原则,进一步加强和完善党的领导体制,改进党的领导方式和执政方式,既保证党委的领导核心作用,又支持政府履行法定职能,依法行政,充分发挥政府的行政职能作用。

2. 民主集中制原则。我国宪法规定:"中华人民共和国的国家机构实行民主集中制的原则。"在我国行政领导体制中实行民主集中制原则,主要体现在两个方面:一是国家行政机关,包括中央人民政府与地方各级人民政府,由同级人民代表大会产生,对它负责,受它监督;二是中央和地方的国家行政机关职权的划分,遵循在中央政府的统一领导下,充分发挥各级地方政府的主动性、积极性的原则。

3. 依法行政原则。中共中央《关于深化行政管理体制改革的意见》指出,"遵守宪法和法律是政府工作的根本原则"。依法行政作为依法治国基本方略的重要组成部分,反映了行政机关运作方式的基本特征,从全局上、长远上统管各级政府和政府各部门的各项工作。在我国行政领导体制中贯彻依法行政原则,主要是按照加快职能转变的要求,合理划分和依法规范各级行政机关的职能和权限,明确中央政府和地方政府的管理和服务重点;合理界定政府部门职能,明确部门责任,确保权责一致,健全部门间协调配合机制;科学、合理界定各级政府、政府各部门的行政决策权,完善政府内部决策规则,加快建立权责明确、行为规范、监督有效、保障有力的行政执法体制;健全以行政首长为重点的行政问责制度,明确问责范围,规范问责程序,加大责任追究力度,提高政府执行力和公信力。

4. 精简统一效能原则。精简、统一、效能,反映了行政机关及其工作的基本特征和基本要求。在我国行政领导体制中贯彻精简统一效能原则,主要表现在以下几个方面:科学合理设置政府机构,依法规范各级政府机关的职能和权限,核定人员编制，实现各级政府职责、机构和编制的法定化；在中央与地方、上级与下级政府机关之间，严格实行下级服从上级、地方服从中央的组织原则，确保法制统一和政令畅通；坚持把依法行政与提高行政效能统一起来，既要严格依法办事，又要积极履行职责，逐步形成行为规范、运转协调、公正透明、廉洁高效的行政体制与机制。

三、我国行政领导体制的基本特征

我国政府行政组织系统由国务院和地方各级人民政府组成。国务院和地方各级人民政府内部又依法设置了各种类型的机构，形成了它们内部的行政组织系统。在国务院即中央人民政府与地方人民政府之间、地方各级人民政府之间、政府工作部门之间以及各级政府机关和政府工作部门内部等，都按照上述四项基本原则形成了法定的行政领导关系。这些行政领导关系的制度化、体系化，体现了我国行政领导体制的基本特征。

第一，在中央政府对地方政府的领导体制方面，我国实行的是民主制的中央集权制。在我国，中央人民政府即国务院，是最高国家行政机关，统一领导全国地方各级国家行政机关的工作；国家政务的最高决策权、控制权掌握在中央人民政府手里，有严格统一的政令和法纪，各级地方政府必须服从和执行；中央人民政府是全国整个经济、政治、文化、社会活动的最主要组织者和协调者，掌握着主要的国家机器和足以影响国家全局的经济力量，并藉此具有强有力的权威性和统一指挥协调作用；全国各级人民政府都是国家行政组织体系的有机组成部分，在中央人民政府的统一领导下，各自管理辖区内的经济文化社会建设和其他各种行政事务。在坚持中央人民政府的统一领导的前提下，要充分发挥地方各级人民政府的主动性和积极性，领导和管理好各辖区内的行政事务。

第二，在地方各级人民政府的领导关系方面，实行一级领导一级的领导体制。我国宪法规定，地方各级人民政府是地方各级国家权力机关的执行机关，是地方各级国家行政机关。地方各级人民政府，除了对本级人民代表大会负责并报告工作以外，还必须“对上一级国家行政机关负责并报告工作”。在地方各级人民政府的关系上，上级人民政府领导下级人民政府的工作，下级人民政府要执行上级人民政府的决定和命令，办理上级人民政府交办的各项任务。但地方各级人民政府都是国务院统一领导下的国家行政机关，不论哪一级地方政府，都首先要服从国务院，执行国务院的决定和命令。

第三，在政府工作部门的领导关系上，各级政府部门受本级人民政府统一领导，又受上级人民政府主管部门的业务指导或者领导。根据《中华人民共和国国务院组织法》之规定，国务院各部、各委员会工作中的方针、政策、计划和重大行政措施，应向国务院请示报告，由国务院决定。根据法律和国务院的决定，主管部、委员会可以在本部门的权限内发表命令、指示和规章。地方各级人民政府的工作部门受本级人民政府的统一领导，同时还要受上级人民政府同类工作部门的业务指导或领导。《中华人民共和国地方各级人民代表大会和地方各级人民政府组织法》第六十六条规定："省、自治区、直辖市的人民政府的各工作部门受人民政府统一领导，并且依照法律或者行政法规的规定受国务院主管部门的业务指导或者领导"。"自治州、县、自治县、市、市辖区的人民政府的各工作部门受人民政府统一领导，并且依照法律或者行政法规的规定受上级人民政府主管部门的业务指导或者领导"。

第四，在各级人民政府和政府工作部门内部，均实行行政首长负责制的领导体制。我国宪法规定，"国务院实行总理负责制。各部、各委员会实行部长、主任负责制"。"地方各级人民政府实行省长、市长、县长、区长、乡长、镇长负责制"。我国实行的这种领导体制，是保证党委领导核心作用的行政首长负责制，是以民主制为前提的个人负责制，既赋予行政首长法定权责，又能防止行政首长滥用职权。国务院组织法在规定"国务院实行总理负责制"的同时，又明确规定，"国务院工作中的重大问题，必须经国务院常务会议或者国务院全体会议讨论决定"。地方政府组织法在规定地方各级人民政府实行各级行政首长负责制的同时，也明确规定，"政府工作中的重大问题，须经政府常务会议或者全体会议讨论决定"。

上述四个方面，反映了我国行政领导体制的基本情况和基本特征。行政领导体制作为政府体制的重要组成部分，从总体上看，基本适应国家经济社会发展的要求，有力保障了改革开放和社会主义现代化建设事业的发展。但面对新形势新任务，现行行政领导体制仍存在一些不相适应的方面，必须通过深化改革逐步获得解决，以期不断提高行政领导水平和效能，推动科学发展，促进社会和谐，更好地维护人民群众的利益。

第六章

行政决策与行政执行

行政决策是公共行政过程中的必经阶段,也是公共行政最重要的内容之一。早在70多年前,赫伯特·西蒙就说过"管理即是决策"的名言。西蒙针对决策在一般管理中的地位所下的断语,也同样适用于公共行政。公共行政效率和效果的好坏,在很大程度上取决于行政决策效率与行政决策质量的高低。因此,研究行政决策理论,探讨行政决策规律,并据之改进行政决策工作,对于整个行政管理工作有着十分重要的意义。行政执行是行政决策得以实现的关键环节,是制约行政效率的重要因素,也关系到行政目标和行政职能的有效实现。

第一节　行政决策概述

一、*行政决策的含义与特点*

"决策"一词最基本的含义就是作决定。从这个意义上说,社会生活中的每个人每天都在决策,因为我们每天都要作很多个决定。但作为科学术语的决策,在"作决定"这个最基本的含义之外,还增加了一些限定条件。如决策是为了解决某个已知的问题,决策是为了实现既定的目标,决策通常是在两个以上的备选方案中作出选择等等。"所谓决策就是人们根据对客观规律的认识,为一定的行为确定目标、制定并选择行动方案的过程。"①本书所说的决策也是指人们为了实现自己的目标,而有意识地搜寻、拟定和选择、修改备选方案的过程。除了

① 胡象明主编:《公共部门决策的理论与方法》,高等教育出版社2003年版,第2页。

极端的情况,决策通常意味着决策者要在两个以上的方案中作出选择。

决策遍及人类社会生活的各个方面,根据决策内容和决策活动所存在的领域,我们可以把决策分为经济决策、政治决策、社会决策、科技决策、文化决策等。在各类决策中,行政决策是一个重要的组成部分和类别。随着公共行政在现代社会中作用的提升,行政决策越来越成为决策研究必须重视的一个领域。

顾名思义,行政决策是公共行政领域的决策。所谓行政决策,是指公共行政机关及其行政人员依照法律和政策,为实现某种较重要的公共行政目标而作出行政决定的过程。这样,我们确定了行政决策的主体是公共行政人员,即从事公共行政工作的集体和个人。因为决策体制和决策内容的差异,行政决定有时是由单个公共行政人员作出的,有时是由公共行政组织领导集体作出的。行政决策的依据是法律与政策。这个限定条件根源于公共行政在国家政治系统中的地位。尽管行政系统与立法系统的关系早已不是纯粹的"国家意志的表达"与"国家意志的执行"的关系,现今各国的公共行政系统已经越来越多地参与到公共政策的制定中,但总体而言,公共行政系统所担当的主要还是执行政策的角色。行政决定的作出即行政决策经常是为了执行某项已定的公共政策,是公共政策对象化、具体化必不可少的阶段。遵从法律更是依法行政在行政决策中的必然要求。将行政决策限定为"为实现某种较重要的公共行政目标"而作出行政决定的过程,可以避免将行政决策泛化。如果将公共行政人员作出的任何决定都定义为行政决策,就是将行政决策泛化了。泛化行政决策对真切地把握公共行政过程有害无益,因为它模糊了行政决策与行政执行的关系。

行政决策具有目的性、选择性、强制性、政策性、社会性和非营利性等特点。其中有些是所有决策都具备的特点,如目的性、选择性;另一些则是行政决策所独有的,如强制性、法律政策性、社会性和非营利性等。

(一)目的性

目的性表明的是行政决策的目标指向性,即行政决策是为了实现某种目标而作出的行政决定。目的性是所有人类决策的共同特征。人们之所以作出某种决定,往往是为了解决某个或某几个问题,为了达致某种理想的状态。公共行政的"公共"属性及民主社会中人们对公共行政的期待,也决定了目的性应是行政决策的特征之一。

(二)选择性

选择性本是所有决策的共同特征,如果没有选择就无所谓决策。除了极端的情况,决策的原意是指在两个以上的方案中作出选择。当然,选择还可能是在做与不做之间的选择。选择性是所有决策应具有的特征。而因为行政目标的复杂性和行政决策对社会影响的不确定性等,行政决策所要考虑的变量非常多,因此行政决策并不比其他决策简单,相反,除紧急情况外,行政决策应采用科学的决策方法拟定出多种可供选择的方案，以便比较、选择并作出质量高的决策。

（三）强制性

强制性表明的是行政决策对行政相对人的约束力，即行政相对人要执行行政组织所作出的行政决定；行政相对人如拒绝执行，行政组织具有强制其执行的权力。行政决策的强制性根源于法律所赋予公共行政组织的强制权力，是行政决策不同于其他社会决策的特性之一。当然，行政决策的强制性是有条件的。

（四）法律政策性

法律政策性强调的是行政决策必须有充足的法律和政策依据。行政决策的政策性特征是由公共行政组织在国家政治系统中的地位及其主要职责所决定的。公共行政组织是依法建立的行使公权的组织，其包括行政决策在内的所有行为必须在法律许可的范围之内。而且，公共行政组织的主要职责是使法律和政策的具体化、对象化，因此其所作出的行政决定也必须有法律与政策依据。

（五）社会性

社会性表明的是行政决策的影响范围不仅限于公共行政组织自身，而往往会在较大的社会范围内产生影响。一方面，作为管理社会公共事务的公共行政组织，其所作出的决定都是与社会公共事务有直接或间接的关系，因此，行政决策产生一定的社会影响就是十分自然的。另一方面，因为我们把行政决策定义为公共行政组织为实现较重要的公共行政目标而作出的决定，因此行政决策产生较大的社会影响也就是必然的。

（六）非营利性

非营利性强调的是公共行政组织在进行行政决策时，不能以营利为目的。行政决策的这一特征也从属于公共行政组织的非营利属性。这一特征突出了行政决策与企业决策的本质差别。与在市场竞争中的企业不同，公共行政组织是管理社会公共事务和提供公共服务的组织，其行为不能以营利为目的。非营利性不仅要求公共行政组织在作出行政决策时，不能像企业那样以利润和收益的大小作为拟定和选择方案的标准，而且也意味着经济成本和效率经常不是行政决策的最重要的标准。与经济成本与效率相比，社会效果与公平更可能成为行政决策的标准。

二、行政决策与政策制定

人们有时将行政决策混同于政策制定，而实际上它们是公共行政中两个重要的课题，它们所反映的是公共行政过程中的不同方面。当然，两者也不可截然分离，在它们之间存在着既相区别又相关联的复杂关系。对它们之间的复杂关系进行梳理，有助于对行政决策含义的理解。它们的基本意思都是“作决定”。

无论是行政决策还是政策制定,其最基本的含义都是作决定。如上所述,行政决策是公共行政组织或公共行政组织内的个人为实现某种较重要的公共行政目标而作出行政决定的过程,而公共政策制定的过程也是一种作决定的过程。不过,尽管它们的基本含义都是作决定,而且都是公共行政领域中的决定,但却并不能将它们混同使用。决策(decision)与政策制定(policy)无论是在英语还是在汉语的语言习惯中,它们的含义都存在着差别。前者的意思主要是决定和决议,后者的意思主要是政策、方针、策略等。前者的外延比后者要大得多,因为决定有大有小,政策则是一种重要决定。公共行政组织或其成员所作出的重要决定都是行政决策,但是只有处于较高层级的公共行政组织及其成员所作出的重要决定,才有可能算是政策制定。较高层级的公共行政组织或其成员,为执行立法机关所制定的政策而作出的决定,及处于较低层级的公共行政组织或其成员所作出的行政决定,只能归为行政执行的范畴。而且,政策制定不同于行政决策,它并不限于甚至也不是主要存在于公共行政领域。以下所列的行政决策和政策制定的主要区别,对于我们进一步理解这点十分有帮助。

首先,行政决定与政策制定的主体不同。行政决策的主体主要是行政机关和行政人员,而政策制定的主体主要是政党和政党领袖、立法机关和国会议员以及行政机关和高级行政人员等。在法律有明确分工的现代民主政治体系中,主体差异意味着行政决策与政策制定其他多个方面的不同。就法律地位而言,政策制定的主体处于比行政决策主体更高的位次上。

其次,行政决定与政策制定的范围不同。范围的不同表明的是它们各自的作用对象与内容的差异。行政决策主要是在公共行政组织范围内进行的,而政策制定的范围除此之外还涉及立法机关和政党活动的广泛领域。这样,政策制定的范围就要比行政决策宽泛许多。无论就影响对象还是就所涉及的专业领域而言,行政决策都较为单纯,而政策制定则较为庞杂。

最后,行政决策与政策制定的结果不同。行政决策的结果不仅包括各种原则性、政策性的规定,还包括许多具有可操作性的计划方案、行动方案或具体的行政措施。而政策制定的结果主要是具有指导作用的法律、法令、政治决议、政策规定等等。

三、行政决策的主要类型

在公共行政中,存在着形形色色、各种各样的行政决策,它们或在决策主体,或在决策程序,或在决策所处层次等方面存在着差异。依据不同的标准,我们会得出不同的有关行政决策分类的结论。对行政决策进行分类,是我们全面把握行政决策特征的重要途径。

(一) 程序化决策与非程序化决策

赫伯特·西蒙认为决策可区分为性质相反的两大类:程序化决策与非程序化决策。前者是结构良好的决策,后一种是结构不良的决策。根据行政决策要解决的问题的类型,行政决策可能是程序化的,也可能是非程序化的,即有程序化的行政决策与非程序化的行政决策的区分。程序化行政决策多是为了解决一些常规性或例行性的问题而作出决定。解决这类问题,一般有常规性的程序和方法,决策按照既有的程序和方法作出即可。作为"结构不良"的非程序化行政决策,是指决策所面对的问题是新的或复杂的,也无现成的可供选择的解决问题的程序和方法。非程序化行政决策多是为解决非常规的、突发的或新的问题而作出的决定。在公共行政中,既存在着大量程序化决策,如每年编制财政预算草案,也存在着大量的非程序化决策,如制定应对突然出现的公共卫生危机的决定。

(二) 科学决策与经验决策

根据决策依据和手段的差异,可将行政决策区分为科学决策与经验决策。由科学的定性分析和定量分析方法而作出的决策,是科学决策;根据以往的经验、惯例或习惯做法而作出的行政决策,是经验决策。由于缺乏科学的分析,经验决策经常具有较大的局限性。在当代,科学决策更为人们所推崇。尽管如此,经验决策仍是公共行政中的客观存在。考虑到成本、效率及时效性等,公共行政决定经常不需要或不可能通过科学分析而作出。而且,因为社会公共事务的复杂性,也由于公共行政目标与标准的特殊性,公共行政中的科学决策也经常不能使用定量的分析方法而只能采用定性的分析方法。

(三) 确定型决策、风险型决策与非确定型决策

根据决策所具备的条件和因素,可将行政决策区分为确定性决策、风险型决策与非确定型决策。大凡决策都有决策目标、决策条件、决策方案及决策后果的可预见性及可控性等。正是因为不同的行政决策在这些方面的差异,人们才把行政决策区分为确定型决策、风险型决策与非确定型决策。

确定型决策是指决策目标明确、决策条件较为确定、有可供选择的决策方案,而且可预见和控制选择每一种决策方案的后果。风险型决策是指在有明确目标和可供选择方案的前提下,决策条件有不可控的因素,对决策结果的出现可进行预测和估算但有一定风险的决策。非确定型决策是指行政决策的目标是多重的或不是特别明确,决策条件更不确定、决策结果无法进行预测和估算的决策。实际上,行政决策经常难免处于"非确定"的情景中。尤其是在处理重大、复杂的公共行政问题时的行政决策经常是非确定型的。对非确定的行政决策而言,可供选择的方案间的优劣对比并不是十分清楚。在作这类决策时,有所谓的"大中取大"原则、"小中取大"原则、"大中取小"原则、"可能性"原则等等。

（四）战略决策与战术决策

根据决策作用的不同，可将行政决策区分为战略决策和战术决策。战略决策是指与国家和社会的重大目标相联系，具有全局和长远指导意义的行政决策。有时战略决策也被称为宏观决策或总体决策。与之相对，战术决策是指与局部的、阶段性的目标相联系的，依据战略决策处理具体事务或解决具体问题所进行的决策。战术决策又被称为局部决策或微观决策。需要指出的是，行政决策究竟属于战略决策还是属于战术决策，在很大程度上与决策机关在公共行政系统中所处的层次密切相关。战略决策一般只限于中央决策，地区和基层行政机关所作出的决策多属于战术决策。当然，中央行政机关作出的决策中也有一部分属于战术决策；地方政府所作的有关本地区的重大决策，对本地区而言也是战略决策。

（五）执行性决策与行政性决策

根据决策的性质，可将行政决策区分为执行性决策和行政性决策。公共行政组织的工作可依其性质区分为执行性的和行政性的，行政决策因此也有执行性决策与行政性决策的区分。执行性决策是指单纯为了贯彻执行立法机关以及中央或上级政府的某种具体规定而进行的决策。执行性决策是因某一更高层次的规定而诞生。行政性决策是指公共行政组织在其职权范围内，为综合管理所管辖区域内的社会公共事务而进行的决策。与前几种决策类型不同，执行性决策与行政性决策的区分只存在于公共行政组织的决策中。

在这两类决策中，公共行政组织的决策自主程度不同。因为执行性决策是为执行上级机关的某一具体规定而作出决策，公共行政组织在决策目标、决策程序、决策方法以及决策方案的选择等方面都没有太多的自主权。而行政性决策则不同，为了达到综合管理所辖区域的目的，公共行政组织可自定具体的决策目标，相应地，对决策程序、决策方法和决策方案的选择，公共行政组织都有较大的自主权。

（六）中央决策、地方决策与基层决策

公共行政系统是立法、行政、司法三大政权系统中层次性最强的，公共行政的许多方面都与行政组织的层级相联系。或者说，同一种公共行政活动在不同层级的公共行政组织中会有不同的表现形式，往往也包含着不同的内容。行政决策也打上了深深的层级烙印。

根据行政决策主体所处的层级，我们可把行政决策区分为中央决策、地方决策与基层决策。中央决策是指中央政府一级国家行政机关所作出的行政决策。当然，这些决策要么与国家整体事务有关，要么是针对全国性的问题而作出的。地方决策是指县级以上各级地方政府所制定的决策。这些决策要么是地方政府为执行中央政府或上级政府的规定而作出的，要么是地方政府依据其职责为处理地区性事务和解决地区性问题而自主作出的。基层决策是指基层地方政府所作出的行政决策，在我国是指乡镇一级行政机关在其管辖权限和上级规定范围内所作出的决策。

四、公共行政过程中的行政决策

行政决策是公共行政工作的一项重要内容，并在整个公共行政过程中占有十分重要的地位，具有十分重要的作用。

首先，行政决策不仅仅是公共行政过程中的一个重要环节，而且贯穿于公共行政过程的始终。现代公共行政学一般将公共行政活动区分为行政组织、行政领导、行政决策、行政执行和行政监督几个环节和内容，而行政决策是贯穿所有环节的不间断的线。如行政组织的设置必须有利于行政决策的作出，行政领导的主要职能就是行政决策，行政执行主要是对行政决策的执行，行政监督是对行政活动是否符合政策、法律规定，行政决策是否得到有效执行的监督。而且，如果我们将行政决策宽泛地理解成公共行政中的“作决定”，那么我们会发现公共行政的这些环节都离不开行政决策，因为每一环节、每一项公共行政内容的落实都需要作决定。

其次，行政决策质量的高低，关系到整体的公共行政的成败，甚至也关系人民的利益和命运，关系到国家的兴旺。行政决策是公共行政的核心环节，公共行政的成败在很大程度上取决于行政决策的正确与否。因为行政决策解决的是公共行政做什么、如何做等问题，如在这类问题上决策失误如做了不该做的事，或者以错误的方式做了应该做的事，那么公共行政的效率和效果都不会好。只有在建立高质量的行政决策的基础上，才有可能造就公共行政的整体性成功。当然，因为公共行政是由多个环节、多方面的活动内容所构成的系统，良好的行政决策也只有在行政领导、行政组织、行政执行、行政监督等都良好的条件下才可能实现，但缺少了高质量的行政决策，必然不可能有高质量的公共行政。即高质量的行政决策虽不是良好的公共行政的充足条件，但却是必要条件。由于话语权的差异等方面的原因，我们经常可以听到领导者或上级机关将公共行政失败的原因归结为下属或下级机关的执行不力，但实际上因行政决策失误而导致整体公共行政工作失败或效果不好的例子并不少见。而且，因为行政决策的重要性，由行政决策失误而导致的失败往往影响面更广，程度也更深。

总之，行政决策是公共行政的中心环节，是公共行政成败的关键。因此，在公共行政过程中应将行政决策置于首要的地位，特别加以重视。特别是对于一个行政领导者来说，更应该将行政决策作为自己的首要任务。不断地提高决策水平，是每个领导者终生都要努力的目标。

第二节 行政决策模式与体制

一、基本的决策理论模式

现代决策理论的发展，首先经历了由完全理性决策[①]到有限理性决策基本模式的转变。这可以说成是决策理论发展史上的一次深刻革命，当然，这次革命的第一功臣是赫伯特·西蒙。在前两种模式之外，20 世纪 70 年代，又诞生了“垃圾桶决策模式”。

（一）完全理性决策模式

在赫伯特·西蒙的理论发表之前，人们相信完全理性决策模式表示着人类决策的通常状态。完全理性决策模式建立在微观经济学的基础上，它强调人类决策中的最大利益标准。它提出了有关人类决策行为的标准，即利益最大化。完全理性决策模式首先确定了人类决策的五个步骤：

（1）发现问题。即决策者发现需要解决的问题，决策是为解决已明确意识到的问题而作出的。完全理性决策模式假定决策问题是容易被识别和概括的。

（2）提出目标。完全理性决策模式假定决策者对解决问题后的前景十分清楚，即决策者明了问题要被解决到何种程度，决策者能设定问题解决后的理想状态。决策者能够提出解决问题所能达成的目标，并将这些目标进行排列组合，列出它们的主次和先后顺序。

（3）拟订方案。在决策目标明了之后，分析者就要着手拟定实现目标的方案，即设计实现目标的具体途径和方法等。完全理性决策模式假定在这个环节中，所有解决问题的方案都可能被一一列出。因为只有这样，才能为后面的比较与抉择提供最充足的素材，才能保证决策所作的选择是在没有遗漏的前提下进行的，才可能符合最优化的标准。

（4）预测与比较。面对着多个可供选择的方案，决策者对每一个方案的实施后果进行预测，并对这些后果进行比较分析。预测及比较分析都是建立在充分研究的基础上的，因此，在这一阶段各种科学分析的方法要被广泛运用。而且，预测与比较必须是全面而无遗漏的，因为只有如此才能保证预测与比较的科学性、准确性。

（5）选择最优方案。在上述工作完成之后，完全理性决策模式假定决策者

① 有时也称为“理性决策”模式。“完全理性”的概念主要是为了与“有限理性”相区别而使用的，一般情况下人们所说的“理性”指的正是“完全理性”。

将选择出最优的方案,即与预期目标最为一致的方案。

完全理性决策模式假定在上述步骤中,决策者始终是科学而理性的,即决策者能准确地识别需要解决的问题,明确要实现的目标状态及各目标之间的权重差异,有能力拟定出解决问题实现目标的所有方案,并对这些方案的实施后果实行全面的、科学的预测与比较,并最终根据利益最大化的原则选择出最优的方案。当然,完全理性决策模式的实现依赖于一系列严格的假设:决策者能够得到完全而准确的信息,了解决策所涉及的所有人的价值偏好及其所占的比重且他自己是价值中立的,能够利用所有科学方法拟定出所有的决策方案,有能力在方案中作出科学的比较分析,并作出符合最优标准的选择。但是,现实生活中几乎不存在这种类型的决策,即完全理性决策模式与人类的决策实践不符,因为现实生活不可能完全满足完全理性决策模式所需要的条件,如完全信息、价值中立、方法的科学性等。在赫伯特·西蒙看来,人类决策的通常模式是有限理性的。

（二）有限理性决策模式

1947 年赫伯特·西蒙出版了《管理行为——组织决策过程研究》一书,在该书中他提出了有限理性决策模式,在决策理论领域发动了一场革命。西蒙认为,理性最粗浅的解释是“用评价行为后果的某个价值体系,去选择令人满意的备选行为方案”。如果按这样的标准去考察人类实际的决策行为,他认为人类的决策行为既不是无理性的,又不是完全理性的,而是有限理性的。在有关人类决策是否理性的问题上,他反对完全理性的观点,也否认非理性的主张。他认为组织中人的决策行为,即使不是完全理性的,至少也有相当一部分是倾向于理性的,“有限理性”是一个能够概括人类决策行为的恰当概念。

从那时起,西蒙所提出的有限理性决策模式就与完全理性决策模式一起成为人类决策理论的基本模式。而且,人们普遍认为有限理性决策模式是更能反映人类决策现实的基本模式。西蒙所构建的有限理性决策模式主要包括以下几个方面的内容:

首先,有限理性决策模式所遵循的不是“最优”原则,而是“满意”原则。西蒙指出,生活在真实世界中的人不是一个完全理智的“经济人”,不可能根据最优原则行事,他只是一个具有有限理性的“管理人”。“管理人”致力于寻找一个令人满意的或“足够好的”行动程序。“经济人”要同一切复杂事物打交道,而“管理人”的头脑中则是一个经过重大简化处理后得到的模型。

其次,有限理性决策的目标并不是十分清晰。西蒙的有限理性决策论包括两个重要的分理论:一是搜索理论;二是寻求满意理论。所谓搜索,指的是决策者在开始进行决策行为时并不一定具有备选方案,因此,他就必须去搜索。寻求满意指的是假设当决策者对于应当寻求什么程度的方案,已经形成某一欲望水平。当他一旦发现了符合其欲望水平的备选方案,便结束搜索,选定该方案。所以决策者最终选定的行动方案,决不会是尽善尽美地实现原定目标。决策只可能是在当时的情况下可利用的最好办法。

再次,有限理性决策模式的环节并不是固定不变的。决策所经历的环节是西蒙组织决策理论的重要组成部分。他认为决策一般可分为四大阶段:一是找出制定决策的理由阶段,该阶段的活动可视为情报活动;二是寻找可能的行动方案的阶段,该阶段的活动可视为一种设计活动;三是在各种方案中进行抉择的阶段。这是一种抉择活动;四是对已经选择的方案进行评价的阶段,这好似一种审查活动。但是,西蒙认为虽然决策的顺序通常是这样,但却并不一定永远如此。他认为决策不可能是机械地按固定的顺序推移的,各个阶段总是相互包含、交错的。任何一个阶段都会引发一些次要问题,这些次要的问题中又会有各自的情报、设计、抉择阶段。因此整个决策过程就是一个大圈套小圈,小圈之中还有小小圈的复杂过程。

西蒙之所以主张人类决策的有限理性模式,是因为他相信人类在决策和管理中受到多方面的限制。第一,从个人的角度来说,会受到自己的习惯、无意识技能和反射行为方面的限制,受到价值观和目标观念方面的限制,受到个人信息、知识等方面的限制。第二,从群体的角度来说,因为人们的决策要受到信息传达和沟通方面的限制,决策的环境又总是一种客观的限制。正是因为这些限制的存在,西蒙认为虽然人类有追求理性的倾向,但现实中的所有决策都只能是某种折中,只能符合有限理性的标准。决策中的这种折中性,在行为具有多个目标,而寻求的衡量尺度又是共同的情况下,就会更为明显地表现出来。一个组织当它去追求一个目标时,它可能正在妨碍和牺牲另一个目标。

完全理性与有限理性模式的不同,非常类似于理想与现实的差异。完全理性模式描述了人类有关决策的理想状态,有限理性模式则更接近于人类决策的现实。对于学习决策理论和从事实际决策工作的人来说,掌握这两种决策模式都是有意义的。虽然完全理性决策在现实中是不存在的,但这种模式反映了人们决策心理上追求最佳的愿望,在收集信息和选择决策目标、决策方案时有理论上的指导意义。后一种模式则提醒人们注意决策的现实条件,做到适可而止,有助于节约决策的时间成本和各种资源成本,以达到决策成本与决策收益的最佳状态。

(三)垃圾桶决策模式

垃圾桶决策模式产生于20世纪70年代,它的代表人物是科恩(Michael Cohen)及其同事。他们于1972年发表了《组织选择的垃圾桶模式》一文,提出了完全理性和有限理性之外的第三种决策模式。垃圾桶决策模式与前两种模式最主要的区别是,它主要从反阶段论的角度论述组织决策中的非理性成分。科恩等人认为,组织的决策程序经常是无序的,问题、偏好与解决方案之间并没有一致的逻辑推演关系，因此组织的决策过程经常表现为一种无序化的状态。因为组织的偏好经常并不是十分清楚，而是出于模糊的状态；参与决策者经常并不了解整体的决策过程，对如何达成目标的手段或方法并不清楚；组织决策像一个舞台，参与者自由地进入这个舞台。人们对组织决策的参与程度因时、因地、因人而异，因此无法确知谁将怎样对决策产生多大的影响。参与决策、决策被选定的机会类似于一个容量很大的垃圾桶，与决策有关的各类信息都被倾倒进垃圾桶，最终被选定的决策方案形成于垃圾桶内的随机配对。这样，垃圾桶决策模式同时否认了完全理性模式的完全理性和有限理性决策模式所允许的有限理性，它将决策描述为一个基本上非理性（但不是完全无理性）的过程。

垃圾桶决策模式被提出后，经常被运用于对公共政策的分析中。很显然，垃圾桶决策模式可能在一定程度上与公共政策制定的复杂情况相适应，但完全用它来解释公共政策的制定则过于极端。

二、行政决策的三种概念模式

人们在有关行政决策是如何作出的问题上也存在着争论，这就形成了所谓的行政决策的概念模式。值得指出的是，人们有关行政决策概念模式的争论既与行政决策的现实紧密相连，又总是融进人们有关行政决策的理想。

（一）理性综合模式

查尔斯·林德布洛姆1959年春在美国的《公共行政学评论》杂志上发表了《“竭力对付”的科学》一文。在该文中，他区分了行政决策的两种方法：理性综合方法和连续的有限的比较法。前者被他称为“根本方法”，后一种被他称为“分支方法”，因为这种方法的特点是渐进性地修改和制定政策目标，后人也将这种方法称为渐进决策方法。

他列举了理性综合方法也就是根本方法的五方面的特点：（1）阐明各种备择政策的价值和目标；（2）理性地或合乎逻辑地采用“手段—目的”的分析方法，首先把目的分离出来，然后确定达到目的的手段；（3）在全面检验的基础上选择最适当的政策；（4）采用综合全面的分析方法，对每一个有关的重要因素都要加以考虑；（5）大量地依靠理论。简言之，林德布洛姆所总结的这种方法，是上文所述的完全理性决策模式在行政决策领域中的运用，它要求全面评估所有要素（成本、利益、备择方案等等），以便发现可能有的最佳的行政决策方案。

林德布洛姆认为，尽管各种文献把理性综合方法作为正规方法论述，但它并不是切实可行的。除非较简单的问题，并只能以被修改的形式如有限理性的方式，它便不能被运用。因为这种方法假设了行政决策人员根本不具有的智能和信息源，也忽略了行政决策经常受着时间和资源的限制这样的条件。他认为，行政官员经常面对的是这样一个事实:行政机关实际上常常被命令不要采用理性综合方法,也就是说,它们被规定的职能所约束(政治上或法律上的可能性),却把他们的注意力局限于相对来说较少的价值因素和相对来说较少的备选方案上。

包括林德布洛姆在内的许多公共行政学者也对理性综合的方法提出了批评,这些批评类似于赫伯特·西蒙对完全理性基本模式的批判。从一定意义上讲,他们的批评是将西蒙的思想引入了公共行政决策领域,是西蒙的有限理性决策理论在行政决策领域中的具体运用。他们也强调行政决策者不可能收集到所有信息,并详尽无遗地列出所涉及的所有备选政策;行政决策常常是反应性的,而不是前摄性的,需要较快地对出现的问题作出反应,因此不可能进行详尽的、全面的分析;行政决策的目标往往不像经济目标那样明确;由于价值的相对性,对各种备选政策的价值判断没有一致的标准,甚至是相互冲突的,很难统一并进行全面考虑;由于政府部门的专业领域和工作责任不同,在备择政策的选择上也会发生矛盾;高层决策往往是一种政治行为而不是一种量化分析的完整理性行为;许多影响决策的不可知或不可控因素限制了决策的有效性和合理性,等等。

（二）渐进决策模式

林德布洛姆认为渐进决策即分支方法是在行政决策中运用的最为普遍的一种方法。渐进决策概念模式把行政决策看成是不断逐步修改、调整以往决策的过程,而不像理性综合决策那样要求重新全面考虑决策方案。林德布洛姆将渐进决策的概念模式的特征概括为五个方面:(1) 价值目标和实现目标的手段并不能决然分开,而是紧密地交错在一起;(2) 因为目标—手段不能决然地分开,因此根据目标而选择实现目标的手段的分析方法就常常是不恰当的或者是有限的;(3) 就决策本身而不是就价值标准取得一致意见是检验决策的标准;(4) 分析被极大地限制了:忽略了一些可能发生的重要后果,忽略了一些可能采取的重要的潜在的备选决策方案,忽略了一些重要的、有影响的价值;(5) 进行一系列比较,大大减少或取消对理论的依赖。

林德布洛姆认为虽然理性综合方法即所谓的根本方法像一幅蓝图或一个典型模式,被认为是解决复杂问题的一种"最佳"方法,但在实际上并不切实可行,行政官员们经常使用的是"连续有限的比较法",也就是渐进决策的方法。总的说来,行政决策的渐进决策模式具有与理性综合决策模式不同的鲜明点。

首先,渐进决策强调行政决策过程是一个不断探索、逐步前进的过程。它认为行政决策的目标以及实现目标的手段经常不是十分清晰的,因此行政决策者不可能在一开始就形成明确的目标以及实现目标的方案,它主张通过"走一步,看一步",逐渐明确行动目标和形成行动方案。也就是说,在渐进决策模式中,行政决策主要是一个不断调适的不间断的过程,而不是一蹴而就的。

其次,它注重了解以往对类似问题的处理办法,并保留以往决策的延续性。它不要求完全重新评价以往决策或过多地分析与评估新的备选方案,而主张调整主要是建立在边际分析的基础上。所谓的边际分析关注对新方案与旧方案的比较,着重于新旧方案的不同之处,从而简化了决策过程。

再次,党派斗争和多元利益观被结合进了渐进决策模式中。渐进决策模式认为,现实中许多行政决策并不是完全建立在理性、科学分析的基础上的,相反,行政决策经常是党派斗争的结果。行政决策也不可避免地会受到利益集团的影响。在当代社会,因为行政决策经常涉及人们的利益得失,利益集团不满足于在政策制定过程中施压,它们也将触角伸向了行政决策领域。利益集团可能通过影响政策分析人员和具有决定权的各级行政首长等途径,来影响行政决策的内容、方式和进程等。

最后,渐进决策模式承认行政决策的过程是一个利益冲突和价值分配的过程。渐进决策模式认为,就其实质而言,行政决策过程是一个价值再分配的过程。因此,渐进决策模式相信行政决策过程是一个充斥着利益冲突的过程,最终的选择取决于利益集团间斗争的结果。

与理性综合决策模式一样,渐进决策模式也受到了多方面的批评。概括起来说,人们对渐进决策的批评主要有以下几点:(1) 渐进决策有一种维持现状、不求改革与创新的保守主义的倾向,与现代社会的飞速发展不相适应;(2) 要使各种利益不同的社会集团取得一致意见,在协调工作方面存在着很大的困难,即渐进决策模式也不容易实现;(3) 渐进决策模式的适用范围有限,它不适用于某些行政决策,尤其不适用于社会变革或有较大风险的行政决策;(4) 由于缺乏明确目标和综合计划,一步步小的修正既可能走不出惯有做法的圈子,也可能出现一种令人不快的或完全意料不到的结果;(5) 所使用的手段不系统、不科学,是一种缺乏理论指导和远见的被动方法,等等。

(三) 混合扫描决策模式

这种决策方法是由美国社会学家阿米泰·埃特奥尼在 1967 年发表的论文《混合扫描:"第三种"决策方法》中提出的。埃特奥尼之所以提出这种方法,旨在指出理性综合决策模式和渐进决策模式之外的"第三条道路"。它是一种试图发挥上述两种模式的优点,克服它们各自的缺点的决策模式。

埃特奥尼不主张在理性综合决策模式和渐进决策模式中做或此或彼的选择,他认为任何一个具体的行政决策可能经常包含了这两种方法。他一方面承认人的理性的有限性,即人只具有有限理性,不可能在决策过程中进行绝对全面、综合的考察。因此,渐进决策在一定程度上反映了行政决策的现实。但同时他也充分肯定了理性综合决策模式所主张的系统分析技术方法,他认为行政决策应追求尽可能高的理性。对某些重大的、技术性问题的决策,应采用理性综合决策模式。依据这些观点，埃特奥尼提出了混合扫描行政决策模式。

他所主张的混合扫描决策模式的决策过程，是从对整个责任领域的广泛范围进行系统考察开始。按照这种决策模式，行政决策首先需要确定一个较大的决策考虑范围，然后在这个范围内确定不同问题的性质，即把所有的问题区分为重要的和不重要的。对于重要的和不重要的问题使用不同的决策方法。理性综合模式所主张的全面而科学的分析方法，只使用于那些重要的问题上。判断是否重要的标准是依据当时的情况和影响的广泛性。在备择方案的选择上，混合扫描决策的选择范围也可较为广泛，但这种模式主张把注意力集中于似乎有可能的和有希望的方案。这样，从决策问题的确定到决策方案的选择，混合扫描决策都遵循从“面”到“点”的切换。在某些情况下，适合采用针对“面”的方式，尽量追求不要遗漏重要的信息，但并不要求对所有信息进行十分认真的甄别与研究。在另一些情况下，适合采用针对“点”的方式方法。对于重要问题和较可行的方案，需要进行十分认真科学的分析研究，以便最终作出正确的选择。埃特奥尼用环绕地球的高空气象卫星来形象说明他所主张的混合扫描决策模式。高空气象卫星装有两部摄像机——广角摄像机和窄角摄像机，它们分别起着不同的作用。广角摄像机扫过天空的一切地方，但它不细微地去观察每个角落；窄角摄像机对广角摄像机观察过的天空中的重要区域进行细致的观察。高空气象卫星在观察天空时交叉使用这两种不同功用的摄像机。埃特奥尼主张行政决策也要交叉使用理性综合方法和渐进决策模式，而这正是混合扫描决策模式最主要的特点。

混合扫描决策模式不太关心同类问题在以往如何解决，即不像渐进决策模式那样拘谨于以往的做法，为行政决策的创新与突破提供了可能性；同时，它又不像理性综合决策模式那样主张对所有问题进行详尽无遗的研究分析，并严格遵守分析的规范程序，可节省用于决策分析的时间和精力，改善了理性综合决策的局限性。因此，混合扫描决策模式可在一定程度上吸收理性综合决策模式和渐进决策模式的优点，并克服它们各自的局限性，可以使行政决策既不至于成为一个无休无止的、成本无限高的过程，也可使行政决策保持较高的科学性、严谨性。

混合扫描决策模式虽然意在发扬理性综合决策模式和渐进决策模式的优点，克服它们各自的局限性，但这并不意味着它可以取代或排除其他两种决策模式。现实中的行政决策，既可能是理性综合模式的，可能是渐进决策模式的，也可能是混合扫描模式的。这三种决策方法各有其适用的范围和条件，行政决策往往是根据所面对问题的性质、可供利用的资源和限制条件而按照上述三种模式中的一种而作出的。

三、行政决策系统

行政决策是一个系统。一般来说,行政决策的作出都不是个别人一蹴而就地完成的。如果将行政决策作为一个系统从公共行政中分离出来,并对行政决策的全过程进行考察,就会发现每一个行政决策系统内部又可划分为多个子系统。它们包括信息子系统、参谋子系统、决断子系统和监控子系统。行政决策系统中的这四个子系统各有分工,相对独立,又相互配合,协调一致,共同完成行政决策工作。

信息子系统在行政决策中的主要作用是为行政决策提供信息,收集信息,加工信息和传递信息是信息子系统的主要活动内容。行政决策所需要的信息是多方面的,起码包括有关问题及产生问题的原因的信息、各种决策方案的信息和决策后果的信息等。信息子系统是由掌握信息技术的专职人员、设备及有关工作程序组成的专门从事决策信息的收集、加工、传递、贮存等工作。在行政决策系统中,信息子系统属辅助机构,主要为行政决策提供资料。但是,行政决策系统的正常、高效运转离不开充足而有效的信息,准确、全面、及时、适用的信息是良好行政决策所必需的。

参谋子系统的主要作用是提供行政决策的建议。在行政决策过程中,参谋子系统从界定决策问题、确立决策目标,到解决问题的方案、途径、方法等都可能提出建议。参谋子系统是由掌握各门类知识的专家、学者组成的。参谋子系统的组织形式有官方的、半官方的、民间的和跨国的四种。不论哪种形式的参谋子系统都具有集体性、科学性和相对独立性等特点。尽管在行政决策系统中,参谋子系统也是辅助机构,但它在相当大的程度上决定了行政决策的领域和内容等。

决断子系统指行政决策系统中直接作出行政决定的部分,它是行政决策的中枢机构。在信息子系统和参谋子系统工作的基础上,决断子系统负责界定决策问题,确立决策目标,设计和选择决策方案等。决断子系统是由拥有决策权力的领导者所组成的中枢机构,是行政决策活动的组织者,领导行政决策的全过程。当然,在不同的行政决策体制下,决断子系统的构成不同。它可能是一个行政首长,也可能是由地位平等的委员所组成的一个委员会。决断子系统具有权威性和主导性的特点。

监控子系统是指决断子系统之外的人员和机构对行政决策行为以及对政策方案内容和执行情况依法进行监督和控制的机构。行政决策监控是一种政治行为,监控主体必须在法律赋予的权力范围内活动。监控子系统在行政决策系统及其运行中的作用是:防止决策者滥用决策权;促使决策内容切合实际;监督执行机构及其人员正确执行决策。

四、行政决策体制的类型

行政决策体制是指行政决策的机构和人员等要素所形成的组织体系及其制度。体制的中心含义是权力关系,行政决策体制表示的是行政决策权力在行政决策系统中的不同部分间的分配情况,它主要考察的是拥有行政决策权力的中枢机构的情况。有多种区分行政决策体制的标准,因此也就有多种关于行政决策体制的分类结论。本书认为区分行政决策体制应着眼于行政机关的决定是怎样作出的,区分行政决策体制的标准是行政最终决定权的归属,即谁拥有行政的最终决定权,谁对决策后果负责。概括而言,现代行政决策体制可分为行政首长制、委员会制和混合制三种类型。

(一) 行政首长制

在这种行政决策体制下,各级行政首长具有最主要的行政决策权。行政首长对本级政府或本政府部门内的事务具有独立的决定权,当然行政首长也对行政决策的后果负责。行政首长体制经常与行政领导体制中的个人负责制相伴,即在实行个人负责的行政领导体制下,其行政决策体制也多是行政首长制。

在实行行政首长制的行政决策体制下,行政首长所在政府或所在部门的重大行政决定都由行政首长作出。这并不是说在这种体制下行政首长是唯一与行政决策有关的人,恰恰相反,行政首长制下的现代行政决策系统,仍然包含了信息子系统、参谋子系统和监控子系统等。即行政首长作出决断也需要相关组织和个人为其提供信息,为其拟订方案和提出政策建议,行政首长的决策也并不是完全不受控制的。不过,在这种行政决策体制下,作为行政决策系统的中枢的决断子系统体现了较多的个人专断的特征,行政首长可以征询其他人对决策方案的看法,甚至也可采用投票的方式测定其他人的意向,但最终的决定由行政首长作出。是否采纳其他人的看法,在多大程度上听取其他人的看法完全取决于行政首长的意志。

行政首长制的行政决策体制在实践中的运用非常广泛,在大部分国家的政府中采用的都是这种行政决策体制。行政首长制之被广泛运用的原因有两点:一是为了获得行政决策的高效率。这种体制便于行政首长根据自己的意志和判断,迅速地作出决策,它省却了多个决策者间的博弈及讨价还价的过程,也可以保证不同行政决策间的统一性和整体性。二是明确行政决策的责任归属。一般来说,将责任归属于由两个以上的人所组成的团体,所谓的责任机制会大打折扣。因此,将行政决策责任归为一人的行政首长制是一种较好的履行责任的机制。从这个意义上讲,这里所说的行政首长制与个人专权体制有着本质的差别。

(二) 委员会制

委员会制又称集体负责制，是指行政决策是由两个以上的地位平等的人组成的委员会或小组或联席会议所作出的体制。与行政首长制不同，委员会制下行政决策的权力不是集中于或主要集中于一个人身上，而是由组成委员会的人们平等分享。在委员会制下，重要的决策需由整个决策集体讨论表决确定。一般来说，在委员会制下会规定具体行政决策方案得以通过的条件，如委员会成员的半数或多数通过等等。只要满足了这些条件，就能作出行政决策，而不考虑委员会中某个特定成员的意志。在该种体制下，也经常会设立一名组长、主席、主任等，但这些组长、主席、主任等只是名义上的或临时的首脑或召集人，他拥有与其他成员一样的权力，也只有一票的表决权。因为委员会制下的各委员的权力完全相等，因此除非集体授权，在重大问题上任何人都没有最后的决策权和否定权。而且，委员会制下也不会轻易地授权由某个委员来进行决策。最后决策或行动方案由集体讨论形成的一致意见或表决结果来决定，决策责任也由集体而不是个人来承担。

委员会制并不是十分罕见的行政决策体制，如瑞士的联邦委员会就是该种决策体制的代表。联邦委员会是瑞士的最高行政机构，它由联邦议会的两院联席会议选出 7 名委员组成。联邦委员会是联邦议会的执行机构，对议会负责，任期 4 年。联邦委员会主席由这 7 名委员轮流担任。美国的管制委员会实行的也是委员会制的决策机制。美国存在着几十个甚至上百个独立管制委员会。因为它们与一般的行政部门不同，是由国会通过立法为某一专门目的而设立的行政机构，却又具有半立法和半司法的职能，但人们习惯上还是把它们归为美国行政系统中。与其他的联邦行政机构不同，美国的独立管制委员会并不实行首长负责的决策体制，而实行委员会制。独立管制委员会中设主席，但管制决策由委员会的多数作出决定。委员会由 3 个以上的委员组成，一般是 5 至 9 人。委员会中的委员由总统任命，参议院批准。委员会主席由总统在委员会中指定，副主席则由委员们选举产生。总统不能随意地罢免委员，免职必须有正当的理由（如渎职等）。另外，在美国地方行政管理中，委员会制也是比较常见的行政决策体制。

（三）混合制

混合制基本上是上述两种决策体制的混用，是个人负责制和集体负责制的结合。该种行政决策体制，一般是根据事务的性质，有时候由行政首长或单个的成员决定，有时候由委员会或小组或联席会议等讨论决定。与这种决策体制相对应的是集体领导与个人分工负责相结合的领导体制。

一般说来，在实行混合制的公共行政组织中，重大问题由领导班子全体成员讨论，并以表决的形式作出决策。一经表决通过，领导集体中的任何成员都没有随意更改的权力。在决策过程中，一般坚持少数服从多数的规则，班子成员没有凌驾于多数之上的单个人作决定的权力。这是混合制所体现出的委员会制的决策特点。另一方面,在混合制下,决策集体中的成员一般会有所负责的领域,在其所负责的领域内该成员享有较多的日常决策权和建议权,但该领域中的重大问题也还是必须交领导班子集体表决。

与个人负责制有关的还有行政首长的最终决定权和一票否决权。混合制下的重大问题由决策集体共同做出,但基于行政首长对本行政组织或本辖区内的公共管理事务负责的原因,行政首长一般具有最终的决定权和一票否决权。这一特点使得混合制在某些时候类似于行政首长制。两者最根本的差异在于行政首长是否具有对所有重大决定的最终决定权。混合制下的行政首长并不也不应该经常使用其一票否决的权力。

如上可见,本书主要着眼于行政决策是单个人做出的,还是领导集体做出的,并首先以此为标准将行政决策体制区分为行政首长制和委员会制。但是实践永远要比理论复杂、丰富,因此我们也承认行政决策实践中还存在着兼有它们两者特点的混合制。当然,对行政决策体制的区分只能是相对的,因为现代社会现实中很难有纯粹的行政首长制,行政首长总是不可避免地要受其他人员的影响,要考虑其他相关人员的意志;委员会制虽然规定了各成员的平等地位,但现实中绝对的地位平等也是不存在的,某些成员可能因为学识、人格魅力及与组织资源的紧密联系等,而具有实际上的更大的影响力,虽然表面上他也只具有一票的表决权。从这种意义上讲,所有的行政决策体制都具有混合制的特征。

五、行政决策的科学化与民主化

除了对效率的强调,人们对行政决策的要求主要集中于科学化与民主化方面。因为效率是所有有关公共行政的论题都会涉及的,此处不作论述,而主要对行政决策的科学化与民主化进行阐述。

所谓科学化,指的是行政决策的作出要有充分的依据,运用科学的决策程序和方法,所作出的决策经得起实践的检验。很多时候,科学化与“正确”、“准确”等概念的含义相同。当然,这里所说的“正确”、“准确”都是按照科学的标准,建立在科学检验的基础上的。行政决策的科学化,首先要求行政决策建立在充分的事实依据上。如有充足的数据显示某问题应被纳入决策议程,决策方案的拟订和选择也是建立在充足的事实依据之上。其次,行政决策的科学化也意味着采用科学的决策程序与方法。在当代,决策研究已结出了很多丰硕的成果,研究者和实践者总结和创造了多种决策模型与方法等。行政决策要实现科学化,就应该充分运用这些决策研究和实践成果,注意采用科学的决策模型与方法,如头脑风暴、名义小组技术等决策方法应被应用于行政决策中,也应注意采用敏感度分析及模拟与网络技术分析等定量分析方法。

行政决策的民主化强调的是民众对行政决策的参与。虽然说行政决策的主体是行政机关,但这并不等于民众应被隔绝于行政决策过程之外,相反,民众对行政决策的参与度也是当今人们评价行政决策的一个标准。尤其是在当代,随着民主行政日益深入人心,人们对行政决策的民主化要求越来越高。行政决策的民主化体现于决策观念的民主化、决策过程的公开化和民众参与的制度化等方面。行政决策观念的民主化既要求拥有行政决策权的行政机构及其人员,树立民主决策的观念和作风,也要求民众具有参与行政决策的意识和积极性。决策过程的公开化是满足行政决策民主化所必需的,也就是说只有行政决策过程实现了公开化,行政决策的民主化才能落到实处。行政决策过程的公开化要求行政决策主体从行政决策问题的确定,到行政决策方案选择的结果及之后的效果等都向公众公开。民众既有权了解政府正在关注哪些问题,也有权知道政府采用了何种方法解决该问题及解决的效果如何等。行政决策过程的公开化,既是保障利益相关民众的知情权所必需的,也是民主社会对行政监督所必不可少的。民众参与的制度化指的是要以法律、法规的形式将民众对行政决策的参与制度化,即以法律法规的形式规定民众能够参与哪类行政决策,如何参与行政决策,民众参与的权利如何保障等。实际上,现代行政法律法规中的相当大的一部分,是为了满足民众对行政决策参与的制度化要求的。

第三节 行政决策的一般过程

赫伯特·西蒙是最早对决策过程进行系统研究的理论家,他的决策过程理论至今仍具有指导各类决策过程研究的意义。结合西蒙的理论,本书将行政决策区分为四个步骤:确定问题和目标,开发决策备选方案,选择和决定决策方案,修正和完善决策方案四个阶段。

一、确定问题和目标

问题是预期、需要与实际满足状态之间的差距,任何决策都从发现问题开始。行政决策问题是被行政主体所认知,并认为有必要采取行动加以解决的公共问题。确定问题是行政决策的起点,也是良好行政决策的第一步。如果问题确定错了——将不应被重点解决的问题纳入到了决策议程,而把应该解决的问题排斥在决策议程之外,即使其后的决策过程都十分完美也于事无补。这提醒人们不能轻视行政决策中的确定问题环节。

行政决策的问题界定一般经过症结分析、原因分析、确切表述三个环节。行政决策一般是由一些不良现象所引起的,即现实中存在着一些与预期、需要有差距的现象,是这些现象的存在促生了行政决策主体解决问题的意愿。在下决心要改变这种现象之时,行政决策者首先要做的就是要对产生不良现象的症结进行分析。即确认不良现象产生的时间、地点和条件,不良现象所属的类型、范围、程度、影响和内部层次结构等。其后要进行原因分析,即确认产生不良现象的原因是什么。确认原因实际上就是确认产生不良现象的问题之所在,即确定决策的作用对象。在确认原因的过程中,可能会动用多种分析方法,且依赖于实践经验和科学理论与方法的配合使用。确切表述就是对产生不良现象的原因——问题的性质、影响和内部结构等作定性和定量的准确概括表述。确切表述对人类个体决策并不是一个十分重要的阶段,但对组织决策尤其是公共组织的决策却是不可或缺的。因为组织决策尤其是公共组织决策受责任机制的约束,决策者必须能向其责任对象明确说明自己决策的合理性。

行政决策目标是决策者希望通过决策实施所达到的状态。不过,对于行政决策目标应有清醒的认识,因为行政决策目标如同管理中的其他目标一样,也具有层次性——决策目标是一个可分为多个层次的目标体系,以及多样性——行政决策的目标种类繁多的特点。层次性说明行政决策目标可区分为许多层次,不同层次目标的地位高低不一,低层次的目标要服从于高层次目标的需要。多样性说明行政决策目标往往不是一种明确一致的状态,不同的行政目标之间可能存在着矛盾。

目标确立是行政决策程序中的一个重要环节,目标确立是否恰当在很大程度上决定了行政决策能否实现以及决策被实施后的效果。在确立行政决策目标时应遵循以下基本原则:(1) 针对性。目标必须针对要解决的实际问题,目标能切中问题的要害。(2) 可行性。即在现有条件下通过一定努力可以实现,是评价目标的又一标准。不能实现的目标应被摈弃。(3) 系统性。确立目标时秉持整体主义的思维,有必要对目标进行层层分解,并将各层次的目标归并为一个有机的目标体系。(4) 规范性。行政决策目标必须要与既有的社会道德规范、法律法规相吻合。(5) 具体性。表述出来的行政目标必须是明确而没有歧义的,目标还应有明确的时限、范围和约束条件及具体指标,即目标应是可被考核的。正是因为有这些限定条件,目标确立并不是一件容易的事情。为了确立恰当的目标,确立目标时经常需要利用多种分析方法。

二、开发决策备选方案

一旦明确了问题之所在,也确立了决策所要实现的目标,开发决策备选方案就是紧接着要做的工作。决策方案指一个或一组解决问题、实现目标的行动方法与准则,它具体规定实现决策目标的步骤、途径和方式。这也是决定行政决策质量高低的重要环节,行政决策质量正是建立在有多个可供选择的优良方案的基础上。因此,拟定尽可能多的可供选择的方案,提高每一个备选方案的质量是该环节的任务。

开发决策备选方案是行政决策过程中的设计活动和搜寻活动。行政决策方案设计就是在明确目标的基础上,经过调查研究,运用适当的技术与方法,设计或者规划诸种实现决策目标的备选方案的行为或过程。方案设计是行政决策的中心环节,也是决策咨询子系统参与最多的一个环节。

寻找解决问题的备选方案的过程是一个需要较多创造性的过程,一些能够激发人的创造性的方法,如头脑风暴法等经常被运用到该环节中。除了创造性,在拟定备选方案的环节中也需要做大量细致的工作。因为每一个决策方案除了对实现目标的步骤、途径和方式的大体轮廓进行描述外,还必须对它们进行细致的设计。这样,出于节约成本的考虑,开发备选方案的环节又可以分两步走:首先设计出各备选方案的大体轮廓,在对备选方案轮廓比较的基础上,选出几种较可行的方案轮廓。其后对其轮廓被选中的备选方案进行更详细的设计。那些从大体轮廓看,就不可能被选中的方案无需进行细部设计。细部设计是对实现目标的途径、步骤和方式等的更具体的规定。

当然,行政决策也并不总是需要做出数量众多的决策方案。对于一般性的、常规的或简单的行政决策,一个决策方案足矣。但对于特殊的、复杂的、非常规性的问题的决策,至少需要拟定两个以上的决策方案供决策者选择。上文所说的拟定尽可能多的备选方案主要也是针对这类决策。拟定决策方案的方式方法——由谁采取何种方法拟定决策方案,也要根据要解决问题的性质、影响的不同而分别确定。对于常规性的决策,通过相关的职能部门按以往的做法作出;对于复杂的、涉及面广的问题的决策,应广泛征取来自多方面的方案,拟订方案的具体方法也经常是多种多样的。

在该环节中,也仍然需要做大量的信息收集、筛选和处理工作,出色的决策方案必然是建立在大量有效的信息的基础上。因此,除了咨询子系统外,行政决策系统中的信息子系统也较多地参与到该环节中。

三、选择和决定决策方案

确定问题、决策目标和拟定决策方案两个环节都可以说是行政决策的准备阶段,决策的决定与选择的含义最主要体现于选择和决定决策方案阶段。如果不把决策视为一个联系的过程,所谓的决策主要指的也正是这个环节的工作。

选择和决定决策方案，是指行政决策中枢系统——决断子系统中享有行政决策权的行政领导，依据其权力、经验和科学知识，在对各种备选方案进行比较权衡的基础上，选择或综合出一个最优或满意的决策方案。方案一经抉择和批准，即成为行政人员和行政对象的行动准则，实现既定目标的途径、方式、方法等得以正式确立。

决策的实质是一个选择取舍的过程，或在几种方案中选取其中的一种，或在只有一个方案的情况下决定该方案是否可行。因此，选择和决定决策方案的过程实际上是一个评估选优的过程。在选优之前，该环节首先要做的是对方案进行可行性分析。行政决策中的可行性分析经常会涉及多个方面，如方案是否符合现行政策、法律法规和上级的规定，是否符合客观条件的要求，经济上是否可行，技术上是否可行，是否有更好的方案，是否需要修改等。当然，可行性分析也不是仅在此环节进行。如在拟定备选方案阶段的轮廓设计之后，根据轮廓而对各方案的选择也是建立在可行性分析的基础上的。那些轮廓上就已显示出在某个方面或某几个方面不可行的方案，在拟定备选方案环节就可能被摈弃。但是，最主要的可行性分析仍是在选择和决定阶段进行，因为某些方面是否可行只有在方案完成之后才可以确认。

在完成了可行性分析后，对剩下的可行方案的选择主要是建立在后果预测的基础上。决定决策方案的前提是对每一决策方案的实施后果进行预测。可以说，选择和决定决策方案是建立在对各方案的实施后果进行预测和比较的基础上的。后果预测在行政决策中的地位由行政决策本身面向未来的特征所决定，是方案评估和选优的前提。对备选方案进行后果预测的主要方法有：德尔斐法、会议法、时间序列法、回归分析法、趋势外推法等。

完成了对备选方案的后果预测之后，就要选择和决定决策方案。选择和决定决策方案的方法有多种，如经验法、“决策树”方法、试验和模拟等。

经验法是在总结以往经验教训的基础上，直接对各种方案的优劣作出判断，选择和决定决策方案。经验法主要适用于常规性和程序性的行政决策。与经验决策相关的概念是“直觉决策”。罗宾斯将直觉决策定义为“从经验中提取精华的无意识过程”。[①] 在强调科学决策的人们看来，直觉决策是非理性的，经常可能导致错误的决策。不过，今天人们已经清楚这种认识并不具有普遍的意义。理性有时被过分强调，在某些情况下采用直觉决策可节省决策成本，又不影响决策效果。因为直觉决策也并不是完全地脱离理性分析而独立地运用，所谓的直觉经常是建立在长期经验积累的基础上的。

“决策树”法是把各种决策方案及与方案有关的概率、收益值等画成树状

① ［美］斯蒂芬·P. 罗宾斯：《组织行为学》（第10版），中国人民大学出版社2005年版，第151页。

图,分别计算出它们各自的期望收益值,并据之作出选择。决策树是一种应用很广的选择和决定决策方案的技术方法,不过,除了在完全确定的情况下,在运用决策树方法进行方案选择时,一个非常关键的问题是如何设定各种状况出现的不同概率并作出正确的选择。

实验和模拟方法是通过在小范围和实验室内将各方案进行实验和模拟,在对各方案的实施结果进行分析比较的基础上作出选择的方法。

四、修正和完善决策方案

在选择和决定了决策方案后,行政决策过程并未完全结束。在实际的公共行政活动中,行政决策往往不是一次就可以完成的。也就是说,行政决策和实施活动经常存在着交叉。当某一决策方案被选择并被实施后,修正和完善该方案的情况也经常会出现。修正和完善决策方案环节主要包括信息反馈和方案修正两方面的工作内容。

在该环节中,最重要的信息是有关决策方案被执行的情况。由于实践的复杂、多变,决策方案在实施过程中可能会暴露一些问题和矛盾,信息反馈就是将这些问题和矛盾反馈给方案的设计者和选择者,以使他们能了解方案的执行情况,并根据出现的问题和矛盾修正、补充或重新制定新的方案。这是一个信息回授的过程。因为信息反馈是修正和完善决策方案的前提和基础,正确的修正必须建立在良好信息反馈的基础上。所谓良好的信息反馈主要需满足三个条件:全面性、准确性和及时性。全面性要求对有关决策方案实施过程的重要问题和矛盾无所遗漏的反馈;准确性要求不歪曲问题与矛盾的实际情况;及时性要求一旦出现问题和矛盾,就应该马上将该类信息反馈给决策的中枢系统。

决策的正确性总是相对的。当被选择的方案付诸实施后,经常会反馈出各种问题。在得到关于问题的反馈信息后,修正和完善决策方案就成了一项重要的工作。所谓方案修正,就是指在已做出的决策基本正确并能够继续执行的前提下,为了更好地实现决策目标,对原方案所进行的部分调整和补充。方案修正是一件正常的、经常性的工作。也可以说,在多数情况下,只有经过实施过程中的不断修正,实践中才可能有所谓正确的决策。

除了修正方案外,在行政决策被实施的过程中,还可能存在着追踪决策的情况。所谓追踪决策是指在决策方案被执行的过程中,由于发现原定方案失误或无法进行下去,而对决策目标和方案所作的一种根本性修改。由于追踪决策是对原决策的根本性修改,因此它不同于决策修正,本质上它是对原有决策问题在新情况下所作的一次重新决策。只是因为追踪决策所面对的环境已与原初决策不同，因此仍不能简单地将它视为一次全新的决策。因为原定决策已被实施，环境已因之而发生了改变，即追踪决策所面对的是被原初决策所改变了的环境，从而问题可能变得更加复杂。在进行追踪决策时，决策者必须将这些因素考虑进去。

西蒙关于决策过程的划分的非绝对性的观点，也同样适合于行政决策过程。行政决策过程虽大体可划分为上述四个阶段，但这绝不意味着各阶段间的界限非常清楚，相反各阶段经常是相互交织的。而且，上述划分只能说明多数行政决策的大体过程，有些行政决策并不完全按照上述次序进行，阶段间的顺序可能颠倒，也可能某个环节的工作基本被省略等。因此，不能僵化地去理解行政决策过程。

第四节 行政执行

作为行政学的奠基之作，古德诺的《政治与行政》将公共行政的主要职能规定为执行。尽管当代公共行政活动已经不是单纯的执行政策，公共行政组织已经越来越多地参与到了政策制定之中，即履行了古德诺所谓的"国家意志的表达"职能。但总体而言，执行公共政策、法律、法规仍是公共行政组织最主要的职责。有效的执行活动是良好的公共行政的重要组成部分，也是公共行政研究始终不能忽视的重要课题。不过，本节所阐述的行政执行的外延小于行政机关职能定位的执行。后一种执行包括了行政决策在内的行政机关的所有活动，而本节中的行政执行是指行政决策完成之后，将决策所规定的内容变成现实的活动过程。

一、*行政执行的特点*

实际上，国内学者对行政执行的定义并不一致，如黄达强等人将行政执行定义为：行政机关及其工作人员实施决策中心的决策指令，以达到决策目标的活动。彭和平将行政执行定义为：国家行政机关或公共行政组织的全部执行活动和行政活动的统称。不同的定义意味着不同的外延，也意味着研究对象的差异。因此，定义行政执行也是本节首先要做的工作。本书将行政执行定义为：公共行政机关通过执行、适用规范行政管理活动的法律、法规，实现行政决策目标，对国家公共事务进行管理的活动和过程。这样定义的行政执行，除了区别于作为公共行政主要职能的执行，当然也不同于本章前三节所阐述的行政决策。它是行政决策的后继，是一种实施活动。

总的说来，行政执行具有以下几方面的特点：

(一) 依法执行

依法行政是公共行政组织活动最基本的特点，依法执行也是行政执行最基本的要求。依法执行要求公共行政组织的执行活动必须在宪法和法律授权和规定的范围内，按照法律、法规规定的程序和方法实施管理，即公共行政组织的执行活动是由法律法规所规定的。

(二) 法律、法规和政策原则的具体化和对象化

就实质而言，行政执行是将法律、法规和政策原则具体化和对象化。法律、法规和政策原则等规定了社会中所有人的权利和义务，规定了社会中不同类别的组织和个人所应享受的福利和所应遵守的规范等。这些法律法规和政策原则是社会稳定和发展、公民自由和发展所必需的。但是，如不通过行政执行过程，法律法规和政策原则的规定停留在纸面上，只具有抽象的意义。公共行政组织的行政执行活动，是将它们具体化和对象化的过程。行政执行的过程使法律和政策规定越来越具体化，越来越具有对象指向性，最终在某项具体工作或某个具体个人身上体现出来。例如我国税法规定了个人所得实行累进税制，但具体是哪些人缴纳多少税款则需通过行政执行过程来确定。税务机关根据累进制原则，对社会中获得了超过免税额以上收入的个人按照不同的比例征收税款，累进制的税收原则就得到了具体化和对象化。当然，行政执行对法律、法规和政策原则的具体化和对象化是按照行政决策所确定的内容和方式进行的，即在法律、法规、政策原则和行政执行之间还有一个行政决策的环节。

(三) 法律和政策原则的灵活运用

如上所述，依法执行是行政执行的基本要求，行政执行需在法律法规的授权范围内，按照法律法规所规定的内容、程序和方法等执行。但这并不等于说公共行政组织在行政执行的过程中，没有半点自主性。因为实践的变动性、复杂性，法律、政策的原则经常不能或不应该得到百分之百地遵守，法律和政策原则的灵活运用在公共行政实践中并不少见。在行政执行过程中，公共行政机关和其工作人员也具有在一定程度上灵活运用政策原则的权力，实际的行政执行活动经常是法律和政策原则的灵活运用。当然，行政执行的灵活运用是有限度的，否则就与依法行政的基本原则相违背。与第二点相同，需要说明的是行政执行对法律和政策原则的灵活运用是以行政决策为依据的。

(四) 行政执行活动具有层级差异

行政执行对法律和政策原则的具体化和对象化，不是一次完成的，而是通过逐级决策和逐级实施的过程完成的。这使得行政执行活动具有明显的层级特点，不同层级的公共行政组织的行政执行活动具有差异性。公共行政组织是一个区分为数个层级的系统。在这个层级系统中，每个层次担负有不同的职责，扮

演着不同的角色。行政决策所确定的行政任务,需要分解为不同的部分,由不同层级和不同部门的行政组织来完成。因为行政系统中各层级的职能定位的长期性,各层级的行政执行活动在内容和形式上都有区别,具有较明显的层级差异。

(五)行政执行活动的效果取决于多个因素

作为通过执行、适用规范行政管理活动的法律、法规,实现行政决策目标,对国家公共事务进行管理的活动和过程的行政执行,并没有确切一致的状态可期待。行政执行活动的效果受制于多方面的因素,如环境、条件和公共行政人员的素质等。具体行政执行活动在这些方面的差异,使得它们的效果具有较大的不确定性。

二、行政执行的常见形式

因为行政执行被视为通过执行、适用规范行政管理活动的法律、法规的过程,因此法律在行政执行中具有非常重要的地位。从一定意义上讲,行政执行的所有活动都是与法律、法规有关的,不过,按照行政执行的内容和作用的不同,又可以把行政执行活动分为行政立法、行政执法和行政司法三种。

(一)行政立法

特定的行政机关根据法定权限并按照法定程序制定和发布行政法规和行政规章的活动就是行政立法。行政立法的结果是行政法规和行政规章的诞生。行政立法具有以下几方面的特征:

1. 行政立法的主体是特定的公共行政机关。一方面,行政立法与一般立法不同,其主体不是国家的立法机关,而是公共行政机关。另一方面,并不是所有的公共行政机关都具有行政立法权。如在我国,只有国务院及其各部门和省、自治区、直辖市的人民政府,省、自治区的人民政府所在地的市的人民政府,国务院批准的较大的市的人民政府和作为经济特区的市人民政府具有制定行政法规的权力。

2. 行政立法必须严格限定在法定的权限范围内。具有行政立法权的公共行政机构的行政立法权也并不是无限制的,它们只能对经法律一般授权或特殊授权的、与行政管理有关的事项制定和颁布行政规章和行政法规。依法定权限、规定、程序立法,紧急立法权的行使也必须符合宪法所设定的紧急状态条件,是依法行政的原则所要求的。

3. 行政立法的对象具有普遍性。行政立法是对公共行政中的某类人、组织或行为等作出统一的规范性规定,它不是针对社会中的某个个人、组织或某个具体行为,因此其对象具有普遍性。也就是说,某种行政规章或行政法规一旦做出,与之相关的所有个人、组织或行为都要受其约束。

4. 行政立法行为具有不可诉性。行政立法虽然是公共行政机关的行为,但它属于抽象的行政行为。作为抽象的行政行为,行政立法行为具有不可诉性。即社会中的自然人或法人,不能以某项具体行政规章或行政法规作为诉讼对象向法院提起诉讼。当然,这并不说明行政立法不受监督、约束。我国宪法明确规定,全国人大常委会有权"撤销国务院制定的同宪法、法律相抵触的行政法规、决定和命令"。上级机关有对下级机关的行政立法活动进行审查的权力,司法机关也可以对行政法规、规章有选择地适用,对不合宪和不合法的行政法规和规章拒绝采用。这些都是对行政立法的监督与约束途径。

(二) 行政执法

行政执法是相对于行政立法和行政司法而言的,是指特定行政主体依法对行政相对人采取具体的直接影响其权利义务,或者对相对人权利的行使和义务履行情况进行监督检查的具体行政行为。行政执法的形式主要有:一是以单方命令为特征的具体行政行为,如行政强制、行政处罚、行政许可等;二是以双方协商为特征的行政契约(合同)。前者是行政执法的主要形式,也是法律规范的重点。行政执法具有四方面的特征:

1. 系统性。系统性表明的是行政执法各部分间的联系性和整体性,以及行政执法与周围环境的联系性。行政执法涉及社会生活的方方面面,是一项系统的社会工程。

2. 职权性。职权性表明的是行政执法是执法机关根据其职权而进行的。行政执法是行政机关行使行政职权、履行行政职责并具有法律意义的行政管理行为。

3. 应时性。应时性表明的是行政执法的时间、时机要求。行政执法必须根据社会经济的发展态势,根据情势的变化有效、及时行使。

4. 外部性。只有行政执法对行政机关之外的事务实施管理的具体行政行为才被视为行政执法行为,行政机关的内部管理行为不属于行政执法行为。这样,外部性就成了行政执法的一个特征。

行政执法应遵循的原则包括:(1) 合法性原则,依法定的权限和程序执法;(2) 合理性原则,基于公平、合理和正义的行政目的而做出具体行政行为;(3) 平等原则,在法律面前人人平等,同等的情况同等对待;(4) 责任原则,行政执法是具有法律意义的职责行为,不得随意更改、选择或放弃,执法有误或执法不力要被追究责任;(5) 公开原则。除涉及国家机密、商业机密或个人隐私外,行政执法的依据、过程和决定等要向行政相对人和社会公开。

(三) 行政司法

行政司法是指公共行政机关根据法律的授权,按照准司法程序审理和裁决有关争议或纠纷,以影响当事人之间的权利、义务关系,从而具有相应法律效力的特殊具体行政行为。行政司法行为具有以下特点：

1. 行政司法的主体是公共行政机关，其适用的是准司法程序。享有行政司法权的主体只能是经法律、法规授权的行政机关或其他组织。而且，行政司法要遵循特定的程序，不能照搬人民法院的司法程序，应兼顾行政效率与司法公正两方面的要求。

2. 行政司法所审理和裁决的争议和纠纷是特定的。行政司法是法定行政机关或其他组织对已经发生的行政争议或特定的民事纠纷居间作出裁决的行为。行政司法行为调整的对象是一定范围内的行政争议和与行政管理职权相关的特定民事纠纷。

3. 行政司法是一种特殊具体行政行为。行政司法由行政机关行使，不能反复使用，其对公民、法人或者其他组织的权利义务能够产生直接的影响。

4. 人民法院拥有对行政司法的审理、裁决权。与行政立法不同，作为具体行政行为的行政司法可成为诉讼对象。社会中的自然人和法人，可以把具体行政司法行为作为诉讼对象，向人民法院提出起诉，人民法院有权对被诉讼的行政司法行为进行审查并作出裁决。

行政司法主要有三种形式：行政复议制度、行政听证制度和行政裁决制度。行政复议制度是指行政相对人认为行政主体的具体行政行为侵犯其合法权益，依法向行政复议机关提出复查该具体行政行为的申请，行政复议机关依照法定程序对被申请的具体行政行为进行合法性、适当性审查，并作出行政复议决定的一种法律制度。行政复议是一种行政机关的内部监督，是针对行政机关行为实施的监督，而不是针对行政机关工作人员的监督。行政听证制度是指行政机关在行使行政权作出影响行政相对人权利义务的决定前，通过准司法程序（提出要求、受理、回避、辩论、质证、最后决定做出）来听取利害关系人意见的程序性法律制度。行政裁决制度是指行政机关根据法律的明确授权，以消极第三者的身份充当裁决人，对平等主体之间与行政管理相关的民事纠纷进行裁断的法律制度。目前，我国的行政裁决主要包括土地、矿产、森林等资源所有权或使用权的确认、损害赔偿裁决、侵权争议裁决和一些强制性补偿裁决。

三、行政执行中容易出现的问题及控制的方法

（一）行政执行中容易出现的问题

作为通过执行、适用规范公共行政活动的法律、法规，实现行政决策目标，对国家公共事务进行管理的活动和过程的行政执行，由于受各方面因素的影响，在其过程中会出现各种各样的问题，从而影响行政执行的效果，影响行政决策目标的实现。总的说来，在行政执行过程中经常出现的问题体现于以下

几个方面。

1. 目标移位。指原定的决策目标在层层传达和贯彻的过程中，逐渐淡化和走样，行政执行所努力实现的目标已经不是原初的决策目标了。造成目标移位的原因可能来自多个方面，如原定目标较模糊，行政执行者需根据自己的理解、周围的环境要求及条件等明确目标。如各级执行者都有一定的灵活性、自主权，每一层级、每一环节的微小偏离的累积可能导致原定决策目标移位较大。某些下级政府和下级机构还可能利用中央政府和上级政府授予的权力，借机推行某些自行制定的无合法依据的政策——“土政策”。这些情况都会造成行政决策目标的偏离。

2. 执行不力。指在行政执行过程中，具体的行政工作软弱无力或具体的公共行政人员办事不力，执行效率低下。体制不当、职能设置不清、领导和人员素质低下等都可能是造成执行不力的原因。如果在中央政府与地方政府之间，或在上级政府和下级政府和各种机构之间隶属关系和权力分配方面存在问题，或控制过度或控制过松，都会导致执行不力；如机构设置不当、职能划分不清，会造成执行工作要么无人负责，要么多人重复负责，会导致执行不力；如行政领导或管理、操作人员的素质低，不具备将行政执行工作导向行政决策目标，或一般工作人员本身不具备完成行政决策目标的能力，会造成行政执行不力。

3. 腐败行为。指国家公务员在行政执行的过程中，以权谋私、违法乱纪的行为，其表现形式多种多样。腐败行为破坏正常的行政执行活动，损害政府形象，甚至可能造成政权更迭和政治危机等严重问题，在各个国家中都是社会舆论普遍关注的焦点。造成行政执行过程中腐败行为的原因也可能来自多个方面，但就我国而言，缺少制衡机制和严格有效的监督，是造成行政执行过程中腐败行为最主要的原因。

（二）控制行政执行过程的方法

在行政执行过程中出现这样那样的一些问题，是一种正常现象，但可以通过控制减少问题发生的概率。对于行政执行过程进行控制的方法主要有三种。一是完善体制和设计。从上文的叙述中即可以看出，行政执行体制的不完善，机构设置不合理，职能划分不清等经常是问题产生的根源。因此，完善体制和机构及职能设计等是减少问题的前提。根据行政执行的原则要求，合理调整公共行政组织的内部结构和职能，不断完善政治制度、经济制度和行政体制，是行政执行活动的运行机制的统一与协调的根本保证。二是注意对行政执行的过程监控和效果评估。对行政执行的过程进行监控，就是对行政执行活动的进展情况进行跟踪分析，以便及时地发现问题。对行政执行的效果进行评估，是对行政执行的效果进行总结，从对结果的评估中总结经验和教训。三是问题诊断。问题诊断是指对体制研究过程中发现的问题进行分析，并采取有效的措施进行调整。这是一个分析问题、确定解决问题的方法与解决问题的过程。行政执行过程所产生的各种问题,可能根源于不同的矛盾,问题的性质和可能产生的影响也不尽相同。问题诊断就是分析这些问题之所以产生的根源、可能造成的影响以及可能的解决方法等。及时的问题诊断可以将问题解决于萌芽状态中,使行政执行过程顺畅地通向政策和行政决策所指引的方向。

第七章

人事行政与人事体制

人事行政是国家行政管理的重要组成部分，它直接影响行政管理的质量和效率，直接影响政府职能与目标的实现，进而关系到国家的兴衰与事业的成败。现代民主国家都十分重视人在政府管理中的重要作用，十分重视人事行政制度建设，充分发挥人事行政的功能。人事行政是公共行政学领域最核心的知识领域之一。公共行政学作为一门独立的学科产生与人事行政领域的重要制度性变革——现代公务员制度的产生密切相关，而人事行政也从公共行政学创立之初就成为其最核心的研究领域，一直至今。公务员制度是现代民主国家人事行政制度的基本形式，因此对公务员制度的研究就成为人事行政领域最核心的内容。研究人事行政，就是要揭示和掌握人事行政运行的一般规律，用以指导国家人事工作和公务员制度建设。

第一节　人事行政概述

一、人事行政的含义

"人事"，是指人们在社会生活中人与事、人与人之间的关系。对这种关系的组织、指挥、协调、控制，即为人事管理活动。这一管理活动有两个重要环节：一是用人，二是治事。两者有机统一，即为"用人以治事"。

行政管理学所研究的人事行政，则是一种特定范围内具有特定对象和内容的人事关系。人事行政中的"人"是国家行政人员；人事行政中的"事"是国家行政事务。人事行政的管理部门是国家行政组织中的人事管理机关。人事行政是一种制度化的管理活动,其运行的基本依据是法律或法规。归纳起来说,人事行政是指国家人事行政机关通过一系列法律、法规、制度和措施,对行政管理活动中的行政人员和行政事务之间的关系以及行政人员相互之间的关系所实施的一整套管理活动或管理行为,它包括对国家行政人员的录用、考核、培训、交流、奖惩、纪律、工资、福利、退休等方面的规划和管理。其目的是通过国家行政机关中的人力资源与其他资源的合理配置,通过国家行政机关中人与事之间、共事人之间的相互适应与合作,实现公共利益、组织利益和成员利益的平衡;通过行政人员与行政事务的最优结合,保证国家公务员队伍的优化、稳定、廉洁、高效,以便更好地行使国家行政权力,提高行政管理的质量和效率,实现政府职能和目标。

我国的人事行政制度,习惯称为干部人事制度。由于管理对象不同,我国的干部人事制度大体上分为三部分,即国家公务员制度、国有企业人事制度、事业单位人事制度。本书研究人事行政主要研究国家公务员制度。

人事行政是公共部门的人事管理活动,因此人事行政虽然在管理的一些技术和方法方面与企业的人事管理有一些相似之处,但是也有着与企业人事管理不同的特征:

首先,人事行政所追求的价值目标是多元的。企业人事管理所追求的价值目标是单一的,即效率,其他的目标如公平、正义等是从属于效率这一价值目标的,也就是说企业人事管理中虽然也会追求公平(公平理论是薪酬管理、人事激励的重要原则),但是其对于公平的追求是为了更好地实现效率;人事行政所追求的价值目标则是多元的,除了像所有的组织一样也追求效率之外,人事行政还追求公平、回应性和自由等价值目标,并需要在这些相互冲突的价值目标之间寻求平衡。

公正已经成为现代政治生活中普遍倡导的价值观,人事行政中对于公平的要求是由公共部门的公共性决定的,有其自身的价值,而不仅仅是为了效率而公平。并且其所追求的公平不仅指的是机会均等,还包括镜像式平等或者说是社会代表性,它所反映的是这样一种信念:“公民个人基于先前的牺牲(例如退伍军人)和社会歧视(例如少数族裔与妇女)等原因,应在公共职位选择录用和晋升中享有法定的优待或优先权,使其免受在公平竞争公共职位的过程中受到的损害”①;公共部门的公共性使得人事行政还需要兼顾到民主的价值观,即回应性。公共部门的目标是实现公共利益的最大化,因此公共部门应能够积极地反应并回答通过民选官员等各种方式表达出来的公民意志,按照多数人的意愿行使公共权力、提供公共物品。各国公务员制度中普遍的分设政务官和事务官的

① [美]罗纳德·克林格勒,约翰·纳尔班迪:《公共部门人力资源管理》,中国人民大学出版社2001年版,第7页。

制度设计以及20世纪80年代以后对社会代表性的追求都是对民主价值的追求;自由强调的是对权利——每一个人的基本权利的保障,以免受公共权力不公正行为的侵害。公共部门的雇员,尤其是政府雇员虽然掌握着公共权力,但他们也是公民,普通公务员与政府处于一种不对等的地位,因此如何保障公共雇员的权利是人事行政中的一个重要问题。

其次,人事行政需兼顾公共利益、组织利益和成员利益的平衡。企业人事管理的首要目标是实现企业利润的最大化和企业发展,即组织利益的最大化,进入人力资源管理时代以后,还强调实现企业雇员个人需求的满足与全面发展。人事行政则在兼顾组织利益和个人利益的同时,更加强调公共利益的最大化,实现公共利益、组织利益和雇员利益的均衡。"就公共利益而言,所有公民应享受对政府服务的平等机会、权利与义务,希望完全杜绝因政治或私人关系的攀引……就政府的立场而言,则愿以最低廉的代价雇得最有能力的工作人员……就公务员的利益而言,则愿获得最优良的待遇与最稳固的保障。此中利益颇多冲突,人事行政者,即在使此相互冲突矛盾的利益,得到适当的调和与平衡"。①

最后,前述两个特征使得人事行政在管理的具体环节中往往面对一些特有的问题,使用的管理制度和方法也不同于企业人事管理。例如,国家行政机关人员的素质要求和服务理念不同于企业。国家行政机关运用公共权力、使用公共资源、对社会公共事务进行管理以实现公共利益,因此国家行政机关的雇员应具有较强的公益心和责任伦理。同时,国家行政机关与企业相比规模更大、更加复杂、也更加科层化,因此更加强调公务人员对规则的遵从,依法运用公共权力,防止权力的滥用;再比如,由于国家行政机关的基本职能是提供公共产品与服务,追求的是社会公共利益,对其绩效进行测量涉及诸多因素,且具有较强的主观性,因此人事行政中的绩效评估面临着很大的困难;国家行政机关的收入来源于税收、收费和捐赠等非销售收入,因此公务员的工资刚性极强,不经法定程序不能随意增减,这就使得人事行政中更需依赖于非物质性的激励手段等等。

二、人事行政的地位与作用

人事行政制度是国家政治制度的重要内容,人事行政是国家行政管理的重要组成部分,它在国家管理与社会经济、政治发展中占有特别重要的地位,起着举足轻重的作用,主要体现在以下几个方面:

第一,人事行政是提高行政管理质量和效率的关键因素。

所有行政管理活动以及行政管理过程的各个环节,都要通过人去组织进行。

① 曾繁正等:《人事行政管理学》,红旗出版社1998年版,第7页。

公务员的素质与行为，对政府管理的质量与效率起着关键作用，甚至决定着政府管理的成败。科学的人事行政管理，能在全社会范围内选拔人才、培养人才、合理使用人才，造就一支高素质的国家公务员队伍，并能充分调动和发挥他们的积极性、主动性与创造性，从而能最有效地提高行政效率，实现政府的管理目标。当今世界，科学技术突飞猛进，全球化趋势加快发展，政府管理职能也随之愈益复杂化，政府管理工作面临着许多新情况和新的挑战，对政府管理人员各方面的要求也越来越高。在这种行政环境下，为保证整个政府行政系统有效运作，就更需要有一支精干的、高素质的专业化国家公务员队伍去驾驭这架复杂的、多功能的、不断变化的“行政机器”。

第二，人事行政是实现政治稳定、巩固国家政权的重要保证。

人事行政作为国家政治制度的重要方面，对整个国家的政治发展和政权建设也起着十分重要的作用。人事行政的一个重要目标是实现政治稳定，也就是保持国家政治生活的正常、有序进行。科学的人事行政制度，能保证政府工作的连续性和正常化，不因领导人的更替或发生突发事件而影响“行政机器”的运转。这是政治稳定的一个重要标志，也是影响政治稳定的一个重要因素。西方发达国家日益健全的公务员制度，对于这些国家的政治稳定起着十分显著的作用。一些发展中国家，经常发生政治动乱，政权极不稳定，虽有许多复杂的社会历史原因，但与这些国家人事管理制度上的落后、混乱状况也有着很大关系。

进一步说，人事行政向来是统治阶级提高政权合法性、实现其统治意志的重要手段。任何国家的统治阶级为了巩固本阶级的统治，一方面会通过扩大人才选拔的范围扩大政权合法性的基础，另一方面通过选拔标准和选拔程序的设定来选择忠于本阶级意志和利益的人来行使国家权力，推行国家公务。“为政在人”，历史与现实反复证明：人事行政搞得好，选贤任能，吏治清明，社会就能安定繁荣，国家就会兴旺发达；反之，如果吏治不严，人事制度腐败，昏官当道，必然会丧失民心，造成社会动荡、政局不稳，最终使政府走向垮台。因此，人事行政是国家政权建设和政治体制改革的重要内容。

第三，人事行政的发展与完善能有力地推进政治民主化进程。

政治民主的主要内容，包括公民在政治上享有的各种权利受到法律保障，公民有权参与国家管理，有广泛的参政议政渠道，有权对国家机关及其工作人员实行监督，等等。人事行政的发展与完善为政治民主化的实现开辟了有效的途径。通过公开、平等、竞争、择优的考试来录用公务员是各国公务员制度的共同特征，在这一制度下，每个公民都有权利报考公务员，并通过竞争性的考试直接参与政府管理工作，从而体现出“人民主权”的政府是向所有公民开放的，并扩大了政治参与的范围，是政治民主化的重要体现。另外，公务员制度中的民主考核制度、公开选拔制度、申诉与控告制度、引咎辞职与责令辞职制度、公务员权利保障制度等,都能有力地推进政治民主化进程,使公民享有的各项民主权利真正落到实处;而政治民主化的推进又将为人事行政的民主化、科学化开辟更为广阔的前景。

第四,科学的人事行政管理,能充分开发利用人力资源,极大地推动和促进生产力发展与社会的全面进步。

人类社会生产力水平的不断提高是推动经济和社会发展的基本动力,而人是生产力中最基本、最活跃、最关键的因素。生产力的发展,一方面要依靠人们对自然规律认识的深化和科学技术水平的提高,另一方面要依靠人们对社会生产活动进行科学的组织和管理。这两方面有一个共同的关键问题,即对人的管理。科学的人事行政管理,有助于开发人才的潜力,并通过发现人才、合理使用人才、人才的培训与开发以培养和造就一支高素质的人才队伍,在提高政府效率的同时,推动和促进整个社会对人力资源的合理使用和开发,从而有力推动经济与社会的发展。当今世界国与国之间的经济竞争,主要是科学技术和管理水平的竞争。科技和管理的竞争归根结底表现为人才的竞争,实质上也是一国人事管理水平的竞争。美国经济之所以长期处于世界之巅,最重要的是因为它具有包容一切的环境和能力,善于吸纳世界各国、各民族的优秀人才。人力资本理论的代表性人物美国芝加哥大学教授西奥多·舒尔茨认为人是最重要的资本,是推动生产力进步的核心。在各种不同形态的资本中,人力资本对经济增长的贡献度最大,是经济发展最强有力的动力。用全球的视角来审视,我国现在最需要的是人才,最缺乏的也是人才。因此,只有进一步加快人事行政制度改革步伐,建立和完善能上能下、充满活力、促进优秀人才脱颖而出的选人用人机制,并以此推动整个社会人力资源的开发和合理使用,我们才能在世界性的“人才大战”中获胜,才能实现经济的腾飞和社会的全面进步。

三、人事行政的范围与内容

由于人事管理本身的复杂性和现代人事行政所面临任务的多样性,再加上现代人事行政所使用的方法日趋综合化,使得人事行政所涉及的范围十分广泛,内容极为丰富。概括说来,关于人事行政的范围与内容大致有两种不同的分析路径。一种是从人事行政的基本任务和过程来概括人事行政的范围和内容。例如美国学者罗纳德·克林格勒、约翰·纳尔班迪把公共人事行政的基本职能和任务概括为:人力资源规划、人力资源获取、人力资源开发、纪律与惩戒。[①] 我国

① [美]罗纳德·克林格勒,约翰·纳尔班迪:《公共部门人力资源管理》,中国人民大学出版社2001年版,第5页。

台湾学者认为,人事行政的范围与内容有以下八项:人事行政机关及其运用;公务员的甄拔和补充;公务员分级和定薪;公务员考绩和升迁;公务员纪律和惩戒;公务员退休和抚恤;公务员训练和教育;公务员的义务和权利。① 魏娜认为人事行政的基本内容包括:人力资源规划、工作分析与职位分类、人员招募与甄选、工作关系管理、薪酬设计与激励、绩效考核、人员培训与开发、组织文化建设。② 这种分析路径侧重于人事行政过程及其实际操作,把人事行政过程的各个主要环节一一列为人事行政的具体内容。

我国从事人事管理实际工作的公务人员,把人事行政的基本内容用"进、管、出"三个字来概括。所谓"进",就是任用国家工作人员,包括选任、考任、委任、聘任各级各类公职人员。所谓"管",就是对国家工作人员进行管理,包括考核、培训、流动、晋升、奖惩、工资、福利等方面的工作。所谓"出",就是国家工作人员退出现职岗位,包括离休、退休、退职、辞职、辞退等。他们还将人事行政的一系列具体事务,概括为"选、用、教、奖、惩、薪、抚、任、免"等九大项。这些说法,大体上反映了我国人事行政的运行过程及实际操作情况。

这种从人事行政过程和环节来分析人事行政范围和内容的视角为大多数学者所采纳,本章也基本采用了这种分析路径,并在第二节对人事行政过程的主要环节及其制度进行分别介绍。

第二种分析路径由美国学者 Hans A. G. M. Bekke 等人提出,认为可以从三个层面来概括和分析人事行政的范围和内容,③具体包括:

一是操作、技术层面。人事行政是一种人事管理系统,是满足政府组织人员需求的工具,它关注的问题包括:招募是公开的还是封闭的?选择的基础是什么?级别根据职位还是根据人确定?是根据绩效还是能力晋升?如何确定报酬?如何进行绩效评估?等等。操作和技术层面的人事行政又涵盖了两部分内容:(1) 人事行政过程的各个环节,即各项具体人事管理,如公务员的选拔录用的标准、方式和程序,公务员考核的内容、标准及过程,公务员奖惩的依据、权限及程序,公务员培训的目标、内容与方式,公务员的工资标准及变动的依据,公务员的福利标准及范围,公务员退休年龄的确定及待遇,公务员的权益保护及其相关制度,等等。这是人事行政中最显见的部分,其他内容都要通过这些具体的人事行政工作表现出来。(2) 人事技术工艺及管理。这主要涉及人事行政中多种技术方法的运用与改进,人事行政新技术、新方法的引进与改造,人事管理技术、

① 陈思泽编著:《行政学:Q&A》,(台湾)风云论坛出版社 1995 年版,第 329 页。

② 吴琼恩等:《公共行政学》,北京大学出版社 2006 年版,第 265 ~ 271 页。

③ Hans A. G. M. Bekke, James L. Perry, and THEO A. J. Toonen, *Civil Service System in Comparative Perspective*, Indiana University Press, 1996, pp. 5—8.

管理手段的不断创新等。如新的面试方法的采用、绩效评估新量表和方法的采用等。

二是制度层面,认为人事行政、公务员制度是为处理公共事务的角色——公务员安排的一种规则体系,反映了对于公务员在处理公共事务中的行为和功能的期望,是政治制度的一部分,包括:公务员在整个政治系统中的地位、委托一代理关系、公务员在政策过程中的角色、公务员的责任机制、公务员制度与其他政治制度之间的关系、人事行政政策如何制定和实施、人事行政制度的改革、人事权力结构即人事管理机构的职能、权限范围、职责划分及彼此关系等。在我国,重大的人事行政政策一般由党中央组织制定,国家人事管理机关,特别是中央人事管理机关(人力资源和社会保障部—公务员管理局),可根据党和国家的重大人事行政政策、方针和制度,就某些具体的人事行政问题发布规章性文件,用以指导具体的人事行政工作。

三是价值层面,人事行政是一种符号系统。任何人事行政制度和活动本身都代表了某些价值和符号,如公务员制度所体现的功绩制、法治化等,从而成为一种重要的合法化的手段。公务员制度作为现代社会最为普遍的人事行政制度体现了特定的公共价值,代表基本的伦理道德,如公务员的目标、抱负、行为标准等,它们体现了公众对公务员的期望,对政府的期望,即好的社会、政府应该是怎样的?管理公共事务的方式应该是怎样的?公务员的职业伦理与道德、人事行政制度和活动所内含的价值及其冲突等都是人事行政重要的研究内容。

四、人事行政的主要原则

人事行政原则,是指对人事行政工作具有普遍指导意义的一些准则和要求,是人们对人事行政活动规律的总结和概括。从我国人事行政的特点和具体工作要求考虑,人事行政的主要原则包括:

(一) 党管干部原则

我国《公务员法》第四条明确规定:“公务员制度坚持以马克思列宁主义、毛泽东思想、邓小平理论和‘三个代表’重要思想为指导,贯彻社会主义初级阶段的基本路线,贯彻中国共产党的干部路线和方针,坚持党管干部原则。”我国人事行政制度是党的干部人事制度的一个重要组成部分,各项具体管理制度是按照党的路线、方针、政策来制定的,是党的组织路线的体现。坚持党管干部原则是我国人事行政的基本原则。党管干部原则在人事行政中体现为:党制定与人事行政有关的路线、方针和政策;通过党的各级组织对公务员中的党员进行教育和监督;各级政府组成人员和其他重要干部由各级党委直接管理;作为党的干部队伍的一部分,公务员在政治上要与党中央保持一致,积极参加各项政治活动,在执行公务中要站稳政治立场,保持正确的政治方向,坚持鲜明的政治观点,具有政治敏锐性和政治鉴别力等等。

（二）功绩制原则

功绩制原则是当代世界各国人事行政普遍遵循的基本原则之一。那么什么是功绩制？发达国家的实践表明,功绩制的含义是不断变化的。在各国公务员制度的早期,功绩制的基本含义是只能通过公开竞争性的考试来录用公务员,强调胜任能力和任职资格。其重要目标是从人事行政中去除党派政治,如禁止公务员参与党派政治活动、在雇用和解聘公务员过程中去除党派庇护等。此时的功绩制原则主要体现在录用环节。20 世纪六七十年代,功绩制的含义发生了变化,从强调胜任能力发展为更加强调公务员被公平、公正地对待,从而发展出更多的限制性的规则以保障公务员被公平、公正地对待,公务员的权利免受一些行为侵害,其重点是防止那些不公正的人事行为,功绩制原则在更为广泛的环节中体现出来,包括录用、晋升、培训、解雇等。20 世纪 90 年代以后,人们呼吁重新定义功绩制,把焦点从保障公务员被公平公正地对待转移到强调更好的绩效,认为胜任能力和资格仅仅是取得绩效的条件,但不代表取得绩效,工作绩效与胜任能力同样重要,功绩制原则体现为对结果和绩效的强调。①

在中国,功绩制原则强调的是:无论是公务员的录用还是奖惩和晋升,一律以公务员自身的素质、才能以及实际的工作成绩或成就为依据,而与公务员的政治信仰、出身门第、社会地位等因素无关。具体包括在用人上强调“任人唯贤”、在晋升上强调“晋升唯功”、在奖惩上强调“赏罚分明”和“积极激励”等。

毛泽东曾指出:“在这个使用干部的问题上,我们民族历史中从来就有两个对立的路线:一个是‘任人唯贤’的路线,一个是‘任人唯亲’的路线。前者是正派的路线,后者是不正派的路线。”②我国《公务员法》第七条规定:“公务员的任用,坚持任人唯贤、德才兼备的原则,注重工作实绩。”任人唯贤,就是在选拔任用行政人员时,坚持德才兼备的标准,反对任人唯亲。德才兼备,就是要求行政人员既有德,又有才。“德”指行政人员的思想政治素质和职业道德,主要是能坚持执政党的基本路线,恪守职业伦理,具有高尚的道德情操等。“才”指行政人员的知识、能力和技能,要求行政人员掌握较为丰富的现代科学文化知识,具有胜任本职工作的专业知识、能力和技能,并在实践中不断学习、不断提高。

---

① Ingraham,“Building Bridges over Troubled Waters: Merit as a Guide”, *Public Administration Review*, Jul/Aug. 2006, Vol. 66 Issue 4;

Woodard,“Merit by Any Other Name——Reframing the Civil Service First Principle, *Public Administration Review*, Jan. 2005, Vol. 65 Issue 1.

② 《毛泽东选集》第 2 卷,人民出版社 1991 年版,第 527 页。

晋升唯功，就是将行政人员的工作成绩和贡献作为评价、晋级、晋职的主要标准。有成绩、贡献者晋升，成绩突出、贡献重大者越级晋升。晋升唯功，就是在行政人员的职务晋升条件上，不能唯年龄论，不能唯学历论，也不能唯经历论，必须注重实绩。在人事行政管理中，能否贯彻晋升唯功原则，是衡量行政人员晋升制度是否公平、合理、科学、进步的主要标志，是能否真正实行任人唯贤、德才兼备原则的重要条件和保证。

功绩制原则意味着在行政人员的奖惩中贯彻赏罚分明原则，即将行政人员的工作成绩和贡献作为是否奖励、惩罚及其种类的最重要的依据。有成绩和贡献的进行奖励、违反纪律或工作失误造成损失的进行惩罚。我国《公务员法》第六条规定："公务员的管理，坚持监督约束与激励保障并重的原则。"在实际行政工作中贯彻赏罚分明原则，就是要赏罚得当，就是对行政人员实施奖罚要一视同仁、公平合理，奖罚等级与功过大小程度相一致。消极的惩罚、制裁和积极的奖赏、激励都是人事管理中重要的方法，前一种方法是利用人们的恐惧心理使他们遵守法规、纪律，这固然不可不用，但这只能达到最低的工作标准，难以取得高效率。积极激励则是一种积极的、能激发人的内在潜力、产生高效率的好方法，在人事行政管理中应予以充分重视和采用。因为，人一般是乐于工作的，是有进取心、责任心和有抱负的，也是有很大潜力的。用人之道就在于通过积极的激励，充分激发人们的进取心和责任心，满足人们的各种正当需要，充分发挥他们的积极性和创造性。人的需要是多方面的，在人事行政管理中，应根据一定时期人们需要的实际情况以及可能满足的程度，采用适当、有效的激励方法和措施，充分发挥行政人员的潜在能力，使其出色地完成本职工作。

（三）依法管理原则

所谓依法管理原则，就是用法律对行政人员和政府的关系进行规范，人事行政的每一个环节，包括行政人员的考试、录用、考核、晋升、奖惩、工资、福利、退休等，都必须按照有关人事法律、法规的规定严格实施，使得一切人事管理工作都依据国家的法律、法规进行。作为现代社会最为普遍的人事行政制度，公务员制度的重要特征之一就是坚持法治化原则。公务员制度是一种典型的科层制。由马克斯·韦伯所构建的作为理想类型的"科层制组织"具有一系列特征，包括：专业化分工、严格规定的等级层次结构、"照章办事"、人际关系的非个性化、信息传递的书面化等等，其中"照章办事"可以看做是实现科层制技术优越性——规范、准确、可预测等——最为关键的特征，即组织的运作依赖"法理型权威"。具体到公务员制度中，表现为：或者在制定公务员总法规的基础上，就管理的各个环节分别制定各种规章、条例和实施细则，或者直接制定各种单行法规规范公务员管理的各个环节。建立、健全人事法规，坚持依法管人，是搞好人事行政的重要保障，也是依法行政、依法治国的重要基础。

（四）适才适用原则

适才适用，就是根据每个人的专长和能力、志向和条件，安排相应的职位，各随其志，各得其所，各尽其才，各献其功。古人云："金无足赤，人无完人。"每个人都有自己的优点和长处，也有自己的缺点和不足。同时不同的职位对人的要求也是不同的，这就为适才适用提供了基础和条件，根据职位的要求，扬长避短，量才使用，用人之长，避人之短，把每个行政人员放到最适合发挥其优势的职位上，做到"人"与"事"之间的相互匹配。我国清代诗人顾嗣协有诗云："骏马能历险，犁田不如牛；坚车能载重，渡河不如舟；舍长以就短，智高难为谋；生才贵适用，慎勿多苛求。"此诗用马与牛、车与舟的不同功能，说明用人要扬长避短，用得适当，才能充分发挥每个人的作用。实行这一原则，还须坚持人事结合，做到"因事用人"，反对"因人设事"。

（五）智能互补原则

一个行政组织机构要发挥较好的效能，就要合理地配备各种人才，形成最佳结构，使具有不同年龄、专业、知识、能力、特长、爱好、心理、生理特征的行政人员，互相补充，互相配合，互相协作，发挥群体优势，出色地完成行政任务。行政管理实践证明，在各种行政管理活动中，行政人员队伍，特别是行政领导班子配备得好，就会产生一加一大于二的最佳效能；反之，就会产生不停的"内耗"，出现一加一小于一或等于零的后果。智能互补，绝非随意凑合，而是根据每个行政机构的性质、任务、要求等方面的具体情况，进行慎重选择，科学安排，合理配备，形成最佳的行政人员群体结构，保证行政工作有效、协调进行。

第二节 人事行政过程及基本制度

一、人事行政过程

人事行政的过程可以概括为三大环节：一是公务员进入环节；二是在职公务员管理环节；三是公务员出口环节。每一个环节又包括了若干相应的制度作为保障，通过一定的制度及其实施，保证人事行政的有序运行。

（一）公务员进入环节

这是人事行政过程的第一个环节。国家公务员是特定的公职人员，有着特别严格的素质要求，因而进入环节的基本要求是"严把入口关"。国家人事管理机关通过一定的制度和程序，对于符合国家公务员素质要求的人员，根据国家行政机关的工作需要和相应的职位空缺，通过考试录用、聘任、调入等渠道，使其进入国家公务员队伍。西方国家的事务官一般通过竞争性的考试录用。在英国，常务次官以下的政府官员均要通过考试任用。美国除专家、技术人员、16～18职等公务员、具有博士学位的人员以外的事务官均须通过考试录用。法国除高级职务、特定的“保留职务”以外的公务员全部通过考试录用。我国《公务员法》规定：“录用担任主任科员以下及其他相当职务层次的非领导职务公务员，采取公开考试、严格考察、平等竞争、择优录取的办法”，同时“厅局级正职以下领导职务或者副调研员以上及其他相当职务层次的非领导职务出现空缺，可以面向社会公开选拔，产生任职人选”。此外，调入也是我国录用公务员的一种渠道，即“国有企业事业单位、人民团体和群众团体中从事公务的人员可以调入机关担任领导职务或者副调研员以上及其他相当职务层次的非领导职务”。这些公务员录用方法都需要在实践中不断改进与完善。

进入环节直接关系到国家公务员队伍的整体素质和政府工作效率，是把好人事行政质量关的第一步。因此，世界各国都十分重视这个环节的管理。从许多国家的经验来看，做好以下几项工作十分必要和重要：一是做好人力资源的预测和规划，即“根据公共组织在一定时期内的战略目标，科学地预测组织在未来环境变化中对人力资源的需求状况，制定出满足该需求的具体内容、实施步骤、相应政策、经费预算等，确保组织对人力资源在数量、质量和结构上的需求”①。成功的人力资源预测和规划是确保公务员队伍的人才质量、保证人才资源的合理配置和使用、实现组织战略目标的基础和保证。二是完善编制管理方面的法律、法规，理顺编制管理体制，改进编制管理方法，建立编制管理约束机制，从制度上根治机构膨胀和员额编制失控等弊病，合理设置职位和人员编制，减轻国家财政负担。三是进一步完善国家公务员录用制度，既要保证录用渠道的畅通，又要注重录用方法的科学与公正，一切以保证人才质量为首要标准。

（二）在职公务员管理环节

这是对已经进入公务员队伍的全体人员所进行的系统管理，具体来说又包括了用人、育人和留人三个方面。国家行政机关对通过考试、调入、公开选拔等途径进入公务员队伍的人才，通过合理配置、积极激励等管理措施合理使用，尽量发挥公职人员的潜能，做到人事相符、人尽其才。用好人才是吸引人才和留住人才的关键。人事行政管理中的分类、任免、考核、职务升降和奖惩等都是用好人才的管理环节和措施；国家行政机关在使用人才资源的同时，还要通过人力资源的培训与开发在推进公职人员知识、能力和技能不断更新以满足组织发展需要的同时，为公职人员的个人职业发展和成长、个人成就感的实现提供机会；如何通过合理有效的管理制度和方法，把国家行政机关所需要的优秀人才留住，防

① 腾玉成、俞宪忠：《公共部门人力资源管理》，中国人民大学出版社2003年版，第60页。

止人才流失是人事行政重要的职能和目标。为了实现这一职能和目标,需要建立和完善人事管理的激励和保障机制,通过考核制度、奖励制度、晋升制度、工资保险福利制度、权利保障制度等为公职人员提供职业发展的空间和追求职业发展的动力。

(三)公务员出口环节

这是依据一定的制度或规定,国家公务员退出公务员队伍的过程,是公务员管理的最后环节。这一环节的基本要求是畅通。国家公务员管理,不仅应在入口上严格把关,保证优秀人才进入公务员队伍;而且要畅通退出渠道,保证国家公务员能上能下、能进能出,形成正常的新陈代谢、吐故纳新机制。

公务员退出渠道大体上有三种类型:一是正常退休。这是指国家公务员达到一定的年龄和工作年限,又符合其他退休条件,依照有关规定办理退休手续。退休后,享受国家规定的各项待遇。二是辞职和调出。辞职是公务员的一种权利,是根据公务员本人的意愿和申请,经过一定程序,辞去公务员职务,退出公务员队伍。调出是指根据公务员本人的要求或有关组织的工作安排,经过一定程序,调出国家公务员系统。辞职或调出者,均不再保留国家公务员身份。三是辞退或开除。对于一些不称职的或犯有法律规定的过失的公务员,经过一定程序,按规定予以辞退。开除是对严重违纪公务员的更严厉的处分。被辞退或开除的公务员,当然不再具有公务员身份了。

为保证人事行政过程通畅、有序、有效,实行公务员制度的国家都逐步建立起一整套人事行政制度,并在实践中不断完善。人事行政的基本制度主要包括公务员分类制度、录用制度、考核制度、职务升降制度、培训制度、工资制度、退休制度等。

二、国家公务员分类制度

世界各国和地区的人事分类制度,以其分类依据和方法而言,主要有两种,即品位分类制度和职位分类制度。

品位分类是以人为对象进行的分类,依据的是公务员担任的职务和个人所具备的条件、身份,从而划分为不同的类别和等级,“品位”即官位的高低和等级。这里以法国历史上的品位分类制度为例来说明品位分类制度的一般步骤:首先按照职务的性质、地位高低将职务划分为若干职类,如行政类、执行类、技能类和劳务类,每个职类包含的职务高低不同;其次在每个职类中根据公务员的学历、资历、担任职务的高低,进一步区分出若干等级,如行政类公务员可以分为一等行政官、二等行政官和三等行政官。品位分类的主要特点包括:分类结构较为简单;强调以“人”为中心,重视公共部门工作人员的资格条件;级别与职位相分离而随人走,级别是确定薪酬的依据;分类与分等相互交织。品位分类在我国具有悠久的历史,但是现代品位分类制度首先出现在英国,如今主要在英国、法国、意大利等等级观念比较强的国家实行。

职位分类是以职位为对象进行的分类,是在职位分析的基础上,按照其工作性质、责任轻重、难易程度、所需资格条件,把职位分为不同的类别和等级,以为人事行政管理提供依据。职位分类的一般程序包括以下几个步骤:一是职位分析,即采用各种方法对组织中的每一个职位进行信息收集、记录和分析的过程,以确定该职位工作的内容、性质、责任和要求,分析的结果是职位说明书。职位分析的内容包括工作描述和工作说明两个方面。二是职位评价,即依据职位分析收集到的信息,对职位的"相对价值"进行分等排序的过程。职位评价的方法包括排列法、分等法、分类归级法、评分法、因素比较法、市场定位法等[①]。三是划分职系,即把工作性质相近的职位合并为一个职系,并制定职系说明书。四是划分职级,即对每一个职系内部的诸多职位,根据职位评价的结果划分为若干等级,并制定职级规范。五是职级列等,制定职等标准,目的是对不同职系的职位建立可比较的关系。职位分类的主要特点包括:职位分类是规范化的系统分类,是一个先横后纵的过程;职位分类强调以"事"为中心,分类的对象是"职位"而不是职位上的"人",分类所依据的是该职位的工作性质、责任轻重、难易程度和所需资格条件;职位分类有着较为细致的横向的专业化分工、注重"专才";职位分类中的级别与职位相连,职等是确定薪酬的依据。美国20世纪初在科学管理运动的影响下,出于合理确定工资的需要,率先建立了职位分类制度,现在主要实行于美国、加拿大、菲律宾等诸多国家。

品位分类和职位分类两种分类方法各自有其优缺点。职位分类的优点包括:(1)职位分类在职位调查和评价的基础上明确规定每个职位的职责任务、工作标准以及相应的资格条件,这为公务员的录用、考核、奖惩、职务升降等提供了客观依据;(2)有利于提高公务员的专业化水平;(3)为建立合理公平的工资制度、实行同工同酬奠定基础;(4)有利于不拘一格选拔人才等。职位分类的这些优点恰恰构成了品位分类的缺点。品位分类的优点包括:(1)分类方法较为简单,成本低;(2)有利于人才的流动和各方面能力的提高,便于培养和选拔通才;(3)有利于吸引教育程度较高的人才;(4)分类结构简单,富有弹性,便于调整;(5)强调"年资",有利于公务员的稳定等。品位分类的这些优点也恰恰构成了职位分类的缺点。

---

① 对职位评价各种方法的介绍可参阅:萧鸣政:《人力资源开发与管理——在公共组织中的应用》,北京大学出版社2005年版,第109~113页;孙柏瑛,祁光华:《公共部门人力资源管理》,中国人民大学出版社1999年版,第150~169页。

品位分类和职位分类在优缺点方面的相互补充使得世界各国公务员的分类制度出现了相互融合的趋势，例如原来实行品位分类的国家引入职位分类中横向的专业化区分的做法，原来实行职位分类的国家在高层职务中实行品位分类、强调分类的粗化实行宽带制等。今天，可以把各国公务员分类制度看做是一个连续的光谱，其两端分别是品位分类和职位分类，而大多数国家则居于光谱中间的不同位置。

中国公务员制度的分类制度经过了一个不断发展的过程。根据1993年颁布的《国家公务员暂行条例》及其配套规章《国家公务员职位分类工作实施办法》，中国公务员实行职位分类制度，具体步骤为：(1) 在"三定"的基础上，设置职位；(2) 制定职位说明书，作为录用、培训的依据；(3) 确定职务序列，包括领导职务和非领导职务两个序列。国家公务员领导职务序列包括总理，副总理、国务委员，省长、部长、委员会主任、署长、行长，市长、局长、厅长，处长、县长，乡(镇)长、科长，副乡(镇)长、副科长。国家公务员非领导职务，是指在各级国家行政机关中，不具有组织、管理、决策、指挥职权和责任的职务，包括八个职务等次：办事员、科员、副主任科员、主任科员、助理调研员、调研员、助理巡视员、巡视员；(4) 确定公务员的级别：按照公务员所任职务及所在职位的责任大小、难易程度以及国家公务员的德才表现、工作实绩和工作经历确定。

可以看出，虽然根据《暂行条例》中国公务员实行职位分类制度，但是却具有浓厚的"品位分类"色彩，并主要表现在两个方面：首先，缺乏必要的横向的、基于不同专业和工作内容的横向区分。领导职务与非领导职务的区分混合了纵向与横向的区分。其次，分类制度中的级别"依附"于公务员、而不是职位，即"级随人走"。此外，根据《暂行条例》的分类制度还使得基层公务员的职业发展空间极为有限，从而无法解决基层公务员的激励问题。

2006年开始实施的《公务员法》对中国公务员分类制度作出了重大改革，根据该法，中国公务员的分类制度主要内容包括：第一，公务员职位类别按照公务员职位的性质、特点和管理需要，划分为综合管理类、专业技术类和行政执法类等类别。同时国务院根据法律，对于具有职位特殊性，需要单独管理的，可以增设其他职位类别。第二，国家根据公务员职位类别设置公务员职务序列。综合管理类公务员分为领导职务和非领导职务，领导职务层次分为：国家级正职、国家级副职、省部级正职、省部级副职、厅局级正职、厅局级副职、县处级正职、县处级副职、乡科级正职、乡科级副职。非领导职务分为：巡视员、副巡视员、调研员、副调研员、主任科员、副主任科员、科员、办事员。综合管理类以外其他职位类别公务员的职务序列，根据本法由国家另行规定。第三，公务员的职务应当对应相应的级别。公务员的级别根据所任职务及其德才表现、工作实绩和资历确定。公务员的职务与级别是确定公务员工资及其他待遇的依据。与1993年颁布实施的《国家公务员暂行条例》相比，中国公务员的分类制度朝向真正的职位分类制度迈出了一大步。

三、国家公务员录用制度

录用制度是按照有关法律、法规和其他规定，采用一定的录用方式和程序，选拔和任用国家公务员的制度。这是人事行政过程中公务员进入环节的最重要的制度。根据各国公务员制度的有关规定，以及我国干部人事制度改革的有关情况，公务员录用方式主要有以下四种：

（一）选任制

选任制是通过选举来确定录用对象的一种制度和方法。西方国家的政务类公务员中的各级行政首脑，一般都是通过直接选举或间接选举产生的。我国中央政府（国务院）和各级地方政府的组成人员，都是国家公务员，他们是经过同级人民代表大会或其常务委员会选举决定的。根据我国宪法和政府组织法的有关规定，国务院由总理一人、副总理若干人、国务委员若干人、各部部长、各委员会主任、审计长、秘书长组成。国务院总理人选，由中华人民共和国主席提名，经全国人民代表大会决定，再由国家主席任免。国务院的其他组成人员的人选，由国务院总理提名，经全国人民代表大会决定，再由国家主席任免。在全国人民代表大会闭会期间，根据国务院总理提名，全国人大常委会有权决定部长、委员会主任、审计长、秘书长人选，由国家主席任免。这里所说的“决定”，都要经过法律规定范围内的选举程序。

通过选举产生的公务员，一般都担任政府要职，是国家公务员中的“核心成员”，对他们的素质要求应该更高。获得相应范围内大多数公民的支持和拥护，是他们任职的最基本条件。对于这类公务员的任用，主要通过完善选举制度来解决。选任制公务员都有任期。坚持和完善选任制公务员的任期制，是我国公务员制度改革的重要内容。

（二）考任制

考任制指的是政府按照有关法律和法规的规定，通过考试的形式，以应考人的智能、素质水平为客观标准，择优录用公务员，是各国建立公务员制度的主要标志。由于考任制具有明确统一的衡量标准，实行“公开、平等、竞争、择优”的原则，因而能够拓宽选才视野，体现社会公平，有利于人才资源的充分开发和利用，有利于高素质人员进入公务员队伍，不断优化公务员队伍的结构。考任制是各国录用事务官的最为普遍和重要的方法。

考试录用制度的一般原则包括：一是公开竞争原则，以扩大选人视野、保证公平竞争。具体要求包括政府需求公开；考试科目、程序和方法公开；考试时间、地点、费用公开；考试成绩和录用结果公开等等。二是机会均等原则，即凡符合报考条件者一律平等地参与竞争，而不分党派、种族、民族、血统、宗教、性别等。公务员报考条件限制的多少在一定程度上反映了机会均等程度的高低。三是客观真实原则，即考试具有较高的信度和效度。信度指的是考试是否真实地反映了应试人的水平；效度指的是考试是否真正测试出职位所需的知识、能力和素质，考试成绩与应试者未来的业绩水平相关性如何。通过考试方法和技术的完善可以提高考试的信度和效度。四是择优原则，前述三原则最后的目的都是实现"择优"。关于什么是优秀人才各国往往有不同的传统和标准，例如以英国为代表的"通才标准"和以美国为代表的"专才标准"。优秀人才的标准在很大程度上决定了各国公务员录用考试的内容。为了保证考试的结果能真正实现择优，各国普遍建立了择优录用保障，包括技术保障和法律保障。

为使公务员考试录用工作公正、合理、有序，达到考任制预期目标，世界各国各地区都十分重视考试录用的程序，都以有关法律、法规明确规定并严格执行。公开竞争考试一般按照下列程序进行：发布招考公告；对报考者进行资格审查；组织考试；对考试合格者进行考核、体检；根据考试、考核结果进行录用。录用者都有一段试用期，试用期满合格的，予以正式任职。

考任制的成败在很大程度上取决于考试的信度和效度。考试的信度和效度与考试的内容和方法有着密切关系。公务员的录用考试一般涉及以下几个方面的内容：一是智力测验；二是成就测验，即测试已经掌握的知识、训练所得的实际操作技能、能力等；三是能力倾向测试，即测试从事某一职业的潜能和未来成就；四是心理和性格测验；五是健康与体力测验。公务员录用考试的方法，也即常见的人员测评方法包括：一是笔试，成就测试、智力测试和能力倾向测试等常常采用笔试的方式；二是面试，包括结构化面试、非结构化面试和半结构化面试等；三是模拟试；四是心理测验等。克林格勒和纳尔班迪曾经对各种常用的方法从效度、信度和成本三个方面进行过比较①，发现这些方法各有其优势和劣势，因此往往需要把这些方法结合起来使用。

中国目前公务员考任制的适用范围还较窄，仅限于录用担任主任科员以下及其他相当职务层次的非领导职务公务员。随着我国公务员制度的进一步发展与完善，考试录用的范围会逐步扩大。中国公务员录用考试的内容在中央国家机关考试（"国考"）和各省公务员考试（"省考"）之间存在一定的差异。"国考"的笔试内容主要包括行政职业能力倾向测试、申论和专业知识，部分"省考"的笔试内容还包括公共基础知识。面试主要采用结构化面试的方法，主要测评要

---

① 参见［美］罗纳德·克林格勒，约翰·纳尔班迪：《公共部门人力资源管理》，中国人民大学出版社2001年版，第281页。

素包括:综合分析能力、言语表达能力、应变能力、计划组织协调能力、人际交往的意识与技巧、自我情绪控制、求职动机与拟任职位的匹配性、举止仪表和专业能力等。在公开选拔较高职务公务员的考试中还会采用无领导小组讨论、情景模拟等面试方法。心理测验是向应试者提供一组标准化的刺激,从引起的反应中作出定量的评价,最后对应试者的心理素质和性格特征作出判断。我国公务员考试中还很少使用心理测验的方法。

(三) 委任制

所谓委任制,即由任免机关(一般为上级机关)在其任免权限范围内,直接确定任用人员,委派某人担任一定职务的任用方式。委任制的特质是由上级机关或首长直接决定任用人选,充分体现上级机关和上级首长的用人权。西方国家政务类公务员中除民选官员外的公务员,大多以委任制形式任用。高级文官中的一部分,也通过委任制任用。美国公务员中还有一部分"例外人员",包括机密人员、临时工作人员、勤务人员和其他不适用考试录取的人员,也由各部首长直接委任。

委任制任用方式的主要特点,是权力集中,程序简单,操作方便,效率很高,有利于用人与治事的统一,有利于提高领导权威和贯彻执行行政命令,有其一定的适用范围和特定作用。这种任用方式的最大缺陷是权力过分集中,少数人甚至一个人说了算,缺乏民主和竞争性,所以容易产生人事关系上的不正之风和腐败现象。在我国原有的干部人事制度中,凡带有"长"字的各级、各类干部,绝大部分是委任的。改革开放以来,这种状况已大有改观。国家公务员的任用,除启动考试录用制外,还采用了聘用制等多种录用方式。

针对委任制的缺陷,我国在干部人事制度改革中,要求对县以上党委、政府工作部门和其他工作机构的委任制领导干部,逐步实行任期制。同时,对于新提拔担任党政领导职务的委任制干部,逐步实行试用期制。试用期满,经考核胜任者正式任职,不胜任者解除试任职务。对于委任制领导干部,实行任期制和试用期制,是我国人事制度改革的一大创新,对于完善委任制任用方式,乃至整个干部人事制度的发展与完善,都有着重要意义。

(四) 聘任制

所谓聘任制,是用人单位运用合同形式聘用工作人员的任用方式。其特点在于一个"聘"字,用人单位有聘用和解聘的权力,有关人员有应聘和辞聘的权力,一旦聘用,就按合同中有关双方责权利及其有效期限等规定执行。合同期满后,即自行解聘,需要时双方再协商续聘。在政府机关,对于一些技术性、操作性、辅助性的职位,适宜采用聘任制。

《公务员法》对中国公务员的聘任制作出了明确规定:第一,机关根据工作需要,经省级以上公务员主管部门批准,可以对专业性较强的职位和辅助性职位实行聘任制。但是聘任公务员应当在规定的编制限额和工资经费限额内进行。第二,机关聘任公务员,应当按照平等自愿、协商一致的原则,签订书面的聘任合同,确定机关与所聘公务员双方的权利、义务。聘任合同经双方协商一致可以变更或者解除。聘任合同应当具备合同期限,职位及其职责要求,工资、福利、保险待遇,违约责任等条款。聘任合同期限为一年至五年。聘任合同可以约定试用期,试用期为一个月至六个月。第三,聘任制公务员按照国家规定实行协议工资制。第四,聘任制公务员与所在机关之间因履行聘任合同发生争议的,可以向人事争议仲裁委员会申请仲裁。当事人对仲裁裁决不服的,可以向人民法院提起诉讼。

实行聘任制,有利于用人单位和个人的双向选择,既能保证用人单位的择人权,也能给予个人择职权,有利于完善机关内的岗位责任制和考核制,促使被聘任者认真履行合同规定,勤奋工作,尽职尽责。同时聘任制也增强了用人的灵活性、畅通公务员出口,增强公务员队伍的生机与活力。聘任制的实施还有利于高级专门人才的引入。

四、国家公务员考核制度

(一) 公务员考核制度的含义和意义

公务员考核制度,即是国家行政机关根据公务员制度中有关考核的规定,在其职权或管理权限范围内,对公务员的各种与工作相关的行为和特征进行回顾和测量的过程,也被称作"绩效评估"。考核是人事行政管理的核心内容:首先,考核为组织公平地分配工资、奖励、晋升以及惩罚等提供了客观依据,从而成为很多重要人事决策的基础;其次,考核可以与雇员沟通组织的发展目标,强化组织的预期;最后,考核通过提供反馈和建设性的批评意见以激励雇员改进绩效。

(二) 考核制度的基本要求及其方法

考核是对雇员行为和特征的评价,因此客观公正是考核的核心要求,或者说如何降低考核中的主观偏见是考核中首先需要考虑的问题。一般认为,降低主观偏见可以从三个方面入手:一是选择恰当的评估人,所谓恰当的评估人的基本要求是对被评估者有着直接的经验和观察。以这个标准来看,被评估者的直接上级、同事、直接下级、服务对象以及被评估者自身都可以作为评估人。这些不同的评估人在评估时往往具有不同的侧重点,如直接上级的评估一般侧重于任务的完成,自我评估则侧重于"投入与付出",同事评估侧重于同事关系与合作精神等等。直接上级评估是传统的方法,人力资源管理时代则逐渐重视同事、服务对象和自我的评估。为了把不同评估者进行评估的优势结合起来,越来越多的组织开始采用360度全方位评估,即由雇员的上司、下属、同事、本人、服务对象、合作单位的专业人士等共同对雇员进行评估。当然这是一种非常耗时的方法,"它有可能对组织的官僚实质提出挑战,并且带来了一些诸如信任、保密性和对最重要职位上同事的匿名控告等问题"[①]。二是对评估者进行简单的培训,其目的是了解评估中常见的心理学偏见,以提高客观公正性。培训的内容包括"如何确立工作表现评估标准、如何确立目标、如何进行观察,以及进行文件记录的技能;评估人员也应学会如何写作评估文件,如何给出评估结果的反馈,以及如何避免评估中的错误等"[②]。评估中常见的心理学偏见包括中心倾向、光环效应、逻辑性偏见、邻近性偏见、过宽/过严倾向等。三是选择恰当的评估方法。公共部门常用的考核方法包括:图标式评估、排列等级、强制性选择、对雇员的评述、目标方法、关键事件、行为导向评估量表等[③],这些方法在开发成本、完成成本、与工作的相关性、评估者的偏见等方面各不相同,并且在为工资、晋升、奖励、雇员发展等方面的决策提供依据方面也各有所长。评估者应该根据评估的目标、所面对的环境和约束等进行选择。

与评估方法的选择相联系的、也是考核需要考虑的第二个重要问题是考核内容和指标的设计。概括说来,考核内容和指标的设计有两大类型,即人员导向的评估标准和绩效导向的评估标准。人员导向的评估标准以雇员的个性特征作为评估内容和指标,如创造性、独立性、适应性等;绩效导向的评估标准以雇员的工作行为为评估内容和指标。确定评估内容和指标的一个基本要求是它们必须与组织的战略目标相关,以实现激励相容。

考核需要考虑的第三个重要问题是考核的结果。首先评估的结果应该有区分度,一般认为,最后的评估结果在4—6个等级比较合适;其次,考核结果应当与雇员的工资、奖惩、流动、培训、职务升降等人事决策联系起来,同时更为重要的是,通过向雇员反馈和沟通,考核的结果应当成为雇员职业生涯规划和绩效改进计划的重要依据,从而实现组织绩效改进和雇员成长的目标。

考核需要考虑的第四个重要问题是如何使评估者和被评估者尤其是被评估者在心理上认同和接受考核。研究者们指出,考核要获得被评估者的认同和支持需要满足以下几个条件:首先,被评估者要经常得到评价,评估的合理周期在一个月左右;其次,被评估者认为评估者理解、熟悉他们的工作;再次,在评估过程中被评估者有机会说出自己的感受;最后,被评估者能够在评估的基础上明确

---

① [美]罗纳德·克林格勒,约翰·纳尔班迪:《公共部门人力资源管理》,中国人民大学出版社2001年版,第417页。

② Joan E. Pynes,《公共和非营利性组织的人力资源管理》,清华大学出版社2002年版,第114页。

③ [美]罗纳德·克林格勒,约翰·纳尔班迪:《公共部门人力资源管理》,中国人民大学出版社2001年版,第407~414页。

组织的期望,并建立个人的发展目标。

(三) 西方公务员考核制度的改革

在实施考核制度的过程中,可能遇到的比较普遍的困难和问题,是如何制定比较科学的考核标准,采用比较合理的方式、方法,对各个公务员作出客观、公正的评价,不断提高考核质量和考核的权威性。因此,改革也成为实施公务员考核制度的重要议题。美国于1950年颁布实施《工作考绩法》,对考核制度作了许多改革,着重对与工作有关的能力和表现进行考核,考核内容包括工作数量、工作质量和工作适应能力三部分,每个大项又设置若干子项,使考核工作比较具体、规范,提高了考核的效果。20世纪70年代以后,又围绕提高工作考绩的精确性、公正性进行改革。改革后的考核重点从成绩测量转到对工作行为的考核上。工作行为考核主要是对公务员所任职务的内容和工作效率进行检查。采用的方法有数量分析法、质量分析法等。数量分析大体包括工作秩序如何、时间多少、错误多少等内容。质量分析主要包括工作的精确度、质量好坏以及协调分析的能力等内容。同时,改革后的考核制度还强调,政府各部门可根据各自工作的性质与特点,分别选用适宜的考核方法,不强求一致,与工作行为无关的各种情况从考绩档案中剔除。新的考核制度的实施收到了较好的效果,许多不公平的因素和现象得到了纠正,使工作考绩制更趋客观、公正、合理。

(四) 我国公务员考核制度

中国公务员的考核分为对领导成员公务员的考核和对非领导成员公务员的考核。对领导成员公务员的考核一般由组织部门负责,考核的周期除年度考核外,更重要的是任期考核和届中考核,考核的内容除德、能、勤、绩、廉之外,更重要的是任期目标。下面重点介绍非领导成员公务员的考核。

公务员的考核分为平时考核和定期考核。定期考核以平时考核为基础。对非领导成员公务员的定期考核采取年度考核的方式,先由个人按照职位职责和有关要求进行总结,主管领导在听取群众意见后,提出考核等次建议,由本机关负责人或者授权的考核委员会确定考核等次;考核的内容包括公务员的德、能、勤、绩、廉,重点考核工作实绩;定期考核的结果分为优秀、称职、基本称职和不称职四个等次;定期考核的结果作为调整公务员职务、级别、工资以及公务员奖励、培训、辞退的依据。

可以看出,中国公务员考核制度体现出民主公开、注重实绩等原则,并强调领导考核与群众考核、平时考核与定期考核相结合,全面考核公务员的德、能、勤、绩、廉。但是从公务员考核制度实施的实际情况来看,中国公务员考核制度还存在很多问题:首先考核的标准过于笼统。目前《公务员法》规定从德、能、勤、绩、廉五个方面考核公务员是比较全面的,但是不同类别、不同职务公务员在工作性质、内容、责任等方面都各不相同,因此要用统一的指标体系来考核所有的公务员显然是不恰当的，需要依据考核内容分级分类设置具体的考核指标。其次，考核方法较为单一，且偏于定性方法。由于相关的法律法规中对公务员考核方法的规定仅仅是强调定性与定量相结合，而没有对具体方法的规定，现实中公务员考核往往注重经验印象，采用述评法，通过为公务员撰写评语确定等级，从而使得考核带有较大的主观随意性和片面性。最后，在实践中还出现不按照规定程序进行考核、忽视平时考核等问题。

五、国家公务员管理的其他制度

除前面详细介绍的公务员分类制度、录用制度、考核制度以外，国家公务员制度还包括众多其他的制度环节，如公务员培训制度、辞职辞退制度、退休制度、工资保险福利制度、职务升降制度、奖励制度、纪律与惩戒制度、交流与回避制度、申诉与控告制度等等。由于篇幅所限，这里只对其中的公务员工资制度、职务晋升制度、培训制度进行简单介绍。

(一) 公务员工资制度

关于公务员工资结构、工资水平、工资级别等问题的决定影响着政府部门在人才市场中的职业吸引力，也影响着政府部门能否把最有才华、工作效率最高的雇员挽留下来。国家公务员工资制度是公务员保障机制的重要组成部分，它通过提供必要的物质利益保障，促进公务员队伍的优化、精干、稳定和廉洁。

根据赫茨伯格的双因素理论，工资属于“保健因素”，其基本的功能在于防止雇员产生不满，这决定了工资制度的基本原则是公平。用通俗的语言来说，公平理论可以表述为：一个人会把自己的工作投入和产出结果之比与工作任务相似的其他人的工作投入与产出结果之比进行比较，如果二者大体相当则认为存在一种公平的状态。公平包括了两个维度，即外部公平和内部公平。外部公平性“是指将雇员工资与外部市场中同雇员工作职位相当人士的一般工资水平进行比较后所得的标准”①，它通过社会比较原则和定期调整原则体现出来。所谓社会比较原则指的是政府部门的工资水平应当与企业的工资水平大体相当，为此应当定期对竞争性的劳动力市场、企业工资水平进行调查；定期调整原则指的是根据社会经济发展水平、物价指数等定期对政府部门的工资水平进行调整，以保证外部公平。内部公平性指的是在为政府内部不同职位、职务和人员确定工资水平时，应当反映其不同的相对价值。内部公平又可以分为横向的公平和纵向的公平。横向公平主要涉及确定公务员工资的主要依据。一般说来确定工资的常见传统依据主要有职等、职务和级别、资历等，新近的依据主

---

① Joan E. Pynes，《公共和非营利性组织的人力资源管理》，清华大学出版社 2002 年版，第 136 页。

要有技术或知识、绩效——个人绩效或集体绩效等。纵向公平主要涉及工资差的问题，即最高工资与最低工资之比的大小，很多国家政府部门的工资差在10:1左右。

中国在建立和实施公务员制度中，着重考虑我国社会主义初级阶段的特征和实际情况，并参照国外相关的经验和做法，逐步形成了中国公务员工资制度的基本原则。第一，公务员工资制度贯彻按劳分配的原则。中国公务员工资由职务工资和级别工资两部分构成，它是根据公务员的职务高低、责任大小、工作难易程度以及德才表现、工作实绩和工作经历来确定的，较好地体现了按劳分配原则。第二是社会比较原则，《公务员法》规定："公务员的工资水平应当与国民经济发展相协调、与社会进步相适应。国家实行工资调查制度，定期进行公务员和企业相当人员工资水平的调查比较，并将工资调查比较结果作为调整公务员工资水平的依据"。第三是定期调整原则，《公务员法》不仅规定定期进行工资调查，并将其结果作为工资调整的依据，而且规定建立公务员工资的正常增长机制。

在公务员工资的管理上，我国实行严格的"三集中统一"的管理模式，即工资制度、工资政策、工资标准全国集中统一。国家公务员的工资制度、工资政策和工资标准方面的重大改革，都由中央政府统一规定和管理，任何地区、任何部门不能自行其是。各部门和地方政府只有制定实施细则的权力。

(二) 公务员职务晋升制度

职务晋升是政府组织根据组织工作需要和公务员的工作实绩、知识、能力结构等，依照特定的程序和方法提高公务员职务的行为。职务晋升是政府公务员最重要的激励方式，因此成为人事行政管理中重要的研究内容。在政府部门中，职务晋升一方面发挥重要的激励功能，另一方面也通过职务任用实现"人—事"之间的相互匹配，以实现人力资源的恰当配置。

职务晋升中需要考虑和研究的主要问题包括职务晋升的条件和依据、职务晋升的方法和程序等。在职务晋升的条件和依据方面首先涉及的一个问题是晋升是否"对外开放"？即晋升是内部晋升还是开放式晋升？大多数国家选择了以内部晋升为主、开放式晋升为辅的方式。各国公务员职务晋升的主要依据涉及以下几个方面：第一是年资，一般作为必要条件；第二是之前的绩效水平；第三是知识、能力和技能等是否符合拟晋升职务和职位的要求。

西方发达国家公务员职务晋升的一般程序是：第一是缺额颁布，即由人事部门向机关内外发布空缺职位和申请资格条件，符合条件者可以自我申请或被他人推荐作为候选对象；第二是资格审查和绩效审核，即由人事部门或者一个由人事部门、公务人员代表和相关部门代表三方组成的临时委员会对报名和申请者进行资格审查，并对符合资格者进一步审核其之前的绩效水平是否符合晋升的要求;第三是由临时委员会对合格者进行考试,考试一般采用面试、测评中心技术等较为复杂的考试方法,然后根据考试成绩按照特定的比例列出适合晋升的人选名单;第四是由机关首长或者其他具有法定任免权的机构决定晋升人选并发布任职令。现代政府部门职务晋升和职务任免的重要特征是选拔权和任用权的相互分离,以防止人事权的滥用。

根据我国《公务员法》规定,中国公务员职务晋升制度的内容包括:(1) 晋升职务,应当具备拟任职务所要求的思想政治素质、工作能力、文化程度和任职经历等方面的条件和资格。(2) 公务员晋升职务,应当逐级晋升。(3) 公务员晋升职务的一般程序是:民主推荐,确定考察对象;组织考察,研究提出任职建议方案,并根据需要在一定范围内进行酝酿;按照管理权限讨论决定;按照规定履行任职手续。(4) 公务员晋升领导职务的,应当按照有关规定实行任职前公示制度和任职试用期制度。(5) 机关内设机构厅局级正职以下领导职务出现空缺时,可以在本机关或者本系统内通过竞争上岗的方式,产生任职人选。(6) 厅局级正职以下领导职务或者副调研员以上及其他相当职务层次的非领导职务出现空缺,可以面向社会公开选拔,产生任职人选。

(三) 公务员培训制度

公务员培训是指国家机关根据经济、社会发展,适应组织发展战略和雇员职业发展的需要,通过多种形式,有计划有组织地为提高政府部门工作人员知识和技能、改变其价值观念和行为规范所进行的教育、训练活动。政府部门利用培训来提高公务员的技能,并改善他们满足工作环境中不断改变的要求的能力。其实质是采用培养和训练的手段对政府的人力资源进行开发利用,以适应现代社会对政府管理越来越高的要求。

传统上,培训的主要功能是实现雇员素质的更新,通过使雇员获得当前任务所需要的知识和技能满足"人—事"之间的相互匹配,在这一点上,培训比"流动"更为积极,比"录用"更经济。这种培训也被称作是针对绩效问题的培训;人力资源管理时代出现了面向未来的培训,即为雇员们提供未来才会用到的知识和技能,以为组织的未来需求做好准备,从而保证组织的生存和发展。这种面向未来的培训也被称作人力资源的开发;如今,培训还承载着激励——满足雇员职业生涯发展和自我实现的需求——以及塑造组织文化的作用,因而成为日益受到重视的一个管理环节。

培训是一个有计划有组织的过程,它包括了一系列的基本步骤:第一是培训需求的评估,即从政府现有的绩效水平和未来发展目标出发,以公务员现有的知识和技能为基础评估培训的方向、对象和内容的过程。培训需求评估的传统方法包括观察法、调查问卷法、关键咨询法、访谈法、群体讨论法等,新兴的方法包括绩效差距法、能力行为分析法、全面分析法等①。第二是确定培训目标，并制定培训目标说明书。培训目标是指在培训结束时接受培训的公务员应该获得哪些知识和技能、发生哪些态度和行为的改变以及部门绩效发生哪些改善。"确立培训目标的工作应当是一个合作性的过程，管理层、监督人员、工人和培训人员都应投入进来，以保证培训目标合理而实际"②。第三是确定培训的内容和课程。一般而言培训的课程涉及以下几方面的内容：专业知识、专业能力和技能、职业伦理、组织文化等，此外公务员培训还包括政治素质方面的培训。第四是确定承担培训的机构。公务员培训的承担机构可以是政府自身的培训机构、大学、其他专业培训机构等。第五是确定培训的方法，常见的方法包括讲座、经验训练、角色扮演、案例研究、音像培训法、程序化指导和以计算机为基础的培训、设备模拟器、视频会议、在职指导等③。第六是评估培训工作的费用支出及其来源。培训费用包括培训中花费的各种直接费用以及受训者未工作而损失的机会成本。公务员培训经费的来源主要是财政预算和基金会。第七是培训人员和受训者走到一起的培训实施阶段。培训与学校教育最大的区别是受训者是具有生活和工作经验的成年人，"成年学习者认为自己应受自己的指导，而且认为可以通过自己的经验来解答部分问题"④，因此培训进行过程中，培训者能否利用问题引导受训者通过思考和交流来实现学习是影响培训成功与否的重要因素。第八是培训评估，这一评估包括反映性评估、学习性评估、行为评估、结果评估和成本有效性评估等五个层次。培训评估是公共部门培训中最易受到忽视的一个环节。

第三节　人事行政体制及其改革

一、人事行政体制及主要问题

体制是"国家机关、企业和事业单位机构设置和管理权限划分的制度"⑤。人事行政体制是关于人事行政机构设置和人事行政权力划分的制度。就人事行

① 关于培训需求评估方法的详细介绍参阅：孙柏瑛，祁光华：《公共部门人力资源管理》，中国人民大学出版社 1999 年版，第 268 ~ 270 页；萧鸣政：《人力资源开发与管理——在公共组织中的应用》，北京大学出版社 2005 年版，第 213 ~ 216 页。

② Joan E. Pynes，《公共和非营利性组织的人力资源管理》，清华大学出版社 2002 年版，第 187 页。

③ Joan E. Pynes，《公共和非营利性组织的人力资源管理》，清华大学出版社 2002 年版，第 188 ~ 192 页。

④ Joan E. Pynes，《公共和非营利性组织的人力资源管理》，清华大学出版社 2002 年版，第 193 页。

⑤ 《辞海》，上海辞书出版社 1980 年版，第 228 页。

政体制的内涵而言,大体包含两个密切相关的基本问题:一是人事行政机构的设置;二是人事行政权力的划分,包括横向的权力划分和纵向的权力划分。

(一)人事行政机构的设置

人事行政机构指的是国家依法设立的负责管理公务员的专门机构,是人事行政运行的载体。人事行政制度要通过人事行政机构及其工作人员去运作和实现。一般说来,根据人事行政机构在人事行政管理中地位和作用的不同,人事行政机构又可以分为三大类:一是人事行政的主管机构;二是人事行政的辅助机构;三是各政府部门内设的人事行政机构。

人事行政的主管机构"是管理公务员事务的主体机构,一般说来也是各国人事管理机构的最高机关。它在法定的范围内对公务员各项事务进行统一管理或指导监督"①。例如在英国,虽然文官委员会是伴随公务员制度建立而最早设立的公务员管理机构,但是其职能一直主要限于文官的考试录用,财政部的编制与机关组织署才是负责综合管理除考选以外的人事行政事务的人事行政主管机构,它在首相直接指挥下办理下列人事行政事务:"(1)核定文官委员会制定的关于各类考选和合格人员分发的规章制度;(2)规定和调整公务员工资、等级和职务;(3)确定各机关的职位数目和等级;(4)审核各机关低级公务员的升级和复职事宜;(5)核定晋升程序;(6)办理退休和养老金事宜;(7)核定各机关的请假规则;(8)监督考绩制度的推行;(9)制定职位分类、工资和管理规则;(10)指导惠特利委员会的工作;(11)办理人事行政的改进事宜。"②美国1931年以后的文官委员会、1978年起设立的人事管理局;法国1945年起设立的行政与公职总局;日本的人事院;中国的人事部、公务员管理局等都是较为典型的人事行政主管机构。

人事行政的辅助机构是指相对于人事行政主管机构,承担咨询、协商、仲裁等职能的各种人事行政机构。例如,美国1978年的公务员制度改革,在撤销文官委员会的同时,除新设人事管理局作为人事行政的主管机构之外,还设立了功绩制保护委员会、联邦劳工关系局等人事辅助机构。功绩制保护委员会承接了原文官委员会的人事争议仲裁、功绩制实施的监督和准立法的功能,其主要内容包括对公务人员的申诉案件进行仲裁并监督功绩制的执行情况。该委员会是独立机构,不受总统控制,由三名委员组成,委员保持党派之间的均衡。委员会内设特别律师一人,具有调查、起诉和纠正行动三项基本任务。联邦劳工关系局"负责协调联邦政府与公务员团体的关系,独立解决联邦政府中劳资关系的争

① 黄达强:《各国公务员制度比较》,中国人民大学出版社1990年版,第99页。

② 刘俊生:《公共人事管理比较分析》,人民出版社2001年版,第49页。

端,监督联邦劳工管理政策的执行"[①],联邦劳工关系局也是独立机构,作为中立组织履行协调功能。其他各国也有类似的人事行政辅助机构。英国的惠特利委员会和劳资仲裁法院都成立于1919年,分别履行咨询协调和仲裁的功能;法国1946年设立的国家公职最高委员会主要承担咨询、协商和处理上诉的职能;等等。

各政府部门内设的人事行政机构指的是设在政府各个职能部门内部的专门负责本部门人事行政管理的机构,其职能主要是负责人事行政政策在本部门内部的执行。由于历史背景和文化的差异,各国政府部门内设人事行政机构的权力和职能差异很大。法国在第二次世界大战之前的人事行政体制一直是分离式的,即人事行政事务并非由统一的某个机关负责,而是分散在各个职能部门,由各职能机关内设的人事行政机构各自负责,因此各政府部门内设的人事行政机构的权力很大。二战以后虽然设立了行政与公职总局、国家行政学院、公职最高委员会等统一的人事行政机构,但是各部内设人事行政机构仍然拥有较大的权力,负责中低级公务员的考选、任命、晋升、考核、奖惩、培训、退休、离职、复职等事务。英国1919年起在各部设立人事处,"人事处在常务次长领导下负责本部人事编制、公务员管理和培训、机关组织与方法改进等事项,受财政部指导,执行政府人事政策"[②]。

在中国,人事行政的最高原则是"党管干部"原则。党政机关工作人员既是公务员,又是党的干部。所以我国现行的人事行政机构从整体上分为两大体系:一是党的干部管理机构系统;二是政府人事行政机构系统。党的干部管理系统由各级党的组织部门等组成,它是整个干部人事管理机构的核心和主体。政府人事行政机构系统由各级政府的人事部门(人力资源和社会保障部)以及各级政府职能部门内设置的人事行政机构等组成。从中央到地方各级政府的人事部门(人力资源和社会保障部),都在同级政府的领导下,对该级政府所辖范围内的人事行政事务进行综合管理。各级政府领导下的各职能部门内设立的人事行政机构,则在行政首长的领导和人事部门(人力资源和社会保障部)的业务指导和监督下,具体管理本部门的人事工作,在本部门内执行国家人事法律、法规和政策。

(二) 人事行政权力的横向划分

传统上人们一般按照人事行政机构与行政系统之间的关系把人事行政体制概括为三种类型,即部外制、部内制和折衷制。所谓部外制,是指在政府系统之外设立相对独立的人事行政机构,独立行使公务员的考试录用权,统一掌管公务

① 刘俊生:《公共人事管理比较分析》,人民出版社2001年版,第65页。
② 刘俊生:《公共人事管理比较分析》,人民出版社2001年版,第55页。

员的考核、晋升、工资、退休等事务。如美国在1978年文官制度改革前,文官委员会是政府人事政策的主要制定者,还负责办理文官考试任用业务以及指导、监督各部门的人事工作。该委员会集中掌管和行使从决策到执行、裁决的全部人事行政职能,是部外制的典型。所谓部内制,是指人事行政事务由政府系统各部门分别自理。中央政府设立的人事行政机构,主要负责统筹与协调工作。所谓折衷制,即介于部外制与部内制之间,是在政府系统之外设立的人事行政机构,专门掌管公务员的考试录用,除此之外的其他人事行政事务,则由设在政府系统之内的人事行政机构和各行政部门内的人事行政机构自行管理。一般认为,美国和日本是典型的部外制,法国和德国是部内制的典型,而英国则是折衷制。

这种分析方法虽然为人们在一般意义上了解各国人事行政体制及其差异提供了简便的方法,但是这种分析方法也有其模糊之处,从而引起某种程度的误解。具体来说,这种分类方法的依据是人事行政机构与行政系统之间的关系,但是却没有明确人事行政机构指的是前述三类人事行政机构中的哪一类机构,抑或是全部机构。从世界各国的实践来看,各国辅助类人事行政机构,如美国的功绩制保护委员会和联邦劳工关系局、英国的惠特利委员会和文官仲裁委员会、法国的国家公职最高委员会等大多都是独立机构,即符合部外制的特点。各国政府部门内设的人事行政机构无疑本身即是行政系统的一部分,符合部内制的特点。各国的差异主要体现在人事行政主管机构与行政系统的关系上。美国在1978年文官制度改革之前的文官委员会是典型的独立于行政系统的独立机构,属于部外制。美国1978年文官制度改革之后撤销了文官委员会,新设向总统负责的人事管理局,开始偏于部内制。法国的行政与公职总局也属于部内制。英国的人事行政主管机构一直是多元的,例如1968年之前的文官委员会和财政部编制与机关组织署,1981年之后的管理与人事局、财政部,其中的一部分(文官委员会、管理与人事局)是相对独立于行政系统,另一部分则是行政系统的一部分,因此具有折衷制的特点。

为了克服上述传统分析方法的缺陷,有学者[①]提出用功能分析方法来比较各国不同的人事行政体制,人事行政功能可以概括为准立法、准司法、行政、咨询和协调五种。根据五种人事行政功能的集中与分散情况,可以把各国的人事行政体制区分为功能分散型管理体制、功能集中型管理体制和功能集分结合型管理体制。功能分散型管理体制指的是在同一级政府层级中设立了多个专门的人事行政机构,分别承担人事行政的五种职能,例如英国、1978年改革后的美国等。功能集中型管理体制指的是在同一级政府层级中仅设立一个专门的人事行政机构,同时承担五种人事行政功能,例如1978年文官制度改革之前的美国,以

① 刘俊生:《公共人事管理比较分析》,人民出版社2001年版,第44~93页。

及日本、中国等。其中根据这一专门的人事行政机构的独立性又可以分为功能集中独立型管理体制和功能集中非独立型管理体制，前者如日本，后者如中国。法国则属于功能集分结合型管理体制①。

（三）人事行政权力的纵向划分

人事行政权力的纵向划分指的是中央政府的人事行政机构与地方政府的人事行政机构之间的权力划分。一般而言，在单一制国家，人事法律和法规、人事政策的制定权在中央政府和它的人事行政机构，地方政府的人事行政机构的主要任务是执行中央机构制定的法律、法规和政策。地方政府和它的人事行政机构，也可以根据本地实际情况制定某些具体办法，但不得与中央的法律法规、政策相抵触，中央人事行政机构对地方人事行政机构有法定的指导权、监督权。在联邦制国家和实行地方自治的国家，公务员分为国家（联邦）公务员和地方公务员。国家公务员由中央人事行政机构管理，在地方任职的地方公务员则由地方人事行政机构管理，分属不同体系，各自有适用的法律、法规和管理制度。地方人事行政机构受地方政府领导，对中央人事行政机构不存在从属关系，中央人事行政机构对地方人事行政机构没有领导权，也没有指导、监督权。

前已提及，我国人事行政机构由党的干部管理机构和政府人事行政机构两大系统组成。横向相比，党的组织部门与政府的人事部门，虽属不同系统，有不同的分工和职能，但都是干部人事管理机构，在人事决策、“人事安排”等方面，前者的权力要比后者大得多。从纵向来看，在政府系统，人事行政权集中于中央，地方各级政府的人事行政机构主要履行执行功能，执行中央机构制定的法律法规和政策。

二、我国人事行政体制改革

人事行政体制改革是人事制度改革的重要组成部分，在我国，人事制度改革在官方文件中的统一提法为“干部人事制度改革”。中共中央办公厅印发的经中央批准的《深化干部人事制度改革纲要》，将我国干部人事制度改革分为三个部分：一是党政干部制度改革，包括国家公务员制度的建立与完善；二是国有企业人事制度改革；三是事业单位人事制度改革。不论哪一部分人事制度改革，都涉及人事行政体制问题。人事行政体制改革是我国各类干部人事制度改革的共同内容和关联点。它要研究和探讨的，主要不是哪一类哪一项具体制度的改革，

① 本章作者不赞同刘俊生教授将法国的人事行政体制概括为功能集分结合型管理体制。法国在二战后设立了负责规则制定、指导和监督的行政与公职总局、负责高级公务员的考选功能和培养功能的国家行政学院、负责咨询和协调的各种公职咨询和协调机构等，因此属于典型的功能分散型管理体制。

而是人事行政体制方面的一系列重要问题。

依据我们对人事行政体制的理解和我国的实际情况，我国的人事行政体制改革，应着重研究和逐步解决好以下几个主要问题：

第一，按照邓小平提出的“党政分开”的重要思想，进一步理顺党的干部管理机构与政府人事行政机构的职能和关系，既要坚持党管干部的原则，又要适应新的情况，积极改进党管干部的方法，健全政府人事管理机构的功能，充分发挥政府人事行政机构在国家公务员管理方面的重要作用。长期以来，政府人事管理机构缺乏必要的独立性和完整性，功能也不健全，未能发挥应有的作用。2005年颁布的《中华人民共和国公务员法》把公务员的范围拓展到所有“依法履行公职、纳入国家行政编制、由国家财政负担工资福利的工作人员”，意味着各级党委系统的工作人员也被纳入到公务员系统中。2008年，根据第十一届全国人民代表大会第一次会议批准的国务院机构改革方案，整合原人事部、劳动和社会保障部的职能，组建了人力资源和社会保障部，作为主管人力资源和社会保障行政事务的国务院组成部门。同时组建国家公务员局，由人力资源和社会保障部管理。这些改革意味着在每一层级政府中都同时存在着组织部和公务员局两个负责公务员管理的机构。如何合理划分二者的职能，理顺公务员管理体制需要进一步研究。

第二，在中央政府人事行政机构与地方政府人事行政机构的关系上，要按照我国国家结构形式的特点，既要坚持中央的统一领导，又要充分发挥地方的主动性和积极性，进一步理顺中央政府人事行政机构与地方人事行政机构的职权和关系。中央政府的人事行政机构在党中央和国务院的领导下，主要行使以下职能：统一拟定或制定国家公务员管理的法规、规章和政策，并负责监督实施；统一领导全国公务员制度的改革与完善；对在中央政府任职的公务员实施管理；对地方人事行政机构的工作进行指导和监督等。要进一步明确和规范省一级政府人事行政机构的职责和权限，充分发挥省一级政府人事行政机构在本辖区内人事行政管理中的重要作用。

第三，从人事行政功能的集中—分散和人事行政机构的独立性方面来看，发达国家政府普遍采用了功能分散型的管理体制，即由不同的机构分别履行人事行政的准立法、准司法、行政、咨询和协调等职能，如美国、法国、英国等，不同的功能往往代表着不同的价值观，因此由不同的机构负责可以相互制衡，在防止权力滥用的同时，实现不同价值之间的平衡。即使少数国家采用了功能集中型管理体制，如日本，其管理机构也是独立于行政系统的，以保证人事行政的客观公正。因此应逐步探索中国人事行政机构的多元化设置，提高人事行政机构的独立性，目前突出的问题是专门受理公务员申诉与控告的机构的独立性问题。

第八章

公共财政与公共预算

公共财政、公共预算与公共行政是密不可分的,哪里有公共行政,哪里就有公共财政和公共预算,公共财政和公共预算为公共行政的正常运行提供物质保障。我国应通过规范公共收入机制、调整公共支出范围、优化公共支出结构、强化公共预算约束,建立与社会主义市场经济相适应的公共财政和公共预算。

第一节 公共财政的含义和职能

一、公共财政的概念

公共财政是政府为市场提供公共产品和公共服务的分配活动或经济活动。公共财政是与市场经济相适应的一种财政类型和模式,它以市场的基础性作用为基点,以市场失灵为前提。①

公共财政作为国家财政的一种具体存在形态,有以下几方面特定的内涵②:

第一,公共财政的分配目的是为了满足公共需要,即为了保证各种通过市场机制的资源配置难以有效解决社会公共需要的财力,弥补市场缺陷。③ 从公共财政与其他财政类型的比较来看,家计财政具有奴隶主和封建主个人家庭财务的性质,计划经济体制下的单元财政具有以社会主义国家为中心的强烈的大企业财务的性质,国有资本财政是为国有经济服务、在一定意义上具有国有经济宏

① 张馨主编:《公共财政论纲》,经济科学出版社 1999 年版,第 5 页。

② 谢秋朝、侯菁菁主编:《公共财政学》,中国国际广播出版社 2002 年版,第 16 ~22 页。

③ 叶振鹏、张馨主编:《公共财政论》,经济科学出版社 1999 年版,第 15 页。

观财务的性质。而公共财政不具有企业财务的性质,是与市场经济相适应的,针对作为市场活动主体的企业和个人而言的公共活动。由于公共服务只能由作为政权组织的政府来提供,提供公共服务和满足公共需要所需的财力,就成为公共财政的分配目的。在现代市场经济条件下,公共财政所要满足的社会公共需要,是社会公众在生活、生产和工作中的共同需要。与满足私人个别需要的私人物品相比,满足社会公共需要的公共产品具有效用的不可分割性、消费的非竞争性、受益的非排他性的特点。

第二,公共财政的分配主体是作为政权组织和社会经济管理者的政府。政府作为公共财政的分配主体,直接决定着公共财政的产生、发展和分配范围,如果没有政府这个分配主体,就不会有公共财政这种分配形式;政府作为公共财政分配活动的决定者、组织者和执行者,在公共财政分配中处于主动的、支配的地位,从而使公共财政成为政府可以直接用来调节社会经济的强有力手段;政府作为整个社会的代表及其所行使的社会职能,决定着公共财政是在全社会范围内进行的集中性分配活动。由于公共财政的分配目的主要是弥补市场缺陷、满足公共需要,因而一个社会中凡属于政府所有,其运行目标主要是出于弥补市场缺陷、满足公共需要的机构,都构成了公共财政的分配主体,通常把这些机构的总和称为公共部门。①

第三,公共财政的主要分配对象是剩余价值(M)和工资(V)。税收是公共财政收入的主要来源,而税收具有强制性和权威性,能克服个人和企业不愿承担公共产品的费用而坐享其成的“搭便车”心理。而且,税收是依法一视同仁地对全社会所有的人和企业征收的,符合公共财政向全社会提供公共产品和公共服务的性质,符合市场经济所要求的成本—收益对称的原则。以税收作为公共财政收入的主要来源,决定了公共财政的分配对象主要是M和V。一般来讲,税收属于M,是理论意义上的剩余价值的一个组成部分,是国家对M的分配,是国家将一部分剩余价值集中到自己手中。此外,直接为劳动者的劳动力再生产提供费用和服务的社会保险税、工薪税等,直接取走了劳动者的部分工薪收入,也就是说,公共财政为此进行的分配对象是V。

二、公共财政的特点

公共财政的概念决定了公共财政具有以下特征:

第一,公共性和非营利性。公共财政的公共性是由其提供公共产品和公共服务的性质决定的,公共财政只应安排满足公共需要的支出,具体可以分为经费

① 马海涛编著:《公共财政学》,中国审计出版社2000年版,第6页。

性支出、公共投资性支出和社会保险性支出。这三种支出以及它们各自对应的收入，构成了现代公共财政复式预算分配关系的基础，分别形成了经常预算、公共投资预算和社会保障预算。这三种公共财政的组成部分，都是在讲求效率和公平基础上的供给型财政，这种供给必须具有保证性和无可替代性，必须公开透明，做到程序化、规范化、民主化。[①] 此外，公共财政具有非营利性。营利性是人们进行市场活动的直接动力，市场之所以会产生失灵，基本原因之一是市场不能确保应有的或正常的营利。处于市场失灵领域内的政府及其公共财政，不能直接进入市场去追逐营利，只能以增进社会公共利益为目的，从事非营利性活动。[②]

第二，强制性和补偿性。公共财政是凭借政治权力经由非市场性的渠道进行分配的，既具有强制性，又具有补偿性。作为公共财政分配主体的政府属于政权组织，本身不具备创造物质财富的能力。政府为了向社会提供公共产品和公共服务，需要耗费一定的资源，支付一定的费用。而政府为社会提供公共产品和公共服务所需的费用，是通过征收税收取得的。个人和企业作为公共产品和公共服务的使用者，必须向政府缴纳税款。由于公共产品和公共服务具有效用的不可分割性、消费的非竞争性、受益的非排他性，一旦政府提供了公共产品和公共服务，个人和企业不管纳税与否，都能享受到公共产品和公共服务。因此，在市场经济条件下，个人和企业没有纳税的自愿性和自觉性，需要政府依靠法律的强制力来实现。但是，政府与企业及个人的根本利益是一致的，政府是为了提供社会需要的公共产品和公共服务征收税收的，而个人和企业从公共产品和公共服务中获得了新的利益，以补偿因纳税而减少了的可支配收入。因此，公共财政又具有补偿性。[③]

第三，公平性和法治性。[④] 等价交换是市场经济的基本规律，而要做到等价交换，必须有公平竞争的外部环境。公共财政活动直接作用于市场主体，进而影响它们的市场行为。如果公共财政对不同的市场主体采取不同的措施和待遇，意味着政府以非市场的手段支持了某些市场主体的活动，抑制了另一些市场主体的活动，从而违背了市场经济的根本要求。因此，公共财政必须一视同仁地对待所有的市场主体，具体地说，公共支出所提供的公共产品和公共服务，应服务于所有的市场主体；在公共收入方面，要做到纳税人的税收负担公平。只有这样，才能避免政府对市场公平竞争条件的破坏。此外，市场经济是一种法治经

① 叶振鹏、张馨主编：《公共财政论》，经济科学出版社 1999 年版，第 18 页。

② 张馨编著：《公共财政论纲》，经济科学出版社 1999 年版，第 10 ~ 11 页。

③ 叶振鹏、张馨主编：《公共财政论》，经济科学出版社 1999 年版，第 16 ~ 17 页。

④ 张馨编著：《公共财政论纲》，经济科学出版社 1999 年版，第 10 ~ 12 页。

济，政府公共财政活动必须受法律法规的约束和规范，从而使公共财政具有法治性。财政收入的方式、数量以及财政支出的去向、规模，必须建立在法治的基础上，收与支都必须有一定的量度。政府的收支必须全部置于各级立法机关和全体社会成员的监督之下，不允许有不受监督、游离于预算之外的政府收支活动的存在，从而最终实现公共财政的“公共性”。

三、公共财政的职能

公共财政是政府凭借国家给予的权限，利用价值形式参与国民收入分配和再分配的工具，是实现政府职能的经济基础和财力保证。在社会主义市场经济体制下，公共财政具有资源配置职能、收入分配职能、经济稳定与增长职能。

1. 资源配置职能

在社会主义市场经济体制下，市场在资源配置中起基础性作用，但市场在资源配置中也存在其固有的缺陷，如市场不能提供纯粹无营利的公共产品或服务，不能有效解决基础产业和基础设施的“瓶颈制约”，会导致经济的频繁波动。当市场配置资源失效或低效时，公共财政应通过预算、税收、财政投资等政策手段进行调节，以优化资源配置。

政府以公共财政手段进行资源配置，主要可利用以下政策工具：第一，政府可直接提供某些市场供给不足的产品，如纯公共产品、准公共产品、私人经营容易产生垄断的产品、市场不完全的产品等。政府直接提供某些市场供给不足的产品，并不是说这些产品都直接由政府生产，可以由私人企业生产，再由政府购买后提供给居民。第二，政府可以通过财政补贴的方式，刺激私人企业生产市场供给不足的产品。第三，政府通过对私人产品的购买，可以扩大私人产品的需求，刺激私人产品的生产。第四，政府可以通过调整税率来鼓励或限制某些产品的生产。①

2. 收入分配职能

市场经济是按效率优先的原则组织收入分配的，这从微观上看是必要的和合理的，但从宏观上看不一定是公平的。因为，进入市场的经济主体所占有的生产要素是不公平的，人与人之间的竞争机会是不均等的，各人的经济背景与家庭负担状况往往存在较大的差距，企业之间也会因客观因素的影响而导致盈利水平的高低悬殊和苦乐不均。当出现上述分配不公的问题时，公共财政就要运用其掌握的税收、转移支付、社会保障等政策手段，校正原有的分配格局，实现收入的公平分配。必须注意的是，公平问题较多的是规范性问题而不是实证性问题，

① 胡庆康、杜莉编著：《现代公共财政学》，复旦大学出版社 1997 年版，第 39 页。

公平与否很难有一个一致公认的标准。其次,公平与效率之间存在着相互制约的关系,如果一味地征收高额累进税,很可能打击边际生产率水平较高的人们工作的积极性,从而不利于社会经济的发展。因此,政府公共财政政策的具体着眼点是防止贫困,而不是限制最高收入。

政府为了改善收入分配的不公平状况而采取的公共财政措施主要有:(1) 税收—转移支付制度。它包括按照支付能力原则设计的税收制度和按照受益能力原则设计的转移支付制度。政府可以通过征税强制性地把财富从那些应该减少收入的人手中收集起来,再通过救济金或补助金制度用货币或实物形式转移给那些应该增加收入的人们。(2) 政府可以将通过征收累进所得税筹集的收入用于公共事业投资,如经济适用房、廉租房等,以利于低收入阶层。(3) 政府可对奢侈品以高税率征税,对日用品进行补贴,借以加重高收入阶层的负担,减轻低收入阶层的负担。①

3. 经济稳定与增长职能

一般来说,单靠市场机制的自发作用难以实现总供求的均衡和经济的稳定发展,需要政府的干预和调节,来实现充分就业、价格稳定和经济增长。当经济出现波动时,公共财政一方面可以通过有意识运用紧缩性、扩张性或中性的财政政策手段进行调节,以促进经济的持续增长;另一方面可以借助于税收等的自动稳定器功能,消除或减轻经济波动。

在政府可采用的各种经济政策手段中,财政政策的地位举足轻重,它在影响总需求方面有着不可替代的作用,这主要体现在以下两个方面:

第一,相机抉择的财政政策。它是政府利用公共财政有意识地干预经济运行的行为,具体地说,政府根据当时的经济形势以及财政政策目标的实现状况,采用不同的财政政策以消除通货膨胀缺口和通货紧缩缺口。相机抉择的财政政策包括:(1) 汲水政策。汲水政策是政府在经济萧条时通过一定数量的公共投资恢复经济活力的政策,是一种诱导经济复苏的短期性财政政策,其载体是公共投资。(2) 补偿政策。补偿政策是政府逆经济风向调节景气变动幅度的财政政策。政府根据经济膨胀和紧缩的具体情况,交替使用紧缩性和扩张性财政政策,以避免经济的剧烈波动。补偿政策是政府全面干预经济的政策,其载体包括政府增收节支或减收增支的各种方法。②

第二,自动稳定器。自动稳定器是某些能够根据经济周期波动情况自动发生稳定作用的制度,能够在经济繁荣时自动抑制膨胀,在经济衰退时自动减轻萧条,无须政府采取任何行动。自动稳定器有:(1) 累进所得税制。由于个人所得

---

① 胡庆康、杜莉编著:《现代公共财政学》,复旦大学出版社 1997 年版,第 39 ~ 40 页。

② 江秀平编著:《宏观经济管理》,福建人民出版社 1999 年版,第 347 页。

税是实行累进税,它会根据纳税对象数量的变化而对应交纳的税收进行自动调节,从而使纳税人的税负根据其收入状况的变化而变化。在经济膨胀时,个人收入水平提高,许多人要按较高的税率纳税,个人可支配收入相对减少,从而有助于抑制总需求的膨胀。当经济不景气时,个人收入水平降低,许多人按较低的税率纳税,个人可支配收入相对增加,从而有助于弥补总需求的缺口。总之,税收的自动变化,可以缓和经济的周期波动,有利于实现经济的稳定。(2) 政府的转移性支出。政府的转移性支出也会自动逆经济风向而变动。当经济高涨时,失业率降低,人们的收入水平提高,政府的转移性支出随之减少,从而避免总需求过旺。当经济萧条时,失业率提高,人们的收入水平降低,政府的转移性支出随之增加,从而避免总需求下降过多。总之,政府转移性支出的自动变化,通过乘数效应可以避免经济的大起大落。

四、我国建立公共财政的必要性

随着我国社会主义市场经济体制的建立和完善,客观上要求我国的财政属性由原来的国家财政和生产建设型财政转为公共财政。建立和完善公共财政体制是我国财政体制改革的目标模式。

建立公共财政是社会主义市场经济发展的客观要求。[①] 首先,我国的社会主义市场经济体制,是要使市场在社会主义国家宏观调控下对资源配置起基础性作用。目前,市场机制已经成为我国经济运行的最基本的调节机制,在资源配置中发挥基础性作用,而政府的宏观调控是建立在市场和市场机制作用的基础之上,主要是为了弥补市场失灵和市场不能高效率发挥作用的领域。因此,政府的财政一般不必直接介入营利性领域的资源配置,而主要介入具有效益外溢性或存在市场失灵领域的资源配置,如国防外交、社会治安、法律秩序、经济稳定、公共设施、基础教育、基础科研、环境保护、社会保障等。这些领域是企业和个人维持正常的生产生活秩序所不可或缺的,或者说是社会公共需要,只有通过政府的财政手段向这些领域配置必要的资源,才能保证这些公共产品和公共服务的供给,从而确保社会主义市场经济的顺畅发展。其次,以公有制为基础的社会主义市场经济和社会主义民主政治制度,要求保证财政以增进广大人民的公共利益为宗旨,以尽可能多地提供公共产品和公共服务为目标,而且要在财政管理上实行民主决策、民主监督。最后,公有制为主体、多种所有制经济共同发展的基本经济制度,使我国财政收入来自于多种所有制经济的企业和个人,财政支出和财政政策必须以维护各种所有制经济公平竞争为基本原则,着眼于满足各类企

---

① 齐守印:《论公共财政及其经济职能》,《经济论坛》1999 年第 22 期。

业和居民个人的共同需要。

建立公共财政是转变政府职能、解决我国社会经济生活中矛盾的客观需要[①]。在高度集中的计划经济体制下，无论是宏观经济还是微观经济，以及社会、文化活动，事无巨细，都由政府来决策和管理，这种政府职能模式的弊端非常明显，不能适应社会主义市场经济的发展。根据社会主义市场经济的要求，政府应弱化微观经济职能，强化宏观经济调控、调节收入分配、组织社会保障、保护生态环境等职能。财政分配应以实现政府的职能为目的，政府职能的转变对财政职能的转变提出了相应的要求，我国的财政应从生产建设型财政向公共财政转变，政府财政应退出竞争性领域，不再参与私人产品的生产和提供，而转向主要为社会提供公共产品和公共服务。财政职能的这种转变，具体体现在财政支出结构的变化上，即经济建设的支出比重不断下降，满足社会公共需要的支出比重不断提高。此外，我国社会经济生活中存在不少影响社会和谐的矛盾和问题，主要是：城乡、区域、经济社会发展不平衡，人口资源环境压力加大；就业、社会保障、收入分配、教育、医疗、住房、安全生产、社会治安等方面关系群众切身利益的问题比较突出。这些都是我国各级政府所要长期面临的重大问题，也是政府应当承担的社会职责。但当前财政面临左右为难的问题，一方面，许多社会矛盾的解决，对财政资金提出了更大的需求；另一方面，财政非常困难，财政资金有限，财政拿不出足够的资金解决社会问题。解决这一矛盾的可行办法是调整财政支出结构，财政支出应主要用于满足公共需要。

建立公共财政是振兴财政的需要。[②] 当前，我国各级财政特别是地方财政处于非常困难的境地，赤字已经成为困扰我国财政经济的重要问题。导致我国财政困难的原因是多方面的，但由于政府职能“越位”而引起的财政分配“越位”是重要原因之一。建立公共财政，已经成为缓解财政困难、振兴财政的必然要求。首先，建立公共财政，财政只为公众提供公共产品和公共服务，除此之外的其他事务财政不再染指，财政支出的范围将大大缩小，财政支出的规模将得到有效的控制，财政支出的压力将在一定程度上得到缓解。其次，公共财政客观上要求一切与政府权力相关的公共收入都必须纳入政府预算，在政府统一的预算中体现出来，并接受人大和社会公众的监督。将预算外收入及制度外收入统一纳入预算内管理，将提高政府集中的财力占 GDP 的比重，财政的困境将得到缓解。最后，公共财政要求以法治财、以法理财。我国现阶段的财政困难在一定程度上可以说是财政分配秩序混乱造成的，只有实行公共财政，坚持以法治财和以法理财，振兴财政才能实现。

---

① 随新玉、杨光焰：《构建公共财政是财政学教学内容改革的核心》，《经济经纬》1999 年第 4 期。

② 杨思棋：《加快构建公共财政》，《发展研究》2006 年第 2 期。

第二节　公共收入

一、公共收入的概念和规模

公共收入是公共部门为履行其职能而筹集的一切资金的总和。一般认为，公共收入主要来自于国民收入，即一个国家的劳动者在一定时期内（通常为一年）新创造的价值总和，相对于社会总产品价值中的 V 和 M 之和，其中 M 是公共收入的主要源泉。

公共收入规模是一国政府在一定时期内（通常是一个财政年度），通过多种形式获得的公共收入总水平，既可用绝对数来表示，如公共收入总额，也可用相对数来表示，如公共收入占国民生产总值（GNP）或国内生产总值（GDP）的比重。公共收入规模是衡量政府公共事务范围和一国公共财政状况的基本指标。①

公共收入规模的绝对量是指一定时期内公共收入的实际数量。公共收入的绝对量反映了一个国家或地区在一定时期内的经济发展水平和财力集散程度，体现了政府运用各种公共收入手段参与收入分配和资源配置、调控经济运行的规模、范围、力度和变化趋势。衡量公共收入规模的绝对指标是公共总收入，包括中央和地方公共总收入、中央本级公共收入、地方本级公共收入、中央对地方的税收返还收入或补助收入、地方上解中央收入、税收收入和非税收入等。

公共收入规模的相对量是指一定时期内公共收入与有关经济社会指标的比率，是反映国民收入规模的主要指标，具体包括公共收入占 GNP 或 GDP 的比重、税收收入或非税收收入占 GNP 或 GDP 的比重。

保证公共收入的持续稳定增长，以满足日益增长的公共需要，是政府的主要财政目标。但公共收入有多大规模，是不以政府的意志为转移的，它受到经济发展水平、生产技术水平、制度和价格等因素的制约和影响。②

第一，经济发展水平反映一国社会产品的丰富程度和经济效益的高低，是形成公共收入的基础，一国公共收入的规模最终受经济发展水平的制约。经济发展水平对公共收入的影响可以从两方面分析：一是经济发展水平对公共收入绝对额的影响。经济越发达，国民生产总值就越高，可供财政分配的物质基础就越雄厚，公共收入也就会随着国民生产总值的增长而保持同步的增长。因此，一国

① 谢秋朝、侯菁菁编著：《公共财政学》，中国国际广播出版社 2002 年版，第 288～290 页。

② 谢秋朝、侯菁菁编著：《公共财政学》，中国国际广播出版社 2002 年版，第 290～294 页。

政府财力的对比实际上是一国经济实力的对比。二是经济发展水平对公共收入相对额的影响。一国经济发展水平高,公共收入占国民生产总值的比重就会比较高。而且,公共财政的分配对象主要是剩余产品,在价格相对稳定的前提下,随着人均国民生产总值的增加,剩余产品的增长速度会超过国民生产总值的增长速度,公共收入的规模就会相应扩大。

第二,生产技术水平。生产技术水平是指生产中采用先进技术的程度,又可称之为技术进步。技术进步一般会加快生产速度、提高产品质量,技术进步速度越快,社会产品和国民收入的增加越快,公共收入的增长也就有了充分的财源。此外,技术进步必然会降低物耗,提高经济效益,扩大剩余产品价值所占的比例。由于公共收入主要来自剩余产品价值,所以技术进步对公共收入的影响更为直接和明显。需要指出的是,生产技术水平内涵于经济发展水平之中,一定的经济发展水平总是与一定的生产技术水平相适应,较高的经济发展水平往往以较高的生产技术水平为支柱。

第三,制度。一个国家的基本经济制度决定了政府的职能,从而直接影响公共收入占剩余产品价值的比例。政府职能范围的大小,影响财政分配在整个国民经济分配中的份额;各级政府之间的职能划分,影响各级政府财政分配在整个财政分配中的份额。因此,不同的制度对公共财政的职能和作用的要求有很大的不同。即使在一些基本制度大体相似的国家,福利制度的不同使公共收入占国民生产总值的比例有差异。此外,各国的产权制度、企业制度、劳动工资制度等,也会引起公共收入的数量和公共收入占国民生产总值的比重。

第四,价格。现代国家的公共收入是按一定时点上的价格水平计算的货币收入,因此,价格的变化会导致公共收入的变化。在通货膨胀情况下,如果公共收入增长率高于通货膨胀率,公共收入有小于名义增长率的实际增长;如果通货膨胀率高于公共收入增长率,公共收入名义上是正增长,实际上是负增长;如果公共收入增长率与通货膨胀率大体一致,公共收入只有名义上的增长,实际上是不增不减。此外,当一国的公共收入采用累进所得税征收时,以货币计算的各种所得会随着价格的提高而增加,随着价格的降低而减少,其纳税所适用的税率随之升高或下降;当一国的通货膨胀是由财政性货币发行引起的,公共收入也会有额外的增加,从而对公共收入产生实质性影响。最后,商品比价关系的变动会引起货币收入在企业、部门和个人各经济主体之间的转移,导致财源分布结构的改变,形成国民收入的再分配,最终影响公共收入的规模。

二、公共收入的形式和分类

公共收入的形式是指政府采用什么样的方式方法取得公共收入,大致上可以分为税收、公债和其他收入三大类。

1. 税收

税收是国家为了实现其职能,凭借政治权力,按照法律法规的规定强制地、无偿地取得财政收入的一种手段,具有强制性、统一性、稳定性等特点。税收是公共收入的主要形式,其本质是政府凭借政治权力参与国民收入分配所形成的一种特殊分配关系。税收的影响通过价格、产量和收入的变化渗透到经济的各个领域,具体地说,税收对经济有以下几方面的影响:

第一,影响纳税人的可支配收入。税收实际上是纳税人把自己的一部分收入交给政府,从而影响到纳税人的实际收入水平。而纳税人的实际收入水平又会影响纳税人的需求,最终影响到一国的总需求。

第二,影响商品的价格水平。企业的税收负担变化会影响商品和服务的价格水平,从而影响商品和服务的需求量,最终影响商品和服务的供给。

第三,影响纳税人的经济行为。税收会对纳税人的工作努力产生两种不同的效应:一是收入效应。即税收使纳税人的收入减少,他们不得不减少闲暇而更加努力地工作,从而增加社会经济活动的总量。二是替代效应。即从税收角度看,当工作、闲暇的边际效益发生变化时,税收对纳税人在工作与闲暇之间作选择时所产生的影响。如果税收使纳税人减少工作时间、增加闲暇时间,就会减少社会经济活动的总量。

第四,影响产业结构。在市场失灵的情况下,政府采取差别税率或免税、减税、退税、税收抵免等,引导资源流动,实现资源的优化配置。此外,税收能调节企业之间因客观生产条件的差异而形成的级差收益,通过调节不同行业、不同企业、不同环节的收益水平,促进产业结构的合理化。

税收的调节作用主要是通过税种、税目、税率、纳税人、纳税环节、减免税等来实现的。

首先,合理设置税种和税目。税种即税收的种类,对确定课税对象有重要的意义。国家要根据经济发展的需要,开征新的税种,停开某些税种。税目又称课税范围,是课税对象在内容上的具体化。税目是一个重要的可控变量,税目制定的粗略多寡,会对经济产生直接和有力的影响。一个国家要合理设置税种和税目,以形成合理的税收体系。

其次,规定适当的税率。税率是税额与课税对象数额之间的比例。在课税对象既定的条件下,税额和税负的大小取决于税率的高低。税率的高低,直接影响到公共财政收入的多少和纳税人税收负担的大小。因此,税率是税收制度的中心环节,是"税收的眼睛"。① 税率可以分为以下三种:比例税率,即无论课税

① 樊勇明、杜莉编著:《公共经济学》,复旦大学出版社 2001 年版,第 184 页。

对象数额的大小,只规定一个比例的税率;累进税率,即按课税对象数额的大小,规定不同等级的税率,课税对象的数额越大,税率越高,具体分为全额累进税率和超额累进税率两种;定额税率,即按单位课税对象直接规定一个固定税额。

再次,确定纳税人和纳税环节。纳税人亦称课税主体,是税法直接规定的负有纳税义务的单位和个人。纳税人的确定,关系到税收作用的方向和范围,关系到区别对待、量能负税政策的具体落实。同一种税收,其纳税人可以随客观经济情况的变化而变化。纳税环节是课税对象在其运行过程中应当缴纳税款的环节。例如作为课税对象的商品有生产、批发、零售的过程,作为课税对象的所得有创造、支付和收受的过程,作为课税对象的财产有买卖、租赁、使用、赠与或继承的过程等。在这些过程中,哪些环节该纳税,哪些环节不纳税,税收制度必须作出明确的规定。

最后,规定必要的税收减免。减税是对应交税额少征一部分税款;免税是对应交税额全部免征。减税免税是对某些纳税人和征税对象给予鼓励和照顾的一种措施。减税免税的类型有:一次性减税免税、一定期限的减税免税、困难照顾型减税免税、扶持发展型减税免税等。减免税是税收体系中最灵活、最易操作的变量。

税收的增加或减少,会引起国民收入数倍的增加或减少,这就是税收的乘数效应。所谓税收乘数,是国民收入变动与税收变动的比率,包括税率变动对国民收入的影响和税收绝对量变动对国民收入的影响。

2. 公债

公共预算如果出现了赤字,那么政府弥补预算赤字的方法有两种,一是通过中央银行增发货币,二是发行公债。因此,公债最初是用来弥补政府预算赤字的,后来随着信用制度的发展,公债成为调节货币供求、协调财政与金融关系、加快经济建设的重要政策手段。所谓公债,是政府举借的债,是政府为了筹措资金而向投资者出具的、承诺在一定时期内还本付息的债务凭证。公债是有价证券,是政府的信用收入,是政府实施宏观经济政策、进行宏观调控的工具。事实上,公债与税收没有本质上的区别,因为公债还本付息的资金最终还是来源于税收,公债只不过是延期的、变相的税收。

与其他债券相比,公债有以下特征:第一,安全性高。在各类债券中,公债的信用等级通常被认为是最高的,被誉为“金边债券”。第二,流通性强。公债的二级市场十分发达,转让很方便。第三,收益稳定。公债的付息由政府保证,对于投资者来说,投资公债的收益是比较稳定的。第四,免税待遇。大多数国家规定对于购买公债所获得的收益,可以享受税收上的免税待遇。

公债按不同的标准可分为以下不同的类型:

(1) 从公债发行的主体划分,公债可分为国债和地方债。国债即中央政府发行的债券,地方债即地方政府发行的债券。我国已发行的国债品种有国库券、国家重点建设债券、国家建设债券、财政债券、特种债券、保值债券、基本建设债券。目前,我国地方政府还不能直接发行债券。

(2) 从偿还期限划分,公债可分为短期公债、中期公债和长期公债。短期公债指偿还期限为1年或1年以内的公债,其特点是周转期短,流动性强。中期公债是指偿还期限在1年以上10年以下的公债。长期公债是指偿还期限在10年或10年以上的公债。

(3) 从公债发行的范围划分,公债可分为内债和外债。内债是政府在国内发行的公债,债权人是本国的居民、企业和金融机构。内债的还本付息以本国货币支付,不影响国际收支,从总体上说,一国的资金没有发生增减,只是财产权的转移。外债是在国外发行的公债,债权人是外国的政府、金融机构、企业和个人。外债的还本付息影响国际收支。

(4) 从公债的经济用途划分,公债则可分为建设公债和赤字公债。建设公债是政府为筹集经济建设资金而发行公债;赤字公债是政府为弥补预算收支差额而发行的公债。

此外,从利率来划分,公债可分为固定利率公债和浮动利率公债;从能否转让划分,公债可分为可转让公债和不可转让公债。

公债作为财政政策的手段之一,有以下几方面的效应:第一,乘数效应。公债发行往往伴随着公共支出增加,通过投资的乘数作用,带动整个社会的投资和消费需求,从而拉动经济快速增长,提高资源的使用效率,增加就业。第二,“挤出”效应。政府发行公债,会使私人部门可用于投资和消费的资金减少。第三,货币效应。当货币供给过多时,中央银行卖出公债,回笼货币,平抑物价;反之则买入公债,释放货币,刺激经济。因此,公债规模的变化,会引起货币供求的变动。第四,收入效应。公债持有者在公债到期时,不仅能收回本金,而且能得到利息补偿,从而使自己的资产收入增加。

公债的上述作用主要通过公债规模、公债持有人结构、公债期限结构、公债利率结构、公债发行方式等来实现的。其中公债的规模必须适度。因为社会财富的总量是一定的,发行公债如果一味追求多多益善,就有可能会造成债务规模过大,偿债负担太重;或者造成公共部门与私人部门的比例失调。

衡量公债规模的指标有:(1) 公债依存度。所谓公债依存度,是公债发行金额占公共支出的比重。目前,这个指标有三种计算口径:一是总债务占公共支出的比重,它反映公债总体水平;二是内债比重,它测量着内债的规模;三是内债在中央财政支出中的比例。(2) 公债负担率。公债负担率是公债余额占国民生产总值的比重,一般不应超过45%。(3) 公债偿还率。公债偿还率是某年公债还本付息金额占当年公共收入中的比重,一般要控制在10%左右。(4) 公债限额的动态指标。公债限额的动态指标是公债增长率与国民生产总值的比值，反映着公债增长与国民生产总值增长之间的关系。(5) 综合负债率。综合负债率是政府内债、银行坏债和全部外债之和与按照现价计算的名义国民生产总值之比。

3. 其他收入

其他收入包括国有资产收益、规费、使用费、捐赠、政府引致的通货膨胀等。

国有资产收益又称为经营性国有资产收入，是国有资产管理部门以国有资产所有者代表的身份，以上缴利润、租金、股息、红利、权益转让等形式取得的收益。国有资产收益形式主要取决于国有资产的经营方式，是政府以资产所有者身份参与企业的利益和收益的分配。国有资产收益还包括国有财产租金、土地批租收入等。

规费是政府部门为公民提供某些特定服务或实施行政管理所收取的手续费和工本费，包括行政规费和司法规费。行政规费，如护照费、公证费、户口登记费、结婚证书费、工商执照费、车辆牌照费、商标登记费、商品检验费等。司法规费，又可分为诉讼规费，如民事诉讼费、刑事诉讼费；非诉讼规费，如出生登记费、财产转让登记费、结婚登记费等。规费收入数量虽然不大，但涉及面广，政策性强。政府收取规费一般根据政府提供服务所需要的成本而定，或者按照公众从公共服务中享受的利益而定。

使用费是按受益原则对享受政府所提供的特定公共产品和公共服务所支付的一部分费用，以提高政府所提供的公共产品和公共服务的使用效率，避免发生拥挤问题。

捐赠是政府某些特定支出项目得到的来自国内外组织或个人的捐赠，如政府得到的专门用于向遭受自然灾害地区的灾民提供救济的特别基金的捐赠。

政府引致的通货膨胀是政府为弥补财政赤字而扩大货币供给，导致通货膨胀，使人们手中持有的货币购买力降低，从而增加政府的公共收入。通货膨胀实质上是一种"全民税"，是一种社会资源的再分配。

根据目前我国公共收入构成情况，结合国际通行的分类方法，公共收入按经济性质可分为：

(1) 税收收入。具体包括增值税、消费税、营业税、企业所得税、企业所得税退税、个人所得税、资源税、固定资产投资方向调节税、城市维护建设税、房产税、印花税、城镇土地使用税、土地增值税、车船使用和牌照税、船舶吨税、车辆购置税(费)、屠宰税、筵席税、关税、农业(烟叶)特产税、耕地占用税、契税、其他税收收入。

(2) 社会保险基金收入。具体包括基本养老保险基金收入、失业保险基金收入、基本医疗保险基金收入、工伤保险基金收入、生育保险基金收入、其他社会保险基金收入。

(3) 非税收入。具体包括政府性基金收入、专项收入、彩票公益金收入、行政事业性收费收入、罚没收入、国有资本经营收入、国有资源(资产)有偿使用收入、其他收入。

(4) 贷款转贷回收本金收入。包括国内贷款回收本金收入、国外贷款回收本金收入、国内转贷回收本金收入、国外转贷回收本金收入。

(5) 债务收入。包括国内债务收入、国外债务收入。

(6) 转移性收入。具体包括返还性收入、财力性转移支付收入、专项转移支付收入、基金预算转移收入、彩票公益金转移收入、社会保险基金补助收入、预算外转移收入、单位间转移收入、上年结余收入、调入资金。

三、公共收入的原则

公共收入的基本问题,是政府如何将提供的公共物品或服务的成本费用分配给社会成员。对此,公共收入的原则是公平原则和效率原则。[①]

公平原则包括横向公平和纵向公平。横向公平是指境遇相同的人应该承担相同的税负,纵向公平是指境遇不同的人应该承担不同的税负。公平原则具体可分为受益原则和支付能力原则。

1. 受益原则。所谓受益原则,是指政府所提供的商品或服务的成本费用的分摊,要与社会成员从政府所提供的商品或服务中所获得的收益相联系。根据受益原则,横向公平是指从政府提供的公共产品和公共服务中获益相同的人,应该承担相同的税负;纵向公平是指从政府提供的公共产品和公共服务中获益多的人,应该承担较多的税负。也就是说,每个社会成员承担的税负,应该与他从政府提供的公共产品和公共服务中获得的利益相等。从这个原则的角度看,规费和使用费是最理想的公共收入形式。受益原则的主要优点是:如果它能够得到成功的贯彻,那么,政府所提供商品或服务的单位成本可以同这些商品或服务的边际效益挂钩,从而公共物品或服务的供给量可以达到具有效率的最佳水平,同时也不存在“免费搭车”的问题。但是,要确切地知道社会成员从政府提供的公共产品或服务中所获得的真实收益,是一个困难的事情。而且,政府提供的大部分公共产品和公共服务具有联合消费的特点,很难确定简单的成本受益对等关系。

2. 支付能力原则。所谓支付能力原则,是指政府所提供的商品或服务的成本费用的分摊,与社会成员的支付能力相联系,即根据各人纳税能力的大小来确定各人应承担的税负。根据支付能力原则,横向公平是指具有相同纳税能力的

---

① 刘玲玲、冯健身编著:《中国公共财政》,经济科学出版社 1999 年版,第 84 ~ 88 页。

人应该承担相同的税负,纵向公平是指具有不同纳税能力的人应该承担不同的税负,高收入者比低收入者负担更多的税收。支付能力原则的主要优点是:如果它能够得到成功的贯彻,政府所提供商品或服务的成本费用分摊,可以使社会成员的境况达到一种相对公平的状态。但是,如何测度社会成员的支付能力是一个难题。

公共收入的效率原则是指公共收入应能促进资源的有效配置,具体分为公共收入的经济效率原则和公共收入本身的效率原则。[①] 公共收入的经济效率原则,主要是指征税必须使社会承受的额外负担为最小,以最小的额外负担换取最大的经济效率。公共收入本身的效率又称为公共收入行政效率,以税收为例,税收的行政效率可以从征税费用和纳税费用两方面考察。征税费用是指税务机关为征税而花费的行政管理费用,如税务机关人员工资和奖金支出、税务机关办公设备支出、征管过程中实施各种措施支出的费用等。一般来说,征税费用是较容易计算的,可以从公共支出的有关项目中得到。征税费用占所征税额的比重,即为征税效率。纳税费用亦称为税收奉行费用,是纳税人按照税法在纳税过程中所支付的费用,如纳税人申报纳税而雇佣会计师和税务代理师而花费的费用、企业或单位代扣代缴的费用、纳税人申报纳税所耗费的时间和费用、纳税人为逃避税收所花费的时间和费用等。纳税费用通常不易计算。

公共收入的效率原则要求税收做到:第一,充分且有弹性。充分是指税收应为政府活动提供充裕的资金,满足政府实现其职能的需要。应以整个社会的公共利益,从政府部门、公共企业部门和私人部门的整体角度来评判充分原则。有弹性是指税收应随着国民经济的增长而增长,以满足长期的公共物品与私人物品组合效率提高的要求。税收不仅要满足公共支出增长的要求,而且要起到促进宏观经济稳定的作用,发挥自动稳定器功能。第二,节约与便利。所谓节约就是要求税收尽可能地减少征管费用;所谓便利是要求税收制度能方便纳税人,尽可能地减少纳税费用。节约与便利要以社会的福利为准则,并与其他各项原则相权衡。第三,中性与校正性。税收的中性是指对不同的商品或服务、不同的生产要素收入、不同性质的生产者,采取不偏不倚、不抑不扬的税收政策,使不同商品、服务、生产要素的相对价格反映其相对成本,保持市场调节所能达到的资源配置效率状态。税收的校正性要求区别对待,如对具有外部成本的商品课征额外的税收,使外部成本内部化;或对具有外部效益的商品给予税收优惠或补贴,使外部效益内部化。通过这种区别对待,以校正市场缺陷和资源配置。

① 马海涛:《公共财政学》,中国审计出版社 2000 年版,第 134 ~ 139。

四、我国公共收入制度的改革

目前,我国公共收入制度存在税收制度尚不完善、非税收入不规范的问题,必须依据公共收入的原则,通过"善税、明租、缴利、规费"的改革思路,对现行公共收入制度加以完善和规范,努力构建"以税收收入为主、非税收入为辅"的法制化、规范化公共收入体系。①

为尽快形成有利于科学发展的公共收入制度,我国应该在以下几个方面加快改革:

1. 以增值税转型为重点,改革完善流转税制,形成有利于科学发展的税收体系。一要实施增值税全面转型。为了与国际惯例接轨,减少重复课税,增强我国产品的国际竞争力,增强增值税的链条机制,真正发挥增值税的中性作用,我国从2009年1月1日开始了生产型增值税向消费型增值税的全面转型,要尽快完成在全国范围、在全部现行增值税纳税行业的增值税转型改革。二要扩大增值税纳税范围。除个别行业继续保留营业税(如金融业等)外,应及早将现行营业税并入增值税纳税范围,进一步消除营业税重复征税问题,以促进服务业发展,加快产业结构升级。三要继续改革消费税,强化消费税的收入调节功能。要依据有增有减、有高有低原则,继续对消费税税目和税率进行适度调整,力图使消费税在发挥传统税收功能基础上,更加突出对收入分配的调控功能。

2. 以资源、环境相关税费改革为突破口,建立健全资源有偿使用制度和生态环境补偿机制。为全面建立健全资源有偿使用制度和生态环境补偿机制,要加快推进资源、环境相关税费改革。首先,整合现行矿产资源各种税费,明确各自征收目的,从制度上实现租、费分立。要通过规范探矿权、采矿权有偿取得制度,明确其作为级差地租的反映,实行更加公开透明的招标、拍卖、挂牌等方式,努力杜绝故意压低价格等严重损害国家利益的行为。在此基础上,为更好地体现国家作为资源所有者的权益,应该改革现行资源税制,将矿产资源补偿费、矿区使用费、特别收益金全部并入资源税中改称资源租,明确其作为绝对地租的反映,在综合考虑回采率、矿产资源价格等因素,实行从价计征,提高资源开采效率。其次,扩大资源有偿使用的覆盖面,对水源、森林、山岭、草原、滩涂等具有商品属性的自然资源,应通过征收资源租的方式全面建立资源有偿使用的制度。征收依据可采取从量计征的办法,以全面建立资源的有偿使用制度。最后,改革现有税费,在资源开采环节统一征收资源开采和补偿税,将环境治理和生态恢复的责任由企业转为政府与企业共担,并将此税的征收范围扩大到全部具有商品

---

① 刘国艳、许生:《政府收入制度改革六大路径》,《中国投资》2008年12月。

属性的自然资源开采中;在资源使用环节,要清理整合现行排污费、污水处理费,统一征收环境保护税,以提高资源使用者、污染制造者的环境保护意识,构建生态环境补偿机制。此外,随着经济的发展,还可以通过排污权交易、生态标识等市场行为,为生态环境补偿筹集资金。而从补偿机制实现的手段来看,则主要是通过中央政府对地方政府以及政府对企业、个人的转移支付,来实现对生态环境治理与恢复的补偿。

3. 以房产税为重点,推动财产税制改革和完善,以调整收入分配存量,形成有利于地方政府行为规范化的新主体税种。可以对不同财产如土地、房屋、车辆以及一些其他特定类型的财产课征财产税。财产税作为拟议中的基层财政的主体税种,深化财产税改革既是完善地方税体系的客观需要,也是促进社会公平、建设和谐社会的必然要求。一要改革房产税,消除累退效应。规范、完善土地增值税和契税,对存量房产开征物业税。要加速完善房产税纳税范围、税率结构、减免优惠等诸项规定,突出对社会财富的调节功能,增强地方政府提供公共服务的能力。二要改革车船税,突出收入调节功能。要进一步明确车船税的财富税特点,将其计征对象调整为基于财产征税。对于保护环境、节约能源、改善交通的职能,则主要赋予车辆购置税或由开征燃油税来承担。三要在财产转让环节开征遗产税和赠与税,调整收入存量的转移。对高收入者征收遗产税,同时为防止财产所有人在生前将其财产无偿转移给继承人而偷逃税款,应配合征收赠与税。

4. 以个人所得税为重点,改革完善所得税制。个人所得税是当前存在问题比较多、社会各界反应比较强烈的税种,进一步改革个人所得税,既是以人为本的要求,也是实现社会公平、建设和谐社会的需要,对于促进经济持续稳定协调发展具有重要意义。要改分类所得税制为综合与分类相结合的个人所得税制,以充分反映纳税人的综合纳税能力。拓宽税基,合理确定费用扣除标准,使法定扣除标准与纳税人实际生活负担相接近,同时可以考虑家庭人员的不同构成以及基本生活需求的实际情况,增加专项扣除,使其更有利于低收入阶层的纳税人;统一累进税率,减少税率级次,降低名义税率。在税收征收管理上,要提高征管水平,建立严格的双向申报和交叉稽核制度,逐步建立和完善个人收入监控体系和财产申报制度。

5. 分类规范各项收费,实现公共财政收入机制的规范化。要根据收费项目的不同性质,采取“一清、二转、三改、四留”的改革措施,对现行收费进行分类改革。“一清”,是根据转变政府职能和建立公共财政的要求,在对现有收费项目进行全面清理整顿的基础上,取消不合法和不合理的收费项目,以及各种乱摊派、乱罚款;“二转”,是指按照政企职责分开的原则,对现有收费中一些不再体现政府职能的收费,转为经营性收费,所得收入要依法纳税,并对其按国家有关经营性收费政策进行管理；“三改”，是将一部分具有税收特征的收费，改为相应的税收，纳入政府税收体系；“四留”，是保留少量必要的政府收费，包括政府对社会实施特定管理或提供特殊服务收取的规费，以及对国有资源有偿使用收取的必要费用等，实行规范化的财政管理。政府的各项收费要全部纳入财政预算监督、管理的范畴，由财政统筹安排，更好地调节部门间、企业间收入分配差距，促进和谐社会的构建。

6. 结合试行国有资本经营预算，改革国家资本红利收入管理。全面推行国有资本经营预算，进一步健全和规范国有企业经营利润上交制度，保护国家作为国有资本出资人的合法权益，并为促进产业结构调整和提升产业竞争力提供财政资金支持。

此外，我国要适应经济环境的变化，适时开征一些新的税种。如要适时开征社会保险税，以税收形式解决建立社会保障制度的资金来源问题。我国目前社会保障制度中的养老保障、失业保障和医疗保障的筹资方式是社会统筹和个人账户相结合的方式。为了使社会统筹方式规范化、法治化，提高社会统筹方式的管理效率，确保这部分资金及时、足额收缴上来，在适当的时机，应从社会统筹方式改为征税方式，建立现代社会保障税制度。

第三节 公共支出

一、公共支出的含义、原则和规模

公共支出是政府为履行其职能而支出的一切费用的总和。公共支出就其实质而言，是满足社会公共需要的社会资源配置活动，是实现政府职能的主要手段，是弥补市场失灵、实现社会公平、保证经济社会稳定发展的重要途径。

政府在进行公共支出时，第一，要严格控制公共支出的范围，把公共支出的范围限定在私人或私人团体不愿、不能或不宜经办的事项上，限定在市场自身无法解决的领域，以实现市场与政府的合理分工。弥补市场失灵的原则，从根本上决定着公共支出的规模、使用范围及其变化。由于市场失灵的具体内容并不是固定不变的，在不同时期、不同的国家和不同的领域，市场失灵有不同的表现和特点，为此必须动态地、适时地调整公共支出的范围。

第二，要讲求效益。公共支出要有利于提高资源配置效率，使社会得到最大的效益。一是要实现社会资源在公共部门和私人部门之间的最优配置，保证双方都获得合理的资源，既不妨碍私人部门的发展，又能满足公共部门的需要，从而使社会效益最大化。二是在使用由公共财政配置的资源时,应以最小的社会成本获得最大的社会效益,这里的社会成本和社会效益是多方面的,包括内在和外在、有形和无形、直接和间接各个方面。公共支出外在的、无形的、间接的社会成本和社会效益,一般只能进行大概的估价,根据公共支出对整个社会的利弊得失,决定公共支出的方向及其用途,实现公共支出的合理化。公共支出内在的、有形的、直接的社会成本和社会效益,则应该进行具体测算,选择更加符合效益原则的最佳公共支出方案。

第三,公共支出应该使所有居民普遍而平等地受益。具体地说,通过公共支出所产生的利益在国家各个阶层居民中的分配应达到公平状态,能恰当地符合国家各个阶层居民的需要。一是要同等对待国家同一层次的居民,实现横向公平;二是要差别对待国家不同层次的居民,实现纵向公平。[①] 政府要通过公共支出结构和对象的调整,来修正社会成员和社会集团在社会财富中占有的份额,满足每一个社会成员的基本生存需要和发展需要,实现社会财富分配的相对合理和公平。各类公共支出遵循上述公平原则涉及受益程度的问题,对于可以普遍享受利益的各种支出,如国防、司法、警察等,政府无法根据各类居民的受益程度安排支出,只有那些可以直接享受具体利益的支出,如社会保险、社会救济、学校教育等,才能较具体地实行公平原则。[②]

第四,量入为出。在公共收入总额已定的前提下,政府要根据公共收入的规模确定公共支出的规模,用收入制约支出。为此,政府要实事求是地估量自身的财力,要认真分析公共收入的来源,严格执行公共预算,节约公共支出,精打细算,制止奢侈浪费,用较少的经费完成较多的行政工作,提高资金的使用效益,使公共财政有限的人力、物力、财力发挥更大的作用,促进公共收支的平衡。[③]

公共支出规模是公共支出总量的货币表现,反映了政府活动的范围和对社会经济的干预程度。公共支出的规模,既可以用绝对量指标来衡量,也可用相对量指标来衡量。前者包括以当期价格计算的公共支出规模和按不变价格计算的公共支出规模等;后者包括公共支出占国民生产总值或国内生产总值的比重等。无论从绝对量上还是从相对量上来看,世界各国的公共支出呈现出不断上升的趋势。

公共支出不断上升的趋势,早在19世纪就被一些经济学家所关注。德国经济学家瓦格纳在考察了当时几个先进工业国家的公共支出后,认为发现了政府职能不断扩大以及政府活动持续增加的规律,并将其命名为“政府活动扩张法

① 樊勇明、杜莉编著:《公共经济学》,复旦大学出版社2001年版,第155页。

② 杨之刚:《公共财政学:理论与实践》,上海人民出版社1999年版,第64页。

③ 黄新华编著:《公共部门经济学》,福建人民出版社2003年版,第209页。

则”，后来学者把其称为“瓦格纳法则”。他认为，公共支出不断增长有三个原因：(1) 随着社会的发展，为了保证市场机制发挥作用所需的社会“环境条件”，对政府完善法律规章以及维护社会秩序的需求也随之增加。与此同时，在国家工业化和管理集中化、劳动力专门化的条件下，经济结构以及当事人之间的关系越来越复杂化，需要公共部门管理、协调甚至加入某些经济活动。(2) 随着劳动生产率的提高，规模较大的公营企业比规模较小的私营企业更具有优势，从而促进了政府对生产领域的介入，政府从事越来越多的物质生产方面的经济活动。(3) 由于诸如交通、教育、卫生保健、银行等公共产品具有一种天然垄断的属性，且投资数额大，外部效应明显。如果由私人部门提供公共产品，会因私人垄断导致社会的不稳定。因此，必须由政府提供的公共产品和公共服务越来越多。据此，瓦格纳认为在国家工业化的发展过程中，政府职能的内涵和外延都在不断扩大，不仅原有的政府职能不断扩大，而且不断出现新的政府职能，从而导致政府的公共支出不断增长。公共支出的不断增长是社会经济发展的一个客观规律。①

英国学者皮考克和魏斯曼通过对英国1890—1955年有关公共支出统计资料的实证分析，认为瓦格纳法则在现代经济条件下仍然是有效的。不过，他们认为公共支出增长是由两类因素造成的。一是税收的增长和政府对政治权力最大化的追求，是公共支出增长的内在因素。在税率不变的税收制度下，随着经济的发展和国民收入的增加，政府的税收收入必然呈不断增长的趋势，而追求政治权力最大化的政府总是喜欢多支出的，因而公共支出的上升与国民生产总值的增加以及由此带来的公共收入的增加呈线性关系。二是社会动荡是公共支出增长的外在因素。战争、饥荒以及其他社会灾难，会导致社会动荡。而社会动荡导致政府职能的扩展和公共支出的急剧增加。②

马斯格雷夫、罗斯托从经济发展阶段的角度分析了公共支出增长的必然性。他们认为，在经济发展的早期阶段，为了给经济发展提供必须的社会基础设施，政府投资往往要在社会总投资中占有较高的比重，这些政府职能和政府投资的扩张，是经济起飞的不可缺少的前提条件。当经济发展进入中期阶段后，日益突出的市场失灵问题，成为阻碍经济发展进入成熟阶段的关键因素。为了纠正市场失灵，政府的干预要增强。而政府干预的加强必然带来公共支出的增长。随着经济发展进入成熟阶段，政府的教育、保健、社会福利等属于福利性再分配的职能也随之产生，从而促进了公共支出的结构性增长。③

---

① 王传纶、高培勇编著：《当代西方财政经济理论》，商务印书馆1995年版，第127页。
② 王传纶、高培勇编著：《当代西方财政经济理论》，商务印书馆1995年版，第127～129页。
③ 王传纶、高培勇编著：《当代西方财政经济理论》，商务印书馆1995年版，第129页。

美国经济学家鲍莫尔认为,公共部门平均劳动生产率偏低,导致了公共支出的不断增长。鲍莫尔把国民经济区分为两个部门:一是生产率不断提高的部门或技术不断进步的部门,如制造业;二是生产率提高缓慢的部门或劳动力密集型的非技术进步的部门,如服务业和政府部门。为了保证与生产率不断提高或技术不断进步部门的均衡增长,公共部门的支出规模必须相应扩展。

一般来说,公共支出的不断增长,是由经济增长、技术发展、人口变化、城市化水平提高、政府职能扩大、通货膨胀等多种因素共同促成的。

二、公共支出的分类

从公共支出的性质看,公共支出包括公共消耗性支出和公共转移性支出。

公共消耗性支出是政府采购商品和劳务的支出,是一种实质性支出,有商品和劳务的实际交易。公共采购支出直接形成总需求,是国民收入的一个重要组成部分,因此,公共采购支出的规模,直接关系到总需求的规模和国民收入的大小。公共采购支出的增加,为企业提供了有保障的市场,直接增加就业和个人收入,而增加的一部分个人收入用于消费,会引起社会消费的增加。社会消费的增加又引致国民收入的增加,继而进一步增加社会消费。这就是公共采购支出的乘数效应。因此,政府可以通过调整公共采购水平或规模,来影响总需求及其总供求的平衡。当社会总需求不足、失业增加时,政府就扩大公共工程建设,增加对商品和劳务的采购,以防止经济衰退;当社会总需求膨胀、价格水平不断上升时,政府就减少对商品和劳务的采购,以抑制通货膨胀。从最终用途看,公共采购支出可分为公共投资和公共消费。公共投资的资金来源主要是公债和税收收入,一般投资规模大,主要投向基础设施、公共事业和瓶颈产业,目的主要是调整产业结构,优化投资环境,刺激私人投资,提高经济运行的整体效率。公共消费主要是政府为了巩固国防、发展文教卫生事业等而进行的商品和劳务的消费。公共消费的增加或减少,会直接增加或减少总需求。

公共转移性支出是政府把一部分以税收形式筹集到的公共收入,用于社会福利、社会保险、贫困救济、补助、补贴等方面的支出。公共转移性支出是一种货币性支出,是一种不以取得商品和劳务作为报偿的支出,是国民收入在不同社会成员之间进行转移和重新分配,政府在其中实际上只起了一个中介人的作用。因此,公共转移性支出不是国民收入的组成部分,没有改变国民收入总量。公共转移性支出的作用是提高企业和家庭的购买力,使其有能力在市场上购买商品和劳务。公共转移性支出主要有:(1)社会保障支出。社会保障支出实际上是将高收入阶层的一部分收入转移给低收入阶层,以实现公平分配。在社会总需求不足、失业人口持续增加时,政府就增加社会保障支出,从而增加人们的可支配收入,提高社会有效需求;在社会总需求膨胀、价格水平持续上涨时,政府就减少社会保障支出,从而减少人们的可支配收入,防止需求过旺。(2)财政补贴。财政补贴是政府为了实现特定的经济、社会和政治目的,在一定时期内向消费者或生产者提供一定的补助或津贴。财政补贴有消费性补贴和生产性补贴两种类型,其中消费性补贴主要是对人民日常生活用品的价格补贴以及居民的生活补助,以增加消费者的可支配收入和消费需求;生产性补贴主要是对企业特定生产活动的补贴,如企业亏损补贴、财政贴息、税前还贷等,以增加生产者的收入,从而增加企业的供给能力。一般来说,在总需求不足时,政府增加消费性补贴;在总供给不足时,政府增加生产性补贴。①

政府公共支出的增加或减少,会引起国民收入的数倍增长或减少,这就是公共支出的乘数效应。所谓公共支出乘数,是国民收入变动与公共支出变动的比率。但是,公共支出也有"挤出"效应,即公共支出增加所引起的民间消费和投资减少的作用。公共支出在多大程度上挤占民间支出,取决于以下几个因素:第一,公共支出乘数的大小。公共支出乘数越大,公共支出的"挤出"效应越大。第二,货币需求对产出水平的敏感程度。货币需求对产出水平的敏感程度越高,公共支出的"挤出"效应也就越大。第三,货币需求对利率变动的敏感程度。货币需求对利率变动的敏感程度越高,公共支出的"挤出"效应就越小。第四,投资需求对利率变动的敏感程度。投资需求对利率变动的敏感程度越高,公共支出的"挤出"效应越大。②

根据社会主义市场经济条件下政府职能活动情况及国际通行做法,公共支出按照支出功能可以分为:

(1) 一般公共服务支出。具体有人大事务、政协事务、政府办公厅(室)及相关机构事务、发展与改革事务、统计信息事务、财政事务、税收事务、审计事务、海关事务、人事事务、纪检监察事务、人口与计划生育事务、商贸事务、知识产权事务、工商行政管理事务、食品和药品监督管理事务、质量技术监督与检验检疫事务、国土资源事务、海洋管理事务、测绘事务、地震事务、气象事务、民族事务、宗教事务、港澳台侨事务、档案事务、共产党事务、民主党派及工商联事务、群众团体事务、彩票发行事务、国债事务、债券投资、其他一般公共服务支出。

(2) 外交支出。包括外交管理事务、驻外机构、对外援助、国际组织、对外合作与交流、对外宣传、边界勘界联检、其他外交支出。

(3) 国防支出。包括现役部队及国防后备力量、国防动员、其他国防支出。

(4) 公共安全支出。包括武装警察、公安、国家安全、检察、法院、司法、监

① 赵龙跃:《社会主义市场经济中的政府职能》,青岛出版社1995年版,第92页。

② 高鸿业:《西方经济学》,中国经济出版社1996年版,第571~572页。

狱、劳教、国家保密、其他公共安全支出。

(5) 教育支出。具体包括教育管理事务、普通教育、职业教育、成人教育、广播电视教育、留学教育、特殊教育、教师进修及干部继续教育、教育附加及教育基金支出、其他教育支出。

(6) 科学技术支出。包括科学技术管理事务、基础研究、应用研究、技术研究与开发、科技条件与服务、社会科学、科学技术普及、科技交流与合作、其他科学技术支出。

(7) 文化体育与传媒支出。包括文化、文物、体育、广播影视、新闻出版、其他文化体育与传媒支出。

(8) 社会保障和就业支出。包括社会保障和就业管理事务、民政管理事务、补充社会保障基金、行政事业单位离退休、企业关闭破产补助、就业补助、抚恤、退役安置、社会福利、残疾人事业、城市居民最低生活保障、其他城镇社会救济、农村社会救济、自然灾害生活救助、红十字事业、其他社会保障和就业支出。

(9) 社会保险基金支出。包括基本养老保险基金支出、失业保险基金支出、基本医疗保险基金支出、工伤保险基金支出、生育保险基金支出、其他社会保险基金支出。

(10) 医疗卫生支出。包括医疗卫生管理事务、医疗服务、社区卫生服务、医疗保障、疾病预防控制、卫生监督、妇幼保健、农村卫生、中医药、其他医疗卫生支出。

(11) 环境保护支出。包括环境保护管理事务、环境监测与监察、污染防治、自然生态保护、天然林保护、退耕还林、风沙荒漠治理、退牧还草、已垦草原退耕还草、其他环境保护支出。

(12) 城乡社区事务支出。包括城乡社区管理事务、城乡社区规划与管理、城乡社区公共设施、城乡社区住宅、城乡社区环境卫生、建设市场管理与监督、政府住房基金支出、土地有偿使用支出、城镇公用事业附加支出、其他城乡社区事务支出。

(13) 农林水事务支出。包括农业、林业、水利、南水北调、扶贫、农业综合开发、其他农林水事务支出。

(14) 交通运输支出。包括公路水路运输、铁路运输、民用航空运输、其他交通运输支出。

(15) 工业商业金融等事务。包括采掘业、制造业、建筑业、电力、信息产业、旅游业、涉外发展、粮油事务、商业流通事务、物资储备、金融业、烟草事务、安全生产、国有资产监管、中小企业事务、其他工业商业金融等事务支出。

(16) 其他支出。包括预备费、年初预留、其他支出。

(17) 转移性支出。包括返还性支出、财力性转移支付、专项转移支付、基金预算转移支付、彩票公益金转移支付、财政对社会保险基金的补助、预算外转移支出、预算单位间转移支出、补充还贷准备金、调出资金、年终结余。

上述公共支出的功能分类,主要反映政府活动的不同功能和政策目标。

公共支出按照支出经济分类有:

(1) 工资福利支出。包括基本工资、津(补)贴、奖金、住房公积金、提租补贴、购房补贴、福利费、社会保障缴费、伙食费、伙食补助费、其他工资福利支出。

(2) 商品和服务支出。具体包括办公费、印刷费、咨询费、手续费、水费、电费、邮电费、取暖费、物业管理费、交通费、差旅费、出国费、维修(护)费、租赁费、会议费、培训费、招待费、专用材料费、装备购置费、工程建设费、作战费、军用油料费、军队其他运行维护费、被装购置费、专用燃料费、劳务费、委托业务费、工会经费、其他商品和服务支出。

(3) 对个人和家庭的补助。包括离休费、退休费、退职(役)费、抚恤金、生活补助、救济费、医疗费、助学金、奖励金、生产补贴、其他对个人和家庭的补助支出。

(4) 对企事业单位的补贴。包括企业政策性补贴、事业单位补贴、财政贴息、其他对企事业单位的补贴支出。

(5) 转移性支出。包括不同级政府间转移性支出、同级政府间转移性支出、不同级预算单位间转移性支出、同级预算单位间转移性支出。

(6) 赠予。包括对国内的赠予、对国外的赠予。

(7) 债务利息支出。包括国库券付息、向国家银行借款付息、其他国内借款付息、向国外政府借款付息、向国际组织借款付息、其他国外借款付息。

(8) 债务还本支出。包括国内债务还本、国外债务还本。

(9) 基本建设支出。包括房屋建筑物购建、办公设备购置、专用设备购置、交通工具购置、基础设施建设、大型修缮、信息网络购建、物资储备、其他基本建设支出。

(10) 贷款转贷及产权参股。包括国内贷款、国外贷款、国内转贷、国外转贷、产权参股、债券投资、其他贷款转贷及产权参股支出。

(11) 其他支出。包括预备费、预留、补充全国社会保障基金、未划分的项目支出、其他支出。

上述公共支出的经济分类,主要反映政府支出的经济性质和具体用途。

三、我国公共支出制度的改革

1. 合理界定公共支出的范围,优化公共支出的结构

从有利于社会主义市场经济发展和满足社会共同需要出发,并在合理界定各级政府事权的基础上,合理界定公共支出的范围,优化公共支出的结构。当

前,为了服务于以人为本和构建和谐社会的各项要求,应从以下几方面大力调整和优化公共支出结构①:

第一,促进城乡、区域协调发展。一是坚持“多予、少取、放活”、“工业反哺农业、城市支持乡村”的方针,大力支持社会主义新农村建设,促进城乡协调发展。建立财政支农资金稳定增长机制,转变支持方式,变政府通过中介或流通部门间接支持农业为通过粮食、农机具等“直补”农民;加强农村基础设施和抗灾救灾体系建设,改善农村生产生活条件;加快建立农村社会保障制度和新型农村合作医疗制度,促进建立农村义务教育经费长效保障机制。二是支持实施区域发展战略,促进区域协调发展。结合东、中、西部地区经济社会发展情况,支持西部大开发、中部崛起和振兴东北老工业基地等战略的实施,鼓励东部地区率先发展,促进东中西互动、优势互补,实现区域间的协调发展。

第二,促进国民收入分配的社会公平。主要通过公共支出政策,采取总量控制和结构调整,从横向和纵向两个方面对不同经济利益主体的收入分配进行调节。横向上,通过完善工资政策、社会保障政策、就业政策等,对不同行业、不同所有制经济、不同社会阶层等微观经济主体和社会居民实行转移支付。纵向上,通过完善扶贫政策,实行政府间的专项转移支付,加大对贫困地区的扶持力度,促进贫困地区经济发展,逐步实现地区间的分配公平。

第三,增加对各项公共事业的投入,促进经济社会协调发展。在社会保障方面,重点支持构筑养老、失业和最低生活保障三道防线,扩大社会保障覆盖面;在教育方面,依法保障教育经费增长,重点加强对义务教育特别是农村义务教育的经费保障;在卫生方面,重点加强对农村公共卫生和基本医疗服务体系建设的支持;在科技方面,重点支持基础科研、高新技术和重大科研成果向现实生产力的转化,积极建立完善以政府投入为主导、企业投入为主体的全社会科技投入体系;在文化事业方面,加大对公益性文化事业特别是农村基层文化的投入,大力支持文化体制改革和文化产业发展。同时,还要积极支持改革创新,促使企业提高自主创新能力,建立有利于经济自主增长的长效机制,体现转变经济发展方式的要求。

第四,增加对生态建设和环境保护的投入,促进人与自然和谐发展。支持环境保护事业发展,加大对环境基础调查、环境监测、污染防治等环境保护方面的投入。研究建立环境要素成本化的机制,推进环境要素有偿使用制度改革。支持生态工程建设,建立森林生态效益补偿机制。支持循环经济建设,综合运用财政贴息等手段,引导和促进循环经济、绿色经济发展,建设资源节约型和环境友好型社会,促进人与自然和谐发展。

---

① 李勇等:《促进和谐社会建设 建立完善以人为本的公共财政支出体系》,http://www.mof.gov.cn/yusuansi/zhengwuxinxi/lilunyanjiu/200806/t20080620_47480.html.

2. 完善政府采购制度,提高公共财政资金使用的安全性和有效性①

政府采购,是指各级国家机关、事业单位和团体组织,使用财政性资金采购依法制定的集中采购目录以内的或者采购限额标准以上的货物、工程和服务的行为。其中货物是指各种形态和种类的物品,包括原材料、燃料、设备、产品等;工程是指建设工程,包括建筑物和构筑物的新建、改建、扩建、装修、拆除、修缮等;服务是指除货物和工程以外的其他政府采购对象。政府采购应当遵循有助于实现经济和社会发展政策目标和公开透明、公平竞争、公正、诚实信用原则。政府采购实行集中采购和分散采购相结合,采用公开招标、邀请招标、竞争性谈判、单一来源采购、询价等方式。

从 2003 年 1 月 1 日《中华人民共和国政府采购法》正式实施以来,我国政府采购工作成效显著,政府采购的制度建设取得重大进展,政府采购规模不断扩大,提高了政府采购资金的使用效益。但是由于政府采购制度改革时间还不长,与建立完善的政府采购制度的要求还有不小的差距,突出体现在:仍有一些地方和部门对政府采购制度改革认识不到位,存有抵触情绪,有的甚至规避和干预政府采购活动;政府采购法律制度体系尚不健全,具体操作规程规定还不严密,有关法律之间的规定还存在不协调的地方;政府采购范围和规模仍需扩大,一些法律规定的采购项目还未纳入政府采购管理范围;政府采购运行机制还有待于进一步完善,操作执行环节还存在不规范问题;集中采购竞争程度低,效率和质量有待提高;政府采购疏于监督的现象比较突出,监督处罚的力度还有待于进一步加大;采购人员职业素质和能力还不能适应改革需要等。

进一步改革和完善政府采购制度,有利于提高财政资金使用的安全性和有效性,主要表现在以下几个方面:一是延伸管理环节,确保资金安全;二是引入竞争机制,提高财政资金使用效益;三是通过集中采购,获取规模利益;四是发挥宏观调控功能,实现政策目标。改革和完善我国政府采购制度的目标是:按照我国社会主义市场经济体制改革要求,坚持依法行政原则,建立与公共支出管理制度相适应的政府采购管理体制、运行机制和监督体系,加强公共财政资金的管理,规范采购行为,维护国家利益和社会公共利益,保护政府采购当事人的合法权益,促进廉政建设。主要从以下几个方面着手:

一是加快制度建设。建立健全法律体系,逐步形成以《政府采购法》为基本法的政府采购法律法规体系,使政府采购工作有法可依、有章可循,促进政府采购工作的规范化管理。

二是完善管理制度,建立责任明晰、协调配合的管理制度。推进管理职能与

---

① 张弘力等:《深化预算管理制度改革,努力提高财政资金分配和使用的规范、安全及有效性》,http://www.mof.gov.cn/yusuansi/zhengwuxinxi/lilunyanjiu/200806/t20080619_47098.html.

操作职能分离,政府采购管理和执行彻底做到机构分开、责任分清。财政部门是政府采购的主管部门,负责政府采购的监督管理。集中采购机构是政府采购的代理机构,根据采购单位的委托,按照法律及财政部门颁布的规章制度,为采购人提供采购代理服务,不具备政府采购的行政管理职能。要继续推进操作执行规范管理,建立科学的采购运行机制;继续推进队伍素质建设,逐步建立政府采购执业资格制度;继续推进监管方式创新,建立监督有力的动态监控体系。

三是扩大政府采购范围和规模。各级国家机关、事业单位和团体组织,用公共财政资金采购货物、工程和服务行为,都要纳入政府采购范围。政府采购规模要达到 GDP 的 10% 以上。

四是建立科学严密的运行机制。包括建立部门预算、政府采购、国库集中支付之间的协调机制;建立以公开招标为主的采购体系;建立集中采购与分散采购相结合的采购模式;确立标准化、程式化的采购程序;加大电子化采购平台建设,建立统一的政府采购管理交易系统,提高政府采购效率;坚持采购规模和效益并重,健全采购方式。

3. 深化国库集中支付制度改革,提高公共财政资金使用效益①

国库集中支付制度是国库集中收付制度的重要组成部分,它是改变公共财政资金层层拨付程序,以计算机网络技术为依托,以提高公共财政资金使用效益为目的,由国库集中支付机构在指定银行开设国库集中支付专户,将所有公共财政资金存入国库集中支付专户,单位在需要购买商品或支付劳务款项时提出申请,经国库集中支付机构审核后,将资金直接从集中支付专户支付给收款人的国库资金管理制度。

国库单一账户是国库集中支付制度的基础。所谓国库单一账户,是指将所有的公开财政资金包括预算内资金和预算外资金,统一集中于一家银行的账户;同时所有的公共支出包括预算内和预算外支出均能通过这一账户进行。国库单一账户体系是指在财政国库管理制度改革中设立的公共财政资金管理的银行账户体系,主要包括财政部门在中国人民银行开设的国库单一账户、财政部门在商业银行开设的用于财政直接支付的零余额账户、财政部门在商业银行为预算单位开设的零余额账户、用于核算预算外资金的财政专户、用于核算特殊性质资金的特设专户等。

我国从 2000 年开始推行国库管理制度改革,取得了显著成效,解决了公共财政资金层层拨付、资金分散沉淀问题,减少了公共财政资金使用的随意性,提高了公共财政资金使用的安全性,公共财政资金运行的透明度大为提高。但是,

① 张弘力等:《深化预算管理制度改革,努力提高财政资金分配和使用的规范、安全及有效性》, http://www.mof.gov.cn/yusuansi/zhengwuxinxi/lilunyanjiu/200806/t20080619_47098.html.

我国目前的国库集中支付制度也存在一些需要解决的问题，如有关国库集中支付制度的法律法规体系及操作办法等方面有待于进一步完善深化；国库集中支付资金监控系统及监督检查制约机制有待完善；信息系统和内部控制体系有待进一步健全；财政监督缺乏有效的法律制约手段，法制化进程滞后等。

我国完善国库集中支付制度的基本思路是：逐步建立法规制度完善、程序科学严密、监管规范严格的，有关部门（财政部门、预算单位、人民银行、代理银行）权责明晰对称的，保障财政资金合规支付、使用的安全防控体系。规范国库集中支付制度要达到以下四个目标：一是保证公共财政资金使用符合预算规定的用途，不能用于无预算或者预算用途之外的项目和支出；二是保证公共财政资金的支付和使用控制在用款计划和财政授权支付额度之内；三是确保公共财政资金支付使用过程中，能够严格按照新的公共财政资金支付管理办法所规定的程序执行；四是能有效防止预算单位或代理银行违反规定擅自向其他账户划拨资金。

为此，要从以下几方面完善国库集中支付制度：要研究制定《财政资金支付管理条例》及其实施细则等法规，逐步修订国家金库条例、预算法等法律法规，为确立新的财政国库管理制度提供根本性的法律保障；完善国库管理的技术平台和支付程序，进一步提高资金支付效率；扩大国库集中支付资金的范围和支付级次，在中央和地方全面推行财政国库集中支付制度；逐步提高财政直接支付比重，在条件成熟时对财政授权支付增加财政部门审核程序，从源头上杜绝违规现象的发生；建立规范的预算单位预算执行分析报表报送、审核程序，加强对预算单位的预算执行信息分析，及时发现执行中的问题，保证预算资金的安全使用；建立完善财政国库动态监控系统，加强重点检查和违规问题查处力度，加强监控情况分析，建立健全资金支付清算内控机制、国库集中支付投诉机制以及财政资金安全状况报告制度；大力深化预算外资金“收支两条线”[①]管理，进一步落实各项配套改革，为国库集中支付制度提供良好的环境。

第四节　公共预算

一、公共预算的含义和分类

公共预算是按法定程序编制、审批和执行的年度公共财政收支计划，是政府

① “收支两条线”是指政府在对财政性资金的管理中，取得收入与发生支出相脱钩，即收入上交国库或财政专户，支出由财政根据各单位完成工作任务的需要审核批准，对收入、支出分别进行核定的资金管理方式。2001年开始“收支两条线”的改革。

各项公共收支的总体规划，包括公共收支规模、支出用途、资金来源和筹集方式等。公共预算由预算收入和预算支出组成。公共预算收入划分为中央预算收入、地方预算收入、中央和地方预算共享收入，具体包括：税收收入；依照规定应当上缴的国有资产收益；专项收入；其他收入。公共预算支出划分为中央预算支出和地方预算支出，具体包括：经济建设支出；教育、科学、文化、卫生、体育事业发展支出；国家管理费用支出；国防支出；各项补贴支出；其他支出。

公共预算作为政府筹集和分配资金的重要手段，具有以下几个特点：第一，计划性。公共预算是根据政府的经济和社会发展规划编制和执行的，是政府规划和政策的体现。第二，统一性。预算是按照统一的程序编制的，是政府对公共财政收支的统筹规划和综合平衡。第三，法令性。公共预算必须提交立法机关审查和批准，公共预算一经立法机关批准就具有法律效力，必须严格执行，非经法定程序，不得自行变更预算。第四，总体制约性。与其他财政政策工具而言，公共预算具有总体制约的特点，它体现着政府财政调控分配关系的总体意向。第五，民主性。在公共预算的编制过程中，政府广泛吸收社会各方面的意见；在预算的审批过程中，又经过立法机构的广泛讨论；在预算的执行过程中，又接受社会公众的监督。

公共预算的功能[①]有：(1) 调节总供给与总需求的平衡。公共预算通过对国民收入的集中分配和再分配，可以决定民间的可支配收入规模，可以决定政府生产性投资和消费的规模，可以影响货币流通量，从而对总需求与总供给的平衡产生重大影响。其中，公共预算收入作为公共收入的基本组成部分，是国民收入供给的一个内在要素；公共预算支出直接构成总需求的重要组成部分。公共预算通过收支盈余、平衡和赤字的安排，会对总供求的平衡发生不同的影响。(2) 调节产业结构。公共预算通过调整公共预算的支出结构，增加公共部门的投入；通过安排经济建设预算支出，重点投资于基础设施、"瓶颈"产业和高新技术产业，以优化产业结构，满足社会公共需要。(3) 调节个人收入的分配。公共预算通过社会保障预算、转移支付、增加对经济落后地区的投入等，来促进个人收入分配的公平。公共预算上述功能的实现，是通过确定公共预算收支的规模和差额、调整公共预算支出的结构和公共预算的组织形式或编制方式实现的。

根据不同的标准，公共预算可以分为以下几种类型：

(1) 按照公共预算的组织形式，公共预算可以分为单式预算、复式预算、绩效预算、计划规划预算和零基预算。单式预算，又叫综合预算，是将政府所有的预算收入与支出以单一综合的形式编制的预算。复式预算是将同一预算年度内的全部公共收入和公共支出按性质划分，分别汇编成两个或两个以上的收支对

① 江秀平编著：《宏观经济管理》，福建人民出版社 1999 年版，第 339～340 页。

照表,特定的预算收入来源保证特定的预算支出,并使两者之间具有相对稳定的对应关系。复式预算是从单式预算演化而来的。在传统计划经济体制下,我国建立了大一统的单式预算制度,把公共财政收支与国有资产所有者财政收支、把经常性财政收支与建设性财政收支混为一体。为了适应经济情况的变化和发展,加强公共财政收支的科学管理,我国从1992年开始试行复式预算,把预算分为经常性预算和建设性预算。为了充分体现复式预算的优点,我国不断改进、完善和规范复式预算,逐步建立政府公共预算、国有资产经营预算、社会保障预算等。绩效预算是指以项目的绩效为目的,以成本为基础而编制和管理的预算,由公共事务的项目及活动的类别、绩效度量和绩效报告三个要素组成。计划规划预算是在绩效预算的基础上,依据政府确定的目标,着重按项目安排和运用定量分析方法编制的预算。零基预算是指在编制年度预算时,必须对新的预算年度中想做的所有事情进行审核,而不仅仅是修改上年预算或检验新增部分,以达到有效使用公共财政资金的目的。

(2) 按照公共预算的内容,公共预算可以分为总预算、单位预算、附属单位预算、单位预算的分预算或附属单位预算的分预算。总预算是各级财政部门负责编制的各级政府的公共财政收支计划,由本级政府预算和汇总的下一级总预算组成,一般来讲,有一级政府就有一级总预算。单位预算是指列入部门预算的国家机关、社会团体和其他单位的收支预算,它是总预算的基础。附属单位预算是从特种基金中将预算年度内收支的一部分编入总预算。单位预算的分预算或附属单位的分预算,是在单位预算或附属单位预算内按照不同的机关和基金编制的各项预算。

(3) 按照公共预算的范围,公共预算可以分为中央预算和地方预算。中央预算即中央政府的预算,是经法定程序批准的中央政府的年度公共财政收支计划,由中央各部门和直属单位的预算组成。地方预算即各级地方政府的预算,是经法定程序批准的地方各级政府的年度公共财政收支计划的统称,由各省、自治区、直辖市总预算组成。

(4) 按照公共预算编制的程序,公共预算可以分为概算、预算草案、法定预算、分配预算。概算是政府机关初步编制的收支计划,经过核定概数,作为编制预算草案的基础。预算草案是拟定但未经立法机关审查批准公布的预算。法定预算是经立法机关审查批准后公布的正式预算。分配预算是按照法定预算分配给各政府机关实施的计划。

(5) 按照公共预算的执行方法,公共预算可以分为经常预算、临时预算、追加预算、非常预算。经常预算是指预算年度内的正式预算。临时预算是指新的财政年度即将开始但正式预算没有确定而暂时实行的预算。追加预算是指预算总额正式确定之后又临时增加的预算。非常预算是政府为了应付重大突发事件作的特别预算。

(6) 按照公共预算的用途,公共预算可以分为正常经费预算和专项经费预算。正常经费预算是指维持行政单位正常运转和日常工作任务的完成所必需的人员经费和公用经费的预计。专项经费预算是指行政单位为完成专项工程或特定工作任务,需要单独核拨、核算的经费预算。

(7) 按照公共预算包括的项目,公共预算可以分为总额预算和纯额预算。总额预算是指将公共收支的各项总额全部计入一个预算者。纯额预算是指扣除获取收入所需的征收费和行政费,仅仅记载纯收入额。

二、公共预算的程序

1. 公共预算的编制

根据我国现行预算管理法规的规定,我国的预算年度自公历1月1日起,至12月31日止。为此,国务院应于每年11月10日前向省、自治区、直辖市政府和中央各部门下达编制下一年度预算草案的指示,提出编制预算草案的原则和要求。财政部根据国务院编制下一年度预算草案的指示,部署编制预算草案的具体事项,规定预算收支科目、报表格式、编报方式,并安排公共财政收支计划。各级政府、各部门、各单位应当按照国务院规定的时间编制预算草案。省、自治区、直辖市政府应当按照国务院规定的时间,将本级总预算草案报国务院审核汇总。

各级政府、各部门、各单位在编制预算草案时,必须坚持以下原则:(1) 量入为出、收支平衡的原则,中央政府公共预算和地方各级预算不列赤字。(2) 与国民生产总值的增长率相适应的原则,按照规定必须列入预算的收入,不得隐瞒、少列,也不得将上年的非正常收入作为编制预算收入的依据。(3) 统筹兼顾、确保重点的原则,在保证公共支出合理需要的前提下,妥善安排其他各类预算支出。(4) 厉行节约、勤俭建国的原则。

各级政府在编制预算草案时,还必须做好以下几点:

(1) 中央预算和地方各级政府预算,应当参考上一年预算执行情况和本年度收支预测,按照复式预算编制,具体分为政府公共预算、国有资产经营预算、社会保障预算和其他预算。

(2) 中央预算和有关地方政府预算中,必须安排必要的资金,用于扶助经济不发达的民族自治地方、革命老根据地、边远、贫困地区发展经济文化建设事业。

(3) 各级政府公共预算应当按照本级政府预算支出额的1%至3%设置预备费,用于当年预算执行中的自然灾害救灾开支及其他难以预见的特殊开支。

(4) 各级政府公共预算应当按照国务院的规定设置预算周转金。预算周转金是指各级政府为调剂预算年度内季节性收支差额,保证及时用款而设置的周转资金。各级政府预算周转金从本级政府预算的结余中设置和补充,其额度应当逐步达到本级政府预算支出总额的4%。

(5)各级政府公共预算的上年结余,可以在下年用于上年结转项目的支出;有余额的,可以补充预算周转金;再有余额的,可以用于下年必需的预算支出。

为使中央预算编制逐步做到科学、规范、公平、透明,强化预算的约束力,按照全国人大和国务院的要求,财政部从2000年起改革中央预算编制办法,根据先有预算、后有支出、严格按预算支出的原则,提前和细化预算编制工作,并开始推行部门预算的编制和改革。长期以来,我国传统的预算编制办法是收入按类别,支出按功能,其存在的主要问题是:预算批复的时间迟,内容粗,没有实行按部门统一编报预算的制度。这种预算编制办法,不利于人民代表审查和监督。随着社会主义市场经济体制的建立和发展,按照依法治国、依法理财的要求,有必要对传统的预算编制办法进行改革,在细化预算的同时,编制部门预算。所谓部门预算就是一个部门一本预算。以前,国务院各部门的预算按功能由财政部的不同司局和有预算分配权的部门归口管理,人民代表在审查国家预算时对各个部门缺乏总的收支规模的概念。现在将部门的所有收支编在一本预算中,由政府主管部门汇编,经财政部门审核并报全国人大审议,通过后才能执行。此外,部门预算是从基层单位逐级分项编制汇总,克服了过去代编预算的模糊性和盲目性。

我国部门预算改革的主要内容是:第一,改革预算的编制形式,实现了"一个部门一本预算"。第二,改革预算编制方法,按照基本支出和项目支出编制部门预算。第三,深化"收支两条线"的改革,实现综合预算。第四,规范预算编制程序,建立起财政部和中央内部的预算编制规程。当前,我国应进一步深化部门预算改革,调整、充实部门预算的内容,逐步建立预算绩效评价体系。在预算编制这个环节,必须引入绩效的内容:首先,建立体现部门战略规划的滚动预算制度,增强预算编制工作的科学性和前瞻性,为编制部门年度预算和实施绩效评价创造基础和条件。其次,建立体现部门年度绩效计划的新型部门年度预算制度,在安排部门完成年度工作计划所需经费时,应提出明确的绩效目标。并将年度预算置于滚动预算的约束之下,真正形成滚动预算计划的分年度实施预算,将绩效评价结果作为安排下一年度预算的依据。最后,对部门预算的内容进行必要的调整,清理和整合各个项目(包括计划、基金、工程等),重新界定基本支出和项目支出的内容,根据国家有关方针、政策和部门年度工作计划,按照优先保障和发展的领域安排项目支出预算。

为使编制的预算更加科学合理,同时考虑到编制部门预算增加较多工作量的实际情况,财政部决定将预算编报时间统一提前:即将下达编制预算的通知提前到9月初,提前大约2个月;财政部向部门下达预算控制数的时间改在全国人民代表大会召开前，提前大约3个月；财政部批复各部门预算的时间在预算法规定的时间内，比以前大大提前。各部门、各单位应当按照预算法的要求编好部门预算和单位预算，并积极创造条件做到：中央本级预算的经常性支出按中央一级预算单位编制，中央预算建设性支出、基金支出按类别以及若干重大项目编制，中央财政对地方总的补助性支出按补助类别编制。在每个财政年度开始前将中央预算草案全部编制完毕。

2. 公共预算的审查和批准

公共预算的审查，应当按照真实、合法、效益和具有预测性的原则进行。国务院财政部门应当及时向全国人民代表大会财政经济委员会和全国人民代表大会常务委员会预算工作委员会通报有关中央预算编制的情况，在每年全国人民代表大会会议举行的一个半月前，将中央预算初步方案提交财政经济委员会，由财政经济委员会对上一年预算执行情况和本年度中央预算草案的主要内容进行初步审查。国务院财政部门应积极创造条件，做到提交审查的材料包括：科目列到类、重要的列到款的预算收支总表和中央政府性基金预算表，中央各预算单位收支表，建设性支出、基金支出的类别表和若干重大的项目表，按类别划分的中央财政返还或补助地方支出表，中央财政对农业、教育、科技、社会保障支出表等，以及有关说明。

省、自治区、直辖市、设区的市、自治州政府财政部门应当在本级人民代表大会会议举行的一个半月前，将本级预算草案的主要内容提交本级人民代表大会有关的专门委员会，或者根据本级人民代表大会常务委员会主任会议的决定，提交本级人民代表大会常务委员会有关的工作委员会进行初步审查。县、自治县、不设区的市、市辖区政府财政部门，应当在本级人民代表大会会议举行的一个半月前，将本级预算草案的主要内容提交本级人民代表大会常务委员会进行初步审查。

国务院在全国人民代表大会举行会议时，向大会作关于中央和地方预算草案的报告。全国人民代表大会财政经济委员会根据各代表团和有关专门委员会的意见对中央及地方预算草案进行审查，并提出审查结果报告。全国人民代表大会关于中央及地方预算的决议，国务院应当贯彻执行。地方各级政府在本级人民代表大会举行会议时，向大会作关于本级总预算草案的报告。中央预算由全国人民代表大会审查和批准，地方各级政府预算由本级人民代表大会审查和批准。乡、民族乡、镇政府应当及时将经本级人民代表大会批准的本级预算报上一级政府备案。县级以上地方各级政府应当及时将经本级人民代表大会批准的本级预算及下一级政府报送备案的预算汇总，报上一级政府备案。县级以上地方各级政府将下一级政府报送备案的预算汇总后，报本级人民代表大会常务委员会备案。国务院将省、自治区、直辖市政府报送备案的预算汇总后，报全国人民代表大会常务委员会备案。国务院和县级以上地方政府对下一级政府报送备案的预算,认为有同法律、行政法规相抵触或者有其他不适当之处,需要撤销批准预算的决议的,应当提请本级人民代表大会常务委员会审议决定。

中央预算草案经全国人民代表大会批准后,即为当年中央预算。财政部应当自全国人民代表大会批准中央预算之日起30日内,批复中央各部门预算。中央各部门应当自财政部门批复本部门预算之日起15日内,批复所属各单位预算。地方各级政府预算草案经本级人民代表大会批准后,为当年本级政府预算。县级以上地方各级政府财政部门应当自本级人民代表大会批准本级政府预算之日起30日内,批复本级各部门预算。地方各部门应当自本级财政部门批复本部门预算之日起15日内,批复所属各单位预算。

3. 公共预算的执行

各级政府公共预算由本级政府组织执行,具体工作由本级政府财政部门负责,其主要任务是:(1)研究落实财政税收政策的措施,支持经济和社会的健康发展;(2)制定组织预算收入和管理预算支出的制度和办法;(3)督促各预算收入征收部门、各预算缴款单位完成预算收入任务;(4)根据年度支出预算和季度用款计划,合理调度、拨付预算资金,监督检查各部门、各单位管好用好预算资金,节减开支,提高效率;(5)指导和监督各部门、各单位建立健全财务制度和会计核算体系,按照规定使用预算资金;(6)编报、汇总分期的预算收支执行数字,分析预算收支执行情况,定期向本级政府和上一级政府财政部门报告预算执行情况,并提出增收节支的建议;(7)协调预算收入征收部门、国库和其他有关部门的业务工作。

预算执行的内容包括:(1)预算收入的执行。预算收入征收部门,必须依照法律、行政法规的规定,及时、足额征收应征的预算收入。不得违反法律、行政法规规定,擅自减征、免征或者缓征应征的预算收入,不得截留、占用或者挪用预算收入。有预算收入上缴任务的部门和单位,必须依照法律、行政法规和国务院财政部门的规定,将应当上缴的预算资金及时、足额地上缴国家金库,不得截留、占用、挪用或者拖欠。(2)预算支出的执行。各级政府财政部门必须依照法律、行政法规和国务院财政部门的规定,及时、足额地拨付预算支出资金,加强对预算拨款的管理,并遵循下列原则:第一,按照预算拨款,即按照批准的年度预算和用款计划拨款,不得办理无预算、无用款计划、超预算、超计划的拨款,不得擅自改变支出用途。第二,按照规定的预算级次和程序拨款,即根据用款单位的申请,按照用款单位的预算级次和审定的用款计划,按期核拨,不得越级办理预算拨款。第三,按照进度拨款,即根据各用款单位的实际用款进度和国库库款情况拨付资金。此外,各级政府、各部门、各单位的支出必须严格按照预算执行,不得擅自扩大支出范围、提高开支标准,严格按照预算规定的支出用途使用资金,提高资金使用效果。

为了保证预算的执行，各级政府必须采取以下几项措施：第一，设立国库。国库是办理预算收入的收纳、划分、留解和库款支拨的专门机构。根据我国现行预算法律法规的规定，县级以上各级预算必须设立国库；具备条件的乡、民族乡、镇也应当设立国库。国库分为中央国库和地方国库。中央国库业务由中国人民银行经理，地方国库业务由中国人民银行分支机构经理。未设中国人民银行分支机构的地区，由上级中国人民银行分支机构与有关的地方政府财政部门协商后，委托有关银行办理。各级国库必须按照国家有关规定，及时准确地办理预算收入的收纳、划分、留解和预算支出的拨付。各级国库库款的支配权属于本级政府财政部门，除法律、行政法规另有规定外，未经本级政府财政部门同意，任何部门、单位和个人都无权动用国库库款或者以其他方式支配已入国库的库款。第二，加强领导，强化管理。各级政府应当加强对预算执行的领导，支持政府财政、税务、海关等预算收入的征收部门依法组织预算收入，支持政府财政部门严格管理预算支出。财政、税务、海关等部门在预算执行中，应当加强对预算执行的分析，发现问题时应当及时建议本级政府采取措施予以解决。各部门、各单位应当加强对预算收入和支出的管理，不得截留或者动用应当上缴的预算收入，也不得将不应当在预算内支出的款项转为预算内支出。

中央预算执行过程中，需要动用超收收入追加支出时，应当编制超收收入使用方案，由国务院财政部门及时向财政经济委员会和预算工作委员会通报情况，国务院应向全国人民代表大会常务委员会作预计超收收入安排使用情况的报告。中央预算超收收入可以用于弥补中央财政赤字和其他必要的支出。

4. 公共预算的调整

公共预算的调整是指经全国人民代表大会批准的中央预算和经地方各级人民代表大会批准的本级预算，在执行中因特殊情况需要增加支出或者减少收入，使原批准的收支平衡的预算的总支出超过总收入，或者使原批准的预算中举借债务的数额增加的部分变更。

各级政府对于因特殊情况必须进行的预算调整，应当编制预算调整方案。中央预算的调整方案必须于当年 7 月至 9 月之间提交全国人民代表大会常务委员会。国务院财政部门应当及时向财政经济委员会和预算工作委员会通报中央预算调整的情况，在常务委员会举行会议审批中央预算调整方案的一个月前，将中央预算调整方案的初步方案提交财政经济委员会，由财政经济委员会进行初步审查。县级以上地方各级政府预算的调整方案必须提请本级人民代表大会常务委员会审查和批准。乡、民族乡、镇政府预算的调整方案必须提请本级人民代表大会审查和批准。未经批准，不得调整预算。未经批准调整预算，各级政府不得作出任何使原批准的收支平衡的预算的总支出超过总收入，或者使原批准的预算中举借债务的数额增加的决定。此外,要严格控制不同预算科目之间的资金调剂,各部门、各单位的预算支出应当按照预算科目执行。不同预算科目间预算资金需要调剂使用的,必须按照国务院财政部门的规定报经批准。中央预算安排的农业、教育、科技、社会保障预算资金的调减,须经全国人民代表大会常务委员会审查和批准。地方各级政府预算的调整方案经批准后,由本级政府报上一级政府备案。

需要指出的是,在预算执行中,因上级政府返还或者给予补助而引起的预算收支变化,不属于预算调整。但接受返还或者补助款项的县级以上地方各级政府,应当向本级人民代表大会常务委员会报告有关情况;接受返还或者补助款项的乡、民族乡、镇政府,应当向本级人民代表大会报告有关情况。

5. 决算

决算是预算执行情况的总结报告,从总体上集中反映了预算执行的实际结果和国家政治经济活动的规模及方向。决算一般由决算说明书和决算报表两部分组成。

根据我国预算管理法规的规定,决算草案由各级政府、各部门、各单位,在每一预算年度终了后按照国务院规定的时间编制。财政部应当在每年第四季度部署编制决算草案的原则、要求、方法和报送期限,制发中央各部门决算、地方决算及其他有关决算的报表格式。编制决算草案,必须符合法律和行政法规,做到收支数额准确、内容完整、报送及时。为此,政府财政部门、各部门、各单位在每一预算年度终了时,应当清理核实全年预算收入、支出数字和往来款项,做好决算数字的对账工作。不得把本年度的收入和支出转为下年度的收入和支出,不得把下年度的收入和支出列为本年度的收入和支出;不得把预算内收入和支出转为预算之外,不得随意把预算外收入和支出转为预算之内。决算各项数字应当以经核实的基层单位汇总的会计数字为准,不得以估计数字替代,不得弄虚作假。

决算工作的步骤是:

第一,单位决算草案的编制。各基层预算单位应当按照主管部门的布置,在搞好年终清理的基础上,准确、完整、及时地编制本单位决算草案,经单位负责人审核盖章后报上级单位,上级单位应对所属单位决算审核后同本单位决算汇总并上报主管部门。

第二,部门决算草案的编制。各部门在审核汇总所属各单位决算草案基础上,连同本部门自身的决算收入和支出数字,汇编成本部门决算草案,并附决算草案详细说明,经部门行政领导签章后,在规定期限内报本级政府财政部门审核。各级政府财政部门对本级各部门决算草案审核后发现有不符合法律、行政法规规定的,有权予以纠正。

第三，各级政府决算草案的编制和审批。财政部应当根据中央各部门决算草案汇总编制中央决算草案，中央决算草案应当按照全国人民代表大会批准的预算所列科目编制，按预算数、调整或变更数以及实际执行数分别列出，变化较大的要作出说明。中央决算草案交报国务院审定后，应由国务院在全国人民代表大会常务委员会举行会议审查和批准的一个月前，提交财政经济委员会，由财政经济委员会结合审计工作报告进行初步审查。县级以上地方各级政府财政部门根据本级各部门决算草案汇总编制本级决算草案，报本级政府审定后，由本级政府提请本级人民代表大会常务委员会审查和批准。乡、民族乡、镇政府根据财政部门提供的年度预算收入和支出的执行结果，编制本级决算草案，报请本级人民代表大会审查和批准。

第四，决算的批复和报送备案。县级以上各级政府决算草案经本级人民代表大会常务委员会批准后，本级政府财政部门应当自批准之日起20日内向本级各部门批复决算。各部门应当自本级政府财政部门批复本部门决算之日起15日内向所属各单位批复决算。县级以上地方各级政府应当自本级人民代表大会常务委员会批准本级政府决算之日起30日内，将本级政府决算及下一级政府上报备案的决算汇总，报上一级政府备案。国务院和县级以上地方各级政府对下一级政府报送备案的决算，认为有同法律、行政法规相抵触或者有其他不适当之处，需要撤销批准该项决算的决议的，应当提请本级人民代表大会常务委员会审议决定；经审议决定撤销的，该下级人民代表大会常务委员会应当责成本级政府依照有关规定重新编制决算草案，提请本级人民代表大会常务委员会审查和批准。

6. 公共预算和决算监督

全国人民代表大会及其常务委员会对中央和地方预算、决算进行监督，县级以上地方各级人民代表大会及其常务委员会对本级和下级政府预算、决算进行监督，乡、民族乡、镇人民代表大会对本级预算、决算进行监督。各级人民代表大会和县级以上各级人民代表大会常务委员会有权就预算、决算中的重大事项或者特定问题组织调查，有关的政府、部门、单位和个人应当如实反映情况和提供必要的材料。此外，各级人民代表大会和县级以上各级人民代表大会常务委员会举行会议时，人大代表或者常务委员会组成人员，可依照法定程序就预算中的有关问题提出询问或者质询，受询问或者受质询的有关的政府或者财政部门必须及时给予答复。为了便于人大及其常务委员会对预算进行监督，各级政府应当在每一预算年度内至少两次向本级人民代表大会或者常务委员会，作预算执行情况的报告。国务院有关部门应及时向全国人大常委会财政经济委员会、预算工作委员会，提交落实全国人民代表大会关于预算决议的情况，对部门、单位批复的预算，预算收支执行情况，政府债务、社会保障基金等重点资金和预算外资金收支执行情况,有关经济、财政、金融、审计、税务、海关等综合性统计报告、规章制度及有关资料。

除了人大及其常务委员会对预算进行监督外,各级政府应当加强对下一级预算执行的监督,下级政府应当定期、如实向上一级政府报告预算执行情况,对下级政府在预算执行中违反法律、行政法规和国家方针政策的行为,各级政府应当依法予以制止和纠正,并对本级预算执行中出现的问题,及时采取处理措施;各级政府财政部门负责监督检查本级各部门及其所属各单位预算的执行,并向本级政府和上一级政府财政部门报告预算执行情况;各级审计机关要按照真实、合法和效益的要求,对本级预算执行情况,对本级各部门和下级政府预算的执行情况和决算,依法进行审计监督,审计出的问题要限时依法纠正、处理。各级政府应当向本级人民代表大会常务委员会提出对本级政府预算执行和其他财政收支的审计工作报告,必要时,各级人大常务委员会可以对审计工作报告作出决议。

各预算监督主体在监督过程中如发现以下问题应依法追究有关人员的法律责任:

(1) 各级政府未经依法批准擅自变更预算,使经批准的收支平衡的预算的总支出超过总收入,或者使经批准的预算中举借债务的数额增加的,对负有直接责任的主管人员和其他直接责任人员追究行政责任。

(2) 违反法律、行政法规的规定,擅自动用国库库款或者擅自以其他方式支配已入国库的库款的,由政府财政部门责令退还或者追回国库库款,并由上级机关给予负有直接责任的主管人员和其他直接责任人员行政处分。

(3) 隐瞒预算收入或者将不应当在预算内支出的款项转为预算内支出的,由上一级政府或者本级政府财政部门责令纠正,并由上级机关给予负有直接责任的主管人员和其他直接责任人员行政处分。

三、公共预算管理体制

公共预算管理体制是中央政府与地方政府之间,以及地方各级政府之间划分预算收支范围和管理权限的一项重要财政制度,其核心内容是正确处理各级政府在预算财力分配上的集中与分散、管理职责上的集权与分权的关系。

1. 深化分税制财政管理体制改革,进一步完善政府间财政关系

根据建立社会主义市场经济体制的基本要求,并借鉴国外的成功做法,我国从 1994 年开始进行了分税制财政管理体制改革。所谓分税制,是指一国的中央和地方各级政府按照税种划分财政收入的一种预算管理体制。建立规范、合理、彻底的分税制财政管理体制,必须坚持以下原则:第一,按照中央和地方政府的

事权划分,合理确定各级政府公共财政的支出范围;第二,根据事权与财权相结合原则,将税种统一划分为中央税、地方税和中央地方共享税,并建立中央税收和地方税收体系,分设中央和地方两套税务机构,分别征管;第三,科学核定地方收支数额,逐步实现比较规范的中央财政对地方的税收返还和转移支付制度;第四,建立和健全分级预算制度,硬化各级预算约束。

建立规范、合理、彻底的分税制财政管理体制的指导思想是:

第一,正确处理中央和地方的分配关系,调动两个积极性,促进国家财政收入合理增长。既要考虑地方利益,调动地方发展经济、增收节支的积极性,又要逐步提高中央政府的宏观调控能力。

第二,合理调节地区之间财力分配。既要有利于经济发达地区继续保持较快的发展势头,又要通过中央财政对地方的税收返还和转移支付,以调节分配结构和地区结构,扶持经济不发达地区的发展和老工业基地的改造。同时,促使地方加强对财政支出的约束。

第三,坚持统一政策与分级管理相结合的原则。划分税种不仅要考虑中央与地方的收入分配,还必须考虑税收对经济发展和社会分配的调节作用。中央税、地方税以及共享税的立法权都要集中在中央,以保证中央政令统一,维护全国统一市场和企业平等竞争。税收实行分级征管,中央税和共享税由中央税负机构负责征收,共享税中地方分享的部分,由中央税务机构直接划入地方金库,地方税由地方税务机构负责征收。

第四,坚持整体设计与逐步推进相结合的原则。分税制改革既要借鉴国外经验,又要从我国的实际出发。在明确改革目标的基础上,办法力求规范化,但必须抓住重点,分步实施,逐步完善。

分税制财政管理体制的具体内容是:

(1) 中央和地方事权与支出的划分。根据现在中央政府与地方政府事权的划分,中央财政主要承担国家安全、外交和中央国家机关运转所需经费,调整国民经济结构、协调地区发展、实施宏观调控所必需的支出以及由中央直接管理的事业发展支出。地方财政主要承担本地区政权机关运转所需支出以及本地区经济、事业发展所需支出。

(2) 中央与地方收入的划分。根据事权与财权相结合的原则,按税种划分中央与地方的收入。将维护国家权益、实施宏观调控所必需的税种划分为中央税;将同经济发展直接相关的主要税种划分为中央与地方共享税;将适合地方征管的税种划为地方税,并充实地方税税种,增加地方税收收入。

(3) 在合理确定地方财政收支基础上,科学地核定地方上解和补助地方的数额,实行中央财政对地方的返还和转移支付制度,以调节地区结构和分配结构。

我国1994年实行的分税制财政管理体制，比较明显地改变了财政资金过于分散的格局，增强了中央政府的宏观调控能力，促进了国民经济和社会持续快速健康协调发展，保证了国家的长治久安；促进了财政收入的高速增长，特别是地方财政收入的增长出现前所未见的速度，充分调动了中央与地方"两个积极性"；东中西部地区都从改革中受益，地区间财力差距扩大趋势有所减缓。但是，由于受政治、经济、历史诸因素的制约，分税制财政管理体制改革是渐进的，在实际运行中已经暴露出一些问题，如税种划分与收入归属不一致、税种划分考虑发挥税收调节作用不够、政府间支出责任划分不清、政府间收入划分不尽合理、转移支付体系总体设计不尽规范、省以下财政管理体制不完善等。针对上述问题，当务之急是要采取有效的措施为分税制财政管理体制的完善创造必要的经济条件和制度条件。

从完善分税制财政管理体制的经济条件看，一要继续切实提高预算收入占国内生产总值的比重和中央预算收入占全国预算收入的比重，增强中央财政的宏观调控能力，但要注意把握调整、提高"两个比重"的途径和措施。二要进一步优化和健全税制结构，加快建立、完善地方税收体系，使地方财政收入有较为稳定的来源，并能够保持一定增长，这对地方经济发展和社会稳定至关重要。

从完善分税制财政管理体制的制度条件看，一要正确处理财政改革与财政发展、稳固之间的关系，坚持以财税改革促进财政发展和稳固。通过体制改革和制度创新，培育新的财源，调整财政支出结构，才是财政得以发展和稳固的根本之路。二要建立和完善转移支付制度，调节收入分配结构，根据中央政府财力，逐步加大对经济发展落后地区和低收入阶层的转移支付力度。三要在法律上明确划分中央和地方各级政府的事权与支出责任，赋予地方政府与承担公共支出责任相适应的财权和财力，确保其划分的严肃性、规范性和相对稳定性。四要建立和完善省以下分税制财政管理体制。包括省以下各级政府的事权划分、财力分配、税种分配、转移支付的办法等。有条件的地方，应简化政府级次，推进"省直管县"、"乡财县管"财政管理体制改革。

2．完善转移支付制度，推进基本公共服务均等化①

转移支付制度是政府间财政关系的重要组成部分，是保证政府职能正常运作的需要，也是调节收入分配、实现地区间财政能力均等化的重要手段。具体地说，转移支付的必要性是：一是纵向不均衡。所谓纵向不平衡，是指中央政府在初次收入分配中所占比重高于在公共支出中所占的比重，形成财力剩余；而省（区）及地方政府的收入比重低于支出比重，存在财力缺口。二是横向不均衡。

---

①　楼继伟等：《完善转移支付制度　推进基本公共服务均等化》，http://www.mof.gov.cn/yusuansi/zhengwuxinxi/lilunyanjiu/200806/t20080620_47456.html.

由于财源分布不均衡，一些地区可能拥有较多的税基，在税收体系相对统一的情况下，各地方政府的收入能力不尽一致。三是特定政策目标。中央政府可以通过转移支付来实现特定的政策目标。

转移支付的具体形式有很多种，一般有：(1) 纵向转移支付和横向转移支付。纵向转移支付，即上下级政府间自上而下的纵向财政平衡；横向转移支付，即各同级地方政府之间的横向财政平衡，一般是财力富裕地区向财力不足地区转移。(2) 一般转移支付和专项转移支付。一般转移支付也称无条件拨款，主要是中央对地方的财力补助，不指定用途，地方可自主安排支出。这主要是解决中央与地方财力分配纵向不平衡问题，弥补地方财政缺口，是促进公平、实现各地区均衡发展，缩小差异的主要转移支付形式。专项转移支付也称有条件拨款，主要服务于中央的特定政策目标，地方政府应当按照中央政府规定的用途使用资金，具有调整国家产业结构、优化资源配置、提高公共福利、补偿灾害损失的作用。

1994 年分税制财政管理体制改革以来，随着中央财力的增强，中央对地方转移支付不断增加，取得了明显的成效。但是，目前我国转移支付制度的总体设计不尽合理，具体表现在以下几方面：第一，专项转移支付规模较大，覆盖面广，在地方财政财力紧张的情况下，出现了专项转移支付财力化倾向。第二，现行财力转移支付中，除一般性和民族地区转移支付以外，调整工资转移支付、农村税费改革转移支付项目虽具有均等化性质，但大多具有专项用途。这些转移支付资金下达地方后，不仅不能增加地方政府的可支配财力，地方政府还需要额外增加配套资金，不利于地方政府统筹安排资金，切实缓解县乡财政困难。第三，由于缺乏有效约束和效益评估，转移支付资金的使用效率不高，一些基层政府的基本支出需求难以保证。第四，省对下转移支付不尽完善，省以下纵向财力差距及省内地区间横向财力差距不断扩大，基层财政运行困难。

进一步完善我国转移支付制度，必须完善转移支付制度的外部约束。转移支付不单纯是财政资金的分配，科学规范的转移支付制度设计，必须明确划分各级政府的职责，合理划分各级政府的收入，精简政府机构和政府级次，完善政府统计体系，建立一套相对合理的公共支出标准体系。完善转移支付制度的近期目标是建立激励约束机制，优化转移支付结构，完善省以下转移支付制度，缓解县乡财政困难。进一步完善我国转移支付制度的措施是：

一是优化转移支付结构。优化转移支付结构，发挥转移支付调节地区间财力差距的作用，重点是严把专项拨款立项关，建立严格的专项拨款项目准入机制。中央财政新增财力除了安排本级支出正常增长外，主要用于增加一般性转移支付，重点帮助中西部地区解决财力不足问题。

二是清理、整合专项转移支付。根据政府间支出责任划分，清理和压缩现有的专项转移支付项目。属于地方支出责任范围内的事务,中央不安排专款;取消现有专款中名不符实和到期的项目,归并重复交叉的项目,严格控制专项转移支付规模。归并现行具有特定政策目标的工资性转移支付等财力性转移支付项目,对年度之间变化不大,且将永久存在的项目列入体制补助,冲减地方上解。

三是实行以奖代补政策,建立激励约束机制与监督评价体系。中央财政应安排一部分资金作为奖励和补助,与省对下转移支付工作实绩挂钩,引导省级政府尽量多地将中央转移支付资金及自身财力分配落实到基层财政,完善省对下转移支付制度。逐步建立监督评价体系,主要是进行专项转移支付资金的国库集中支付和政府采购试点,加强专项转移支付的监管,注重跟踪问效。对于一般性转移支付,由于难以单独进行监管,可以对接受转移支付的地方政府进行整体监管和考核。建立地方政府支出安排的绩效评价体系,确保转移支付资金用于基础教育等基本公共服务领域。

3. 明确各预算主体在预算管理中的职权,实现公共预算的依法管理

明确国家各级权力机关、政府机关、各级财政部门以及各级预算具体执行部门和单位在预算管理中的职权,是保证预算严格依法管理的前提条件。

(1) 各级人民代表大会及其常务委员会的预算管理职权

根据我国现行预算法规的规定,全国人民代表大会审查中央和地方预算草案及中央和地方预算执行情况的报告;批准中央预算和中央预算执行情况的报告;改变或者撤销全国人民代表大会常务委员会关于预算、决算的不适当的决议。

全国人民代表大会常务委员会监督中央和地方预算的执行;审查和批准中央预算的调整方案;审查和批准中央决算;撤销国务院制定的同宪法、法律相抵触的关于预算、决算的行政法规、规定和命令;撤销省、自治区、直辖市人民代表大会及其常务委员会制定的同宪法、法律和行政法规相抵触的关于预算、决算的地方性法规和决议。

县级以上地方各级人民代表大会审查本级总预算草案及本级总预算执行情况的报告;批准本级预算和本级预算执行情况的报告;改变或者撤销本级人民代表大会常务委员会关于预算、决算的不适当的决议;撤销本级政府关于预算、决算的不适当的决定和命令。

县级以上地方各级人民代表大会常务委员会监督本级总预算的执行;审查和批准本级预算的调整方案;审查和批准本级政府决算;撤销本级政府和下一级人民代表大会及其常务委员会关于预算、决算的不适当的决定、命令和决议。

设立预算的乡、民族乡、镇的人民代表大会审查和批准本级预算和本级预算执行情况的报告;监督本级预算的执行;审查和批准本级预算的调整方案;审查和批准本级政府决算;撤销本级政府关于预算、决算的不适当的决定和命令。

(2) 各级人民政府的预算管理职权

根据我国现行预算法规的规定,国务院编制中央预算、决算草案;向全国人民代表大会作关于中央和地方预算草案的报告;将省、自治区、直辖市政府报送备案的预算汇总后报全国人民代表大会常务委员会备案;组织中央和地方预算的执行;决定中央预算预备费的动用;编制中央预算调整方案;监督中央各部门和地方政府的预算执行;改变或者撤销中央各部门和地方政府关于预算、决算的不适当的决定、命令;向全国人民代表大会及其常务委员会报告中央和地方预算的执行情况。

县级以上地方各级政府编制本级预算、决算草案;向本级人民代表大会作关于本级总预算草案的报告;将下一级政府报送备案的预算汇总后报本级人民代表大会常务委员会备案;组织本级总预算的执行;决定本级预算预备费的动用;编制本级预算的调整方案;监督本级各部门和下级政府的预算执行;改变或者撤销本级各部门和下级政府关于预算、决算的不适当的决定、命令;向本级人民代表大会及其常务委员会报告本级总预算的执行情况。

乡、民族乡、镇政府编制本级预算、决算草案;向本级人民代表大会作关于本级预算草案的报告;组织本级预算的执行;决定本级预算预备费的动用;编制本级预算的调整方案;向本级人民代表大会报告本级预算的执行情况。

(3) 各级财政部门的预算管理职权

根据我国现行预算法规的规定,国务院财政部门具体编制中央预算、决算草案;具体组织中央和地方预算的执行;提出中央预算预备费动用方案;具体编制中央预算的调整方案;定期向国务院报告中央和地方预算的执行情况。

地方各级政府财政部门具体编制本级预算、决算草案;具体组织本级总预算的执行;提出本级预算预备费动用方案;具体编制本级预算的调整方案;定期向本级政府和上一级政府财政部门报告本级总预算的执行情况。

(4) 各部门、各单位的预算管理职权

根据我国现行预算管理法规的规定,各部门编制本部门预算、决算草案;组织和监督本部门预算的执行;定期向本级政府财政部门报告预算的执行情况。

各单位编制本单位预算、决算草案;按照国家规定上缴预算收入,安排预算支出,并接受国家有关部门的监督。

第九章

行政监督与依法行政

行政监督是行政管理活动的重要组成部分，是保证行政管理活动正常运行的必要手段。建立一个有效的行政监督体系是现代行政管理的要求。行政机关的外部监督体系包括政党监督、国家权力机关监督、司法监督、社会团体监督、公民监督和舆论监督。行政机关内部监督体系包括一般监督、职能监督和主管监督等非专门监督以及行政监察、行政复议和审计监督等专门监督。依法行政为我国完善行政监督制度提供了根本方向和途径，同时，完善行政监督制度本身也是推进依法行政进程的重要领域和保障。

第一节　行政监督概述

一、行政监督的含义

监督即监察督促，行政监督有广义和狭义两种理解。广义的行政监督是指对国家行政的监督，是国家、政党和公民根据法律的规定，对国家行政机关及其工作人员在行政管理活动中执行法律、政策与遵守纪律的情况所进行的检查、督促、指导、纠错的活动。狭义的行政监督指的是“行政组织内部的某些人对另一些人的了解、协助、指导或控制”①。本书中的行政监督指的是广义的行政监督，它既包括行政机关以外的机构、团体、政党、人员对行政机关及其工作人员的行政行为实施的监督，也包括行政机关内部上级行政机关和人员对下级行政机关

① 张国庆主编：《行政管理学概论》，北京大学出版社 2000 年版，第 442 页。

和人员及它们相互之间的监督,还包括专门检察机关的监督。

行政监督是行政管理活动不可分割的重要组成部分。现代行政管理活动包括信息、咨询、决策、执行、监督五大方面,其中监督活动不仅是行政活动的重要环节,而且是维护国家法律和纪律、保证行政活动正常进行、获得预期效果的必要手段。

从行政监督的含义可以知道行政监督与其他监督如生产监督、技术监督、质量监督等,在监督对象、监督主体、监督内容、监督方式等方面都有区别,这些区别主要表现在:

1. 行政监督的对象具有特定性

行政监督对象不是指所有国家机关和工作人员,而是特指从事行政管理活动的机构和人员,在我国主要是指各级国家行政机关即各级人民政府及其工作人员。行政监督是对各级国家行政机关及其工作人员行政行为的合法性与合理性的监督。

2. 行政监督的主体具有多元性

从行政监督的含义理解,行政监督的主体包括行政机关内部监督主体和外部监督主体两大类。内部监督体系的主体是指国家行政机关内部的专门监督机构,如我国的行政监察部门、审计部门以及行使监督职能的上级行政机关,因此各级国家行政机关既是行政监督的对象,同时又是行政监督的主体。在我国行政监督的主体还包括从行政系统外部对国家行政机关和工作人员实施监督的机构、组织和团体,如国家权力机关、国家司法机关、执政党、民主党派、人民团体、人民群众、新闻媒介等,它们属于外部监督体系。世界各国的监督主体都呈现多元性,说明行政监督的重要性和复杂性。

3. 行政监督的内容具有广泛性

行政监督的内容具有广泛性,大致包括以下几方面①:一是对行政行为合法性的监督。即对行政机关所制定的行政法规,所发布的命令、指示和规章,所通过的决议和规划,以及行政机关及其行政人员所实施的各种具体行政行为等,是否符合宪法和法律进行监督。二是对行政活动合理性的监督。即对行政机关的管理活动是否遵守行政管理的基本原则、是否符合行政管理的基本原理和规律的监督,以及对行政人员是否合理地行使行政权力进行监督。三是对各级各类公务员是否遵纪守法、恪守职业道德进行监督。四是对各级各类公务员在行政活动中是否卓有成效地使用技能和技巧以提高行政效率而进行的行政效能监察。

4. 行政监督的性质具有法制性

① 参阅张康之、李传军编著:《公共行政学》,北京大学出版社2007年版,第227页。

行政监督是法制监督，国家法律不仅规定了行政监督的对象、主体，而且赋予行政监督主体依法实行监督的权力，有关法律、法规还规定了监督的内容和实施办法，监督主体依据法律对国家行政机关及其工作人员行政行为的合法性和合理性等进行检查和督促。

二、行政监督的必要性

行政监督是对国家行政机关及其人员运用行政权力进行行政管理活动的行为进行监督，是对国家行政权力行使者的监督。这种监督的必要性来自国家权力需要监督的重要法则。国家权力是一种凌驾于社会之上的力量，它是一种统治社会、控制社会、管理社会的力量。这种力量具有两重性，它可以是为公众服务的力量，也可以是损害公众利益的力量。怎样使这种权力、力量有利于社会的存在和发展，有利于公众的生存和生活呢？那就必须对它进行限制和监督。历代政治学家研究并提出了各种权力制约和监督理论。其中以孟德斯鸠提出的观点和理论最为著名，最有价值。孟德斯鸠认为："一切有权力的人都容易滥用权力，这是万古不易的一条经验。有权力的人们使用权力一直到遇到有界限的地方才休止。" "从事物的性质来说，要防止滥用权力，就必须以权力约束权力。"[①]这里，孟德斯鸠从历史经验、权力本质、人性等几个方面揭示了人类政治生活中的一条真理：权力必须受到制约，行政监督在本质上就是对行政权力的运行制约，进行限制和监督检查。对行政权力的行使实行监督，具体来说还有以下几方面的特殊原因：

（一）行政权力地位重要且范围广泛

行政管理是一种重要的国家职能，是最直接、最广泛地实施国家对整个社会各个领域的管理的一种职能。它范围广泛、内容繁多，涉及国家的人事、军事、外交、民政、公安、司法、经济、科技、教育、文化、体育等领域。为了实施有效的管理，法律赋予行政机关和行政人员很大的行政管理权力。在国家三大权力（立法、行政、司法）中，唯有行政权在实质上还具有其他两大权力：准立法权、准司法权，而同时具有三种职能或三种责任。一是行政职能，管理范围广泛的社会事务。二是准立法职能，即法律不仅赋予行政机关执行法律的权力，而且还赋予它进行行政管理所需要的制定规章条例的权力，行政机关及行政首脑还具有委托立法权，可以提出和起草立法议案。三是准司法职能，即行政机关行使具有司法性质的职能，如行政裁决权等。

在权力的行使上有两条经验或规律，一是孟德斯鸠说的人对权力的使用没

---

① [法]孟德斯鸠：《论法的精神》（上册），张雁深译，商务印书馆 1961 年版，第 154 页。

有限度，一直用到有界限的地方才停止，如果不加限制就会滥用权力，即超出合法职权的范围。二是权力越大，管理范围越广，滥用权力的机会就越多。英国历史学家约翰·阿克顿曾认为："权力使人腐蚀，绝对的权力绝对腐蚀人。"因此当代一些学者都提到必须控制官僚机构（行政机构）的问题。美国学者希尔斯曼提出，美国对于公共行政管理的研究集中在提高效率、节约开支和合理化的行政管理原则上，但统一指挥、领导系统、控制范围以及行政管理原则，都不能解决如何控制官僚机构、如何使它们更为关注人民的利益、使它们对人民更负责任的问题。他提出解决的办法是那些被人忽视的人组织起来行使更大的政治权力，对官僚机构实施政治影响。另一位美国学者弗西斯·鲁尔克提出："在现代国家里，主要的决策场所已不是党派政治而是官僚政治了。""随着官僚机构权力的不断加强，将来的任务将是不断地探索控制官僚机构的办法。"[①]随着社会的发展，分工的复杂化以及行政机构管辖权的不断扩大，对行政权力的监督和控制比起行政管理中的其他问题（效率、节省、合理化），将变得更为重要和突出。

（二）行政管理活动与国家和公民的利益关系最为密切和直接

行政管理是国家活动，它广泛涉及国家政策的制定和执行，这些政策的制定和执行与国家、公民的利益密切相关。因此行政管理必须遵循一些基本原则：对公众负责、公正无私、合法。也就是行政机关和行政人员在行使行政权力、制定政策、执行政策时，必须以公民的要求、利益为目标，他们的活动必须按法律的规定进行，而不能像私人组织那样去追求个人的目标和利益。尤其是现代国家里，社会的、经济的活动越来越复杂，离不开政府的协调和管理，因此公民赋予行政机关的权力越来越多，怎样保证行政机构在对国家、社会的协调和管理中确保国家和公民的利益不受侵犯呢？那就只能通过对行使行政权力的机关和人实施有效的监督。

（三）行政管理涉及大量的人、财、物管理，行政人员易受其诱惑

行使行政权力的主体——各级行政机关的行政人员，虽有不少人励精图治，具有献身精神和服务精神，具有对国家、社会、人民的高度责任心，但行政管理大量接触人、财、物，直接分配和使用国家的人、财、物。对那些有狭隘个人私利，受到享乐主义、拜金主义影响的人，他们很有可能会从满足个人的私利出发，在制定政策、执行政策时，做出权钱交易的事情。西方学者大量的研究表明，官员的腐败是普遍的、恒久的现象，而且地方政府、基层官员的腐败最为普遍、最为集中，尤其是在发展中国家。原因是发展中国家基层官员受教育的层次一般较低，对个人品德修养不够重视，也容易受社会不健康文化与思想的影响，经手大量的公共资金时极易被诱惑，因此腐败问题在地方和基层政府中更严重。

---

① ［美］希尔斯曼：《美国是如何治理的》，曹大鹏译，商务印书馆1986年版，第222、231、232页。

（四）行政机关实行行政首长负责制，容易出现权力的滥用

在立法、行政、司法三个公共权力部门中，立法机构的决策机制是少数服从多数的“票决制”，立法机构中的所有成员在立法过程中地位是平等的，实行“一人一票”、“少数服从多数”，这意味着权力是分散的。司法机构有陪审制和两级终审制。行政机构一般实行行政首长负责制，这意味着行政权集中在行政首长手中。如果没有法律对行政权的严格限定及其他国家权力和社会力量对其进行有效监督，行政首长就有可能滥用手中的权力。

以上分析说明，对行政权力的行使实行监督是十分必要的，如果不予监督，滥用权力就不可避免。为了有效监督行政权力的行使，自古到今，东西方各国的政治学家、政治家（统治者）提出了各种设想，制定了各种制度。

三、行政监督实践

（一）西方国家的行政监督实践

在西方，古希腊的亚里士多德、波里比阿提出了国家权力分为三权和权力要均衡的思想。资产阶级学者马基雅维里提出国家权力不能让一个集团完全支配，否则就容易产生腐化。洛克和孟德斯鸠则提出了著名的“分权制衡说”，孟德斯鸠的一句名言是“要防止滥用权力，就必须以权力约束权力”。如何制约权力，如何监督行政权的使用，历来有两种基本做法和制度：一是运用行政机关外部力量对行政机关实施监督，如三权制衡；二是在行政机关内部设置监察机关实施监督。前者最典型的例子是1787年制定的美国宪法，对三权相互制衡作了明确规定，如国会立法要总统批准，总统违法由国会弹劾等。在立法监督方面，西方国家的议会一般拥有立法权、财政权、监督权、弹劾权和条约权，其中的每一项权力都构成了对行政系统的监督。例如西方议会最为重要的一项权力就是对政府提出的财政预算和决算进行审核和批准，即所谓掌握“钱袋子”的权力，政府使用公共资源受到议会的严格控制和监督。弹劾权指的是议会有权根据法定程序对政府高级官员的违法犯罪和重大失职行为进行控告和制裁。20世纪以来在西方许多国家还制定了监察专员制度。监察专员制度最早由瑞典于19世纪创立，后来芬兰、丹麦等北欧国家都建立了监察员制度。监察专员一般由议会设立，负责受理和裁定行政诉讼案件。

司法监督指的是司法机关对行政机关的监督，具体包括两种方式：一种是违宪审查，也称司法审查，即国家通过司法机关和司法程序审查和裁决立法与行政是否违宪的一种基本制度。违宪审查在有的国家由最高法院负责，有的由专门设立的宪法法院负责。二是审理和判决行政诉讼案件。在大陆法系国家，如法国、德国等，一般设立专门的行政法院，它属于行政机构，成员为行政官员。行政

法院既具有向行政机关咨询的权力,同时又具有行政诉讼权,有权判决涉及行政的控诉案件,负责审理国家机关之间或公民对国家机关、官吏因行使公务而发生的诉讼。在英美法系国家,行政诉讼一般由普通法院负责审理。英国在普通法院之外,还设立了遍布全国各地和各行业的几千个行政裁判所,行政裁判所所长由政府大臣从大法官任命的陪审员中挑选任命,它有权处理行政管理中的个人纠纷及公务机关和公民之间发生的纠纷,判案较为公平合理和公正无私。

随着"行政国家"的兴起,西方国家为了有效监督行政权力的行使,还先后制定了专门规定行政官员行为、保证行政官员廉政的法律。美国于1946年制定了《行政程序法》,规定行政机关按规定标准和程序履行其职责,保证了对行政管理机构活动的控制。该法的主要内容是:规定了行政裁决程序、规章制定程序、听证程序、复议程序等。1946年制定的《改革法》,还赋予国会的每个常设委员会如下的职责:经常注意行政机构对任何法律的执行,只要这些法律是属于该委员会的管辖范围的。按照1978年《文官改革法》规定,成立了功绩制保护委员会、人事管理局、特别委员会办公室,加强了对联邦职员的任用、考核等工作的管理和监督。1978年《政府道德法》规定在国会设立法律顾问办公室,政府建立道德办公室。该法规定了政府机构和公务员的道德规范,要求政府机构中的任何人都应当:(1)忠实于最高的道德原则和把对国家的忠诚置于对个人、政党或政府部门的忠诚之上。(2)维护美国宪法和法律,绝不违背。(3)每天要勤恳工作,忠于职守。(4)努力寻求更为有效和更经济的方法来完成任务。(5)决不对任何人进行不公正的歧视,决不为自己或家庭成员接受礼物和谋求利益。(6)不作任何约束职责的秘密承诺,不做影响公务的私人工作。(7)不从事与政府无关的事务。(8)决不利用在政府工作中所获得的任何确实情报为自己的私利服务。(9)揭露在任何地方发现的腐化现象。(10)维护上述原则,公共官员要始终自觉地做一个公众信任的人。

(二)我国的行政监督实践

中国监察制度始于封建社会,西周已具监察制度雏形,设小宰、宰人或御史,"掌治朝之法,以正王及三公六卿大夫群吏之位,掌其禁令",但尚未建立专门监察机构。严格意义上的监察制度始于秦汉。为了巩固中央集权制度,保证中央集权的国家机器的正常运转,有利于国家法律、法令的实施,防止权力分散和各级官吏擅权谋私,加强对各级官吏的控制和监督,历代君主都十分重视行政监察制度。秦统一中国后,设御史大夫为行政和监察长官,对中央和地方官吏进行监督、纠举,"秦兼天下,建皇帝之号,立百官之职,不师古……又置御史大夫,为纠察之臣"。汉承秦制,中央仍设御史大夫,"'所居之署,汉谓之御史府,亦谓之御史大夫寺'。东汉改称'御史台',又称'兰台寺'。御史大夫的地位在汉代有所提高,成为与丞相(大司徒)、太尉(大司马)并列的'三公'之一(御史大夫又称大司空)。……职能是督察京师百官,'以御史执法,举不如仪者,辄引而去'。"① 唐代中央设御史台为最高监察机关,设御史大夫一人,御史中丞两人。御史监察权力进一步扩大,例如所有御史弹劾奏事可直达皇帝,还可以"风闻弹人",御史不仅要监督司法审判工作,还可以直接受理有关诉讼案件、拘禁犯人。宋代监察机构在设置上基本沿袭唐代,但是御史改由皇帝亲自选任,御史直接对皇帝负责,基本上独立于政府行政系统之外,以加强对以丞相为首的行政系统的监督和控制。②

明清时期,御史台改为都察院,设四司,置十三道监察御史,"为天下耳目风纪之司",成为明清两代监察机构的基本组织,在内为主纠百司之官,在外为巡按,代天子巡察。又设六科给事中,分科监察六部百司之事,称为科道制。都察院科道制的实行,标志着封建监察制度的成熟和完备。我国古代监察机构的主要职能是"掌律令"、"纠弹百官,审重狱"、"纠视刑狱,审录冤枉"、"肃正朝仪"、"监军旅"等。也就是监察法律、法令的实施,维护国家法律、法令的统一;对中央和地方各级官吏进行监察,对违法渎职者提出弹劾,直接参与对犯罪官吏的审判;监督审判机构活动;检查班朝时百官的仪态行履,维护朝廷的秩序和尊严等。

我国资产阶级革命家孙中山提出的《五权宪法》在立法、行政、司法三权之外又分出两权:考试权和监察权。国家机关中除设立立法、行政、司法机构外,还设立考试院和监察院两机构。他在《五权宪法》中指出,传统西方宪法在政府机关采取行政权、立法权、司法权三权分立的制度仍有流弊,因此认为应该再加入考试权与监察权。

社会主义国家人民当家作主,掌握国家权力,但是不可能人人都管理,只能委托少数人代表人民行使国家权力,组织管理国家。他们既是人民公仆,又是国家权力的实际掌握者。为了保证他们真正代表人民行使权力管理国家,必须进行必要的监督。俄国十月革命胜利后,列宁领导和建立了工农检察委员会和工农检察院以监督国家机关及工作人员。

中华人民共和国建立之后,也建立了监察制度和监察机关。新中国成立初期,根据《共同纲领》的规定,在政务院和县市以上人民政府内设立了人民监察委员会,以监督各级国家机关和各种公务人员是否履行职责,并纠举其中违法失职的机关和人员。1954 年第一部宪法颁布,各级人民政府的人民监察委员会改为中央监察部和地方省(市)的检察厅(局),对行政机关及其工作人员实行监察检查。20 世纪 50 年代监察机关在监察检查各级国家行政机关,执行国家法律、方针、政策,促进社会主义经济建设,维护社会主义法纪,廉政建设等方面做了大

① 林新奇:《中国人事管理史》,中国社会科学出版社 2004 年版,第 231 页。

② 参见林新奇:《中国人事管理史》,中国社会科学出版社 2004 年版,第 232 ~ 235 页。

量工作,取得了巨大成绩。但1959年中央和地方各级监督机关被撤销,行政监督处于既无专门的监督机关又无监督制度的状况,党纪监督顾及不全,权力机关监督软弱无力,群众监督有名无实,政风、党风都出现了较严重的问题。1986年12月全国六届人大常委会第18次会议决定恢复并确立国家行政监察体制,设立中华人民共和国监察部,恢复和重建了专门的行政监察机关。

第二节 行政监督的类型和体系

一、行政监督的类型

由于国家行政活动的范围极其广泛,包括政治、经济、社会、文化、军事、外交等各个方面,行政管理活动极为复杂,有上层、中层、基层,及信息、咨询、决策、执行、监督等各类活动之分,因此行政监督的范围、内容、方式也极为广泛。行政监督的种类,可以从不同的角度划分为不同的类型。

(一)按行政监督主体的不同分类

按行政监督主体的不同,可将行政监督划分为:政党监督,在我国为中国共产党和各民主党派对国家行政活动的监督;国家机关自身对国家行政活动的监督;社会和群众监督,即社会团体、新闻媒介、人民群众对国家行政活动的监督。

(二)按行政监督体系的不同分类

按行政监督体系的不同,可将行政监督划分为:外部监督和内部监督。国家权力机关、司法机关、政党、社会团体、新闻媒介、人民群众对国家行政活动的监督属于外部监督体系;国家行政机关内部监督机构、审计机关的监督及上级机关和下级行政机关的相互监督属于内部监督体系。

(三)按行政监督性质的不同分类

按行政监督性质的不同,可将行政监督划分为:一般监督和专业监督。一般监督是指各监督主体对监督对象的全部行政行为实行广泛的经常的法律监督和工作监督,如中国共产党和各民主党派、人民代表大会、上级政府机关依照法律所赋予的权力对监督对象的一切行政活动进行监督。我国宪法规定国家行政机关由人民代表大会产生,对它负责,接受其监督。又规定国务院统一领导地方各级国家行政机关的工作,全国地方各级人民政府都是国务院统一领导下的国家行政机关,都服从国务院。地方各级人民政府对上一级国家行政机关负责并报告工作。《地方政府组织法》还规定地方人民政府的各工作部门受地方人民政府统一领导,并受上级人民政府主管部门的领导或者业务指导。法律所规定的各级行政机关之间的领导、指导、负责等关系都包含有监督之意。专业监督是指上级业务部门对同级或下级机关行政活动的某一方面实行的监督，如财政部、人事部对中央政府各部委以及地方政府、各部门、各单位的财政、人事实行的监督。

（四）按实施监督的时间不同分类

按实施监督的时间不同，可以将行政监督划分为事前监督、事中监督和事后监督。行政监督贯穿于行政活动的全过程，由于行政活动有决策、执行、反馈的过程，因此行政监督在时间上可以分为事前监督、事中监督和事后监督。事前监督是对决策过程监督，对决策方案的可行性、决策实施的物质准备、精神准备的监督，主要是审议决策方案和决策实施计划、预算等。这种监督的目的是为了保证决策过程的科学性，避免决策失误和人力、物力、财力的浪费等等。事中监督是指对决策方案执行过程的监督，主要是检查决策执行的方法、手段的合法性和合理性，检查决策方案付诸实践后的阶段性结果，及时总结经验，发现问题予以纠正，以保证决策方案的实施。事中监督是避免失误，实行科学指导、提高效率所必需的，如果行政监督只管决策，不管执行，监督就是不全面的。事后监督是对行政决策执行的结果进行监督，检查行政任务完成的基本情况以及产生的结果和影响，了解行政决策的正确程度和失误所在，总结成功的经验和失败的原因，对错误的决策和违法行为追查相关人员责任，并提出解决问题的建议和方法。

二、行政机关的外部监督体系

（一）政党监督

在我国，政党监督是指中国共产党和各民主党派对国家行政活动的监督。中国共产党对行政机关和行政人员的监督，主要是通过党的纪律检查组织和领导机关对行政活动执行法律和政策的状况实行检查和督促，发现和揭露问题，促使行政机关和行政人员依法行政。

中国共产党的监督是分层次进行的，有中央和地方各级党委的监督、党的基层组织的监督和党的各级纪律检查委员会的监督。中央和地方各级党委的监督，主要是监督和督促中央和地方各级人民政府积极认真地执行党的路线、方针、政策、国家法律，领导中央和地方各级人民政府的行政管理活动。基层党组织的监督是经常性的监督。党章就基层党组织对党员干部的监督任务作了明确的规定。1997 年中共十五大通过的党章规定，党的基层组织任务之一就是监督党员干部和其他工作人员严格遵守国法政纪，严格遵守国家的财政经济纪律和人事制度，不得侵占国家、集体和群众的利益。各级党和国家机关中党的基层组织，协助行政负责人完成任务，改进工作，对包括行政负责人在内的每个党员进行监督。

党的各级纪律检查委员会是党内设立的专门监督机构。党章规定从中央到地方分别设立纪律检查委员会，党的基层委员会设立纪律检查委员会或纪律检查委员，党的总支委员会和支部委员会设纪律检查委员。中央纪律检查委员会可以向中央一级的党和国家机关派驻纪律检查组或纪律检查员。纪律检查组或纪律检查员可以列席该机关党的领导组织的有关会议，该机关党的领导组织必须支持他们的工作。党的各级纪律检查机关的主要任务是：检查党章、党规和党的决议的执行情况，对党员进行党纪教育，检查和处理重要的或复杂的违反党章、党规的案件，决定有关纪律处分问题，受理党员的控告和申诉。为了更好地实行对党员干部的纪检工作，1993 年中共中央国务院宣布中央纪委与国务院监察部合署办公，实行一套工作机构，履行党的纪律检查和行政监察两项职能，对党中央负责。此后，各级党委和政府均仿照中央合署制度，这是我国党政监督体系的一大改革。

党的纪检机关的一项经常性工作就是检查和处理党的组织和党员违反党章、党纪和国家法律、法令的比较重要和复杂的案件。1988 年中央纪委公布了《中国共产党纪律检查机关案件检查工作条例》，条例规定党员犯有下列错误之一的均应立案检查、追究：拒不执行党的路线、方针、政策和决议；抵制、阻挠改革开放；严重以权谋私，侵犯国家、集体和群众利益；严重官僚主义失职错误，给国家和人民造成重大损失；任人唯亲，拉帮结派，破坏党的团结统一；破坏党的民主集中制，严重侵犯党员民主权利，压制民主，打击报复；违反党的宣传纪律，造成重大政治影响；蓄意捏造事实，诬陷他人；泄露党和国家机密，情节严重；弄虚作假，骗取名利；违犯外事纪律，在涉外活动中丧失国格人格，损害党和国家利益；徇私舞弊，包庇严重违法乱纪人员；奢侈浪费，挥霍国家和集体财物；道德败坏，腐化堕落；有贪污受贿、敲诈勒索、投机诈骗、欺压群众等违犯国家法律法令的行为，尚未构成犯罪，但需追究党纪责任的；其他严重违犯党纪的行为。1997 年 4 月 11 日中共中央又公布了《中国共产党纪律处分条例(试行)》，进一步完善了党的监督工作。

民主党派在我国是参政党，中国共产党与各民主党派“长期共存，互相监督，肝胆相照，荣辱与共”。1994 年 3 月全国政协八届二次会议修改了《中国人民政治协商章程》，修改后的章程明确了人民政协的主要职能是组织参加本会的各党派、团体和各族各界人士参政议政，参政议政的主要内容是政治协商、民主监督，新章程规定了人民政协，各民主党派进行民主监督的具体内容，指出：民主监督是对国家宪法，法律和法规的实施、重大方针政策的贯彻执行，国家机关及其工作人员的工作，通过建议和批评进行监督。这些规定说明在我国各民主党派可以对国家的各级领导机关包括各级行政机关的执法守法情况、国家和地方的政策方针的贯彻执行，以及国家机关和行政工作人员的工作进行监督，提出建议和批评。从1989年2月起，监察部实施特邀监察员制度，一些民主党派和无党派人士被聘为特邀监察员、检察员、审计员、教育督导员，全国各省市也都建立了这一制度，全国有几千名民主党派和无党派人士直接参加行政监察工作，成为行政监察事业中的一支重要力量。

（二）国家权力机关的监督

我国宪法规定："中华人民共和国的一切权力属于人民。人民行使国家权力的机关是全国人民代表大会和地方各级人民代表大会。""国家行政机关、审判机关、检察机关都由人民代表大会产生，对它负责，受它监督。"人民代表大会及其常委会同政府机关的关系是权力机关和执行机关的关系，是监督和被监督的关系。人民代表大会由人民选举的代表组成，对人民负责，受人民监督，人民代表大会及其常委会对国家行政机关的监督是人民行使国家权力、管理国家事务的重要体现，是代表国家和人民的意志对国家行政机关实行的具有最高法律效力的监督。因此，人大及其常委会的监督是国家监督、法律监督，也是最高层次、最有权威的监督。接受人大及其常委会的监督就是接受人民的监督，接受法律的监督。

人大及其常委会对政府的监督分为法律监督和工作监督。

1. 法律监督

法律监督主要是监督宪法和法律的实施。宪法规定："国家维护社会主义法制的统一和尊严。一切法律、行政法规和地方性法规都不得与宪法相抵触。""一切违反宪法和法律的行为，必须予以追究。"全国人民代表大会和全国人民代表大会常务委员会行使国家立法权，监督宪法的实施，全国人大常委会有权撤销国务院制定的同宪法、法律相抵触的行政法规、决定和命令。地方人大及其常委会有权改变或撤销本级和下级人民政府不适当的决议、决定和命令。

2. 工作监督

工作监督是指人大及其常委会对国家行政机关的工作进行监督。宪法规定全国人大及其常委会有权监督国务院、中央军事委员会、最高人民法院和人民检察院的工作。县级以上地方各级人大及其常委会，监督本级人民政府、人民法院和人民检察院的工作。工作监督的范围：一是听取和审议政府的工作报告和专题工作报告；二是审查、批准国民经济和社会发展计划；三是审查、批准国家的或地方的预算决策；四是对人大选举和决定任命的国家工作人员进行监督。监督的方式主要有：

（1）听取和审查人民政府的工作报告。这是最常见的方式。我国宪法规定：国务院对全国人民代表大会及其常务委员会负责并报告工作。地方各级人民政府对本级人代会及其常委会负责并报告工作。各级政府向本级人大报告工作有定期的和不定期的两种。定期的有每年人代会开会期间，政府负责人向全体人大代表作政府工作报告，每两月一次的常委会开会期间，由政府负责人或政府部门负责人作专题报告。为加强人大及其常委会对政府的监督，七届全国人大常委会要求每年第三季度，国务院要向全国人大常委会报告计划、预算的执行情况。

(2) 向本级政府及其所属各部门提出询问和质询。我国宪法和组织法规定，全国人大和地方各级人大开会期间，全国人大常委会开会期间，代表或委员有权依照法律规定的程序对本级人民政府及其所属各工作部门提出质询案，质询内容主要是违法问题、工作中其他重大问题和领导人的严重失职渎职行为，由主席团决定接受质询的机关，受质询的机关必须在会议中作出书面或口头答复。询问是在审议议案时向有关的负责人提出问题，由其在会上作出说明，或走访政府部门，询问有关情况，提出建议，督促其解决。

(3) 组织特定问题的调查委员会。全国人大及其常委会、县级以上地方人大及其常委会，认为必要的时候，可以组织关于特定问题的调查委员会，对国家重大问题和重大违宪违法事件进行调查，并且根据调查委员会的报告，作出相应的决议。调查委员会进行调查的时候，一切有关国家机关、社会团体和公民都有义务向他们提供必要的材料。

(4) 组织人民代表视察和检查政府工作。视察和检查政府工作是人民代表监督政府工作的一种重要形式。人民代表的监督是权力机关监督的重要组成部分，人民代表的职责是代表人民管理国家和地方事务，除了开会期间可以向政府部门提出质询和询问外，《全国人民代表大会和地方各级人民代表大会代表法》还规定在人代会闭会期间，可以定期地经常地组织视察和检查，向人民代表大会及其常委会、人民政府反映群众的意见和要求。

(5) 罢免或撤销政府工作人员的行政职务。全国人大及其常委会、地方人大及其常委会依照法律规定的权限决定国家机关工作人员的任免。凡是由人大选举、决定或人大常委会决定任命的政府组成人员，人大及其常委会有权对他们进行考核、撤换、罢免。

(6) 受理人民群众对国家机关及其工作人员违宪违法行为的申诉、控告。对公民就国家机关工作人员违反宪法和法律，侵害公民合法权益等行为提出的申诉和控告，权力机关或亲自调查，或责成有关部门进行调查并报告处理结果，或由人大常委会组织有关部门共同调查处理。

(7) 对政府组成人员和职能机关进行述职评议活动。这是目前人大监督工作中一种新的形式，这一形式从县乡人大开始，逐步扩展到市、省级人大，成为影响最大、效果最为明显的监督活动之一。这一监督形式已被全国人大常委会肯定。

（三）司法监督

司法机关的监督是指人民检察院和人民法院对国家行政机关和行政工作人员的行政管理活动实行的监督。人民检察院是我国的法律监督机关，根据《中华人民共和国宪法》，它“依照法律规定独立行使检察权，不受行政机关、社会团体和个人的干涉”。它对国家行政机关和行政人员的行政活动实行法律监督，对破坏国家法律、法令、政令、政策的重大违法行为，对侵犯公民权利的违法行为进行侦查、起诉。

为加强检察机关对行政机关和行政人员违法行为的法律监督，我国自1995年在全国各级检察机关设立了“反贪污贿赂局”。1988年3月，深圳市检察院创建了全国第一个“举报中心”，同年11月25日，最高人民检察院检察委员会会议通过了《人民检察院举报工作若干规定（试行）》，其第一条规定：根据中华人民共和国宪法，刑事诉讼法和人民检察院组织法的有关规定，为履行检察机关法律监督职责，保障政务廉洁，开展举报工作，特制定本法。人民检察机关直接受理举报的范围是：贪污贿赂罪，国家机关工作人员的渎职犯罪，国家机关工作人员利用职权实施的非法拘禁、刑讯逼供、报复陷害、非法搜查公民人身的犯罪以及侵犯公民民主权利的犯罪。对于不属于检察机关管辖的举报、投案、控告，也应当接受。接受犯罪人的投案自首。

人民法院是我国的审判机关，它对行政机关和行政人员的监督，主要是通过审理行政案件进行的，审理行政活动的合法性，审理行政人员的违法、失职、渎职和侵权行为。为了保证人民法院正确、及时审理行政案件，保护公民、法人和其他组织的合法权益，维护和监督行政机关依法行政职权，1989年七届全国人大二次会议通过了《中华人民共和国行政诉讼法》，该法规定在全国各级人民法院设立行政审判庭，审理行政案件，并于1990年10月1日起执行。1997年九届全国人大一次会议依据实际情况的发展，对《中华人民共和国行政诉讼法》作了修订，使其更适应客观情况。通过行政诉讼，审查行政执法行为的合法性，是审判监督的最主要形式；其次还有对行政机关违法行政合同（行政契约）的经济审判监督；对行政机关责任人渎职罪的刑事审判监督等。

我国的《行政诉讼法》和《中华人民共和国国家赔偿法》（1995年实行）、《行政复议法》（1999年实行）是司法机关对行政机关行政违法行为进行审判和判决的主要法律依据。有了这三部法律，我国公民、法人或者其他组织，在认为行政机关及其工作人员的行政行为侵犯了自己的合法权益时，可以依法向法院请求司法保护，并由法院对行政行为进行审查和裁判。法院的审查不仅有公正、客观的法律程序作保障，而且法院的判决具有最终的法律效力，判决必须执行。这样既保证了公民、法人和其他组织的合法权益不受侵犯，同时也用法律有效地监督了我国各级行政机关及行政人员的行为。

（四）社会团体监督

现代国家一般赋予公民集会结社自由，社会组织和社会团体的政治参与与监督是现代民政政治生活的重要体现。社会团体监督在我国主要是指工会、共青团、妇联的监督。工会、共青团、妇联等人民团体是共产党领导下的工人阶级组织、青年组织和妇女组织，它们积极参加国家事务的管理和社会监督，代表工人阶级、青年和妇女的利益，对政府的有关政策、法令、法规提出建议和批评，监督政府和政府工作人员遵守国家法律和法规，依法办事，对他们利用职权侵犯国家和人民利益的行为予以制止，以维护国家和人民的利益。

（五）公民监督

公民监督是指公民通过批评、建议、申诉、控告、检举等方式对行政机关及其工作人员的行政行为是否合法、合理进行的监督。我国宪法规定："中华人民共和国公民对于任何国家机关和国家工作人员，有提出批评和建议的权利；对于任何国家机关和国家工作人员的违法失职行为，有向有关国家机关提出申诉、控告或者检举的权利。"社会主义国家一切权力属于人民，国家机关工作人员代表人民行使国家权力，人民必须加强对他们行使权力的合法性的检查和监督。广泛的公民监督可以促使国家机关工作人员坚持为人民服务的宗旨，保持社会公仆的本色，同时将有效地制止国家机关工作人员滥用权力，产生腐败、专横等现象。公民对国家机关及其工作人员的活动进行监督是公民的基本权利，也是人民参政议政的重要途径。对于公民的申诉、控告或者检举，有关国家机关必须查清事实，负责处理。任何人不得压制和打击报复。当然公民的申诉、控告或检举不得捏造或者歪曲事实，进行诬告陷害。

我国公民监督的主要形式：控告、申诉、检举等。我国检察机关设立的举报中心是廉政建设中公民对国家机关及其工作人员进行有力监督的好制度和有效手段。是依靠人民群众，与司法部门配合，严厉打击贪污受贿、弄权勒索、徇私枉法等违法违纪活动的一项有力措施，开创了一条在不搞群众运动的新形势下，依靠公民对贪污受贿、渎职等职务犯罪活动进行监督和控制的新途径。

（六）舆论监督

舆论监督是通过大众传媒工具如报纸、刊物、电视、广播等对国家机关及其工作人员的违法违纪行为进行揭露的一种监督制度。舆论监督是宪法赋予公民的一项权利，也是公民表达自己意志的重要形式，是了解人心向背、社会思潮的主要渠道。利用舆论工具对违法者进行揭露、批评，对廉洁奉公者进行表扬，形成一种社会压力，促进政府机关和工作人员的廉政建设，提高行政效率。

舆论监督是迅速、有效、广泛的监督。与其他监督类型相比，舆论监督具有监督主客体广泛性、监督方式公开性、监督影响及时性、监督效果威胁性等特点。

凡是中华人民共和国的公民都有舆论监督权,对党政机关、社会团体、公职人员以及社会上一切有悖于法律和社会公德的行为都可以通过新闻媒介予以揭露,提出批评、建议。舆论监督的公开性、及时性使其对被监督者具有很大的威胁性,一些有问题的官员不怕上告就怕上报。因此舆论监督被称为除立法、行政、司法之外的“第四种权力”。我国自改革开放以来,随着社会主义政治民主化的发展,舆论监督的作用已日益得到重视和发挥,中央及省市级领导都十分支持新闻媒介的监督作用,朱镕基曾寄语中央电视台《焦点访谈》栏目:“舆论监督,群众喉舌。政府镜鉴,改革尖兵。”有的省还成立了新闻监督中心。以新闻报道为主要形式的舆论监督已经成为对行政机关及其工作人员的行政行为的合法性、合理性进行监督的有效力量。

三、行政机关的内部监督体系

行政机关的内部监督体系基本上可分为两大类型:一是非专门监督,它是指上级行政机关对下级行政机关实行的监督;另一类是专门监督,它是指政府主管部门对下级政府相应的工作部门、有隶属关系的企事业单位的行政活动实行的监督。

(一)非专门监督

非专门监督包括一般监督、职能监督、主管监督。

1. 一般监督

一般监督是指有隶属关系的行政机关之间产生的相互监督,即行政机关内部的纵向监督。行政机关内部上级机关对下级机关的监督是最直接、最有力的监督,因为上级机关与下级机关之间是领导和被领导、指挥与服从的关系。我国宪法和地方人民政府组织法都规定:全国地方各级人民政府都是国务院统一领导下的国家行政机关,都服从国务院。县级以上人民政府领导所属各工作部门和下级人民政府的工作,改变或撤销所属各工作部门和下级人民政府的不适当的命令、指示或决定等。上级机关可以通过行政的、经济的、组织的手段,实现迅速有效的监督,保证政令畅通、依法行政。上级行政机关对下级行政机关的监督形式主要有:工作检查、工作指导、工作督促、工作报告、专案调查等。下级行政机关对上级行政机关也可以实行监督,如对上级行政机关的错误决定、命令也可以提出批评、建议。

2. 职能监督

职能监督是指政府具体职能部门就其主管的工作,在各自职权范围内对同级政府其他工作部门及其工作人员、有领导或指导关系的事业单位的行政活动的某一方面实行的监督,如人事监督、财政监督、税收监督等。

3. 主管监督

主管监督是指政府主管部门对下级政府相应的工作部门、有隶属关系的企事业单位的行政管理活动和其他管理活动实行的监督。我国政府机构一般设有:(1) 政治与行政综合管理机构,如外交、民政、司法行政、人力资源与社会保障、公安等;(2) 经济宏观调控、综合管理机构,如国家发展与改革委员会、财政、中国人民银行、税务、物价等部门;(3) 专业经济管理机构,包括农业、商务、交通、邮电、建设、铁道、信息产业等;(4) 教育科技文化体育部门,包括科技、教育、文化、卫生等;(5) 监督和统计部门,包括审计、监察、统计等部门。上级政府设立的这些职能机关与下级政府设立的相同职能的机关之间是业务指导或者领导的关系。我国地方人大地方人民政府组织法规定:省级人民政府的各工作部门受同级人民政府统一领导,并且按照法律或者行政法规的规定受国务院主管部门的业务指导或者领导。市、县级人民政府的各工作部门受同级人民政府统一领导,并且按照法律或者行政法规的规定,受上级人民政府主管部门的业务指导或领导,地方各级人民政府还有权监督设立在本行政区域内不属于自己管理的国家机关、企业、事业单位的工作,使其遵守和执行法律和政策。

(二) 专门监督

专门监督主要包括行政监察、行政复议和审计监督。

1. 行政监察

行政监察是指行政机关内部设立的专门监察机构对国家行政机关及其工作人员的行政活动实施的一种内部监督。我国于1986年恢复了行政监察机关,1993年行政监察机关与党的纪检机关合署办公。国务院在1990年12月9日发布了《中华人民共和国行政监察条例》,1997年5月9日八届全国人大常委会第二十五次会议通过了《中华人民共和国行政监察法》(以下简称《监察法》)。《监察法》规定县级以上人民政府设立行政监察机关,并建立举报制度,根据需要可以向本级政府所属部门派出监察机构或监察人员。规定监察机关对本级政府各部门及国家公务员、本级人民政府以及本级人民政府各部门任命的其他人员、下一级政府及其领导人员,实施监察。《监察法》还规定:国家行政监察机关具有检察权、调查权、监察建议权、作出监察决定行政处分权。监察机关为行使监察职能,履行下列职责:(1) 监察国家行政机关在遵守和执行法律、法规和人民政府的决定、命令中的问题;(2) 受理对国家行政机关、国家公务员和国家行政机关任命的其他人员违反行政纪律行为的控告、检举;(3) 调查处理国家行政机关、国家公务员和国家行政机关任命的其他人员违反行政纪律的行为;(4) 受理国家公务员和国家行政机关任命的其他人员不服主管行政机关给予行政处分决定的申诉,以及法律、行政法规规定的其他由行政监察机关受理的申诉;(5) 法律、行政法规规定由行政监察机关履行的其他职责。

2. 行政复议

我国于1990年公布了《行政复议条例》,并在县级以上各级地方政府建立行政复议机关(设在政府法制工作机构内或与法制工作机构合署办公)。其主要职能是维护和监督行政机关依法行使职权,防止和纠正违法或不当的具体行政行为,保护公民、法人和其他组织的合法权益。1999年《行政复议法》颁布实施,使行政复议工作更为完善。

3. 审计监督

审计监督是指国家审计机关根据国家的法律、制度、规定,依照一定的程序和方法,对政府机关、国家金融机构和企事业单位的财务行为、经济活动,进行检查、审核等监督活动。根据1994年8月31日第八届全国人民代表大会常务委员会第九次会议通过、2006年2月28日第十届全国人民代表大会常务委员会第二十次会议修订的《中华人民共和国审计法》的规定,我国审计监督的主要内容是:对本级各部门(含直属单位)和下级政府预算的执行情况和决算以及其他财政收支情况,进行审计监督;对中央银行的财务收支,对国有金融机构的资产、负债、损益,进行审计监督;对国家的事业组织和使用财政资金的其他事业组织的财务收支,进行审计监督;对国有企业的资产、负债、损益,进行审计监督;对政府投资和以政府投资为主的建设项目的预算执行情况和决算,进行审计监督;对政府部门管理的和其他单位受政府委托管理的社会保障基金、社会捐赠资金以及其他有关基金、资金的财务收支,进行审计监督;对国际组织和外国政府援助、贷款项目的财务收支,进行审计监督;对国家机关和依法属于审计机关审计监督对象的其他单位的主要负责人,在任职期间对本地区、本部门或者本单位的财政收支、财务收支以及有关经济活动应负经济责任的履行情况,进行审计监督。审计监督具有独立性、权威性。

第三节 依法行政与我国行政监督制度的完善

一、依法行政与行政监督

(一) 依法行政的含义及其发展

依法行政的一般含义指的是公共行政权力的主体,即国家行政机关应当依法设定并依法实施行政行为。然而,在不同的时代、不同的国家,对于法的解释是不同的,由此依法行政的具体含义也处于不断的发展之中。

依法行政源于近代英国新兴资产阶级与封建君主斗争过程中限制君权的需

要。光荣革命以后，英国确立了二元制君主立宪制，即虽然国王不经国会同意不能征税，并且必须遵守国会通过的法律，但是国王仍然掌握着行政权，因此为了对以国王为首的行政权进行严格限制，防止君主专权及其对资产阶级财产权、自由权的侵犯，确立了依法行政原则，并且对依法行政的解释极为严格，即“无法律即无行政”，政府的一切行为，都必须获得法律授权、严格依照法律规定进行。

随着反对君主专制任务的完成和资本主义国家政权的逐步建立，一方面是责任政府的建立，一方面是行政权力的不断扩大，在这种背景下，依法行政的含义也开始发生变化，其释义开始宽泛化，从之前的“无法律即无行政”发展为“凡行政机关限制人民的权利或使人民承担义务时，必须有法律依据，此外可由行政机关自由决定，即关于人民的权利和义务‘法律保留’”①。

19 世纪末、20 世纪初，随着资本主义国家由自由竞争向垄断资本主义的过渡，行政权力急剧扩张，逐渐形成所谓的“行政国家”，对依法行政的理解进一步宽泛化，即只要不违反法律，符合法律的基本原则，行政机关就可以自由决定其行为。然而这并不意味着对行政权力的监督和控制弱化了。事实上，伴随着行政权的扩张以及对依法行政原则作宽泛理解的发展，西方国家逐渐建立和完善了一整套对不断扩张的行政权力进行监督和控制的机制，包括：立法机关制定了一系列的法律对行政机关的行为进行规范，如行政程序法、阳光法案、行政诉讼法、国家赔偿法等等；立法机关加强对行政立法的监督和审查；司法机关强化对行政机关的违宪审查等等。

（二）依法行政与行政监督的关系

依法行政与行政监督之间存在着密不可分的关系。首先，依法行政和行政监督的目标是一致的，即二者都是为了确保国家行政机关对权力的合法、合理运用，防止行政权力的滥用及对公民权利的侵犯。依法行政对行政权力进行约束的途径是法律，即通过要求国家行政机关根据宪法和法律的精神、原则和程序来运用行政权力、实施行政行为来实现对行政权力的约束和控制。行政监督对行政权力进行约束的途径则是其他行为主体的控制，即通过立法机构、司法机构、政党、大众媒体等外部行为主体的监督和行政机关内部的自我监督来实现对行政权力的约束和控制。

其次，依法行政是现代公共行政的基本原则，它要求行政管理活动的每一个环节都必须严格按照宪法和法律的精神、原则和程序来运行，当然这其中也包括行政监督，即上文所说，现代行政监督的特征之一即是法制监督，宪法和法律对行政监督的主体、客体、内容、方法和程序等各个方面都作出了明确的规定，监督主体必须依据法律对国家行政机关及其工作人员行政行为的合法性和合理性进

① 张国庆主编：《行政管理学概论》，北京大学出版社 2000 年版，第 468 页。

行检查和督促。因此,从这个意义上来说,依法行政为我国完善行政监督制度提供了根本方向和途径。

最后,行政监督本身是实现依法行政的保障,也可以说是依法行政体系中的重要组成部分。国家行政机关及其工作人员是否做到了依法行政,是否依照宪法和法律的规定和程序作出行政行为,是否有实质性违法行为或程序性违法行为发生等等,这些问题都需要借助于行政监督才能回答。没有行政监督,依法行政就失去了实现机制。因此,完善行政监督制度本身也是推进依法行政进程的重要领域和保障。

对依法行政与行政监督之间相辅相成的关系的认识,促使我国自 20 世纪 90 年代以来,逐步把完善行政监督与全面推进依法行政建设结合起来,以建设一个行为规范、运转协调、公正透明、廉洁高效的行政管理体制。

二、我国依法行政的发展进程

(一) 依法行政在我国的提出与发展

1993 年八届全国人大一次会议通过的《政府工作报告》明确提出:“各级政府要依法行政,严格依法办事”,这是我国在政府文件中首次明确提出依法行政原则。1996 年 3 月召开的八届全国人大四次会议明确指出了“依法治国,建立社会主义法治国家”的构想。党的十五大则明确指出了“依法治国,建设社会主义法治国家”的伟大目标,并明确提出“一切政府机关都必须依法行政”,自此依法行政原则基本确立。1999 年 3 月 15 日,九届全国人大二次会议通过了宪法第 13 条修正案,即在《中华人民共和国宪法》第 5 条增加一款,规定:“中华人民共和国实行依法治国,建设社会主义法治国家。”依法治国、建设法治国家的目标和方略实现了入宪。

1999 年 11 月,国务院发布了《国务院关于全面推进依法行政的决定》(以下简称《决定》),《决定》明确指出:依法行政是依法治国的重要组成部分,在很大程度上对依法治国基本方略的实行具有决定性的意义。加强政府法制建设,全面推进依法行政,总的指导思想和要求是:坚持以邓小平理论和党的基本路线为指导,坚持党的领导,坚持全心全意为人民服务的宗旨,把维护最广大人民的最大利益作为出发点和落脚点,紧紧围绕经济建设这个中心,自觉服从并服务于改革、发展、稳定的大局,认真履行宪法和法律赋予的职责,严格按照法定权限和程序,管理国家事务、经济与文化事业和社会事务,做到既不失职,又不越权;既要保护公民的合法权益,又要提高行政效率,维护公共利益和社会秩序,保证政府工作在法制轨道上高效率地运行,推进各项事业的顺利发展。为此,一要进一步加强政府立法工作,切实提高政府立法质量,为依法行政奠定坚实的基础;二要加大行政执法力度,确保政令畅通;三要强化行政执法监督。

2004 年 3 月,国务院发布《全面推进依法行政实施纲要》(以下简称《纲要》)。《纲要》首先指出了我国依法行政方面存在的问题,主要是:行政管理体制与发展社会主义市场经济的要求还不适应,依法行政面临诸多体制性障碍;制度建设反映客观规律不够,难以全面、有效解决实际问题;行政决策程序和机制不够完善;有法不依、执法不严、违法不究现象时有发生,人民群众反映比较强烈;对行政行为的监督制约机制不够健全,一些违法或者不当的行政行为得不到及时、有效的制止或者纠正,行政管理相对人的合法权益受到损害得不到及时救济;一些行政机关工作人员依法行政的观念还比较淡薄,依法行政的能力和水平有待进一步提高等。从这些问题出发,《纲要》提出了我国全面推进依法行政的目标和基本要求。

《纲要》提出全面推进依法行政,经过十年左右坚持不懈的努力,基本实现建设法治政府的目标:一是政企分开、政事分开,政府与市场、政府与社会的关系基本理顺,政府的经济调节、市场监管、社会管理和公共服务职能基本到位。中央政府和地方政府之间、政府各部门之间的职能和权限比较明确。行为规范、运转协调、公正透明、廉洁高效的行政管理体制基本形成。权责明确、行为规范、监督有效、保障有力的行政执法体制基本建立。二是提出法律议案、地方性法规草案,制定行政法规、规章、规范性文件等制度建设符合宪法和法律规定的权限和程序,充分反映客观规律和最广大人民的根本利益,为社会主义物质文明、政治文明和精神文明协调发展提供制度保障。三是法律、法规、规章得到全面、正确实施,法制统一,政令畅通,公民、法人和其他组织合法的权利和利益得到切实保护,违法行为得到及时纠正、制裁,经济社会秩序得到有效维护。政府应对突发事件和风险的能力明显增强。四是科学化、民主化、规范化的行政决策机制和制度基本形成,人民群众的要求、意愿得到及时反映。政府提供的信息全面、准确、及时,制定的政策、发布的决定相对稳定,行政管理做到公开、公平、公正、便民、高效、诚信。五是高效、便捷、成本低廉的防范、化解社会矛盾的机制基本形成,社会矛盾得到有效防范和化解。六是行政权力与责任紧密挂钩、与行政权力主体利益彻底脱钩。行政监督制度和机制基本完善,政府的层级监督和专门监督明显加强,行政监督效能显著提高。七是行政机关工作人员特别是各级领导干部依法行政的观念明显提高,尊重法律、崇尚法律、遵守法律的氛围基本形成;依法行政的能力明显增强,善于运用法律手段管理经济、文化和社会事务,能够依法妥善处理各种社会矛盾。

《纲要》还提出了依法行政的六点基本要求:一是合法行政。行政机关实施行政管理,应当依照法律、法规、规章的规定进行;没有法律、法规、规章的规定,行政机关不得作出影响公民、法人和其他组织合法权益或者增加公民、法人和其他组织义务的决定。二是合理行政。行政机关实施行政管理,应当遵循公平、公正的原则。要平等对待行政管理相对人,不偏私、不歧视。行使自由裁量权应当符合法律目的,排除不相关因素的干扰;所采取的措施和手段应当必要、适当;行政机关实施行政管理可以采用多种方式实现行政目的的,应当避免采用损害当事人权益的方式。三是程序正当。行政机关实施行政管理,除涉及国家秘密和依法受到保护的商业秘密、个人隐私之外,应当公开,注意听取公民、法人和其他组织的意见;要严格遵循法定程序,依法保障行政管理相对人、利害关系人的知情权、参与权和救济权。行政机关工作人员履行职责,与行政管理相对人存在利害关系时,应当回避。四是高效便民。行政机关实施行政管理,应当遵守法定时限,积极履行法定职责,提高办事效率,提供优质服务,方便公民、法人和其他组织。五是诚实守信。行政机关公布的信息应当全面、准确、真实。非因法定事由并经法定程序,行政机关不得撤销、变更已经生效的行政决定;因国家利益、公共利益或者其他法定事由需要撤回或者变更行政决定的,应当依照法定权限和程序进行,并对行政管理相对人因此而受到的财产损失依法予以补偿。六是权责统一。行政机关依法履行经济、社会和文化事务管理职责,要由法律、法规赋予其相应的执法手段。行政机关违法或者不当行使职权,应当依法承担法律责任,实现权力和责任的统一。依法做到执法有保障、有权必有责、用权受监督、违法受追究、侵权须赔偿。

《纲要》还对依法行政的主要领域进行了规范,包括建立健全科学民主决策机制,提高制度建设质量,理顺行政执法体制、加快行政程序建设、规范行政执法行为,积极探索高效、便捷和成本低廉的防范与化解社会矛盾机制,完善行政监督制度和机制,强化对行政行为的监督,不断提高行政机关工作人员依法行政的观念、能力与水平等。

依法行政目前已经成为中国政府行使职权、履行职责的基本要求,其内涵也在不断地完善和充实。实践中我国依法行政已经取得较大的发展。十余年来一些重要的对行政行为进行规范和约束的法律相继出台,如《国家赔偿法》、《行政监察法》、《行政复议法》、《行政许可法》、《中华人民共和国政府信息公开条例》等等;行政机关及其工作人员的法治意识有所增强,尤其是高中级行政机关中的公务员;行政决策中开始重视决策过程的合法性和民主化;政府信息公开方面取得很大进展;行政救济渠道开通,一些违法和不当行政行为所造成的不良后果得到补救等等。

(二)我国依法行政方面存在的问题

1. 行政法规、制度不完善,制定落后,一些行政活动无法可依

行政法规不完善既表现在具体法规上,也表现在至今缺乏一部规范所有行政管理活动的程序法。尤其是在市场经济体制逐步建立的过程中,规范政府管

理市场经济的法规难以及时出台，造成行政管理活动的混乱和失误，最突出的是行政决策失误，涉及几亿、几十亿、上百亿元资金的行政决策缺乏充分、科学的论证，缺乏程序规范，不能遵循决策程序，领导一拍脑袋就立即上马，事后一般不追究责任，不少领导还能因上项目多、政绩“突出”而得到进一步的提拔。

2. 行政活动中有法不依现象普遍

为了有效进行行政管理，法律赋予行政机关行政立法权、行政裁决权、行政处罚权等，行使这些权力的政府部门，尤其是公安、工商、税收等行政执法部门不能严格依法办事，有些地方、有些部门、有些人员以权谋私，徇私舞弊，光天化日之下明目张胆吃、拿、卡、要，有钱才办事，权高于法、权重于法、情大于法。还有行风不正，乱收费、乱罚款、乱摊派的“三乱”现象屡禁不绝。“上有政策，下有对策”、“令不行，禁不止”的问题也屡屡发生，不在少数。

3. 对行政违法活动的处罚不力，执法不严

我国已有《行政诉讼法》、《国家赔偿法》和《行政复议法》，公民、法人和其他组织可以对行政机关的违法违纪活动提起申诉，但困难也不少。一方面是受害者法律知识少，法制意识、权利意识单薄，不知向谁申诉；另一方面申诉过程中由于各方面的关系网，司法机关往往有法不依，违法办案，官官相护，使申诉旷日持久且难以得到公正的判决。

4. 腐败现象仍相当严重

与世界上许多国家一样，我国在由计划经济向市场经济转轨的过程中，出现了腐败现象的高发期，20 世纪 80 年代中后期在党内、国家机关中出现了以权谋私、行贿受贿、敲诈勒索、权钱交易、挥霍浪费、讲排场、比阔气，腐化堕落、贪赃枉法等严重的腐败问题。20 世纪 90 年代以来，一方面是党和国家加大了反腐败的力度，另一方面腐败问题更趋严重，大案要案、窝案大量增加，位高权重者犯罪增多，腐败领域广泛，尤以行政执法和司法部门最为严重。行政、司法部门手中掌握执法权，但个别人却执法先犯法，反贪先贪，参与走私，大搞“创收”，管、卡、压，为自己捞好处。有利的事，政府各部门相互争抢，不利的事，相互扯皮、踢皮球。对这些腐败现象，党中央、国务院进行了惩治，制定了反腐倡廉法规，从改革开放开始到 1992 年中共十四大，党和政府出台的有关行政监察和廉政建设的法规有 40 余件（不包括针对具体部门方面的廉政法规），从中共十四大召开和 1993 年中央作出反腐败斗争部署以来，出台的反腐败和加强廉政建设的法律法规也有十几件，仅 1997 年 1 月至 10 月就出台了 8 个法规。但腐败现象仍没有从根本上得到遏制。虽然腐败现象产生、存在的原因很复杂，但缺乏有效的党内监督和行政监督是其重要原因。

三、完善我国行政监督制度的基本内容

依法行政为我国完善行政监督制度提供了根本方向和途径，同时，完善行政监督制度本身也是推进依法行政进程的重要领域和保障。从前面监督体系的分析中可以看到，当前我国的行政机关和行政人员受到来自各级党委、基层党组织、党的纪律检查委员会、国家权力机关、国家司法机关、国家行政监察机关、审计机关、行政机关以及民主党派、社会团体和人民群众、新闻媒体等各个方面的监督，监督网络可谓严密。我国也先后出台了《关于惩治贪污受贿罪的决定》和补充规定（1988 年施行）、《行政诉讼法》（1989 年通过，1990 年施行，1997 年修改）、《行政复议法》（1999 年施行）、《国家赔偿法》（1995 年施行，2008 年修改）、《公务员法》（2006 年施行）、《中华人民共和国政府信息公开条例》（2008 年施行）等，1997 年又修改了《刑法》，增加了经济犯罪、渎职罪、贪污罪等内容，党内也公布了《中国共产党纪律检查机关案件检查工作条例》（1994 年施行），《党政机关县（处）级以上领导干部廉洁规定》等等。但当前我国在行政监督方面依然存在着几个重要问题：监督不力、惩治不严、法制不完备。克服这些问题就必须进一步加强和完善我国的行政监督制度，主要是完善法律、规章制度建设和行政人员、执法人员的队伍建设等，重点是以下三个方面：

（一）强化法律监督机关和行政监督机关、纪检机关的职能

首先，要加强各级国家权力机关的监督职能，特别是强化对法律实施情况的检查监督，加强对行政机关工作的监督。目前人大对法律执行情况的监督是临时性地组织执法检查小组，分赴各地检查，而没有建立长期性的专门监督部门或与行政管理部门对应的专业委员会，因此人大的监督虽有所加强，但远未达到全面、有力的监督。

其次，要加强党政一体的纪检监察机关的组织建设，增强力量，完善运行机制，理顺关系，调动积极性，以查处违纪案件为纪检监察工作的中心环节，疏通信访渠道，强化举报工作。同时要加强公检法、审计、工商、海关等执法执纪部门之间的联系，形成查处案件的合力，做到有法必依，违法必究。

再次，需进一步研究和建立有效的监察领导体制。从世界各国廉政建设的经验看，监察领导体制对于监察效果影响极大。实行块块领导体制，人情因素影响大，难以保证监察工作的权威性和有效性，实行双重领导体制也不能完全排除人为因素的影响。我国的纪检、监察、司法等监督体制目前大多实行双重领导体制，因此，仍存在权高于法、情大于法的问题。要使行政监督更加有效，行政监督体制应逐步向以垂直领导为主的体制过渡。同时要理顺各监督机构之间的关系，明确职责的主次关系。如 1998 年为打击走私而建立的缉私警察部队就明确

了属公安、海关共同领导，但以海关为主的领导体制，保证了缉私队伍的专业性和相对独立性。

此外，各级党的纪检部门、国家权力机关有关部门、政府监督部门和各级司法监督部门之间要密切配合，互相支持，才能有效地行使监督权，促进廉政建设。

（二）完善监督制度和法规

完善监督制度和法规是监督主体行使监督权的前提条件，是实现监督工作制度化、法律化的关键。依法行政不仅要实现行政权力行使的法治化，而且要实现对行使行政权力进行监督的法治化。我国监督制度和法规不完善主要表现在：

首先，缺乏一部较为完整、专业性强的监督法以及规范政府行为的行政程序法、行政道德法等。现有的廉政法规较为分散，法规规章较多，有几十个，但都是针对一两个具体问题分别制定的，如不准经商的、不准公费旅游的、不准吃请的、不准收受礼品的、不准买卖有价证券的、不准滥发钱物的、不准在企业社会团体兼职的、不准乱收费乱摊派的，等等，人们不仅难以了解、记住，而且法律地位也不高，很多甚至是政策性文件。同时其内容规定也一般较为笼统，不具体、操作性不强，大多有空子可钻。这给行政监督带来较大的困难。

其次，对行政监督的程序规定也不够完善。1997 年颁布的《行政监察法》对行政监督的机构、人员、任务作了较为明确具体的规定，但对有些监督主体的行政监督工作的程序尚缺乏统一的法律规定。如宪法规定国家及地方各级权力机关行使监督权的主要形式是听取和审议政府工作报告，对政府工作提出质询，视察检查，审议提案，专题调查等，但对这些监督方式的进行及监督内容（如可以改变和撤销国务院及各级地方政府违反宪法的不适当的决定）；审议后对政府工作不满意或不通过，政府是否要承担工作的和法律的责任；政府的法规、规章、决定、决议怎样报送人大审议；审议程序；生效制度等，都缺乏统一的法律规定。这将影响监督的力量和力度。

完善监督制度还包括完善舆论监督制度、公开举报制度、政务公开制度、信访制度、公民参与制度和其他民主监督制度。建立和完善这些制度是社会主义民主政治建设的内容，也是人民对政务实现有效监督的前提和主要形式。尤其是政务公开制度。政务公开是民主化、法治化的基本要求，也是防止腐败的有效措施。推行政务公开，是为了消除“黑幕交易”，消除那种玩弄权力、以权谋私的消极腐败行为；同时还可以让群众充分了解政府工作的工作，并进行有效的监督。2008 年 5 月，《中华人民共和国政府信息公开条例》的实施标志着政务公开制度的初步建立。政务公开等制度的实行和完善将有利于加强公民与政府之间的沟通，提高政治透明度，让人民群众了解政府的政务活动，包括政府政策的制定和执行，政府人员的政绩和行为，从而实现有效的监督，以防止政府行为的短期化、轻率决策、歪曲执行，以及政府工作人员以权谋私、官僚主义、特权现象等。

（三）加强纪检监察、执法队伍建设

加强纪检监察、执法队伍建设是实行有效行政监督的组织保证。我国目前监察队伍建设最突出的有三个问题，一是监察队伍人数严重不足，二是监察人员的素质不够高，三是监察人员自身监督机制缺乏。

我国主要的行政监督主体（执政党、国家权力机关、司法机关、行政监察机关），普遍存在着人员少、经费缺的情况，与繁重的监督任务不相适应。我国各级人大及其常委会行使监督权，全国人大常委会委员一般150人左右，地方人大常委会几十人左右，但常委会委员和各专业委员会委员大多不专职，且没有专门的为委员服务的助手，人大机构编制少，人大代表多为兼职，开会时间短，所以人大对政府的监督实在是力不从心。人民检察院、人民法院受理政府机关和工作人员违法案件，但各法院和各检察院也面临着审判力量、监察力量不足、经费短缺的困难，尤其是在中西部地区，不仅不能保证迅速有效办案，而且还造成司法机关为补充办案经费而经商、乱收费等腐败问题。我国县以上行政监察机构全部组建完成之后，全国设有1万多个监察机构，约10万人的监察队伍。中国地域广阔，人口众多，10万人的监察队伍严重不足，我国行政监察队伍应逐步扩大。我国国家机构人员构成中，一方面是行政机构庞大、臃肿、重叠、人浮于事；另一方面是监察人员严重不足，负荷太重。因此在行政机构改革调整中，加强监察机构和监察队伍的建设，壮大监察队伍是十分必要的。

监督队伍不仅人数少，而且政治素质、文化素质和专业素质不够高，从而严重影响了行政监督工作的效率和行政监督队伍的纯洁性。监督工作是一项原则性、责任心极强的工作。监督就是检查行政机关及其人员执行法律、法规、制度、纪律、方针、政策的情况，发现问题予以纠正，对违法违纪人员追究法律、政纪、党纪的责任，提出和给予恰当的处理，违法者交司法部门审理。要达到这样的目的，必然要求监督人员素质好、水平高、法制观念强、组织纪律性好、恪守职业伦理和道德，既要熟悉监督对象的业务活动，又要熟悉有关的法律、法规、制度、方针政策，这样才能通过检查，发现问题，及时纠正。同时还要面对监督过程中来自监督对象本身、监督对象的上级以及监督对象的家属、老关系等各方面的阻挠、说情、护短、包庇、钻空子等等，如果监督人员素质不高，很容易被腐蚀、拉拢、收买，使监督难以落到实处。为使监督顺利开展，提高监督人员素质是极为重要的。目前一些地方和单位执法不严，监督不力，其中一个重要原因就是执法者、监督者政治素质差、专业水平和能力不高、职业伦理和道德缺失，影响了执法、监督的严明和公正。

提高监督人员素质，一方面要严格录用制度，实行公开竞争、经考试录用的制度，并对现有监督人员进行专业知识和能力、职业伦理和道德等方面的培训，以确保其胜任本职工作,保证行政监督的客观公正。同时,要健全监督机关内部制约机制,制定监督机关、监督人员自身监督的有关制度,使监督机关和监督人员也置于监督之下,造成人人监督、监督人人的局面,以防止监督机关和监督人员不依法监督或滥用监督权的事情发生。如果监督者自身不受任何监督,只监督别人,这种监督是不全面的,也是很危险的。我国当前对监督机关及其人员的监督,主要体现在上级机关的指导、检查,以及接受监督对象的申诉处理上。因此要使监督有效、全面,保持监督队伍的纯洁,必须制定监督机关和监督人员内部制约、自身监督的制度和法规。自 1998 年开始,我国的司法机关进行了较大规模的整顿工作,将违法违纪分子清理出执法机关,同时人民法院、人民检察院都公布了举报电话,建立了举报中心,并颁布了要求依法办案、公开审判、违法审判造成错案的要追究责任等规定。但从长远的观点看,应该制定完整的法规对监督主体的违法行为进行追究,纯洁执法和监督队伍,提高行政监督力度。

第十章

行政文化与行政伦理

行政文化是行政实践的客观反映，是人们通过长期的公共行政实践和社会化过程逐渐形成的文化体系，也是公共行政的灵魂。加强行政文化建设对于推动行政改革及行政发展具有举足轻重的地位和作用。行政伦理是行政文化建设的核心内容，它以行政责任为核心，构成相应的行政行为准则和规范系统。加强行政伦理的制度化建设，实现公共行政的"法治"与"德治"，是实现依法行政和民主行政的必然选择和重要途径。

第一节　行政文化概述

一、行政文化的含义

文化是人们在长期生产和生活实践中形成的对客观世界的认知、行为方式、伦理道德、价值标准以及各种社会关系等因素构成的综合体，是历史积淀的产物。从表现形态来看，文化可以分为物质文化、精神文化和制度文化三种。行政文化则是文化的特定表现形式，是特定国家和民族在从事与公共行政相关的生产和社会交往过程中产生的历史遗产。

（一）行政文化与其他文化形式的相互关系

作为一种普遍的社会现象，文化与人类活动有着密切的联系，是在自然环境、人类活动和社会环境中的各种因素相互作用过程中形成的，因此，行政文化也是多种因素共同作用的结果，它与人类社会生活其他领域中形成的文化形式相辅相成，存在着紧密的关系。

1. 行政文化与政治文化

"政治文化是一个民族在特定时期流行的一套政治态度、信仰和感情。这个政治文化是由本民族的历史和现在社会、经济、政治活动进程所形成。”[①]在所有的文化形式中，政治文化与行政文化的关系最为直接和密切。这是因为：首先，行政文化来源于政治文化。公共行政是政治上层建筑的重要组成部分，人们在长期政治实践中所形成的政治态度、政治意识和政治情感也会作用于公共行政过程。所以，有什么样的政治文化就有什么样的行政文化，政治文化的性质和内容决定着行政文化的性质和内容。其次，行政文化是政治文化的具体化。特定历史时期形成的政治文化往往是抽象的，而公共行政却是具体的，社会成员往往通过对具体行政过程、行政决策和行政活动的认知形成自身的政治文化取向，从而完成政治社会化的过程。

2. 行政文化与经济文化

经济文化是人们在长期经济交往过程中形成的经济态度、经济行为、经济模式和经济关系等的统一体。社会生产力的发展水平和特定生产关系是产生经济文化的基础，也制约着公共行政的发展阶段。经济文化是生产力发展状态和生产关系的系统化反映，因而也是行政文化发展演变的决定性因素。首先，经济文化支配行政文化。公共行政离不开必要的物质基础和物质条件，经济文化是社会物质生活的抽象化表述，它决定了社会资源的分配模式和经济行为方式，并能够从根本上决定行政文化的发展方向和进程。其次，行政文化反作用于经济文化。行政文化对经济文化的反作用有正反两个方面，当这种作用是正面的和积极的，它能够促进社会经济的发展，推动经济文化的进步；而如果这种作用是负面的和消极的，它就会限制社会生产力的进步，阻碍经济文化的繁荣。因此，“当着政治文化等上层建筑阻碍着经济基础的发展的时候，对于政治上和文化上的革新就成为主要的决定的东西了。”[②]

3. 行政文化与社会文化

行政文化的形成和发展离不开特定的社会环境，而人们在特定社会环境中形成的社会态度、社会价值观、社会行为方式和社会关系则统称为社会文化。社会文化受人类社会发展阶段和发展形态的影响，内容也极为丰富。社会文化一方面决定了行政文化的历史发展阶段，不同社会发展阶段和发展形态下的社会文化存在着巨大差异，也因此导致不同的行政文化；另一方面，社会文化影响行政文化的现实表现，人们在社会交往中形成的价值观、伦理道德和行为方式等也能够对行政文化的内容和表现形式产生深层次的影响。同时，行政文化是社会文化在公共行政过程中的具体表现，因而行政文化的发展和变革应该与社会文

---

① [美]加布里埃尔·A.阿尔蒙德，小G.宾厄姆·鲍威尔：《比较政治学：体系、过程和政策》，曹沛霖等译，上海译文出版社1987年版，第29页。

② 《毛泽东选集》第1卷，人民出版社1993年版，第326页。

化的发展阶段相适应,脱离社会文化发展阶段的行政文化变革会引发激烈的社会动荡和尖锐的社会矛盾。

(二) 行政文化的内涵

行政文化是文化在公共行政活动中表现出来的一种独特的文化形式,它借助行政主体、行政活动、行政对象而体现出相应的特质。行政文化是一个复合的整体,是人们对行政体系及行政活动的态度、情感、信仰、价值观以及所遵循的行政原则、行政传统和行政习惯等。[①] 行政文化是人们通过长期的公共行政实践和社会化过程逐渐形成的文化体系。

1. 行政文化首先是一个系统化的概念。作为系统化的行政文化,包含几层含义:第一,行政文化只是一种亚文化形态,它与其他文化形态共同构成人类社会的文化系统,而且各种文化形态之间相互制约,相生相息;第二,行政文化受特定社会发展阶段多重因素的系统性影响,行政文化的生成和演变过程是多种因素共同作用的结果;第三,行政文化的内容也具有系统性的特征,与行政实践有关的所有态度、情感、信仰、意识、习惯等都可以成为行政文化的内容,而且特定时期内行政文化的组成部分又具有高度的相关性,它们在不断的相互作用和相互影响中发展前进。

2. 行政文化是一个主观性的概念。行政文化实际上是一个行政系统中存在的行政主观因素,它表现为人们对行政实践过程所产生的主观认同、态度、情感、价值判断等,是主观思维活动的产物,因而会因人而异,其具体形态因个体差异而有所不同。个体的行政文化往往由社会个体对行政现象的认知取向、情感取向和评价取向构成,且三者之间相互联系,不可分割,这种来源于个体主观性的行政文化构成了对行政实践最低限度的认识网络。同时,由于行政文化在主观认识上存在差异性,也会使不同行政主体和行政组织在行为方式上产生区别,进而影响到行政活动的有效性。

3. 行政文化是一个规范化的概念。尽管行政文化存在着个体间的差异,但特定时期内的行政文化还是整体性的概念,它代表了社会成员对行政实践总的认知轨迹、价值判断、情感意识等,因此行政文化在一定时期内对行政主体也具有规范性的作用。行政文化的规范作用通过两种途径得以实现:一是通过将某些得到普遍认可的行政文化要素转化为特定的制度规则,如行政原则、行政条例等,从而形成对行政主体的显性规范作用;二是通过社会化过程,将特定的行政信念、行政价值和行政道德等行政文化要素转化为特定的心理基础和思想观念,进而形成对行政主体的隐性规范作用。

4. 行政文化是一个历史性的概念。行政文化既是现代性概念,也是历史性

① 竺乾威主编:《公共行政学》,复旦大学出版社 2000 年版,第 241 页。

概念,它既体现了当代公共行政过程的发展规律,也是人类公共行政实践的历史总结。因此,行政文化具有"继往开来"的表现形式,任何一种行政文化都是历史发展的产物,都会或多或少地具有历史传承性,表现出特定社会形态的历史传统。同时,行政文化也是对历史传统的进一步延续,它通过信念、价值、情感和意识等方式将历史上形成的行政实践认知沉淀和固定下来,通过当代公共行政实践赋予历史传统以新的表现形式。

5. 行政文化是一个动态化的概念。行政文化不是静态的,而是动态的,它随社会经济环境的演变而发生变化。动态化的行政文化表现在两个方面:一是行政文化因外部环境发生变化而作出的相应调整;二是行政文化内部结构因构成要素之间相互关系的改变而发生的变革。行政文化的动态发展是一个相对长期和潜移默化的过程,会受到多种因素的多重影响。但若因受到政治力量、经济体制和社会结构等因素的突发性和诱致性作用,则会引致行政文化的剧烈演进过程。例如,社会主义市场经济体制的初步确立,改变了传统计划经济体制下的行政生态,促使我国的行政文化呈现出开放、民主和富于竞争性的特征。

(三)行政文化的特征

行政文化是人们对公共行政实践的总体感知和认识,是特定社会历史形态的产物,是与生产力发展阶段相适应的感性与理性知识的综合体。因此,行政文化表现出普适性与民族性、一般性与个体性、适应性与整合性、现实性与历史性等多种特征。

1. 行政文化的普适性与民族性

对社会公共事务进行管理,是所有公共行政实践必须面对的首要任务,因而人们对行政现象往往也形成某些相同或相近的信念、价值和认知,这也决定了行政文化的普适性特征,即行政文化的某些构成要素在不同时期和不同国家中都是普遍适用的。如关于政府工作人员"清正廉洁"的道德诉求,适用于古往今来的各个时期和所有国家;另外如现代民主政治提倡的"民主行政"原则,是任何一个法治国家在进行公共行政实践时需要遵循的基本行为规范。但正如政治文化具有民族特征,行政文化也同样具有民族性,它是一个民族在特定时期内流行或占主导地位的一套行政态度、情感和价值观,是由本民族的历史和当代社会、经济、政治活动过程所促成的。因此,在众多的民族国家中,也就存在着丰富多样且具有鲜明民族特征的行政文化,"任何民族在观察生活时所使用的镜片都不同于其他民族使用的"。[①] 例如,中国传统社会在集权政治体系中形成的行政文化同西方社会在分权政治体系中形成的行政文化就截然不同;即使是受同一

---

① [美]鲁思·本尼迪克特:《菊与刀》,吕万和等译,商务印书馆1990年版,第10页。

传统文化影响的不同民族,其行政文化也各不相同,如中国行政文化与日本行政文化之间就存在着显著的差异。从这个意义来说,因民族性而导致的行政文化的差异性,是行政文化的最突出表现形态,也是行政文化研究的重要内容。

2. 行政文化的一般性与个体性

行政文化是特定的价值符号,因此,从一般性的角度看,行政文化具有同质性,也就是说,对于生活在特定地域和特定时期内的民族整体来说,它具有质的规定性,通过某些文化要素的一般性表现,我们就可以判断出它属于何种行政文化。如中国传统的行政文化集中体现了"官本位"、"家天下"等行政观念,而法国的行政文化则体现出"自由"、"平等"、"博爱"等行政观念。然而,从个体性的角度来看,行政文化又具有鲜明的主观性特征,它依赖于社会个体对行政实践的感知和认识,是特定社会化过程的产物。换句话说,尽管作为整体的一国行政文化具有某种质的同一性,但具体到个体的某个国民,他们的行政文化表现往往又是有差异的。但是,行政文化的一般性与个体性是辩证统一的,即行政文化的一般性融合于个体性中,而行政文化的个体性又以一般性为基本前提。

3. 行政文化的适应性与整合性

行政文化的适应性与整合性特征推动了行政文化的发展和变迁。"任何社会都会经历传统行政文化向现代行政文化的变迁",[①]这意味着行政文化会随社会环境,尤其是物质生产运动的变化而发生变迁,从而体现其适应性特征。同时,行政文化的变迁也是一个渐进的过程,当行政文化的某个部分为适应环境的变化而发生了改变,其他部分也会发生相应的变化,在此过程中会对社会成员特别是行政人员的观念、意识和价值观等产生直接的影响,并进而影响到整个行政体系的活动过程,这体现了行政文化的整合性特征。行政文化的适应性特征与整合性特征相伴始终,相辅相成,适应以整合为目的,而整合则以适应为先导。

4. 行政文化的现实性与历史性

行政文化来源于行政实践,因此行政实践的现实表现和历史延续性也决定了行政文化的现实性与历史性特征。行政文化的现实性表明,一方面行政文化传统会对当前的行政实践产生制约和影响作用,另一方面当前行政实践中产生的那些具有普遍意义的行政价值、行政理念和行政认知等也会被行政文化吸纳和接受,形成新的行政文化要素,推动行政文化的现代转型。行政文化是历史积淀的产物,它是对过往行政实践的总结和概括,代表着已知而非未知。但行政文化的历史性并不意味行政文化演化过程的终结,而恰恰说明了行政文化的持久生命力。由此可见,行政文化的现实性和历史性是相对的概念,其现实性是对历

---

① 竺乾威主编:《公共行政学》,复旦大学出版社2000年版,第242页。

史性的传承,而历史性则是对现实性的回应。如果借用阿尔蒙德和维巴(Sidney Verba)对“公民文化”的表述,那么,行政文化不是一种现代文化,而是一种混合的、处于现代化过程中的传统文化。①

二、行政文化的内容与分类

行政文化是对客观和复杂行政实践的认知体系,涉及行政过程和行政活动的方方面面,这也决定了其在内容与分类上的多样性。

(一)行政文化的内容

从行政文化的基本含义出发,行政文化的内容包括主观性的行政文化和规范性的行政文化两个方面。②

1. 主观性的行政文化

顾名思义,所谓主观性的行政文化是指那些存在于人们主观层面的行政信仰、行政价值、行政意识、行政思想、行政理想和行政道德等所组成的复合体,它们可以对行政主体对待行政实践的态度、情感、评价等产生直接影响。主观性的行政文化包括行政信念、行政价值、行政道德、行政意识、行政理想、行政思想等几个方面的具体内容。

(1)行政信念。行政信念是指人们对待行政实践的基本信念,它涉及三个层面的内容:一是对行政系统和行政体系的信念,这种信念有助于确立人们对行政与政治、行政与社会关系的基本观念;二是对行政规范、行政行为的信念,它可以帮助人们确定行政行为的原则和标准;三是对行政目标的信念,也就是对行政过程所达到的预期目的的期望。行政信念是行政系统有效运转、实现行政目标的内在动力,坚定的共同信念是发挥行政系统功能和实现行政组织管理活动高效率的保证。

(2)行政价值。行政价值是人们对行政过程、行政现象的基本评价和看法,并根据对行政实践在主观认识上的主次、轻重等不同排列顺序,构成了不同的行政价值体系。行政价值体系是决定行政行为的重要心理基础,它不仅影响个体的行政行为,也影响组织的行政行为,进而影响行政活动的有效性和持续性。在相同的情况下,行政价值评判标准不同,会产生不同的行政行为。因此,选择合理的行政价值标准是行政组织生存、发展的重要条件。同时,社会公众所秉持的行政价值高低,也影响到整个行政过程和行政活动的合法性基础。

---

① 参阅[美]加布里埃尔·A.阿尔蒙德,西德尼·维巴:《公民文化——五国的政治态度和民主》,马殿君等译,浙江人民出版社1989年版,第7页。

② 参见竺乾威主编:《公共行政学》,复旦大学出版社2000年版,第242~247页。

（3）行政道德。行政道德是人们在从事行政活动中应该遵循的道德准则和规范，它是在行政信念和行政价值的基础上形成的，用以调整行政主体与客体以及行政主体之间的相互关系。行政道德是人们的主观认知，往往通过个人信念、社会舆论和职业道德等形式表现出来，并对个体的行政行为产生潜在的影响。行政道德受到特定历史条件和社会发展水平的影响，因而在不同的社会和行政系统中，行政道德的内容和表现形式也有所区别。行政道德是形成行政规则的基础和前提，而行政规则是行政道德的具体化，但行政道德并不等同于行政规则，在具体的行政实践中，行政规则的约束力要强于行政道德，甚至还会出现行政道德与行政规则间的价值冲突和对立。

（4）行政意识。行政意识是人们对行政事务的主观反映，包括感觉、知觉、表象等感性的反映形式和概念、判断、推理等理性的反映形式。从行政过程来看，行政意识体现在行政主体的认知取向、情感取向、评价取向三个方面。[①] 认知取向是对行政活动、行政关系的一般性认识，它包括对行政组织的结构、功能、程序、目标等的了解和认识；情感取向则偏重于感情层面，如对行政活动和行政关系的认同、支持、参与等；评价取向则涉及价值层面，它是依据一定的标准，对行政组织、行政过程、行政关系等进行的价值评判。认知取向是行政意识形成和发展的基础，情感取向和评价取向则是对认知取向的进一步提升和升华，因此，行政意识的强弱在很大程度上取决于三者的存续状态。一般来说，行政意识的三个方面密切相关。对行政过程有充分认识的人，才会对行政系统有较高的认同、支持和参与程度，也才会作出积极和正面的评价；反之，则会表现出消极抵触情绪和负面的评价。当然，由于受到社会条件、自身素养和认知水平等因素的制约，人们的行政意识也会存在很大的区别。

（5）行政理想。行政理想是人们对行政发展的心理预期，它包括对行政组织的长远目标、行政活动的规范状态、行政功能的最优化配置以及行政关系的调整等方面的理性追求。行政理想是人们基于行政实践和社会环境的现实条件而形成的具有前瞻性的长期规划，因而具有激励作用。通过设置合理的行政理想，可以激励行政组织及其工作人员积极参与行政活动，促使他们产生实现行政理想的内在需求。行政理想不是脱离现实的“空想”，它一定是基于行政实践的客观现实且应反映行政实践的现实需求，并借助于具体的和现实的行政目标的逐步实施而得以实现的。

（6）行政思想。行政思想是人们在长期行政实践过程中形成的相关思想逻辑体系，它对于行政实践活动具有重要的理论指导意义。现代公共行政众多的思想体系都经过了漫长的形成和发展过程，每一种行政思想都发端于简单的观

① 竺乾威主编：《公共行政学》，复旦大学出版社 2000 年版，第 244 页。

点和原则，经过行政实践的不断修正和完善，逐步演变为丰富的思想体系。行政思想是行政实践经主观思维加工后的产物，因而受特定历史条件和认知水平的制约，即使是那些在特定时期内产生巨大影响的行政思想，也会存在或多或少的缺陷，这也决定了行政思想的历史局限性。但在行政思想发展过程中形成的某些具有普遍指导意义的内容，诸如“效率”和“公平”的思想，则被提升为一般性的行政理论和行政原则，并在长期的行政实践中得到了有效的运用。

2. 规范性的行政文化

规范性的行政文化也称为制度性的行政文化，它是指那些对行政实践活动产生规范性和约束性作用的行政文化。按照制度主义学者的观点，“从人类经验中演化出来的”行政文化，可以作为一种内在制度（internal institutions）发挥作用，[①]虽然不具有法律般的强制性，却也是行政实践中需要自觉承认和遵守的行为规范。总体来看，规范性的行政文化有两种产生途径，一是人们在长期的行政实践过程中自然形成的，如行政传统、行政习惯等；二是人们通过行政实践活动总结和归纳而来，如行政原则等。

（1）行政传统。行政传统是指那些在行政实践中历史沿袭下来的道德、观念、习俗等，如中国传统上形成的等级观念、“大一统”观念等。行政传统因其历史传承性而成为稳定的规范因素，它主要是通过传统的道德、思想、价值观念、行为习惯、活动方式等来影响和约束具体的行政行为。但其规范作用的稳定性又是相对的，既受到特定历史条件的影响，也受到社会开放程度的制约。一般来说，在高度集权和封闭的社会形态中，行政传统往往发挥着超稳定的规范作用，而在相对民主和开放的社会形态中，行政传统的规范作用往往会因多元化价值观和行为方式的存在而受到挑战。此外，随着时代的进步，行政传统也会面临历史性与现实性的内在冲突，因此，要充分发挥行政传统的规范作用，就应该合理地继承行政传统，取其精华，去其糟粕。

（2）行政习惯。行政习惯是在长期行政实践中因不断重复而逐渐形成的固定行为方式和行为作风，它也是行政传统的一种具体表现。行政习惯是在过往行政实践中经常出现并行之有效的行为方式的积淀，因而在一定时期内，行政习惯通常会对后续的行政实践产生一定的引导和规范作用，使人们予以接受和模仿。然而，行政习惯也存在好坏之分。良好的行政习惯会培养正确的行为方式和优良的行政作风，而诸如家长制作风、官僚主义等不良行政习惯，却会降低行政效率，阻碍行政实践进程。行政习惯也具有相对稳定性，一旦形成一定的习惯后，均不会轻易改变，因此培养和养成良好的行政习惯，对改进行政程序，提升行

① 参阅［德］柯武刚，史漫飞：《制度经济学：社会秩序与公共政策》，韩朝华译，商务印书馆 2002 年版，第 35 页。

政实践的科学性和合理化水平具有重要的作用。

(3) 行政原则。行政原则是人们在长期行政实践中总结出的行之有效的普遍性规律,它体现为行政活动所应遵循的基本方法和准则。从公共行政学的发展来看,早期的行政学者就提出了一系列指导行政活动的基本原则,如法约尔的管理14条原则、厄威克的系统化行政管理原则等,这些行政原则有的到今天仍然发挥着积极的作用。需要说明的是,除了那些具有普遍意义的行政原则之外,处在不同发展阶段和不同性质的国家,它们所遵循的行政原则也是存在明显区别的,例如尽管资本主义国家和社会主义国家都认同如效率、管理幅度、民主等一般性的行政原则,但在具体的行政实践中,它们所遵循的行政原则却各有不同,美国实行分权原则,而中国则坚持民主集中制原则。

(二) 行政文化的分类

对于国家和民族来说,行政文化在宏观上是一个整体,其在总体上对特定社会的行政实践和行政关系发生作用。但如果按照作用的区别和分析角度的不同,又可以把行政文化划分为一系列不同层次和不同类型的文化形态。

1. 根据作用范围的大小,可以将行政文化划分为社会总体行政文化和区域行政文化

社会总体行政文化是存在于全社会范围内的那些对行政实践具有普遍意义的,由行政认知、行政价值、行政观念、民族气质、行政道德等因素构成的行政文化。区域行政文化则是指那些在一个社会范围内不同区域、不同民族之间形成的具有鲜明地域性特征的行政文化。区域行政文化的产生是基于同一个社会中不同地区在政治、经济方面发展的不平衡,或是由于不同地区、民族之间风俗习惯的差异。社会总体行政文化具有一般性,它是由在不同区域行政文化的基础上提炼出的具有共性的内容所组成,因而对评判一个社会的行政文化形态具有根本性的作用。而区域行政文化具有特殊性,它是社会总体行政文化在某一特定地区的具体体现,是在社会总体行政文化基本内涵作用下,结合本区域行政实践的具体条件形成的。例如,就现阶段中国社会的总体行政文化来说,在重视伦理、受传统儒家文化影响等基本表现形式方面具有质的规定性,但具体到某一个特定的区域,如南北方之间、东西部之间、汉族聚居区和少数民族聚居区之间,在具体的表现形态方面又存在着差异。社会总体行政文化与区域行政文化之间的差异与偏离,在一定程度上会影响整个社会的行政发展进程,如差异与偏离的程度过大,则极有可能产生负面影响,阻碍行政发展,使行政实践难以协调一致,引发行政系统紊乱。因此,要避免社会总体行政文化与区域行政文化之间过大的差异与偏离,一方面需要深化行政文化建设,对区域行政文化进行必要的引导和培育;另一方面需要强化社会总体行政文化的开放性和包容性,提升社会总体行政文化对多元文化形态的吸纳及整合能力。

2. 依据作用领域的不同,可以将行政文化划分为体系文化、过程文化和政策文化

行政文化是行政系统得以持续的文化基础,而持续的行政系统则有赖于行政体系、行政过程和公共政策三个方面的良性运转,这也就意味着在行政体系、行政过程和公共政策等方面都应该有稳健的文化根基。体系文化涉及社会公众对行政体系的认知与认同,它是行政体系合法性的心理基础,关系行政体系的统一与完整。历史经验表明,行政体系的认同意识危机往往会导致行政系统的分裂,并进而引发社会动荡与分裂。过程文化是人们对行政过程的一整套倾向,它涉及个人对自身在行政过程中影响力的看法以及个人对于自身与其他活动者之间关系的看法这样两个方面,而这除了与个体的自身素养有关之外,也与政治生活及行政体系的民主和开放程度有着直接关系。在集权和封闭的行政体系内,即使社会公众有较强的参与意识,也往往会因为缺乏必要的参与途径和渠道,倾向于顺从型的行政文化;而在民主和开放的行政体系内,社会公众则倾向于形成参与型的行政文化。此外,在同一个行政体系内,不同阶层、不同集团之间关系的远近也会影响行政系统的正常运转,相互之间的信任感有助于行政目标的实现并推动行政实践的顺利进行,而相互之间的敌视和疏远则会限制行政目标的实现并阻碍行政过程的正常运转。政策文化就是人们对行政体系作为的选择意向,即对社会资源的提取和分配以及行为管制的选择意向。政策倾向差异的根源在于人们关于行政实践理想标准的差异,也可能在于人们对社会看法的差异。[①] 政策文化是政策制定和政策实施的基础,对政策实施后果和效率产生长期的影响。社会公众对不同领域的公共政策也有着不同的政策文化,这主要表现为不同的价值取向,例如,针对公共服务领域和市场服务领域出台的公共政策,社会公众在价值取向上对前者强调公平,而对后者则突出其效率。公共政策的制定与执行应适应政策文化的基本导向,否则,即使一项公共政策有强有力的权威支持,其执行也将会面临极大的阻力。

3. 按照作用层次的差别,可以将行政文化划分为行政系统内部的组织文化和个体文化

行政机构是组成行政体系的基本单位,而在特定的行政机构内部,又存在两种相互联系、互相作用的行政文化,即组织文化和个体文化。组织文化是行政组织在行政实践及处理行政关系时所体现的价值观念、行为准则等,这正如库珀(Phillip J. Cooper)所说,"尽管不同的组织,同一组织的不同职能领域或不同层级所包含的社会结构有所不同,但一个组织中的基本信念、价值观和做事情的方式是相同的。这些共同的东西就构成了一个组织的文化。而且有的时候,它们

① 参阅毛寿龙:《政治社会学》,中国社会科学出版社 2001 年版,第 105 ~ 106 页。

甚至代表了组织的身份。”①组织结构、组织环境及组织形成过程的差异等因素决定了不同行政机构的组织文化存在着差异性，因而不同的组织文化通常会对行政实践的内容和活动方式产生影响。同时，组织文化也影响不同行政机构之间的关系，如开放性的组织文化具有比较融洽的行政关系，而保守性的组织文化则表现为较为僵化的行政关系。个体行政文化是指作为个体的行政人员在行政实践中所秉持的价值观念和行为规范等。个体行政文化的影响因素是多方面的，既受其家庭背景、成长经历、生活经验及知识水平等的影响，也受整个社会大环境的影响，如传统伦理道德、社会结构、社会经济发展水平等。此为，作为个体的行政人员在社会化过程中，也会通过行政实践形成特定的个体行政文化，形成对于行政系统、行政组织、行政过程等具有个性化特征的认识和意识，并决定个体的行为方式。个体行政文化是组织行政文化的基本组成部分，但同时也受到行政机构整体组织文化的制约，因而在一个行政机构内部往往形成统一组织文化基础上具有差异性个体文化的文化体系。

除了以上行政文化的分类之外，还可以根据其他的一些标准进行划分，如按照时间标准，可以将行政文化分为传统行政文化和现代行政文化。传统行政文化是历史延续下来并对现在和未来产生持久影响的行政文化；而现代行政文化则是反映当前时代发展特征的行政文化。从状态的角度来划分，可以把行政文化分为理想的行政文化和现实的行政文化。理想的行政文化是行政组织、行政个体对应该怎样进行行政实践所持有的信念、价值和理想，它是一定社会环境下理性思维的产物；而现实的行政文化则是指在行政实践中体现出来的真实的行政价值、行政原则等组成的行政文化。从表现形式上来说，又可以划分为精英行政文化和大众行政文化。精英行政文化是一种“小众行政文化”，它是在行政系统中占据一定地位，对行政实践特别是行政决策产生重要影响的少数精英分子所秉持的价值观念和行为方式；大众行政文化是指那些在行政实践中的执行者、接受者、旁观者所形成的文化因素，尽管从人数上来说占有绝对优势，但大众行政文化在行政实践中的作用却并不突出。另外，还可以根据作用程度，将行政文化划分为显性行政文化和隐性行政文化。显性行政文化是那些在行政实践中直接表现出来的文化因素，如行政原则、行政习惯等，而隐性行政文化的作用则不太明显，往往通过潜移默化的方式影响行政实践，如行政信念、行政价值、行政道德等。

① ［美］菲利普·J. 库珀等：《二十一世纪的公共行政：挑战与改革》，王巧玲、李文钊译，中国人民大学出版社 2006 年版，第 250 页。

三、行政文化的功能

行政文化是行政实践的客观反映,也是公共行政的灵魂。因此,行政文化对于行政活动具有重要的功能。行政文化的功能主要体现在行政组织、行政行为和行政心理三个方面,具体来说,则主要表现为指导与整合功能、铸造与培育功能、凝聚与激励功能、调适与规范功能。

(一)指导与整合功能

行政文化是对具体行政实践的抽象化表达方式,它既是对过往行政实践的历史积淀,也是对现实行政实践的真实表述,是对行政实践客观规律的总结和概括,并以此决定行政实践未来的发展方向,因而对行政实践具有重要的指导功能。首先,行政文化指导现实的行政实践过程。行政文化来源于早期的行政实践,并在行政发展过程中得到不断完善和充实,那些行之有效并具有指导意义的经验和做法逐步固化为特定的文化要素,成为行政文化重要的组成部分。现实的行政实践是一个继往开来的过程,过往的行政经验和行政典范往往会成为指导行政活动的重要依据,并结合现实条件获得新的行政体验和行政认知,赋予行政文化以时代性特征。因此,行政实践全过程都不离开行政文化的指导。无论是公共行政的动态层面,还是其静态层面,都必须保持科学的发展态势,拥有强大的精神动力,而所有这些都得益于先进行政文化所确立的价值体系和意识观念。落后的行政文化必然阻碍行政实践过程,滞后的行政文化建设也一定会导致行政现代化的衰退。其次,行政文化规定了行政实践的发展目标。行政实践的总体发展目标是实现公共行政的现代化,其核心内容是实现民主行政。民主行政需坚持自由、参与、法治等基本原则,而这些原则只有依靠行政文化的引导才能得以实现。传统行政文化强调约束、服从、权治等原则,因而其行政实践发展以维系一元化的集权行政为目标。随着社会开放和多元化程度的不断提高,人们对于公共行政的认知、态度和意识也将发生转变,从而推动行政文化的转型过程,树立新的行政价值体系和行为规范,逐步形成具有现代意义的行政文化体系。现代化的行政文化蕴涵着民主行政的基本原则和精神,它引导和推动民主行政的实现。最后,行政文化决定公共行政的发展模式。因环境、结构、功能等不同因素可以将公共行政划分为不同的发展模式,比较典型的模式有两种:一种是所谓早发内生型模式,一种是所谓晚发外生型模式。[①] 早发内生型发展模式由较为成熟的行政文化所规定,这种行政文化经过长期的发展已形成较为稳定的文化体系,尊重个体价值,强调通过发扬自身的文化价值观并借助现代化的科

① 参阅李元书主编:《政治发展导论》,商务印书馆2001年版,第255页。

学技术手段来完善民主行政的各项指标，这种发展模式多见于发达国家；而晚发外生型发展模式则是由不甚成熟或处于转型期的行政文化所规定，这种发展模式多见于发展中国家，一方面推崇权威，强调群体价值，另一方面又受到外来文化和价值观的影响，试图仿效发达国家的发展模式。早发内生型发展模式因其行政文化的稳定性而较少引发公共行政的剧烈振荡，而晚发外生型发展模式则往往会因行政文化转型的不确定性和外来文化因素的冲击而导致公共行政的重大变革。

行政文化的整合功能是指通过调整和协调不同因素的矛盾和冲突，从而实现行政系统的一体化和统一性。行政文化的整合功能也主要体现在三个方面。第一，大众化行政文化的确立有助于协调利益冲突。行政实践是对社会资源进行分配的过程，由于社会地位和资源支配能力的差异会产生不同的行政认知和行政意识，社会阶层之间的利益矛盾和冲突往往体现为不同行政文化之间的矛盾和冲突。如传统行政模式下，社会精英阶层在行政实践中拥有较强的话语权，在社会公共事务中居于支配地位，而普通社会公众则居于被支配地位，因而形成精英行政文化与大众行政文化在认知水平、认知角度和认知能力等方面的差异，尤其是沟通渠道的缺失，更进一步加深了不同阶层行政文化之间的隔阂。大众化行政文化是现代行政模式的产物，它具有开放性和平等性的特质，并通过具有普遍性的共同原则、准则和价值观念整合不同阶层的价值取向，以消除利益冲突，因而行政文化的转型就是要确立大众化的行政文化。第二，先进性行政文化的建设有助于养成共同意识。由于社会发展阶段和人们的认知水平不同，行政文化也有先进与落后之分。先进性行政文化是积极、科学和代表社会发展方向的精神动力，它指引行政发展的正确方向。行政发展是多种因素共同作用的结果，而形成适应行政发展方向的共同意识则是推动行政发展的精神力量。共同意识的养成有赖于对那些符合现代行政发展规律的价值观念、信念和理想的认同和遵守，而这些只有借助于大力推动先进性行政文化的建设才能得以实现。第三，现代化行政文化的培育有助于统一发展目标。培育现代化行政文化是转型期统一发展目标、推动行政发展的重要手段。社会转型也是传统与现代、落后与先进相互纠葛的过程，在此过程中会形成多种多样甚至是相互冲突的价值观念和思想意识，它们对发展目标的表述也各不相同，因而会危及发展目标的一致性和统一性。现代化行政文化是顺应时代进步潮流和行政发展规律的行政文化，只有在转型过程中通过培育现代化行政文化并使之成为主流行政文化，才能消除消极行政文化的干扰，形成统一的认识，确立统一的发展目标和发展方向，推进行政发展的顺利进行。

（二）铸造与培育功能

任何一种行政制度、行政体制、行政实践都是某种特定行政文化的外在表现形式，而该种行政文化则是它们的母体，是它们的铸造者。具体来说，行政文化的铸造功能表现在两个方面：第一，行政文化可以确定行政制度的性质与行政体制的形式。行政文化在其历史发展进程中以其内含的不同社会阶级、阶层的价值观、行政意识，分别在铸造资本主义行政制度与社会主义行政制度的过程中发挥了极为重要的作用；行政文化表现为对行政制度运作形式的心理的、价值的、意识的不同理解和认知，又分别在铸造三权分立制、议行合一制、政教合一制、党政合一制等行政体制的过程中起到了关键作用。行政文化对行政制度和行政体制的铸造并非一劳永逸，它又总是在行政发展的过程中尽其所能地对它们实施变革。不成熟的行政文化催生的行政制度与行政体制改革，总是带有“旧瓶装新酒”的特征；而较为成熟的行政文化推动的行政制度与行政体制改革，一般则较为明快，民主更新的力度也更大。第二，行政文化是行政主体的行政心理、行政价值和行政意识，这些精神要素支配和制约着他们的行政行为。行政文化决定着行政主体对某种行政体系、行政目标、行政模式、行政现象的情感、态度与评价，在很大程度上规定着他们对这些行政范畴所应采取和可能采取的行政行为。行政文化对于行政领导和行政精英行为模式的规范作用尤为巨大，引导他们按照强化行政认同和容忍行政参与的方向施加行政影响，造就民主的发展态势，用以加速行政现代化的进程。

行政文化的培育功能也表现在两个方面。一方面，行政文化有助于培育社会成员的行政素质与行政风范。例如，传统行政文化所包含的等级观念、强权意识和富贵荣华的价值追求，造就了行政领导者的“官本位”、集权、“家天下”等行政心理与行政观念，而那些被领导者则多表现为顺从心理、畏上意识、忠厚仁爱的道德与忍辱负重等行政素质与行政风范；现代行政文化所包含的服务心理、整合意识、平等价值观等，则造就了自强心理、参与意识、争取权益的价值追求、奉公守法的道德和独立自主的人格等具有现代特质的行政素质与行政风范。另一方面，行政文化在广泛培育社会公众行政素质与行政特质的基础上，又着重锻造了其中的行政精英。这些行政精英除了具有一般的行政素质与行政特质之外，还具有较强的知识、才干和认知水平，他们能够顺应行政文化发展的基本方向，把握行政发展的基本目标，有能力带领社会公众缔造现代民主行政和参与文化，推进公共行政的现代化进程。

（三）凝聚与激励功能

行政文化的核心内容是社会成员共同创造的一种精神文化，它包括行政价值观、行政精神、群体意识、道德规范、行为准则等。行政文化所包含的核心内容一旦被社会成员认同和接受，并达成共识，就会形成一股黏合力量，从各方面把社会成员团结起来，产生巨大的向心力和凝聚力，从而有效保证行政系统的稳定和统一。行政文化的凝聚功能，还体现为行政文化的排他性，即行政系统内部强大的凝聚力导致社会公众对内表现为对行政系统的高度依存性,对外则产生对异质体的敏感性和竞争性。因此,充分发挥行政文化的凝聚功能,是抵御外部影响和推动自身建设的重要举措。

行政文化对行政实践还具有激励功能,主要表现在正、反两个方面。如果一种行政文化强调个人的自由和全面发展,可以使每个社会成员都能够积极参与行政实践过程,实现自我管理、自我发展,这就可以有效地调动个体的主动性和创造性,激发行政人员的工作热情,使行政行为趋于合理,从而提高公共行政的整体效能。反之,如果一种行政文化忽视个人的价值诉求,限制社会成员参与行政实践过程,强化集权管理,强调等级观念,使被管理者产生顺从与屈从心理,只是被动地参与行政过程,“它很可能会蒙蔽人的双眼,使组织成员停止思考,尤其是对一些重要问题的思考”,①这不仅将限制行政个体的积极性和创造性,而且会导致行政系统僵化,缺乏后续发展的动力和机制。

(四)调适与规范功能

在现代行政实践过程中,行政文化具有的调适功能也同样不可忽视,它主要表现为对各种行政关系的调适,而核心是对行政权力关系和行政利益关系的调适。首先是对行政权力关系的调适,使之趋于公正。传统行政文化充斥着人治和权治观念,而法治精神则异常淡漠,并长久支撑权大于法的行政秩序,致使权力分配极为不公,极少数精英阶层掌控无限行政权力,而绝大多数社会成员则被排斥在行政体系之外,造成权力关系的极度不平等。现代行政文化则以法治精神为先导,强调民主、自由和公正,并通过积极的社会化过程逐步确立了法大于权的行政秩序,以公正的“手”转变了社会成员传统的政治地位和社会地位,并形成新的权力关系。在新的权力关系框架下,广大社会公众可以依法对行政体系及其成员实施监督和约束,依法捍卫自身的合法权益,产生公正的权力分配格局。其次是调适行政利益关系,使之趋于公平。各种行政关系归根结底是利益关系,争夺利益的动机、行为及其结果将社会成员划分为不同的阶层以及各种利益群体,它们之间既合作又斗争。行政文化对利益关系所作的调适,就是在行政实践中努力建立普遍适用的、公平的利益分配机制,以扩大社会合作领域,缩小分歧和矛盾。现代行政文化赋予社会阶层与利益群体以包容精神,尊重统一发展目标的各自表述,积极吸纳先进、合理的价值诉求,以此来达到利益分配相对公平、社会局面相对稳定的格局,并谋求行政现代化过程中的共同发展。

此外,行政文化还通过众多非正式的、约定俗成的群体规范或共同的价值准则对行政系统的思想、意识、观念和行为发挥约束和规范功能。与正式的规章制

① [美]菲利普·J.库珀等:《二十一世纪的公共行政:挑战与改革》,王巧玲、李文钊译,中国人民大学出版社2006年版,第251页。

度不同,作为“软约束”的行政文化,它是通过行政系统中的群体意识、大众舆论、传统习惯等精神要素的作用,对系统成员的个体行为形成从众化的心理驱动力和压力,从而产生对行政行为的自我约束和自我规范。从这个意义来说,行政文化虽然不具有强制性的性质,但其对个体行为的影响,往往要比正式规则、权威的影响力更为深刻和持久。

第二节 行政文化建设

一、行政改革与行政文化建设

行政改革是行政发展的动力和途径,它是指为了适应行政环境的变化和行政系统内部的要求而对公共行政的组织、人员、技术、制度和观念等进行的有意识地创新、发展和调整的过程。[①] 在所有影响行政改革的因素中,行政文化是处于较深层次、较为稳定的子系统,其影响是深远而持久的,行政文化变迁引致的行政改革,也是决定性的和不可逆转的。“成功的行政改革,其标志就是新型行政文化的出现和发展。”[②]因此,行政改革与行政文化建设具有密切的关系,行政文化建设对于推动行政改革及行政发展也具有举足轻重的地位和作用。

(一)行政改革与行政文化建设的关系

首先,行政改革与行政文化建设都是行政发展的客观要求,它们具有相同的质的规定性。行政改革是行政发展的动力和途径,也是以行政发展为基本指导原则的,其目的是变革行政实践中不适应发展要求的制度和组织因素,以消除阻碍行政发展的障碍。如果说行政改革涉及行政发展的物质层面,那么行政文化建设则关系到行政发展的精神和意识层面。行政文化建设其实是用新的行政文化取代旧的行政文化的过程,历史经验表明,当一种新的行政意识、行政价值取代旧的行政意识、行政价值的时候,行政发展就已经从可能成为现实。尽管行政文化建设的进程可能要缓慢得多,但其推动行政发展的总体方向却与行政改革是一致的。因此,从这个意义出发,行政改革与行政文化建设在目的上具有一致性。

其次,行政改革与行政文化建设相辅相成,相互促进。行政改革主要涉及两个层面的问题,一为法理与法律的问题,一为管理思想和技术方法的问题。前者主要涉及政府的法定地位、基本职能及政府与社会关系等方面,而后者则涉及调

① 张康之、李传军编著:《公共行政学》,北京大学出版社 2007 年版,第 354 页。

② 张康之、李传军编著:《公共行政学》,北京大学出版社 2007 年版,第 356 页。

整行政组织、提高行政效率以及改进行政手段和方法等方面。[①] 而每个层面的问题都涉及对行政实践的重新认知,改革实践为人们检视传统行政文化,吸纳先进行政文化提供了契机,也为推动行政文化建设提供了丰富的素材。同时,通过有效的行政文化建设形成的先进行政意识、行政观念和行政价值,又能够对改革实践进行合理、规范和科学的指导,提高行政改革效率,保证行政改革目标的实现。

最后,行政改革与行政文化建设彼此适应,互相制约。物质决定意识,意识又反作用于物质。行政改革与行政文化建设不仅要适应于社会发展的客观规律,而且彼此之间也应相互适应。尽管现实中行政改革与行政文化建设可能并不同步,但是应将二者之间的差距控制在合理的范围之内。如果行政改革的进程过快,那么滞后的行政文化建设会导致保守的思想意识,引发改革实践的认同危机,阻碍行政改革的顺利进行;反之,如果行政改革严重滞后于行政文化建设,则会引发社会公众对行政系统的普遍不满,甚至危及行政体系的合法性地位。因此,虽然行政文化建设在客观上往往迟滞于行政改革,但共同推进行政改革与行政文化建设的进程则是平衡行政发展、保持行政持续发展的现实要求和题中应有之义。

(二) 行政文化建设对于行政改革的地位和作用

行政文化建设对于行政改革具有重要的地位和作用。首先,行政文化建设有助于推动行政价值观的重塑,为行政改革的顺利实施提供有利的社会意识基础。行政价值观是影响行政改革路径、结构和方式的重要因素,它是对行政实践和行政发展规律的主观认知。行政改革除了受众多客观条件的制约和限制之外,也受到改革推动者及社会公众主观意识的影响。因此,塑造有利于行政改革的行政价值观,是有效推动行政改革的重要手段。行政文化建设就是借助对行政思想、行政意识、行政思维、行政习俗等文化要素的更新和塑造,以确立符合社会发展方向的行政价值体系,其目的就是要统一认识,消除来自于思想意识方面的阻力,为行政改革的顺利实施奠定良好的社会意识基础。同时,行政文化建设并不是对传统行政文化的彻底否定与抛弃,而是在尊重传统行政文化核心价值基础上的不断更新过程,它是为了消除僵化行政文化对行政改革的阻碍作用,为行政发展提供持久的精神动力。

其次,行政文化建设有利于行政环境的优化,为行政改革创造有序和宽松的社会氛围。行政环境有"硬"环境和"软"环境之分,行政文化建设的根本目标是对行政"软"环境的优化和提升。社会生产力的发展以及开放程度的提高,使得行政"硬"环境发生了深刻的变革,与此相适应,行政"软"环境也发生了剧烈变

① 张国庆主编:《公共行政学》(第三版),北京大学出版社 2007 年版,第 543 ~ 546 页。

迁，其中知识和智力在行政系统及行政实践中所占的比重越来越大，社会公众的民主意识、参与意识得到进一步增强，由此也引发了行政文化的演进过程。行政文化将逐渐由传统的封闭、一元化状态演变为现代的开放、多元化状态，在此过程中，基于利益诉求和价值观的差异，针对行政改革往往会形成矛盾、对立乃至冲突的认知状态，从而引发社会动荡。行政文化建设就是要通过确立和普及开放、科学、民主、先进的行政文化体系，在树立主流行政价值观的基础上，求同存异，创建具有包容性和多元化的行政文化环境，为行政改革提供有序和宽松的社会氛围，以保证行政改革的持续性和生命力。

再次，行政文化建设推动行政技术创新，为行政改革奠定物质基础。行政改革除了需要行政体制及行政组织的变革之外，还需要对行政技术的创新使用，这是行政改革得以顺利实施的物质基础。行政技术的创新离不开先进技术手段的运用，但更为重要的则在于现代行政文化所确立的开放、科学的行政认知和行政意识。一方面，开放的行政文化注重传统与现代相结合，在尊重传统行政经验的前提下，注重对旧有行政方法和手段的变革，这为行政技术创新提供了前提条件；另一方面，科学的行政文化重视行政实践的科学化、专业化和知识化，积极吸纳先进科技成果，以提升公共行政的整体效率，这也为行政技术创新开拓了充分的发展空间。因此，行政文化建设也是造就科学化、专业化、知识化行政文化环境，推动行政技术创新的重要途径。

最后，行政文化建设是维护社会安定，为行政改革培育稳定社会秩序的重要环节。行政改革会引发社会利益格局的重新调整，因而会导致利益矛盾与冲突，随着改革的深入，又可能会进一步激化社会矛盾，危及社会秩序的稳定，触发行政改革的合法性危机。行政文化建设是借助公共行政的社会化过程，规范社会公众的利益诉求和价值观，疏导不同阶层的利益争端，以消弭利益冲突与矛盾，并从社会认知的角度将社会矛盾控制在合理、有序的范围内，从而有效维护社会安定，为行政改革的顺利实施培育具有可持续性和稳定的社会秩序。

二、行政文化建设的目标与内容

行政文化建设是一项长期性的历史任务，它是实现行政发展的必然要求。任何一个国家（地区）都应该在尊重本国（地区）历史传统的基础上，结合社会经济发展的现实条件和行政发展的客观规律，为行政文化建设确定合理的目标和内容。

（一）行政文化建设的目标

行政文化建设的目标是在客观实践的基础上，结合行政文化所面临的条件和环境而确定的。总结中外行政文化建设的实践经验，在总体上可以将行政文化建设的目标界定为三个方面，即发展、秩序和现代化。

1. 发展。发展是行政文化建设的首要目标。发展代表了行政文化的活力和变化的一面,也是行政文化生命力的集中体现。离开了发展,行政文化不仅将逐渐陷入僵化与保守,而且会失去应对社会和公民需要的能力,成为阻碍社会进步和行政变革的因素。实践表明,稳定、有序的民主行政的发展,不仅依赖于政府和政治的结构,而且依赖于人们对行政实践的价值取向,即依赖于行政文化。[①] 行政文化建设就是推进行政文化发展的过程,它是通过以先进文化取代落后文化、以科学文化取代愚昧文化的方式,循序渐进,始终保持行政文化强劲的生命力,并以此推进公共行政和社会生活领域的全面发展。

2. 秩序。秩序是行政文化建设的基本目标。秩序代表着行政文化稳定和正常运行的一面,它是持续性行政文化的根本保障。通常来说,行政文化体系一旦形成,就具有较为稳定的结构,并发挥持久性的影响力,能够在一段时期内维系公共行政的正常运转,确保稳定的行政秩序。然而,社会环境的剧烈变化,必然会带来行政价值观的重大变革,出现价值取向间的冲突和对立,形成行政文化的“反文化”或“去社会化”现象,破坏原有行政文化体系的稳定结构,引发行政秩序的动荡,这种现象特别在处于转型期的行政系统中表现得最为突出。所谓行政文化的“反文化”或“去社会化”现象,是相对于主流行政文化而言的,“它在标准、价值等方面与社会认可的主流文化是相异或相反的”,[②]而主流行政文化是一种“社会化”的行政文化,它被社会公众所认可和接受,是社会基本行政价值观形成的基础。一旦行政文化的“反文化”或“去社会化”现象达到一定的程度,就会危及主流行政文化的主导地位,诱发基本行政价值观的变异,影响原有的行政秩序。因此,行政文化建设其实也是对行政文化进行重新“社会化”的过程,它通过重新确立社会基本行政价值观,构建新的主流行政文化,以此来稳定行政文化结构,维护正常的行政秩序。

3. 现代化。现代化是行政文化建设的终极目标。从过程来说,行政文化的“现代化”也就是使行政文化获得“现代性”的过程,其实质是人的“现代化”。尽管有关“现代性”还存在诸多争议,但可以确定的是,所谓“现代性”是相对于“传统性”而言的,它是不同于传统的、具有现代社会特征,并符合未来发展方向的。行政文化具有传统性特征,从其发展演化的过程来看,任何一种行政文化都会或多或少滞后于行政实践的现实表现,因而似乎行政文化的“传统性”天生就与“现代性”存在着矛盾之处。然而,传统与现代并非两级对立,而是辩证统一的,这是因为现代来源于传统,传统决定于现代。因此,行政文化的“现代性”并不

---

① 参阅[美]加布里埃尔·A.阿尔蒙德,西德尼·维巴:《公民文化——五国的政治态度和民主》,马殿君等译,浙江人民出版社1989年版,第586页。

② 严强、张凤阳、温晋锋:《宏观政治学》,南京大学出版社1998年版,第99页。

是对传统的全面否定,而是在尊重传统的基础上通过对发展规律的再认识而获得的。行政文化建设的终极目标就是要实现行政文化的现代化,这是通过不断提高行政文化"现代性"程度来实现的。行政文化的现代化不仅是现代社会对行政文化提出的客观要求,也是推动行政改革、实现行政发展的内在动力。

(二) 行政文化建设的内容

行政文化是多元复杂的文化系统,受多方面因素的影响和制约,因而行政文化建设也涉及多个层面的内容,如行政认知、行政原则、行政价值、行政情感、行政心理、行政思想等。具体来说,可以从宏观及文化变迁两个层面来认识行政文化建设的基本内容。

1. 从宏观角度出发,行政文化建设包含三个方面的基本内容,即标准、奖惩与价值

标准是指处于特定社会环境中的大多数人所能遵循的行为准则,如某些规则、禁忌、习惯等,它们由大多数社会成员"共同约定"或"共同制定"而来。任何一种行政文化都包含着标准的成分,它代表了人们对某种理想状态的认知水平,并以此为基础来衡量行政实践的实际状况,通常表述为"应该如何"和"最好如何",并因此形成特定的义务诉求,决定人们对公共行政的认知态度。所以,遵守某项标准也就是履行义务,这对于行为人来说,主要不是依靠外部的制约,而是依靠内心的赞同。行政文化建设就是一个塑造标准的过程,它通过更新和完善行政文化中的标准成分,过滤过时的标准成分同时又吸纳先进的标准成分,建构新的行为准则,并以此界定新的权利和义务关系,指导行政实践过程和行为。

奖惩是对是否遵循标准的监督。对标准的违背会导致负面的心理影响,如反感、抵触和痛苦,而对标准的遵守则引发正面的心理影响,如好感、认同和愉快,前者是文化奖惩的消极方面,而后者则是文化奖惩的积极方面。奖惩有多种形式,一种是基于既定规则基础上的奖惩,如法律奖惩;一种是基于社会关系的奖惩,如亲近、排斥;还有一种是基于心理需求的奖惩,它由社会个体自发进行,奖励表现为心理满足感和归属感,惩罚则表现为自责感和内疚感。行政文化建设就是明确奖惩的界限,通过制定相应的行政规则,使行政实践有章可循,规范行政行为。同时,行政文化建设还调整各种行政关系,使各种行政主体能够在行政系统内各就其位、各司其职,维护稳定的行政秩序。此外,行政文化建设还需要调适行政心理,在尊重行政个体心理需要的基础上,引导合理的心理需求并培育正确的行政道德体系,使行政个体获得充分的心理满足与情感认同,以保证行政系统正常运转的精神动力。

价值是行政文化建设的第三个内容,它通常表述为"好"与"坏"、"善"与"恶"、"正确"与"谬误"等。价值被用来对行为进行评价,因此价值往往与标准和奖惩交织在一起,特定的价值观也往往是包含有标准、奖惩等多种认知成分在

内的综合评价体系。正因为如此，一种价值观的形成总是构成特定行政系统的精神内涵，它深刻影响行政系统的心理认同和合法性根基。行政文化建设对价值观的培育主要有两种途径：一是借助于特定的渠道和工具确立某种行政价值观，二是通过社会化手段逐渐将此种行政价值观上升为主流价值观，以获得普遍的社会认可。前一种途径主要是通过灌输和宣传手段实现，而后一种途径则主要借助于传播和流通。行政文化建设对行政价值观的培育不能脱离社会整体的文化价值观，当一种行政价值与该社会公认的文化价值相一致的时候，这种行政价值就容易传播和推行，否则，就会遇到强劲的社会阻力。

2. 从文化变迁的层面来说，行政文化建设则包含确立自主性文化、世俗性文化和理性文化等方面的内容

自主性行政文化实际上是对行政人格的锻造，它要求行政个体能够从传统行政模式下的依附性行政行为转变为现代行政模式下的选择性行政行为，它要求行政个体具有独立的人格，成为具有自主意识的行政参与人。自主性行政文化的缺失，会导致“臣民”思想、从众心理及行政参与的冷漠态度，影响社会公众的行政价值取向，“地域民和臣民取向不仅同参与者互相依存，它还渗透并约束了参与者取向”，①形成行政参与的“精英化”取向，产生集权、封闭以及依赖权威的行政关系，而这恰恰又是与现代行政模式的基本价值取向相背离的。现代行政文化以民主、开放、平等的现代行政价值为基本取向，尊重个体的自由选择，强调权利与义务的统一，并以此建构新型的行政关系。因此，行政文化建设应该适应现代行政发展的规律和要求，积极培育自主性的行政文化。

世俗性行政文化是行政文化世俗化的必然结果，它在三个方面发挥作用：第一，世俗性行政文化容易形成如阿尔蒙德和鲍威尔所说的“现代化的世俗—理智型态度”，这是由于世俗性行政文化是对行政文化的“去宗教化”，它要求人们摆脱传统行政文化所形成的“宗教”、“皇权”等神圣观念，相信科学技术对改造世界的作用，尊重新事物和新思想，“世俗文化总是期待着变革并注视着各种新的情况发出的新信息”。② 第二，世俗性行政文化强调社会个体具有可利用各种机会改变自己处境的能力，因而也带来对行政合法性的新看法，并给社会公众提供了新的资源，提升了社会个体参与行政过程的意愿，也增加了行政系统的开放程度。第三，世俗性行政文化有助于改变人们的行为方式，这是因为它重视功利，强调物质利益和效果，引导人们正视现实生活，在行政实践中采取成就和功

---

① [美]加布里埃尔·A. 阿尔蒙德，西德尼·维巴：《公民文化——五国的政治态度和民主》，马殿君等译，浙江人民出版社 1989 年版，第 565 页。

② [美]加布里埃尔·A. 阿尔蒙德，小 G. 宾厄姆·鲍威尔：《比较政治学：体系、过程和政策》，曹沛霖等译，上海译文出版社 1987 年版，第 56 页。

绩取向，而忽视出身及种族背景，这有助于提升行政系统的绩效。然而，世俗性行政文化也并不一定能够改善行政系统的运转过程，这是因为“当世俗化普遍发展，从而除了狭隘的自我利益之外的全部价值观念都崩溃的时候，世俗化也可能妨碍政府的行为”，所以“如果一种世俗文化引起国内公民的不满并侵蚀了具有约束力的集体传统和价值观念，那么它可能导致冲突和社会崩溃，而不是有效的发展。因此如果要使世俗化的结果富有建设意义的话，我们就必须把世俗化限制在集体约束和集体规范的某一更大的范围内。”①

理性行政文化是社会发展的必然要求，也是行政文化变迁与现代化的核心内容。与传统行政文化相比，理性行政文化在行政行为模式及行政关系方面重视非情感性，这有助于科学、公正、理性地处理问题。在处理人际关系方面，理性行政文化采取普遍主义的态度，即公事公办，一视同仁；而传统行政文化则采取特殊主义的态度，有远近亲疏之分。理性行政文化在行政过程中重视自致性，把人的才能、品行等后天特征作为评价标准；而传统行政文化则重视先赋性，即重视个人地位的世袭性和预先决定性，以家庭门第作为评判标准。理性行政文化重视个人本位和个人取向，强调发挥个人能力；而传统行政文化则重视集体取向，强调集体利益。此外，理性行政文化还突出行政角色的专一性，即行政个体结成的行政关系是片面的，不是全面的，注重通过专门角色的协调与合作来提升行政效率；而传统行政文化强调行政关系的扩散性和全面性，缺乏角色的分化，忽视角色之间的分工与协作，因而导致行政效率低下。

三、行政文化建设的基本途径

行政文化建设是实现行政现代化与行政发展的中心任务，也是推进行政改革的客观要求。遵循发展规律并适应社会客观条件的变化是行政文化建设的基本要求，在社会化过程中循序渐进、因势利导则是推动行政文化建设的基本途径。

（一）行政文化建设的基本要求

1. 社会经济发展水平决定人们的认知状态和价值观，因此行政文化建设必须与特定的社会经济发展水平相适应。行政文化是特定社会发展阶段的产物，人们对行政实践的认识和感知总是与社会经济发展水平所提供的物质条件和物质手段密切相关。历史经验表明，社会经济发展水平与行政文化的先进程度呈现正相关关系，任何脱离社会经济发展实际的行政文化最终都将丧失其社会基础和发展空间。此外，行政文化建设也离不开必要的物质基础，物质条件充裕，

---

① ［美］加布里埃尔·A.阿尔蒙德，小G.宾厄姆·鲍威尔：《比较政治学：体系、过程和政策》，曹沛霖等译，上海译文出版社1987年版，第60页。

则有利于行政文化建设的推进;物质条件匮乏,则阻碍行政文化建设的进程。所以,行政文化建设必须以社会经济发展水平为客观条件,超越或滞后于社会经济发展阶段的行政文化建设将阻碍行政变革与行政发展。

2. 行政文化建设不仅是树立普适性行政文化的过程,也应该是塑造民族化行政文化的过程。行政文化是人类行政实践的共同成果,行政文化建设应努力探索那些被全人类共同遵守和认可、并被实践证明具有积极作用的文化要素,以树立具有普遍意义的行政价值和行政意识。此外,任何一种行政文化也是特定国家(地区)民族文化传统的产物,它是人们在行政实践中进行"身份"认同的标志,因此行政文化建设应该在吸纳所有人类文明成果的基础上,兼顾本民族文化的传统和现实,去芜存菁,在维系行政文化民族独立性的同时,实现与其他行政文化的共荣共生。

3. 行政文化是一种复杂的系统性文化,因而行政文化建设应强化行政文化的系统性与整体性。不同的文化要素和文化层次共同构成了行政文化体系,其中既有主流文化要素,也有亚文化要素以及次生文化要素,尽管它们在行政文化体系中所处的地位及发挥的影响不同,但都是行政文化不可或缺的组成部分。行政文化建设不能只关注主流文化的推进,也应重视亚文化和次生文化的影响,这是因为当亚文化和次生文化与主流文化相一致时,就能够从整体上推动行政文化乃至整个行政系统的发展;而当亚文化和次生文化与主流文化不一致时,那么它们的作用则是消极与反动的,会干扰和破坏行政文化和行政系统的统一性和整体性。所以,行政文化建设应关注文化系统的方方面面,以培育主流行政文化为重点,兼顾对亚文化及次生文化的规范和引导。

4. 开放的文化环境是有效推进行政文化建设的必要条件。开放性是现代行政文化的基本特征,这主要体现在两个方面:一是平等性,即特定文化氛围中的文化主体在交流和对话过程中具有平等的地位,拥有相同的"话语权",享有平等的文化权利;二是参与性,即所有社会成员都能够参与共同文化价值的形成、交流与传播过程,而不因身份地位的差异被排斥在文化体系之外。行政文化建设本身就是兼容并蓄的过程,它依赖于全体社会成员的共同参与,依赖于对先进文化要素的吸纳与融合,这就需要建设开放的文化环境,从意识形态、运作机制和制度设计等多方面消除文化壁垒,为行政文化建设提供有益的社会条件。

5. 行政文化是历史积淀的产物,因而行政文化建设也是一个持续的、循序渐进的过程。行政文化"是在其国民的认知、情感和评价中被内化了的"制度形态,[①]这个内化的过程是通过长期的历史变革逐渐完成的,也是在人类社会发展

① [美]加布里埃尔·A.阿尔蒙德,西德尼·维巴:《公民文化——五国的政治态度和民主》,马殿君等译,浙江人民出版社 1989 年版,第 15 页。

进程中得以不断完善和升华的结果，这是行政文化发展的客观规律和基本趋势。对发展规律及基本趋势的认识，是有效推进行政文化建设的前提条件，违背客观规律的文化建设不仅不利于行政文化的持续发展，而且会背离社会基本价值观，引发文化冲突与价值对立。因此，行政文化建设应该在尊重历史和传统的基础上，准确把握行政文化的发展规律和基本趋势，针对特定社会发展阶段的客观条件，对行政文化的建设目标和发展阶段进行合理规划，以实现行政文化建设的持久、有序和稳定。

（二）行政文化建设的基本途径

社会化是行政文化建设的重要途径，它是行政文化"形成、维持和改变的过程"，任何一个行政系统都有某些执行社会化功能的结构，它们影响社会公众的行政态度，灌输行政价值观念，把特定的行政技能传授给"公民和精英人物"。[①]就现实表现来看，由于受社会结构、经济因素及文化传统等条件的制约，社会化在不同国家（地区）的进程和结果也各有差异，例如某些国家（地区）的社会化主要由政府权威机构来组织和实施，而另一些国家（地区）的社会化则是由负有社会教育职责的社会组织（家庭、教会等）来承担。但无论何种社会化表现形式，社会动员都是推动行政文化建设的主要手段，"社会动员是大批旧的社会、经济和心理承诺和信仰受到侵蚀或破坏，人们变得适于新的社会化和行为模式的进程。社会动员使人们大大提高对政府和政治的认识。"[②]然而，社会转型阶段的社会动员往往因多种不稳定因素的存在而表现出不确定性，影响行政文化建设的稳定性和有效性。因此，对于转型社会的行政文化建设来说，社会动员及社会化过程通常是涉及行政文化内部结构与外部条件的社会系统工程。

1. 积极推进政治体制改革，为行政文化建设奠定良好的制度基础

政治体制是由特定政治规则、政治体系和政治运行机制构成的制度形式，它涉及政治生活的特定结构形态，是政治生活特定发展阶段的客观反映。行政体制是政治体制的重要组成部分，并受政治体制的制约，有什么样的政治体制就会有什么样的行政体制。因此，作为对行政实践认知结果的行政文化，在更广意义上来说，也依赖于政治体制所确立的制度基础和结构形态。行政文化建设是行政文化进行改造和再塑造的过程，它"起因于中心价值与结构之间的不稳定"，[③]这种不稳定状态是推动行政文化建设的持久动力。政治体制改革就是要变革社

① ［美］加布里埃尔·A.阿尔蒙德，小G.宾厄姆·鲍威尔：《比较政治学：体系、过程和政策》，曹沛霖等译，上海译文出版社1987年版，第91页。

② ［美］格林斯坦、波尔斯比编：《政治学手册精选》（下卷），储复耘译，商务印书馆1996年版，第180页。

③ ［美］格林斯坦、波尔斯比编：《政治学手册精选》（下卷），储复耘译，商务印书馆1996年版，第183页。

会发展阶段与旧有政治体制不相适应的地方,并对相应的制度和结构进行更新和改造,以获得稳定的发展局面。行政文化建设依托于政治体制改革,经改革实践检验的价值观念、原则、准则和标准通过行政文化建设固化为主流文化形态,并对行政改革和行政发展继续发挥指导作用。经过行政文化建设所确立的主流行政文化,也可经改革实践上升为特定的制度形态,从而使行政文化建设成果得以巩固。

2. 大力促进社会经济发展,为行政文化建设提供充分的物质保障

行政文化建设离不开物质保障,这是因为:首先,作为上层建筑的行政文化建设是特定社会经济发展水平的客观反映,受特定经济基础的制约;其次,行政文化建设也需要必要的物质手段和物质条件,物质供给能力的强弱在很大程度上决定着行政文化建设的成败。因此,大力促进社会经济发展是推动行政文化建设的先决条件。事实表明,社会经济发展水平的提高,一方面可以为行政文化建设提供充分的物质储备,提升行政文化建设的质量和效率;另一方面也带动社会成员思想意识和价值观的改变,为文化变迁奠定基础,这也正如中国古语所说,“仓廪实而知礼节,衣食足而知荣辱”。例如,中国自实行改革开放以来,社会经济发展水平获得了极大提高,与此相适应的是,社会公众的价值观也发生了重大转变,民主和参与思想得到了广泛认同,并基本确立了法治意识,这些变化对传统的行政文化体系提出了挑战,也为现代行政文化的确立创造了条件。

3. 普及公民教育,为行政文化建设培育稳定的社会心理条件

教育是社会动员的重要途径,也是推动行政文化建设的主要手段。适应行政文化建设要求的教育不仅是知识和技能的提高,更重要的是普及公民教育。根据联合国1975年提出的定义,所谓“公民教育”(citizen education),就是关注各国经济与社会发展中的人权、尊严、自主及社会公益等活动;鼓励思想交流及汇集,并行动起来推动社会改变;塑造一个较合理和公正的社会和经济秩序。从内涵来说,公民教育就是按照现代社会发展的基本规律和要求,培育社会公众的自由、民主、平等和参与观念,这也是现代行政文化的核心价值观。公民教育并不是简单的思想灌输,而是在主动的社会参与前提下的自我学习和自我更新。尽管具有自发性,但在现阶段公民教育还主要体现为政府主导型的模式,政府成为公民教育的组织者和发起者,制订规划并提供相应的物质保证,从而提高了公民教育的组织效率,为主流行政文化的传播开辟了空间,成为推动行政文化建设的重要力量。例如,2001年9月由中共中央颁布实施的《公民道德建设实施纲要》,就在公民教育中发挥了重要的指导作用,为推进行政文化建设作出了积极的贡献。因此,由公民教育所获得的价值观和认知水平,是推动行政文化建设的重要条件,它能够为行政文化的变革与发展奠定稳定的社会心理基础。

4. 加强法治建设,为行政文化建设创造有序的社会环境

法治是现代行政文化的核心要素之一,也是行政文化建设的目标。法治建设主要包括两个方面的内容:一个方面是对法律制度规范的补充、修订和完善;另一个方面则是要严格按照法律规章的要求规范行政行为,也即依法行政。不论哪一个方面,都是为了强化制度与规则的约束作用,以维护正常的社会秩序。行政文化建设有可能带来价值观与利益取向的对立和冲突,并引发社会动荡,这就需要加强法治建设,既借助法律规章的完善实现利益整合,又通过严格执法来规范利益导向,从而构建有秩序的社会环境,以推进行政文化建设的不断深入。经验表明,世界各国的行政文化建设都是法治先行,以法治建设整体推进行政文化建设。中国政府于2004年3月发布的《全面推进依法行政实施纲要》,提出了依法行政的六项要求,即合法行政、合理行政、程序正当、高效便民、诚实守信、权责统一,这不仅是对中国行政实践的认真总结,也高度浓缩了依法行政所包含的公正与效率的价值追求,对指导和规范行政组织及其工作人员依法行政发挥了重要作用,也是对行政文化建设成果的认真总结。

5. 努力提升社会开放程度,为行政文化建设营造广阔的外部空间

行政文化建设也是制度创新的过程,而制度创新能力又与社会开放程度密切相关,这是因为社会开放程度高,则资源配置能力强,制度持续供给的水平高;反之,则资源配置能力弱,制度持续供给不足,影响行政文化建设的持续性和有效性。社会开放程度的提升包括两个方面,一是对外部社会的开放,主要是通过与外部社会多角度、多层次的接触与交流,积极学习和吸纳人类社会的一切优秀成果,并与本民族的文化传统有机结合起来,形成既具有鲜明民族特性、又符合现代社会发展潮流的行政文化体系。二是对内部社会的开放,主要是通过放松管制和限制,促进社会成员自由流动;提高行政过程和行政系统的透明度,强化社会公众的知情权和监督权;取消社会资源流动和配置的制度壁垒,提高资源配置的效率和能力;规范政府干预,实现公共生活领域的多元化和社会化。二者辩证统一,相互促进,对外开放是条件,对内开放是根本。由此,社会开放程度的提升,不仅可以提升行政文化的创新能力,也为行政文化建设营造广阔的外部空间。

第三节　行政伦理与行政伦理制度化

一、行政道德与行政伦理

行政文化是对于行政实践认知的集体意识,它决定了基本的行政价值观,在现实中这种抽象的行政价值观又往往借助附加在特定行政角色上的行政道德和

行政伦理得以具象的表述。而“公共行政学界的一些重要思想家很早以前就认识到行政管理的至关重要的问题最终涉及道德选择”，[①]这是因为行政角色在行政实践中履行的责任与义务通常会与其自身所承担的其他社会角色的责任与义务发生冲突，引发关于公平、正义以及善与恶的争论等伦理和道德问题。因此，行政道德与行政伦理在公共行政中具有不可忽视的地位，它们以行政责任为核心，构成以协调行政个体、行政组织与社会的关系为内涵的行政行为准则和规范系统。行政道德与行政伦理制度化是行政文化建设的核心内容，在行政改革和行政发展中也具有重要的地位。

（一）行政道德

“道德”（morality）一词来源于拉丁文的“mores”，原意是指“风俗和习惯”，现在则多用来指衡量行为正当与否的观念标准。由此可以看出，道德源于人的内心，属于精神原则，表现为个体的应当，具有内在性、主观性和个体性特征。[②]一个社会一般都有社会公认的道德规范，只涉及个人、个人之间、家庭等私人关系的道德，称为私德；而涉及社会公共利益及公共关系的道德，则成为公德。道德是一种社会意识形态，它与文化有密切的关系。从总体来说，人类社会的道德观有其共通性，但在不同的时代和不同的社会发展阶段，往往又存在不同的道德观念；不同文化形态所重视的道德元素及其优先性、所秉持的道德标准也常常有所差异。例如，中国传统文化以“四维八德”等作为基本道德观；西方社会则将“自由法则”看做是检验一切道德规范的标准；而马克思主义学说强调道德的阶级性，将道德看做是阶级社会中维护统治阶级利益的行为规范。

行政道德是指行政主体在行使公共权力、管理公共事务的过程中，处理自身与工作对象之间、上下级之间、同事之间以及公私、得失等关系时，应当遵循的原则和规范，它包括行政主体的道德传统、道德意识、道德品质以及由此形成的道德规范和道德风尚等。从属性来说，由于行政主体兼具“自由人”和“行政人”的双重身份，作为自由人的自由人格与作为行政主体的“组织人格”融为一体，因而使行政道德具有了二重性格。如果说自由人的道德是由人们在生产实践和社会交往中从自发意识到自觉形成习惯，且逐步内生出来而带有鲜明自律性特点的话，那么，行政道德则主要是因制度安排的要求而带有强制性的特征。行政道德体现的是以社会公共利益的整体要求为善恶标准，以必要的节制和自我牺牲为前提条件，来调节政府行为和公共利益的关系，倡导行政行为的“善”。因此，行政道德涵盖了作为“自由人”的道德，并以“自由人”的道德实现为前提，而“组

① ［美］理查德·J.斯蒂尔曼二世编著：《公共行政学：概念与案例》（第七版），竺乾威等译，中国人民大学出版社2004年版，第749页。

② 张国庆主编：《公共行政学》（第三版），北京大学出版社2007年版，第460页。

织人格"则是行政道德的决定性因素。①

行政道德是组织行为的内在要求,但由于行政主体自身"角色"的多元性,因而在行政实践过程中往往会因"角色冲突"而产生行政道德的价值判断问题。行政道德的价值原则有三:其一,如何处理公与私的关系,是行政道德价值判断的试金石。行政道德将公共利益置于无可取代的最高地位,它要求行政主体必须从公共利益出发,坚持公正、公平和无私的原则,以维护公共利益为己任。然而,由于受经济理性的驱动,作为公共权力的"代言人",这在客观上为行政主体谋取私利提供了条件和可能。因此,如何处理"公共利益"与"个体利益"、"公道"与"私心"之间的关系,就成为行政道德进行价值判断的首要问题。其二,在处理权利与义务的关系方面,行政道德要求行政主体必须以责任和义务为本,富于献身精神。行政主体具有特定的公共职务,这不仅赋予其特定的权力地位,还使其必须承担相应的责任和义务。在行政实践中,当行政主体的两种人格发生"角色冲突"时,行政道德要求行政主体必须以责任和义务为唯一选择,并以此作为行为方式的基本准则。换句话说,在处理权利和义务的关系时,行政道德以组织人格作为价值取向,这不同于普通公众的权利义务观。其三,在处理组织与个人的关系时,行政道德要求行政主体必须以组织利益为前提。行政个体依赖于特定的行政组织而存在,在履行行政职能的过程中,个体的"自由人"人格重合于组织人格,组织人格的性质决定了"自由人"的人格状态。因此,行政道德要求行政主体在处理组织与个人的关系时,个人利益必须服从于组织利益,并以实现组织利益为己任。

(二) 行政伦理

"伦理"(ethic)一词源自希腊文 ετησ,意指风俗、习惯、性格等,亚里士多德最先赋予其伦理和德行的含义,自 19 世纪后期起才开始在汉语中广泛使用这一概念。伦理与道德两个词经常合并使用,意思也颇为相近,但两个概念之间的差异性还是显而易见的。第一,道德所指涉的客体比伦理所指涉的客体要宽泛得多。道德涉及人类关系和行为,而伦理则只涉及人类关系,是处于道德最底线的一种人与人之间关于性、爱以及普遍自然法则的行为规范。第二,道德规范可能因社会发展阶段及文化环境的差异而有所不同,但伦理规范却不会因时间和空间的改变而发生变化。例如,在原始氏族部落的公有财产制度下,拥有私人财产是不道德的,但在确立了私有产权关系的现代社会,保留私有财产则不再是不道德的;再比如,中国古代传说中的伏羲和女娲是兄妹通婚,虽然在太古蛮荒时代,兄妹通婚并不会遭到道德非议,但却是违背伦理的。第三,道德和伦理的内涵不同。道德源于人的内心,而伦理则是内在道德的外在化,属于客观行为关系,表

① 白钢:《行政道德的失范及其治理》,载《道德与文明》1999 年第 1 期。

现为对人们行为进行鼓励或诱导的实在性群体规范,具有外在性、客观性和群体性的特征。此外,道德多指对人的行为进行判断的原则和标准,它按照风俗、习惯和观念直接判断行为的正当性,而伦理多指行为判断标准的理由,它通过对风俗、习惯和观念的检验和反省进行判断。然而,尽管存在差异,但二者具有内在相关性,相伴始终,因此,“伦理是对于道德标准的寻求”,[①]伦理学(ethics)也称为“道德的科学”,或道德学、道德哲学。

行政伦理与行政道德一样,都与人的价值和意识相关,体现了公共行政在公共利益、公共权力、公共价值等方面的质的规定性,正如沃尔多(Dwight Waldo)所说,行政伦理“关注的是为集体的‘善’所作的决定和采取的行为,这一集体通常被视为或概括为‘公众’,即比人们直接接触的社会团体(如家庭和家族)范围更大的实体或团体。”[②]由此,也应从多个层面把握行政伦理的基本含义。[③]

1. 行政伦理是特定行政文化的组成部分

行政文化包括人们对于行政实践特定的态度、情感、信仰和价值观念,以及人们所遵循的行政习惯、传统和规范等,行政伦理也是特定行政文化的重要组成部分。因此,特定的行政文化环境会造就不同的行政伦理,它是在特定行政环境、行政体制及其运行背景下,通过特定的心理定势、文化积淀和潜移默化所形成的道德意识、道德习惯和伦理传统。对行政伦理的考察不能脱离行政文化而单独存在,行政伦理既是以特定的行政文化为基础,也是该种行政文化的客观反映。

2. 行政伦理是涉及政府管理的价值体系

行政伦理与社会伦理不同,它是特殊领域中的角色伦理。行政伦理或以行政系统为主体,或以行政管理者为主体,是针对行政实践行为和行政实践活动的社会化角色的伦理原则和规范。政府行政组织在现实中承担了公共行政这一特殊领域的主要任务,在行政实践中扮演着至关重要的社会角色,因此行政伦理应该是关于整个政府管理的价值观念体系,它包括如下若干层次:作为个体的公务人员的个人伦理、公共行政的职业伦理、行政机构的组织伦理及行政过程中的政策伦理等方面。

3. 行政伦理是关于公私利益关系的观念体系

作为一种公共伦理,行政伦理区别于一般伦理道德的本质特性就是其公共性,因而维护公共利益就成为公共行政实践最根本的伦理要求。然而,基于行政

① 张国庆主编:《公共行政学》(第三版),北京大学出版社 2007 年版,第 460 页。

② [美]理查德·J. 斯蒂尔曼二世编著:《公共行政学:概念与案例》(第七版),竺乾威等译,中国人民大学出版社 2004 年版,第 753 ~ 754 页。

③ 参见张国庆主编:《公共行政学》(第三版),北京大学出版社 2007 年版,第 462 ~ 465 页。

主体自身角色的多元化和复杂性,也往往会因为利益取向的不同而发生角色冲突,“角色之间的冲突源于一对对抗性的利益:维护个人经济利益与维护公众利益。”①显然,如何处理公私关系就成为判断行政主体行为正当与否的伦理标准,从公共利益出发公正行事就成为行政伦理的根本之所在。

4. 行政伦理是行政权力的内在约束机制

权力制约是保证行政目标实现的基本手段,而有效的约束既需要自律,也需要他律。行政伦理属于行政权力的自律机制,是行政权力主体内在的约束机制,它体现了行政伦理的主要的和基本的功能。作为一种约束机制,行政伦理不仅可以加强对行政权力的制约,而且更为重要的是,它还可以提高行政权力的合法性地位。这是因为,行政伦理在很大程度上影响到社会公众对行政权力的认同感和支持程度,对于行政实践的公正、廉洁和高效发挥着至关重要的积极作用。因此,良好的行政伦理可以在公众心目中树立政府的良好形象,获取较高的社会支持与满意的社会合作。

5. 行政伦理是基于权利义务关系的规范体系

“无论伦理框架是来自政制价值观或是来自已有的组织环境,关于公共行政伦理的讨论最后都要归结到个人。”②作为个体的行政主体,在行政实践中都有相对于他所承担的行政责任的规定性,其中包含着特定的权利和义务关系。出于公共利益至上的本质规定,行政伦理意义上的义务在其所承担的各种道德义务中是处于较高层次的义务,这就要求发生道德义务冲突时,行政主体往往需要牺牲其他道德义务来保证行政道德义务。只有当政府行政组织及其工作人员履行了应尽的义务,社会公众才能享有相应的权利。因此,行政主体必须以义务为本位,履行公共责任,这是由公民的权利本位所决定的。

6. 行政伦理是确立公共行政职业规范的范畴体系

行政伦理包含两个关键要素,一是价值观念,二是行为准则;前者抽象,后者具体。③ 但不论表现形式如何,行政伦理都从职业领域的特征出发,确立了针对公共行政从业人员的规范体系。例如,美国公共行政学会出于培养会员职业精神的目的,专门制定了针对公共服务的伦理规范,其基本原则包括:服务公共利益;尊重宪法和法律;展示个人的廉正;提高组织的伦理水平;努力成为职业能

---

① [美]特里·L.库珀:《行政伦理学:实现行政责任的途径》(第四版),张秀琴译,中国人民大学出版社2001年版,第42页。

② [美]菲利普·J.库珀等:《二十一世纪的公共行政:挑战与改革》,王巧玲、李文钊译,中国人民大学出版社2006年版,第82页。

③ [美]马国泉:《行政伦理:美国的理论与实践》,复旦大学出版社2006年版,第27页。

手。[①] 如果从系统性的角度出发，那么行政伦理就是包括行政理想、行政态度、行政责任、行政纪律、行政良心、行政荣誉和行政作风等七个主要范畴的职业规范体系，涉及职业态度、制度保障、价值尺度、社会认同和道德风尚等多个层面。

（三）行政伦理关系

从本质来说，伦理关系由经济关系所决定，它是按照一定的伦理观念、道德原则和行为规范形成的特定社会关系，体现在个人与个人、个人与集体的关系中。行政伦理关系是基于公共行政实践而形成的特殊社会关系，受到行政伦理观念、行政道德原则和规范的支配。"简单说来，行政伦理关系应该表现在以行政主体为核心所形成的各种主体内部关系和主客体关系之中。"[②]

1. 行政个体间的个人伦理关系

行政个体是行政组织的基本构成要素，因此，行政个体间的个人伦理关系是行政伦理中最基本的伦理关系。在行政实践中，行政个体之间的伦理关系涉及行政组织内部不同级别成员之间、不同岗位的成员之间、不同族群的成员之间以及不同性别的成员之间发生的各种各样的关系，如利益关系、人际关系、亲疏关系等等。这些关系的正当与否，都依赖于受特定伦理道德界定的规则体系和支持这种规则体系的价值观念。

2. 行政组织与行政个体间的伦理关系

行政组织是非人格化的行政主体，它与人格化行政个体之间伦理关系的实质则是集体与个人之间的伦理关系，这种关系存在于行政实践的整个过程。"成立组织是为了提高人的理性，规范人的行为使其接近抽象的理性"，[③]因此，行政组织与行政个体间伦理关系的核心内容是培育"行政人"的价值判断。其内容包括诚实与忠诚的关系、自主与服从的关系、权力与责任的关系、权利与义务关系、贡献与职位的关系等。

3. 行政组织间的组织伦理关系

不同层级的行政组织共同构成了行政组织体系，行政组织体系的正常运转也需要各级行政组织相互协调，共同发挥作用，这决定了不同层面的行政组织之间也存在着伦理关系。行政实践中的组织伦理关系主要是通过政府间关系得以体现，却又离不开特定的伦理价值内涵，包括中央与地方关系、上级机关与下级机关关系、地区之间关系、部门之间关系等。[④]

---

① ［美］菲利普·J. 库珀等：《二十一世纪的公共行政：挑战与改革》，王巧玲、李文钊译，中国人民大学出版社 2006 年版，第 79～81 页。

② 张国庆主编：《公共行政学》（第三版），北京大学出版社 2007 年版，第 465 页。

③ ［美］罗伯特·丹哈特：《公共组织理论》（第二版），项龙、刘俊生译，华夏出版社 2002 年版，第 80 页。

④ 参见张国庆主编：《公共行政学》（第三版），北京大学出版社 2007 年版，第 466 页。

4. 行政系统与政治系统间的伦理关系

行政系统是政治系统的重要组成部分,但它又具有相对的独立性和自主性。因此,在行政实践中,行政系统与政治系统之间、公共行政活动与一般政治活动之间就会产生不可避免的关系。行政伦理关系也必然存在于诸如行政部门与立法部门之间、行政部门与司法部门之间、行政组织与党派之间、技术官僚与决策者之间、公共行政与民主政治、行政目标与政治取向之间等等关系之中,它们都要受特定的伦理道德支配。

5. 行政主体与社会公众间的伦理关系

行政主体既是"行政人",也是"社会人","社会人"属性是"行政人"属性的前提,"行政人"属性决定于"社会人"属性。换句话说,任何一个行政主体在从属于特定行政组织的同时,又都从属于特定的社会组织,如民族、家庭、社区、宗教团体等,因而行政主体的两种属性必然导致"角色冲突",其核心则是基于对由两种属性所引发的各种关系的不同价值判断。而"角色冲突"的解决离不开伦理道德规范,因此行政主体与社会公众间伦理关系的本质是行政主体的角色定位问题。

6. 政府与社会间的伦理关系

政府不能脱离社会而存在,特定社会结构和经济发展水平决定了政府的存在形式。同时,政府存在的目的就是通过行政实践活动解决社会问题,维系社会稳定和推动社会发展,因此,政府与社会之间也必然存在伦理关系。"正是出于这个原因,公共行政的核心价值,或者公共行政的精神,不仅包括了一般意义上对公共的承诺,也包括了在具体意义上对具体的公民和公民团体的回应。"①从具体表现来看,政府与社会之间的伦理关系主要体现为公共政策的伦理含义,包括政府权力与个人权利之间的关系、政府意志与公共利益之间的关系,政府政策与利益集团之间的关系等方面,其中心议题是如何在政府实施公共管理和提供公共服务的过程中实现社会和谐与公正,以促进社会的可持续发展。

二、行政伦理的内容与功能

库珀认为行政伦理是人们在从事行政实践的过程中进行系统思考并进行行为选择的价值观,由此他将进行伦理思考的方式划分为四个层次,即:(1) 情感表达层次。这个层次仅仅是就一些问题或事情表达自己的情感。(2) 道德规则层次。这是严肃提出问题并予以严肃回答的第一个层次:指出与问题相关的恰

① [美]乔治·弗雷德里克森著:《公共行政的精神》,张成福等译,中国人民大学出版社 2003 年版,第 5 页。

当的行为方式并开始评估各种可能的办法及其后果，根据某些被奉为道德指导准则的规则、格言、谚语来思考这些行为过程及其可能的后果。(3) 伦理分析层次。当既存的道德准则无助于解决具体问题并相互冲突时，就需要对那些道德准则进行基本的再思考。对伦理问题进行界定的层次不仅要挑选出冲突的价值观，而且也要挑选出那些表达不清的准则，这些准则揭示了由那些价值观所支配的互相排斥的各种行为方式。(4) 后伦理层次。大多数公共行政人员都不会到达这一最基本的哲学思考层次，这一层次努力的目标就是要找到一些在伦理分析层次界定出来的被人们所珍视的价值基础，如“为什么应该遵守道德规范?”“为什么正直重要?”等。这一层次实际是对自身世界观的质疑——对人类本性的认识、对真理的认识和对生活意义的认识，其任务就是要培养和巩固建立在哲学和宗教之上的世界观。[①] 所以，行政伦理应该是一个动态的有机整体，具有多层次的内容结构和功能体系。

(一) 行政伦理的内容

行政伦理内涵丰富，外延宽广，因此在对其具体内容的理解上也存在着不同的认识。但如果从静态结构和动态结构两个层面来分析，行政伦理则应包括行政个体的个人品德、行政职业道德、公共组织伦理和公共政策伦理四个方面的内容，前二者涉及行政伦理的静态结构，后二者涉及行政伦理的动态结构。

1. 行政个体的个人品德

个人层面的行政道德既是行政伦理的传统研究领域，也是最基本的研究内容。尽管存在阶级意识和社会发展阶段的差异，但古今中外的行政伦理都强调行政主体的个人品德，重视它对行政主体的行为约束。具体来说，行政个体的个人品德包含行政主体的思想态度和行政主体的思想品德两个方面。

行政个体的思想态度就是他们从事公共行政活动所要求的职业理想和职业态度。行政理想涉及行政个体从事公共行政职业所追求的价值目标，它反映个人的情感、偏好和价值观。行政态度则是行政个体在从事公共行政实践中履行义务、承担责任的积极性，也即敬业精神，它反映行政个体对其服务对象的热爱与敬重程度。

思想品德是指人们比较稳定的道德意识、道德意志以及一贯的心理性格特征。“无论古今中外，对于公共生活以及公共管理活动而言，除去人人应该具备的社会美德之外，乐观、勇气和仁慈的公正显得尤为重要。”[②]另外，勇于奉献精神，特别是当个体利益与公众利益发生冲突时，舍弃个体利益而维护公共利益是

① 参见[美]特里·E.库珀:《行政伦理学:实现行政责任的途径》(第四版)，张秀琴译，中国人民大学出版社 2001 年版，第 8～16 页。

② 张国庆主编:《公共行政学》(第三版)，北京大学出版社 2007 年版，第 470 页。

公共行政活动的本质要求。“抑制个人利益，发扬公共利益的一个重要途径就是以为国为民的崇高志向和荣誉感来取代寻求个人奢侈虚荣的低俗欲望。”①

2. 行政职业道德

行政职业道德是同公共行政职业活动相联系，用以调整公共行政领域人与人之间关系、由一定的道德原则和道德规范所组成的行为规范体系。行政职业道德是社会分工的产物，随着社会分工及社会结构与功能分化程度的提高，公共行政的职业化倾向也愈益明显，其职业道德的地位和作用越发引起人们的关注，行政职业道德规范也渐趋成熟。

从规范的角度来看，行政职业道德包括奉公、守法、忠诚、负责等几个方面的内容。(1) 奉公。奉公的职业道德规范来源于公共行政的本质属性和行政权力的内在规定性。公共行政旨在维护公共利益，因此，行政主体在履行行政职能时就必须坚持公共利益至上的原则，从国家利益和公众利益出发，依法行政，秉公办事，而不是按照个人关系和个人偏好处理公共事务。行政权力具有公共性，不得用于私人目的，以权谋私违背行政权力的公共性特征，因此也为行政职业道德所排斥。(2) 守法。公共行政是一种授权活动，因此对国家宪法和法律的遵守是对行政主体行为规范的基本要求，也是行政主体履行行政职能的基本保证。具体来说，行政主体不仅要同其他社会公众一样遵守国家宪法和法律，而且还需要遵守与公共行政及其职位有关的各项法律法规、特殊规范和规则。(3) 忠诚。公共行政以实现公共利益为目标，因此行政主体应该忠诚于公共利益。自国家产生之日起，它就成为公共利益的化身，所以对于公共利益的忠诚往往是和对于国家的忠诚相提并论的。爱国主义是公务人员基本的道德规范，他们必须忠诚地维护国家利益，服从国家利益需要，尽心尽力为国家工作，严守国家机密。(4) 负责。“公共行政是一个负有巨大责任的职业，道德选择和道德义务永远是这种责任不可分离的一部分。”②负责，就是强调行政主体在公共行政过程中担负起某种任务或职责。这里所说的“责任”，一般可以分为主观责任和客观责任。主观责任是指行政主体在个人主观上认为应该担负的责任，即与“自己认为应该为之负责的事物相关”；而客观责任则是指由制度和职业关系所客观决定的责任，包括公共义务和行政责任，即为了公共利益而应当和必须承担的制度和社会方面的责任，与“外部强加的可能事物有关”。③

3. 公共组织伦理

对行政伦理的考察一般有两个层面：一为个人层面，二为组织层面。个人层

① [美]马国泉：《行政伦理：美国的理论与实践》，复旦大学出版社 2006 年版，第 49 页。

② [美]尼古拉斯·亨利：《公共行政学》(第七版)，项龙译，华夏出版社 2002 年版，第 397 页。

③ 参见张国庆主编：《公共行政学》(第三版)，北京大学出版社 2007 年版，第 473～474 页。

面的行政伦理强调作为个体的职业道德，而组织层面的行政伦理则关系到作为群体存在的公共组织的道德伦理状况。个体的行政伦理是公共组织伦理的重要组成部分，也受到公共组织伦理的制约和影响，公共组织伦理对个体行政伦理发挥重要的维系和引导作用。

公共组织伦理主要是指与行政组织的程序与制度密切相关的伦理道德，包括程序公正、组织信任、民主责任和制度激励等方面内容。(1) 程序公正。行政实践中存在着巨大的道德风险，即行政主体将行政权力视为目的，而不是手段，并以此谋求个人利益，损害公共利益。为此，必须通过特定的程序设计保证行政权力的正当行使，通过公正的程序化运作使社会公众免受权力滥用的危害。因此，程序公正就成为行政伦理的核心组成部分之一。(2) 组织信任。行政组织是一个在分工基础上进行合作的整体，不仅需要正式权力的指挥和协调，也需要高度信任的道德支柱。组织信任应该包括组织内部的信任关系和组织外部的信任关系两个方面。组织内部的信任关系主要表现为行政组织内部的人、群体和组织机构相互之间的义务关系；而组织外部的信任则主要表现为行政组织与作为行政客体的公民之间的义务与期望关系。组织信任不仅是行政目标得以实现的保障，也是行政组织赢得公民信赖、获得合法性的前提。(3) 民主责任。公共组织因公共利益而存在，这不仅涉及公共组织存在的目的，也涉及公共组织的手段和方式，即责任和民主的关系问题。公共组织在从事行政实践的过程中，既要保证公共利益的实现，也要关注不同社会利益和价值之间的协调和整合，以推动社会可持续发展为目标，实现公共行政的合法性、透明性和有效性。(4) 制度激励。公共组织的制度激励体现了人本主义价值观的基本要求，也就是如何在组织框架和制度范围内实现个人需要和个人发展的问题。因此，制度激励需要解决的两个关键问题是如何实现组织需要与个人之间的平衡，以及怎样处理效率与公平之间的关系。

4. 公共政策伦理

公共政策伦理有两层含义：其一是指维护某种公共秩序所需的伦理规范，是由政府或其他社会权威机构设计、制定和推广的；其二是指对于政府预制倡导的这些公共领域的伦理规范，除了用社会舆论、良心自律等软约束手段支持外，还要为其配置政策化的硬约束手段，使这些伦理规范真正成为在这一公共领域中的普遍化行为方式。①

应该说，公共政策伦理是行政伦理结构中最为复杂的，这是因为它涉及重大的社会价值，涉及个人选择与社会价值之间的关系，在很大程度上就是选择的伦

① 陈振明主编：《公共管理学——一种不同于传统行政学的研究途径》，中国人民大学出版社 2003 年版，第 467 ~ 468 页。

理。其核心是公共利益和个人偏好之间的伦理关系,也就是所谓"正义价值"的选择问题,即如何实现社会利益与社会负担的合理分配。基于公共政策本身的复杂性和系统性,公共政策伦理既包括政策目的之中的伦理,也包括政策手段上的伦理。公共政策目的之中的伦理涉及公共政策的价值选择问题,而政策手段上的伦理则关系政策实现手段的合理性、合法性和民主性问题。

（二）行政伦理的功能

行政伦理来源于公共行政实践,以特定的社会经济发展水平为基础,并反映特定的社会经济关系和行政关系。行政伦理一经产生,就对社会经济关系及公共行政实践起着能动作用,发挥着重要的引导、规范、维系和选择功能。

1. 引导功能

行政伦理通常代表了在现实社会中居于支配地位并被普遍接受的主体伦理道德观,具有公共性和示范性,它所依据的是国家和社会公认的、共同的道德观念和理想,秉持具有社会普遍性的共同原则和基本精神。行政实践本身就是具有公共性的社会活动,应该遵循主体伦理道德观所确立的具有普遍性的基本规范和准则。因此,行政伦理的引导功能主要表现在两个方面:其一,行政伦理为行政实践确立了明确的正义目标和价值规范,所有的行政主体都为了正义目标和价值规范的实现而共同奋斗,行政伦理"为理论与实践、理想与现实相结合提供了一种有效的具体形式";[①]其二,行政伦理的公共性也对社会公众发挥引导和示范作用。这是因为行政实践涉及社会生活的方方面面,行政主体在行政实践过程中所表现出的行为方式和价值理念,会直接影响社会公众对整个行政系统的认知水平和认可程度,影响行政系统的合法性地位。

2. 规范功能

行政伦理是由一系列道德诉求构成的价值规范体系,包括政治价值、经济价值、社会价值、官僚价值和专业价值,[②]它们通过作用于行政实践过程和行为而存在,以善恶、好坏、优劣来认识、评价和把握不同行政角色的行政行为,通过他律和自律的综合作用,引导和约束行政实践的活动范围、行为模式,使行政实践趋于规范化和程序化。行政伦理对行政实践的规范功能主要体现在两个方面:一方面,行政伦理可以对那些符合公共利益要求的情感、理念、行为予以激励和强化,并将它们上升为具有普遍规范作用的原则和标准;另一方面,对于不符合甚至是违背公共利益要求的认识、欲求和方法,行政伦理给予纠正和弱化,以巩固主流价值观的支配地位,确保正确的价值导向。

---

① 陈振明主编:《公共管理学——一种不同于传统行政学的研究途径》,中国人民大学出版社 2003 年版,第 469 页。

② [美]马国泉:《行政伦理:美国的理论与实践》,复旦大学出版社 2006 年版,第 83 页。

3. 维系功能

行政伦理的维系功能涉及行政系统与社会公众之间的沟通以及行政系统自身的稳定与发展两个层面。行政伦理在社会伦理道德中具有表率作用,其伦理导向也代表着整个社会的伦理导向,行政实践中表现出来的伦理价值观和行为模式也往往成为社会关注的焦点。早在2000多年前,古代先哲就意识到了行政伦理对维系政府管理的作用,“为政以德,譬如北辰,居其所而众星共之”(《论语·为政》),“其身正,不令而行,其身不正,虽令不从”(《论语·子路》)。因此,行政伦理对于行政系统和社会公众来说,具有重要的桥梁和沟通作用,良好的行政伦理可以使行政系统获得广泛的社会认同和支持,推动公共行政的顺利实施;反之,则会使行政实践遭遇阻力,制约行政目标的实现。对于行政系统来说,行政伦理确立了人与人、组织与人、组织与组织之间的行为标准和相互关系,在规范行为的同时,也建立了广泛的信任关系。系统内信任关系的稳定状态,在很大程度上决定组织结构的稳定与否,良好的信任关系同时也是凝聚人心,推动组织发展的精神动力。

4. 选择功能

行政伦理的选择功能,是指行政主体在一定伦理意识的支配下,根据特定的伦理标准和原则,在不同的价值取向之间做出的主动选择,它是在存在多种行为方案时,通过确定采取何种行为方案以实现伦理目标的过程。在伦理选择的过程中,选择的动因问题占据着核心位置。从根本上来说,利益和利益关系是影响和制约行政主体做出伦理选择的决定性因素,并成为一切行政伦理现象的基础。具体来说,行政认知、行政责任、行政良心、行政价值目标等,是实际影响行政伦理选择的基本环节。①

三、行政伦理制度化

自律与他律是行政伦理发挥规范作用的基本途径,但就基本性质来说,行政伦理所强调的职业道德和职业操守往往在很大程度上依赖于个体的主观意识,甚至是超越理性的,发挥的是一种“软”约束作用,并不能切实解决行政实践中的伦理失范现象。因而,加强行政伦理的制度化建设,推进公共行政的“法治”与“德治”相结合,是实现依法行政和民主行政的必然选择,而行政问责制则是行政伦理制度化的核心内容。

行政伦理失范是行政伦理制度化的直接动因,“从本质上讲,行政伦理失范

① 参见陈振明主编:《公共管理学——一种不同于传统行政学的研究途径》,中国人民大学出版社2003年版,第470~471页。

是行政权力的一种异化现象”,[①]而行政伦理失范的根源则在于公共行政自身的伦理困境,尤其是社会转型阶段,因政治、经济、社会和文化转型带来的规范缺失而导致的行政伦理困境更为显著,其现实表现则是公务人员的以权谋私、渎职犯罪和贪污腐败,损害社会公共利益并危及社会秩序的稳定。因此,加强行政伦理建设,消除行政伦理困境,是纠正行政伦理失范、推进公共行政法制化和道德化的必要途径,而行政伦理的制度化则是当代行政伦理建设的核心内容。

所谓“行政伦理制度化”,是行政伦理从特殊的、不固定模式向普遍认可的固定模式的转化过程,是实现行政伦理规范化和有序化的变迁过程,其目的是确立稳定的行政伦理秩序并强化行政伦理的控制功能。行政伦理制度化的主要途径有两个:一是加强行政伦理的法制化建设;二是强化行政伦理的法治化管理。

行政伦理的法制化建设,就是通过法律体系的补充和完善,对行政伦理行为施以法律的规定性,使行政伦理具有与其他法律、法规同等的法律效力和作用,形成具有监督和执法权力的行政伦理规范体系。“伦理立法为公共行政人员面临和解决伦理冲突和伦理困境设定了一些一般性的限制”,“也对那些超出由公民设立的权限范围而进行活动的公务员实行制裁”,[②]因此,在现代行政实践中,越来越多的行政伦理规范被纳入法律规则体系中,行政伦理立法也正在逐步推广并且日益发挥着积极的作用。1998 年经济合作与发展组织发布的《公共服务伦理管理原则》建议书中提出,为推进公共服务中的伦理行为,成员国需要采取行动,确保体制和制度的良好运行,并应该给担任公职的公务人员提供明确的伦理规则和道德指南。世界多个国家都先后出台了与行政伦理相关的法律规范,如美国于 1978 年制定了《政府道德法案》,1993 年又颁布了《美国行政部门雇员道德行为准则》,法国、德国、英国、荷兰等其他发达国家也制定了类似的道德法典;亚洲的韩国和日本分别于 1981 年和 1999 年颁布了《韩国公职人员道德法》和《日本国家公务员伦理法》;墨西哥、印度等发展中国家也都有了明确的行政伦理法规。从行政伦理立法实践来看,各国行政伦理法规包含的内容主要有两个方面:一方面是与公共行政职业道德规范有关的具体规定,如公务人员的财产申报制度、回避制度、离职限制制度、对公职以外活动的限制规定等;另一方面是与组织道德相关的内容,如对组织内的群体规范、组织价值、组织目标等的规定等。

简单来说,行政伦理的法治化管理就是依法对行政伦理进行管理,使之符合法律规范的基本要求,其主要内容是对行政伦理行为的管理。行政伦理的法治

① 张国庆主编:《公共行政学》(第三版),北京大学出版社 2007 年版,第 480 页。

② [美]特里·E. 库珀:《行政伦理学:实现行政责任的途径》(第四版),张秀琴译,中国人民大学出版社 2001 年版,第 137 页。

化管理是一个动态的过程,实际上"就是政府去控制它自己的必要途径和方式之一"。① 行政伦理法治化管理的前提是行政伦理的法制化建设,只有完善的法制化建设,才能够为行政伦理的法治化管理奠定必要的制度基础并提供充分的管理手段。经济合作与发展组织在其《公共服务伦理管理原则》建议书中,提出了 12 条进行行政伦理管理的基本原则,包括:(1) 公共服务的伦理标准应该明确;(2) 伦理标准应该反映法律结构框架;(3) 伦理规则对公务人员应该是实用的;(4) 当公务人员揭露不当举措时,他们应知晓自己的权利和义务;(5) 对于伦理的政治承诺应该强化公务人员的伦理行为;(6) 决策过程应该透明并对公众公开,受公众监督;(7) 公私部门之间的互动应该具有明确的指导规则;(8) 管理者应该示范并提倡伦理行为;(9) 管理政策、管理程序和管理实践应该推进伦理行为;(10) 公共服务条件和人力资源的管理应该推进伦理行为;(11) 公共服务应该具有相应的责任机制;(12) 应该存在适当的程序与制裁措施去处理不当行为。②

虽然上述内容仅仅是一些原则性的建议,但是却提出了行政伦理法治化管理的基本要求,对于实践活动具有重要的指导意义,因此也被许多国家在实施行政伦理管理中采纳和接受。行政伦理的法治化管理并没有统一标准,受社会经济、行政实践以及行政伦理的发展水平等多重因素的影响,因此,并不存在行政伦理法治化管理的统一模式,各个国家应结合自身发展的历史阶段,确立符合本国国情的管理模式,并不断提升行政伦理法治化管理的能力和水平。

---

① 张国庆主编:《公共行政学》(第三版),北京大学出版社 2007 年版,第 484 页。

② OECD Council, *Principles for Managing Ethics in the Public Service*, *OECD/PUMA Policy Brief* 4, May 1998. 资料来源:http://www.oecd.org./

第十一章

行政效率与绩效管理

行政效率是衡量公共行政质量的一个重要指标，是公共行政的生命线，它贯穿于公共行政的各个环节和各个方面，对公共行政实践具有重要的意义。行政效率是可以测评的，这除了应建立科学的行政效率指标体系之外，还必须有可靠的测评方法。但提高行政效率并不能以牺牲行政公平为代价，处理好效率与公平的关系，是有效实现行政目标的关键举措。行政绩效既涉及行政效率，也涉及行政效能。行政绩效管理是通过对绩效目标的设定、反馈与指导、测评与认可等方面的系统管理，以促进公共行政组织充分发挥自身潜能，达到全面提升公共行政实践质量和水平的管理活动，其核心内容是对行政绩效测评指标体系的合理设计和科学管理。

第一节　行政效率概述

一、*行政效率的含义*

保证公共行政的高效率是人们对公共行政的重要期待之一，行政效率也是衡量公共行政水平的重要方面。良好的公共行政需要满足效率标准。行政效率体现于公共行政全过程中的每个环节，而且既有公共行政系统的行政效率，也有各部门和各机构的效率。行政效率也需要通过公共行政人员的高效率才能实现，即组织和系统的高效率是建立在个人高效率的基础上的。行政效率也是公共行政学的重要研究课题。自 20 世纪 70 年代以来，各国公共行政机关及研究者开发了许多衡量行政效率的工具，也在不断探索提高行政效率的新方法。

社会生活中的效率,泛指社会活动所取得的结果和所消耗的资源或劳动量等的比率。因此,行政效率是在公共行政活动中投入的工作量、资源与所获得的结果之间的比率,是公共行政的投入与产出之间的比率。它反映的是公共行政活动的单位成本与单位收益之间的关系。公共行政中的投入主要包括人力、物力和财力等,公共行政中产出的内容则十分丰富。

在公共行政学的发展史上,曾存在过不同的行政效率观。如以伍德罗·威尔逊为代表的传统公共行政学家,将行政效率当成是公共行政主要的追求目标,威尔逊甚至将行政效率看成是公共行政学研究的两个主题之一。他说“行政学研究的目标在于了解:首先民选政府能够适当地和成功地进行什么工作。其次,政府怎样才能以尽可能高的效率及在费用或能源方面用尽可能少的成本完成这些适当的工作”①。而在弗雷德里克森等新公共行政学家看来,公共行政不能仅关注行政效率,在行政效率之外公共行政也应关注公平,相对应地公共行政学研究也就不能仅以行政效率为主题。20 世纪 70 年代兴起的新公共管理运动,则被描绘为追求“三 E”(Economy, Efficiency, Effectiveness,即经济、效率、效能)目标的管理改革运动。在新公共管理运动的三个目标中,效率的内涵被扩充。而且,他们认为,要谋求公共行政的高效率,需要更多地引进工商管理技术和市场竞争的方法。

像新公共管理理论所主张的那样,不少人主张将效果纳入到对行政效率的考察中。不过,本书主张将它们区别对待,将行政效率界定为行政投入与行政产出的比例。

因为公共行政的公共属性,在对行政效率的把握上,要注意其与一般社会组织特别是市场竞争中的企业效率的差别。

首先,行政效率在公共行政中的地位不同于其他社会组织。对于大部分的社会组织特别是在市场中竞争的企业来说,“效率优位”是恰当的。因为高效率意味着低成本、高收益,意味着市场竞争的胜利或高利润。但对公共行政组织来说,行政效率并不是其唯一追求的目标,在一些情况下它甚至可能不是最重要的目标。公共行政组织可能为公平而牺牲行政效率,因为“公共组织是公平的依靠,追求公平是公共组织的天职”②。在公平与效率矛盾的情况下,公共行政组织更可能选择公平的目标而牺牲行政效率。

其次,行政效率的体现方式特殊。虽然并不是所有的企业都能轻易地对其内部的部门、人员的效率作出准确的衡量,但总体而言,市场竞争的结果可作为

---

① [美]伍德罗·威尔逊:《行政学研究》,彭和平、竹立家编:《国外公共行政理论精选》,中央党校出版社 1997 年版,第 1 页。

② 周志忍:《公共性与行政效率研究》,载《中国行政管理》2000 年第 4 期,第 41 页。

企业效率的最后说明。那些效率低的企业最终会被竞争对手所超越或被市场所淘汰。而公共行政组织因为目标的多元性、投入和产出的非市场交换性等,其效率并不容易衡量。探讨具体公共行政组织行政效率的具体体现形式,设计出测定具体公共行政组织效率的指标体系,是公共行政组织的管理者和研究人员的任务之一。

最后,提高行政效率的机制与其他社会组织不同。经常可以听到人们对公共行政组织低效率的抱怨,尽管没有十分确切的证据证明人们的抱怨是正确的,但不参与市场竞争的非交换性、行政效率的不易衡量等方面的特征似乎决定了行政效率的低下。而且,在多数情况下,处于市场竞争中的企业可以采用灵活的激励机制,以提高组织效率。但公共行政组织则不同,由于其公共的属性,由于其在政治系统中的"执行者"角色,公共行政组织受到来自多方面的制约。在制定和执行激励员工的政策以提高效率方面,公共行政组织也受到多方面的制约。公共行政组织的管理者并不具有自主、灵活地激励员工的权力。

行政效率的这些特殊性,提醒人们不能按与企业一样的标准和方法去衡量或提高公共行政组织的效率。

二、行政效率与行政效能

对公共行政而言,社会公众除要求较高的行政效率外,还希望公共行政能取得较好的效果,即具有较高的行政效能。行政效能是比行政效率更重要的衡量公共行政的方面。

所谓行政效能是指行政活动所取得的效果、效益。从一定意义上讲,行政效率类似于对公共行政的量的衡量,而行政效能是在量之外增加了对公共行政的质的衡量。行政效能测定的公共行政活动所产生的影响,其中既包含着对有利与不利的界定,也包含着对有利或不利的高低程度的界定。因此可以说,行政效能比行政效率更全面地反映公共行政的本质状况。这并不是说行政效率不重要,相反,在行政效率与行政效能之间存在着相互依存的关系。如果没有行政效率,也就不可能有好的行政效能。不从提高行政效率的角度去进行行政活动,也就无从获得好的行政效能。良好的行政效能需以高行政效率为基础。反之亦然,即没有行政效能的公共行政经常是因为缺乏行政效率所致。

不过,行政效率与行政效能并不总能保持一致,有时行政效率高行政效能反倒低。关键是由行政决策所决定的行政活动内容是否正确,是否与公共行政的基本精神和政府的执政理念、目标相吻合。只有行政活动的内容与上述方面相符,较高的行政效率才可能导致较好的行政效能。正是因为行政效率与行政效能经常存在着不一致,才使得对公共行政过程的考察,应结合行政效率和行政效能两个方面。行政效率与行政效能都是公共行政应追求的目标,只是它们是处于不同层次的目标,行政效能是更为根本的目标,与之相比,行政效率则主要是工具性的目标。当然,这也不是绝对的,有时行政效率就是公共行政的目标。如在财政状况不好的时候,降低行政成本可能成为这一时期公共行政的主要目标。

行政效率和行政效能的提高都是公共行政组织应努力的方向。只是提高行政效率和行政效能的途径并不相同。提高行政效率主要是一个管理的问题。完善公共行政活动体制、理顺各层级、各职能部门的关系、制定科学的绩效考核与激励制度等,都是提高行政效率所必需的。在公共行政的发展史上,曾发掘出了多种测量及提高行政效率的途径与方法。如在20世纪70年代末兴起的新公共管理运动中,与以往的综合方法不同,特别注意针对不同部门制定出不同的行政效率测定技术和方法,特别注意将工商业的管理方法和市场竞争机制引入到公共行政中,以提高行政效率。而行政效能的提高则是一个与决策和管理都有关的问题。为提高行政效能,首先要确定恰当的公共行政目标和方法,其次要保证在公共行政的过程中目标被高效率、切实地实现。总之,行政效率和行政效能都是公共行政活动不可偏废的目标。

三、公共行政中的行政效率

行政效率在公共行政中占有极其重要的地位。

首先,行政效率是衡量公共行政活动的重要标准。行政效率虽不是公共行政活动的环节和手段,但它却是衡量公共行政活动进行情况的重要标准。通过对行政效率的衡量,能够检验公共行政体制是否顺畅,即行政组织的设置、结构、权责划分是否科学;可以检验公共行政活动中各要素的组合是否科学,公共行政人员是否尽职尽责,各类资源是否得到有效利用;也可以检验公共行政活动的各程序——决策、咨询、执行、信息处理、监督各环节是否健全,功能是否正常;也可以检验正在运用中的行政方法是否恰当等。总之,通过对行政效率的衡量,可以使公共行政活动的各个方面得到检验,便于及时发现问题、解决问题。

其次,提高行政效率是建立公共行政系统与社会之间良性关系的基础。行政效率表示的是行政投入与行政产出之间的比例关系,因此较高的行政效率意味着较低水平的行政成本和较高水平的行政产出。因为行政成本的最终承担者是社会公众,行政产出的主要享用者也主要是社会公众,因此较高的行政效率意味着社会公众的低成本和高收益。高效率的公共行政自然是社会公众所希望的。较高的行政效率有助于公共行政系统及其人员良好形象的树立,而良好的形象能提高公共行政部门和人员的权威性,减少公共行政活动中的阻力。公共行政系统与社会之间的良性关系需以高行政效率为前提,一个效率低下的公共行政系统不可能与社会公众保持良性的关系。

最后,行政效率的高低关系到经济发展和社会进步的速度和水平。公共行政虽不直接创造物质财富,但却对社会物质财富的增减和经济发展速度与水平影响甚大。一方面,公共行政系统要消耗大量的社会财富。当代各国的财政支出占国民生产总值的比重不断上升,即社会财富中的相当一部分被公共行政系统所消耗掉。因此通过降低行政成本、提高行政效率,将节约下来的社会财富用于经济建设和其他社会事业,使经济和其他社会事业的总量增加。另一方面,公共行政活动本身对经济发展和其他社会事业影响巨大,高效率的公共行政能为它们提供良好的公共服务,节约它们的交易成本,有助于具体经济活动和社会事业效率提高,最终提高整体的经济发展和社会进步的速度和水平。

第二节　行政效率的测定与评价

一、行政效率测评方法

效率测评不是简单的对效率的测量,在测量之外它还包括评价、评定的含义。效率测评包括两方面的含义:一是对组织、部门或个人效率的测量,即对效率进行数量上的衡量、界定。二是对已测量的效率数值进行分析、评定,给出定性的结论。这样,效率测评与效率测量的含义并不一致,应该说效率测评包含了效率测定和效率测量。再者,效率测评还包括功用、社会影响等方面的评价。同理,行政效率测评也包括行政效率测量、测定和行政效率评价两方面的内容。对行政效率测评应包含对有形因素测评和对无形因素的测评。对行政效率的测评可采用直接测评、间接测评和综合测评方法。

所谓直接测评法,就是通过对行政效率的有形因素进行评估,并直接运用行政效率公式测量投入与产出的方法。直接评估法主要有三种:一是预期效率比较法。这种方法主要适用于行政决策时,决策者对不同行政方案的预期效率进行比较,然后根据比较的结果作出选择。这种比较主要是对各方案的预计投入和产出进行比较,投入—产出比的高低表示着效率的高低。如果不考虑其他因素,行政效率的高低就成了行政决策的依据。二是行政费用评估法。它是以行政经费开支和使用的合理性及其效果为依据来评估行政效率的。因为行政效率表示的是行政投入即费用与产出之比,行政费用低就意味着或是在同等产出水平下行政费用较少,或相对于较高产出水平下的不高或较低的行政费用。不论属于哪种情况,都意味着行政效率高。因此,行政费用评估法能够评估出行政效率的高低。三是时效评估法。时效评估法是对行政工作能否在最短的时间内实现目标的评估。时效也是衡量行政效率的重要方面,减少或缩短时间,实际上也是提高了行政效率。

所谓间接测评法,主要是通过对公共行政效能和效益的评定,来确定行政效率的高低。因为效率是效益与效能的基础,效能与效益是效率的结果,因此从行政效能或效益的高低也能测出行政效率的高低。具体说来间接测评法主要包括行政功能测评法、行政要素评分法和标准比较法。行政功能测评法是用于测评公共行政机关能否有效地实现目标。运用该方法时,首先要定出每种行政功能的各项指标,规定出不同达标情况的分数等级,并确定主要目标和次要目标的权重值。然后,对实际运行中的每种功能的各项目标分别评定分数,最后以各功能的总分反映其效能高低。行政要素评分法是通过分析公共行政活动中的各要素的情况,来间接评定行政效率。测评时首先要通过分析找出影响工作成败的主要因素,按其作用的方向和强弱,确定等级分数标准和最高标准。然后根据实际情况按标准打分,以各项要素得分总和评估行政效能和行政效率。标准比较法是对特定行政活动的效果进行评估,看该项行政活动在多大程度上符合标准。因为标准是事先获得认可的评价行政活动的尺度,按照这些标准去衡量公共行政活动就可以得到有关该项公共行政活动的效率结论。运用此方法时,一般对与标准的不同符合程度确定出不同的分数等级,然后根据实际情况评估出具体公共行政活动所属的分数等级。不同的分数等级反映着行政活动的不同情况,将它们与行政费用情况加以比较,就能对行政效率作出评价。

所谓综合评估法,就是根据公共行政工作的综合性特征,对行政效率的各组合因素进行综合测评。使用综合测评法时,首先要对行政效率各组合要素分别进行测定评分,然后再进行综合加权评分,得到的总分就表示着行政效率的高低。

二、行政效率测评指标

指标是指一种反映事物性质的量化确定手段,即可以通过量化的指标把握事物的性质。因此,行政效率测评指标是指能用以测评出行政效率的手段、方法。它通常是量化的,但鉴于公共行政的特殊性,也有非量化的行政效率测评指标。通常测评行政效率的指标主要包括质量指标、数量指标、费用指标和时效指标,即人们主要通过公共行政活动的这些方面,或同时对它们之间的比例关系进行分析,以获得有关行政效率高低的结论。

测评行政效率时的质量指标,是衡量行政工作完成的好坏程度的标准。公共行政活动的质量表示着其符合法律、法规的程度、与技术、计划要求相一致的程度,甚至也包括与其服务对象愿望相吻合的程度。周志忍教授就曾指出过:质量是一个多维度的复杂概念。对质量的理解已经由品质派到服务派,再发展到今天的顾客满意派。[①] 设定行政效率的质量指标是非常必要的,因为行政效率测量的是公共行政的投入—产出比率关系,而公共行政工作完成的不同质量直接决定着这个比例的高低。假如不设定质量标准,而只进行数量的衡量,那社会未必能从高的行政效率中受益,或受益的程度不随效率的提高而提高。质量指标是社会收益与行政效率同比例提高的保证。投入—产出关系中的产出应是高质量的产出,那些不符合要求的不应被计入产出的范畴内。因此,所有的效率衡量都应该包含着质量的要求。如我们在计算一个工人的效率时,都是计算他在单位时间内或以单位成本生产出的合格产品的数量,而必然不包括其生产的废品的数量。质量指标应是行政效率测量的非常重要的方面。不过,本书认为质量指标不同于行政效能。行政效能表示的公共行政活动所产生的影响和社会效果,行政工作的质量与行政活动的效果、影响的含义并不一致。某些方面的高质量如符合技术、计划要求未必就能产生较好的社会效果。

数量指标衡量的是行政工作完成的多少,是指在一定条件下完成的行政工作的量。人们对把数量作为衡量行政效率高低的指标几乎没有异议。在质量、时间和成本等一定的前提下,数量的变化反映着行政效率高低的变化。在其他条件不变的情况下,选取恰当的数量指标,能够得到有关行政效率高低的结论。只是因为公共行政工作的特殊性,其数量指标并不容易确定。首先,所谓完成的行政工作的数量指的就是行政产出,但问题是在公共行政机关工作内容多元化的背景下,我们究竟选取什么作为衡量的方面?其次,即使确定了衡量的方面,如何进行量化的衡量也经常是一个较大的难题。公共行政工作不同于早期工厂内的简单劳动,计件、计量等衡量方法经常行不通。所以确定恰当的衡量方面,进行恰当的数量测量始终是行政测量中的一个重要的但又必须解决的难题。

与质量指标和数量指标相比,费用指标是比较容易确定的。行政效率测评中的费用指标,是指完成一定的行政工作量所消耗的人、财、物的数量。费用指标反映的是行政投入的多少,而投入是决定行政效率的两个方面之一。在同等的产出下较低的行政投入,以及在同等投入条件下的较高产出都意味着行政效率高,反之则意味着行政效率低。作为决定行政效率高低的重要方面,费用指标既取决于人力、物力和财力各自消耗的多少,也取决于它们的消耗总和。其中,人力消耗主要表现为工资支付,人力消耗大则工资支付多,人力消耗小则工资支付少。物力消耗表现为购买行政物资费用。购买物资性支出越多则物力消耗就

① 周志忍:《公共部门质量管理:新世纪的新趋势》,载《国家行政学院学报》2000 年第 2 期,第 41 页。

越大,购买物资性支出越少则物力消耗就越小。财力消耗指的是公共行政机关花费的金钱的多少,其集中表现为行政经费数量。财力消耗大于人力消耗和物力消耗的总和,因为行政经费除了用来购买人力和物力,还要用来购买服务,即财力消耗中包含着购买服务的支出。至于选取哪项费用指标作为测评行政效率的依据,则取决于测评的目的、测评者的偏好等。

时效指标衡量完成一定的行政工作量所需要的时间长短。时间效率表现为在同样的时间内完成的行政工作数量更多、质量更高,或同等数量和质量的行政工作在比较短的时间内被完成。设定时效指标就是对完成具体行政工作所花费的时间进行测定。时效指标也是比较容易确定的。

三、行政效率测评步骤

对行政效率的测评不是一蹴而就的,而是一个连续不断的过程。一般说来,行政效率测评要经过以下四个步骤。

一是确定所要解决的问题、测评者、测评对象。这一步骤主要需解决是否测评以及谁对什么进行测评的问题。对行政效率进行测评是谋求公共行政高效率的主要途径和方法之一,但并不是每时每刻都适合进行测评。一般来说,测评要么是定期考核的需要,要么是为了解决特定问题。就后者而言,之所以进行行政效率测评多是因为公共行政工作中出现了这样那样的问题。如在主要为公众提供服务的行政机关中,出现了较突出的顾客排队现象。为了解决顾客等待的问题,相关部门和人员就可能对提供服务的机关进行效率测评,以确定排队产生的根源是否在于服务机关效率降低。

这一步骤是行政效率测评的起点。在这一步骤中,要确定出测评中最重要的两方——测评者和测评对象,即由谁对哪个行政机关或行政机关中的哪个部门或个人进行效率测评。确定测评对象的主要依据在于问题的出处,即对于非定期的测评而言,主要是根据有无问题来确定测评对象。测评者是行政效率测评的主体,是具体实施行政效率测评工作的人员、小组或机构。不同的测评者有不同的倾向性,不同的测评者的地位和权威性也不一样,因此选择不同的测评者关系到测评结论的内容及正确度,也关系到测评结论的影响程度。由权威性高的测评者做出的测评结论,往往能对组织的绩效管理产生重大的影响。不过,权威性并不限于层级权威,专业性高等方面也经常是权威性的根源。常见的行政效率测评者包括了上级、上级部门、同事、同级部门、下级、下级部门等广泛的范围。将测评人员和机构设在人事、财务、财务、审计、预算和权力系统中,是较常见的做法。委托组织外的专业测评机构和人员组成测评者进行测评,也是一种越来越常见的现象。

二是确定测评内容、标准和指标体系。这是为行政效率测评设定标准的阶段。在该阶段,经常要结合工作分析、职位分析、结构分析、人员素质测评和社会调查及社会统计等方面的技术与方法,确定测评的方面与内容,制定出测评的标准和指标体系。该步骤是决定测评有效性的关键环节。因为公共行政工作繁杂多样,选择对不同方面进行效率测评的效果差别很大。一般来说,选择的依据是对所发现的问题产生直接影响的方面。标准是行政效率的基准,将对测评对象的测评数据与这个基准比较,就能获得关于测评对象的效率的结论。指标体系是各项标准的集合体。制定测评的指标体系,就是明确体现行政效率的不同方面的标准,并确定它们之间的关系,即确定各方面所处的层次和所占的权重。该阶段属于测评的总体设计阶段,设计质量的高低直接决定着一项测评的可信度、有效性等。

三是确定测评的技术和方法,确定测评实施的程序和时间。确定测评的技术和方法,就是针对已确定的测评对象和测评内容,选择测评的途径和手段。包括测评信息的搜集、整理、分析的技术和方法,测评工作的组织和协调等。途径和手段的选择也并非不重要。因为已确定的测评目的只有在选择了恰当的技术和方法时,才可能达到。实际上,在当代西方国家的行政效率测评中,非常注重对先进测评技术和方法的挖掘与运用,许多由工商企业开发的测评技术和方法很快就被引入到公共行政系统中,公共行政系统也不断地探索新的测评技术与方法。

确定测评实施的程序和时间也属于测评的总体设计阶段。该阶段要求明确规定出行政效率测评的准备阶段、测定阶段以及分析评价阶段的进度和时间要求,以保证测评工作的有序性和时效性。

四是测定、分析测定得到的数据并得出测评结论。这是行政效率测评中最主要的实施阶段,也是最真实的"测"与"评"的阶段。前三个阶段都可以看成是行政效率测评的准备阶段,只有到了本阶段真正的测评工作才正式开始。测定就是依据已经确定的技术和方法,对测评对象的有关方面进行分别测量,并得出有关这些方面的效率的数据。分析测定数据就是对照先前已给出的标准和指标体系,运用科学的方法,对已获得的几个方面的数据进行计算分析,以获得关于测评对象效率的总体数值。测评结论是在已获得的有关测评对象效率的总体数值的基础上,结合运用定性和定量的分析方法,得出有关测评对象的行政效率的结论。测评结论的得出,基本意味着一个测评过程的结束。而且,一项完整的测评工作也必须以测评结论的得出为标志。

当然,上述有关行政效率测评步骤的划分并不是绝对的,就如同赫伯特·西蒙对决策过程分析时所说过的一样,在决策过程中经常存在着大圈套小圈的现象。实际的行政效率测评过程往往是丰富多彩的,各步骤间的区分经常不十分明显,步骤间的顺序也并不总是如上所述。本书所叙述的只是最一般的过程形态。

第三节 行政效率与行政公平

一、公平的含义

公平经常成为人类社会的理想与追求,人们经常以公平的名义提出一些要求,或推进改革甚至发动革命。而实际上,不同的人往往对何为公平有着完全不同的理解。

最早把公平问题上升到理论高度的是美国心理学家亚当斯(J. S. Adams)。亚当斯在1965年指出,社会中的人们不仅在乎自己所得的绝对值,也在乎其相对值,即在乎与其他人的比较。因此,公平理论也被称为社会比较理论。公平理论家相信,人们进行社会比较后的结果——公平感是影响人们行为的重要因素。人们通过横向或纵向的比较,得出是否公平的结论。其后人们会根据自己比较后的结论,调整或保持自己的努力程度,以获得或保持公平的感觉。也就是说,公平感是影响人们行为的因素之一,要想使组织内的员工高效率地工作,首先应使员工感到公平。这样,在亚当斯的公平理论中,公平是高效率的前提。

在社会政治生活中,公平却不仅限于其作为手段的意义。在现代民主社会的政治生活中,公平本身经常就是目的。现代的社会公平应主要包括政治公平和经济公平两个方面,只是因为普选权的实现,政治公平不再是人们关注的主要方面,人们更关注经济公平,有时甚至以经济公平代替社会公平。但对于经济公平的标准人们始终没有取得一致的意见,公认的经济公平理论主要有三种。它们各自提出了自己关于经济公平或社会公平的标准,不同的社会公平标准意味着政府不同的再分配作用。

首先以边沁的《道德与立法原理》和穆勒的《功利主义》为代表的社会功利主义理论提出了第一个社会公平的标准。社会功利主义者将公共政策的目标定义为个人利益总和的最大化,而主张个人利益总和最大化目标的功利主义暗含着社会平等的倾向。在功利主义理论家看来,不论人的身份、地位或权势如何,社会中的每个人在功利主义的等式中都一律只有同等的一份。正是在这个基础上,边沁提出了“最大多数人的最大幸福”这一原则。在经济不平等的社会中,这项原则意味着政府要担当较突出的社会再分配职能。因为同样多的物质财富对穷人的边际效益超过了对富人的，基于全社会的每个人效益最大化的目标，就应将财富从富人转移给穷人。功利主义理论家没有公开使用"公平"、"正义"这些概念，但他们却提出了影响深远的社会公平标准。

明确提出社会公平、社会正义概念的是约翰·罗尔斯，罗尔斯1971年出版的《正义论》中提出了社会公平的第二种标准。在《正义论》中，罗尔斯假设了一幅无知之幕——人们不清楚自己在未来社会中的地位，即为一幅无知之幕所笼罩。罗尔斯认为在这种情况下，人们最关心的是自己在未来社会中是否境况最差者。由此他得出结论说，一个公平或正义的社会应努力改善境况最差者的境遇。这样，罗尔斯提出的公平标准比功利主义者要低。按这种标准，政府为实现社会公平而进行的再分配职能只限于改善境遇最差者的情况，而不像功利主义者所主张的那样要进行广泛的社会再分配。

罗尔斯的《正义论》引起了激烈的反响和争论，其中以1974年罗伯特·诺齐克出版的《无政府、国家与乌托邦》最为著名。该书的出版同样引起了轰动。诺齐克在书中倾向于采用理性分析方法，他的出发点是"自然状态的理论"。对诺齐克来说，正义与公平根本就不是某种理想化的目的状态，而是人们据以开展交易并且成功地融入社会的一种过程。他认为，所有个体的生命都源于一种自我所有权的制度。此后，该项制度经由一项有关获取的正义原则而扩展到了社会世界，而根据这项正义原则，自然世界中的无主物都会具有各自单一的所有者。再者，根据有关转让的正义原则，这些所有者又可以把财产转让给其他人，而这些其他人因而也就承继了原所有者所享有的权利。游戏只允许这样进行。获取和自愿转让的制度需要受到保护，以防某些想靠武力或威胁的人去谋取那些业已属于其他人的财产。只要这种制度是正当的——符合获取的正义和自愿转让的原则，这些原则的反复使用可以创建出复杂的社会安排和法律安排。而且，这些原则不允许那些试图在个人中间强行实施某种一成不变且看似公正的分配财富、商品、服务或其他东西的安排。由此，诺齐克又提出了他的公平标准：获取的正义和自愿转让。在诺齐克的标准下，政府几乎没有再分配的职能，只有维持秩序、保卫正义的获取和转让的自愿的义务。

可见，公平是一个歧义众多的概念，而不是一个固定的标准。而且，在不同的学科中，公平有着不同的意蕴，如下文将阐述的行政公平就与此处所述的社会公平差别极大。

二、行政公平的内容与表现

公平对于包括公共行政组织在内的公共组织，具有比一般社会组织更为突出的意义。因为“公共组织是公平的依靠,追求公平是公共组织的天职”①。公平是公共的必然要求,凡属公共的就应尽力达至公平,公平是所有公共生活所必需的。不满足公平的公共,不是真正意义上的公共。在一般组织中,公平主要是提高效率的手段,但对公共组织而言,有时公平本身就是目的。公共本身就包含着平等与公平的诉求,失却了平等与公平的精髓公共就不再纯粹,就具有较多“私”的色彩。因此,作为最典型的公共行政组织理当追求公平,而且,与其所担当的职责相适应,它所应主要追求的是行政公平。行政公平是公共行政组织追求社会公平的职能体现形式,行政公平的内容与公共行政组织的性质与职能相关。

行政公平最早是由英国的帕克尔于1966年提出。当时他认为行政公平主要应包含两方面的含义:一是不论行政机关的行为是什么性质,一个良好的行政要没有偏私,而且行为公平;二是行政机关一切对公民可能产生不利影响的权力都要公平行使。从帕克尔的定义中可以看出,行政公平主要涉及接受行政管理的公民间的公平,以及公共行政机关与被其管理的公民间的公平。

行政公平这两方面的内容,各有其表现形式,需通过具体公共行政活动得以实现。就接受行政管理的公民间的公平而言,它要求保持公共行政相对人间的地位平等,改变政府带有歧视性的管理。法律地位的平等尤其需要在与公权有关的领域中得以体现,如果在与公权有关的领域中不能实现平等地对待公民,公民法律地位平等只能是一句空话。公共行政活动是公权最集中的领域,在该领域中平等地对待所有的公民是现代民主社会的性质,和“行政”之能被称之为“公共行政”所必需的。没有偏私地对待行政管理的相对人,要求公共行政组织活动必须体现其始终如一性和恒定性,即针对公共决策所确定的某类主体或客体,公共行政组织对其要施以政策规定的同样的对待。如个人所得税法规定我国的个人所得税的起征点为2 000元,税务机关就要对所有月收入超过2 000元的人征税。而且,无差别地对待意味着公共行政组织,针对其行政管理相对人的管理内容和形式程序两方面的无差别。

公共行政组织与公民之间的公平表现为公共行政机关与公民间的地位平等,以及公共行政权力的公平行使。关于前者,主要是要克服政府高高在上的作风,以平等的姿态和公仆的作风对待被其管理或接受其服务的公民个人及组织。关于这点的合理性无需多作解释,因为政府为公民服务,权力受制于公民本身就是民主社会的题中之义。现实中的“官老爷”作风并不因为其普遍存在而具有合理合法的意义。公共行政权力的公平行使则体现为多条基本原则的被遵守。首先,公共行政权力的行使要符合合理性的原则。合理性的原则要求公共行政

① 周志忍:《公共性与行政效率研究》,载《中国行政管理》2000年第4期,第41页。

机关是出于合理和正义的行政目的而做出具体行政行为。公共行政组织对行政相对人行使权力要依法进行,要程序和程度恰当,不可出于泄私愤或意气用事地行使公共行政权力。其次,要遵循公开的原则。公共行政机关行使权力的依据、过程和结果都要向行政相对人公开,尤其当行政权力的行使将使相对人的利益受损时尤其需要预先通知相对人,并给予发表意见的机会。再次,应当符合诚实守信的要求,保护行政相对方的信赖利益。最后,要符合责任和法律救济的原则。即行使公共行政权力的组织和个人要承担相应的行政责任;当公民认为其权利被公共行政机关及其人员侵害时,有获得法律救济的途径。

三、行政效率与行政公平的关系

为了理解行政效率与行政公平的关系,首先要弄清楚效率与公平的关系。理解了效率与公平之间的关系,有助于理解行政效率与行政公平之间的关系。行政效率与行政公平的关系是效率与公平关系在一个具体领域内的体现,虽然它们之间并不完全一致。

效率与公平是人类最为重视的两个价值目标,在人类的价值观系统中几乎占有同样重要的地位,尽管有些人可能更倾向于前者,有些人可能更钟情于后者;某个时期人类的主流思想更在乎效率,另一个时期又更在乎是否公平。在效率与公平之间存在着对立统一的关系。首先,它们互为对方的前提与基础,具有制约或促进对方发展的能力。一方面,效率需要以公平为前提,就像亚当斯所揭示的那样:公平感是影响人们的行为的重要因素。而效率是行为的结果,要谋求较高的个人或组织效率,起码应使组织内的大部分人有公平的共同认识。社会的发展也需以社会公平为前提,一个两极分化严重的社会不可能获得长久持续的高速发展。另一方面,人们也经常相信公平是建立在效率的基础上的,在社会发展问题上持有类似观点的人尤其多。如人们认为欧美发达国家之所以能够建立较公平的社会,正是因为过往的经济效率累积的成果使社会公平有了实现的可能。其次,效率与公平经常表现为对立的关系。即效率的提高需以牺牲公平为代价,公平的提升经常以牺牲效率为前提。这样,注重效率和注重公平的人们,就经常以它们之间的这种对立关系为理由,在它们之间作出或此或彼的选择。现代各个民族在各个发展时期,都存在着类似的争论,这些争论概是起源于效率与公平之间的矛盾对立关系。

一般的效率与公平之间的关系有助于我们理解行政效率与行政公平之间的关系,但行政效率与行政公平之间的关系并不完全等同于一般效率与公平之间的关系。

首先,在行政公平与行政效率之间也存在着一定程度的一致关系。因为行政效率经常要以行政公平为基础。不注重公平的公共行政无法得到行政相对人的积极配合，经常难以实现高行政效率。不过，行政效率作为行政公平的基础的意义却并不明显。虽然从长远来说，高行政效率有利于社会整体效率的提高和社会财富的积累，社会财富积累有助于人们重视公平问题，行政公平作为公平的一个特殊领域也会受到人们的推崇。但就短期而言，就具体公共行政组织或系统而言，由行政效率导致行政公平的现象并不突出。行政公平经常不能坐等行政效率发展的推进，而经常需要通过法律法规的形式要求公共行政组织达到或接近它。

其次，在行政效率与行政公平之间存在着突出的矛盾对立关系。即行政效率的提高经常以牺牲行政公平为代价；要想获得行政公平经常不得不降低行政效率的要求。同一般社会领域一样，正是由于它们之间的这种矛盾对立关系，才使得公共行政学的发展史上始终充斥着或重视行政效率或重视行政公平的争论。

关于行政效率与行政公平的矛盾问题，我们认为，行政效率与行政公平之间的相互制约性经常被人们想当然地夸大。也就是说，行政效率的提高程度并不一定等同于行政公平的受损程度，同样，行政公平的提高程度也未必使同等程度的行政效率受损。更为重要的是，行政公平应是公共行政组织作为最主要的行使公共权力的组织需首先遵守的基本原则，因为它关系到社会性质的界定和基本法理的执行。虽然行政效率也非常重要，但当行政效率与行政公平面临着取舍的困境时，公共行政组织无一例外地需选择行政公平。可以说，行政公平是公共行政活动的先决条件，是不可谈判与通融的。正如在民主社会中，在法律面前人人平等的原则不可谈判与通融一样。

第四节 行政绩效管理与指标体系

一、行政绩效与行政绩效管理

（一）行政绩效的内涵

“绩效”(performance)概念实际上是与“效率”(efficiency)相联系的，只不过“绩效”所包含的内容要比“效率”宽泛得多，它不仅是指单纯的“投入—产出比”，“也可以理解为‘系统表征管理领域中的成就和效果’的一种概念工具。”①

① 刘旭涛：《政府绩效管理：制度、战略与方法》，机械工业出版社2005年版，第96页。

具体来说,绩效就是管理组织实现各项职能、从事各种管理活动所取得的工作业绩和社会效能的总称。行政绩效则是行政组织为实现行政职能、管理社会公共事务所取得的工作业绩和社会效能的总称。行政绩效既不同于单纯的行政效率,也异于单纯的行政效能或行政效益等,行政绩效起码应包含行政效率和行政效能两方面的内容。一般来说,行政绩效的内涵应包含以下几个方面的内容:

1. 行政绩效是一个综合性的概念,它应包含经济、效率和效益的三个方面。"经济是指用尽可能少的成本去购买规定的质和量的输入物品。效率是运用尽可能少的资源来提供规定的质和量的服务。效益是指能使地方政府实行它的政策和目标而提供正确的服务。"①因此,行政绩效所要衡量的既有公共行政的组织模式,又有公共行政活动的实际效果,还有公共行政活动的社会影响。

2. 行政绩效是一个多层次的概念。在横向层次上,行政绩效的内容包括内部绩效和外部绩效,内部绩效主要是指衡量公共行政组织内部工作效果的标准,而外部绩效则是社会各界对公共行政组织工作实绩的整体评价;在纵向层次上,行政绩效的内容则包括组织绩效和个人绩效,组织绩效是对公共行政组织工作业绩的整体评价,个人绩效则是对从事公共行政活动工作人员工作实绩做出的个体评价。

3. 行政绩效是一个动态化的概念。行政绩效的动态化主要表现在三个方面:不同的政府部门承担着不同的行政职能,其行政绩效的内容和评价标准会有所不同;相同部门的行政绩效也会因社会发展阶段的差异导致内容和评价标准的变化;行政绩效的管理过程也是动态的,它包括目标确定、建构指标体系、资料的收集和整理以及绩效评价等一整套程序。

4. 行政绩效是对行政职能实现程度和结果的客观评价。确定行政职能的依据通常来自于公共行政的客观实际,但是具体的决策过程,却饱含着管理者和参与者的主观愿望,体现了他们共同的主观意志。而行政职能能否顺利实现,并取得预期效果,则取决于行政职能的客观实现过程。也就是说,行政职能虽有主观因素参与,但衡量行政职能的实现程度和结果,则必须是客观的,即通过政府行政组织的工作实绩和社会效果加以衡量和评价。

5. 行政绩效是行政实践的重要组成部分,通常也被称之为绩效管理。行政绩效管理是一项复杂的系统工程,涉及公共行政活动的各个领域和各个环节,也包括一系列绩效管理和绩效评价的方法和技术。

(二)行政绩效管理及其原则和程序

1. 行政绩效管理的含义

绩效管理(Performance Management)就是管理者通过一定的方法和制度确

① 于军编译:《英国地方政府行政改革研究》,国家行政学院出版社1999年版,第184页。

保组织及其子系统(部门、流程、工作团队和员工个人)的工作表现和业务成果,能够与组织的战略目标保持一致,并促进组织战略目标实现的过程。绩效管理是通过绩效目标的设定、反馈与指导、评估与认可等方面的系统管理,使员工了解自身绩效及发展与组织之间的关系,从而促进员工充分发挥自身潜能的管理概念。也可以理解为一种通过实现个人绩效,从而提高组织整体绩效的手段。绩效管理的理论与实践问题有三个层面,即:什么是正确的绩效;如何正确地管理绩效;如何运用绩效管理。绩效管理是一种理念,也是一套方法论,还包括一类管理工具。绩效管理的基本模型是一个连续不断的环形。其中有3个主要的环节,分别是战略、计划和执行。这3个环节又进一步分解为6个基本步骤,分别为设置目标、建立模型、计划预算、监控运行、分析评估及结果报告。由此,可以将行政绩效管理定义为:通过绩效目标的设定、反馈与指导、评估与认可等方面的系统管理,使公共行政组织成员了解自身绩效与组织及公共行政系统绩效之间的关系,从而促进公共行政组织成员充分发挥自身潜能,达到公共行政活动绩效提高的目的的管理。

值得注意的是,行政绩效管理与行政绩效测评的含义并不一致。行政绩效测评只是行政绩效管理中的一个重要环节,它没有涵盖行政绩效管理的全部,但良好的行政绩效管理需以科学的行政绩效测评为基础。

行政绩效管理一直是公共行政理论和实践的一个重要课题,虽然不同时代所界定的行政绩效的内容有很大的差异,行政绩效管理的方法也不尽相同。自20世纪70年代末以来,各国尤其是西方发达国家将多种工商业管理中所运用的绩效管理技术与方法,引进到行政绩效管理中,并结合公共行政的特殊性加以改造运用,从而使行政绩效管理的理论和实践更加具有务实、科学的色彩。

2. 行政绩效管理的基本原则

(1) 建立强有力的制度保障,明确行政绩效管理的法定地位

推进制度化建设是国际上实施行政绩效管理的普遍趋势,明确制度上的法定地位,也是推动行政绩效长效管理的根本。通过确定行政绩效管理的相关制度和规范,还可以对管理目标、管理体系、管理对象、管理内容等基本要素作出详细和具体的规定,将行政绩效管理融入日常性的公共行政活动中,实现行政绩效管理的规范化、正规化和法制化。

(2) 行政绩效管理应以行政发展战略和价值导向的明确化为基本前提

行政发展战略目标是政府行政组织肩负的历史责任或公共行政要实现的最高目标,实现这一目标的资源、途径和计划等,构成了行政发展的基本战略。价值导向则是一切公共行政活动所遵循的行为准则。战略和价值导向明确化主要包含两层含义:一是公共行政组织应明确自己的任务和责任,否则不可能取得良好的工作业绩;二是公共行政组织应通过有效沟通,使行政发展战略和价值导向

成为每个公务员的共同信念。

(3) 建立和完善行政绩效管理的组织机构

建立结构合理、运转高效的管理机构是开展行政绩效管理的关键。行政绩效管理机构不仅应包括公共行政组织内部的监察、审计机关和传统的评估机关，还应当包括相关专业的专家学者，特别应鼓励社会中介组织参与行政绩效管理，这不仅能极大地提高绩效管理的公正性和客观性，还可以节约管理成本，提升管理效率。

(4) 以一定的激励制度实现公共利益与个体利益的有机结合

行政绩效管理不仅应该依据绩效评估结果，对政府行政组织及其工作人员实施必要的奖优罚劣，还应该成为有效的激励手段，在绩效管理过程中，使政府行政组织及其工作人员因行政效率的改进而获得个体利益的极大满足，正确的激励是保证行政绩效管理长期健康发展的根本途径。

(5) 坚持"以人为本"精神，构建开放、和谐的行政绩效管理体系

行政绩效管理应以提升社会公众满意度为基本出发点和归宿，以此构建开放和和谐的绩效管理体系，广泛吸纳社会力量参与绩效管理，倾听来自不同方面的意见和建议，充分发挥舆论监督的作用，调动社会公众参与绩效管理的主动性和积极性，以此提升行政组织的工作绩效和服务水平。

(6) 以电子政务为契机，建设高效、统一的行政绩效管理信息系统

行政绩效管理是传统与现代管理方法的有机结合，应在充分发挥传统管理手段作用的基础上，利用现代信息技术设计和完善适合公共行政发展特色的绩效管理软件系统，通过计算机网络将行政绩效管理同实时的信息收集和分析结合起来，建立电子化的行政绩效管理网络和自动监控系统。

3. 行政绩效管理的工作程序

行政绩效管理是一项系统化的复杂工作，其有效性依赖于多种因素的共同作用。"一个成功的绩效管理至少应该符合三个要求：(1) 在主要利益相关者之间，就组织的使命、目标和战略达成合理的共识；(2) 实施高质量的绩效考评系统；(3) 运用绩效信息来提高效率，加强责任感以及支持决策。"①因此，行政绩效考评必须按照特定的工作程序有序进行，以保证行政绩效管理的规范性和科学性。

(1) 制定明确的行政绩效管理协议和行政绩效管理规划

行政绩效管理协议改变了传统的以行政命令为主导的直线型管理模式，而代之以上下级之间、管理者和被管理者之间就职责、任务、目标、工作条件等内容

① [美]西奥多·H. 波伊斯特：《公共与非营利组织绩效考评：方法与应用》，肖鸣政等译，中国人民大学出版社 2005 年版，第 250 页。

形成的具有约束力的契约性文件，主要内容包括责任人、权力范围、目标、评判标准、素质和能力要求等方面。明确的行政绩效管理协议是在平等协商的基础上达成的一致性意见，因而能够消除行政绩效管理中的消极因素，使政府行政组织及其工作人员积极参与行政绩效的管理工作，保证绩效管理工作的顺利实施。

行政绩效管理规划是政府行政组织依据行政绩效管理协议制定的有关行政绩效管理的任务计划，它不仅应规定公共行政活动的总方向，还应对行政绩效管理的各个环节作出明确而具体的规定。行政绩效管理规划是行政绩效管理各个工作环节的基础，也是实施有效绩效管理的前提。制定行政绩效管理规划应注意长期性与现实性、稳定性与灵活性的有机结合，突出绩效管理的针对性、现实性和可操作性。

（2）设置科学合理的行政绩效指标

“从技术方面来说，绩效指标是关于如何获得考评结果或者如何收集数据而对绩效维度进行操作化界定的一种说明。”①行政绩效指标是行政绩效管理规划的具体化，是衡量市政管理业绩的基本标准。行政绩效指标可以分为通用性指标和专业性指标两类，通用性指标可普遍适用于所有的市政管理机构，而专业性指标则是针对不同职能部门的专业属性而设计的，对行政绩效的考评也应综合通用性指标和专业性指标作出总体性的评价。行政绩效指标的设置应遵循的原则是：第一，客观全面原则，绩效指标应客观全面地反映公共行政的综合绩效，而不应偏重于某一个方面；第二，一致性原则，应在指标的数量、范围和权重方面保持协调一致；第三，相关性原则，通用性指标和专业性指标应保持必要的相关性，否则将导致绩效考核结果出现偏差；第四，“软”、“硬”指标相结合原则，行政绩效具有多维性，因此指标体系的设置既要有“软”指标，也要有“硬”指标。“软”指标是指那些难以量化的考核指标，如社会效果；“硬”指标则指可量化的指标，如财政支出。

行政绩效指标的科学性和合理性，还要考虑绩效指标的信度和效度。绩效指标的信度（reliability）是关于指标客观、准确和可靠程度方面的一种测量；而绩效指标的效度（validity）则关注其合适程度，也就是指标直接与成果相关或者代表所关注的绩效维度的程度。信度涉及指标的客观和准确，效度涉及指标的有效性，两者缺一不可。应从表面效度（face validity）、一致性效度（consensual validity）、相关性效度（co - relational validity）和预见性效度（predictive validity）这四个方面来评判绩效指标的有效性。表面效度是指绩效指标必须在“表面”上看来是一个有效的指标；一致性效度是指某项绩效指标获得认可的程度；相关

① ［美］西奥多·H. 波伊斯特：《公共与非营利组织绩效考评：方法与应用》，肖鸣政等译，中国人民大学出版社 2005 年版，第 86 页。

性效度代表了某项绩效指标与其他指标在统计上的相关程度;预见性效度则指接受考评的指标值是否可以用来准确地预见未来的结果。[①]

(3) 实施行政绩效评估

行政绩效评估是行政绩效管理的核心内容,这是因为"绩效测量是确定政策或计划是否有助于取得所需的结果的数量或质量方面的尺度"[②]。实施有效的行政绩效评估,是引导公共行政组织实现管理目标的工具和手段,也是持续改善公共政策或公共项目质量的一种系统方法。

有效的行政绩效评估,除了要进行充分的组织准备之外,还应严格规范实施程序,并从环境建设入手,营造良好的评估秩序。行政绩效评估的环境建设由评估基础、评估动力、评估保障和评估氛围四个方面的内容构成。评估基础需要完善的制度建设,这是实施有效行政绩效评估的基本条件;评估动力是驱动行政绩效评估顺利实施的源泉,除了应加大重视力度和社会公众的参与程度之外,还应制定相关的支持性政策;行政绩效评估的有效性在很大程度上取决于绩效信息及其质量,因此获取充分的信息材料和信息处理能力就成为重要的评估保障;绩效评估也是推动公共行政文化转型和再造的过程,行政文化对行政绩效评估产生着深远的影响,大力加强文化宣传将是形成良好评估氛围的重要举措。

(4) 推动行政绩效管理信息的沟通和反馈

行政绩效管理的各个过程和环节都离不开信息的支持作用,因此行政绩效管理的实质是对绩效信息流的控制过程。推动绩效信息的沟通和反馈是强化绩效信息流控制的关键环节。加强绩效信息的沟通和反馈,不仅能够使参与各方充分了解有关行政绩效管理的目标、任务和要求,实现价值取向上的统一,协调各个方面的行动,而且能够准确把握绩效管理的实际情况,制定正确的绩效指标和实施程序,降低因信息不充分而造成的损失。而建立有效的绩效信息系统则是推动信息沟通和反馈的基础。

(5) 加强行政绩效管理的监督和控制

行政绩效管理是一个动态的过程,其目标、任务、指标和方法会因外部条件的改变而发生相应的变化;同时,行政绩效管理也是一个充分发挥行政管理者主观能动性的过程,行政绩效管理水平的高低常常与行政管理者自身的素质、经验和能力相关。因此,为了实现行政绩效管理的客观性、公正性和准确性,必须对行政绩效管理过程施加必要的监督和控制。

---

① [美]西奥多·H.波伊斯特:《公共与非营利组织绩效考评:方法与应用》,肖鸣政等译,中国人民大学出版社2005年版,第90~91页。

② [美]马克·G.波波维奇主编:《创建高绩效政府组织》,孔宪遂、耿洪敏译,中国人民大学出版社2002年版,第32页。

行政绩效管理监督和控制的目标是消除行政绩效管理过程中的不确定性因素,及时纠偏,保证行政管理者行为的正当性和规范性,确保行政绩效管理发展方向的正确性。加强行政绩效管理的监督和控制,也是推动行政绩效管理可持续发展的必要条件。行政绩效管理监督和控制的途径有二:一是公共行政体系内的监督和控制,这是通过建立特定的监督机构和监督程序,实现绩效管理的自我控制和自我完善;二是公共行政体系外的监督和控制,这是通过发挥社会公众的参与作用和新闻舆论的导向作用,对行政绩效管理的过程和行为实施有效的督促,并营造稳定的外部环境,以维护绩效管理正确的价值取向。

二、行政绩效测评的类型

人们经常以为绩效的内容是确定的,因此绩效测评的内涵也是确定的。但实际上,即使面对同一个组织实体,因为测评的角度不同,所得出的关于该组织实体的绩效结论并不一致。因此,要获得比较全面的绩效结论需熟知这些视角间的差异,并根据自己的需要和可运用的测评方法,去测评绩效。行政绩效测评类型的区分,也主要是以测评视角、方法或层次等的不同为标准。

行政绩效的内部测评与外部测评。这是根据测评者与测评对象所处的关系为依据进行的类型区分。行政绩效的内部测评是指由公共行政组织内部人员自己对行政绩效所做的测评,而行政绩效的外部测评是指由公共行政组织之外的人员对行政绩效所做的测评。区分内外部的标准是测评人员是否属于公共行政系统的成员,而主要不是以某一具体公共行政组织或具体部门的成员身份作为判断的依据。实践中,行政绩效的内部测评和外部测评都大量存在。就内部测评而言,经常成为测评者的有公共行政组织内的上级,或人事、财务、审计等职能部门。而立法机构、民意机构、专业的咨询测评机构等经常成为行政绩效外部测评的测评者。

个人行政绩效测评与部门或组织等的行政绩效测评。行政绩效可区分为不同层次,有个人绩效、部门绩效或组织绩效之差别,因此行政绩效测评也就可区分为个人行政绩效测评、部门行政绩效测评或组织的行政绩效测评。这是根据测评对象,即对谁的绩效进行测评而区分的行政绩效测评类型。个人行政绩效测评是指对公共行政组织中的个人独立完成的工作进行的绩效测评。对个人行政绩效进行测评,是公共行政组织人力资源管理的常用方法之一。 部门或组织等的行政绩效测评,则是对小组、团队、部门、组织等由个人所结成的工作集体所完成的行政工作进行绩效测评。个人的高绩效并不等于由个人所结成的工作集体的高绩效,因为只有在体制恰当、沟通协调良好的情况下,工作集体的绩效才会与个人绩效同步提高。对部门或组织等工作集体绩效的测评,更能体现出公共行政系统的绩效水平。通过对部门或组织等工作集体的绩效测评,可以发现公共行政中存在的问题,可使对公共行政组织的管理和改革有重点和针对性。

年度行政绩效测评和项目行政绩效测评。行政绩效测评可能是定期进行的,如年度行政绩效测评;也可能是不定期进行的,如项目行政绩效测评。这两种行政绩效测评形式在实践中都十分常见。年度行政绩效测评指对个人或组织在固定时间内如一年或半年的工作绩效进行测评,这经常是一种定期的、按计划进行的绩效测评工作。这是公共行政组织最常见的绩效测评形式,在公共行政组织管理中占有非常重要的地位。因为公共行政组织基本不参与市场竞争,不能通过市场竞争来增加其提高绩效的动力,也无法以市场竞争的结果来检验其绩效的高低,因此经常性的行政绩效测评就成为了解公共行政组织绩效的主要途径和提高其绩效的压力。项目行政绩效测评是对个人或组织所承担的独立项目所进行的行政绩效测评。项目行政绩效测评一般是在项目结束时或项目进行中期进行测评,时间上并不固定。不过,如果项目进行的时间较长,横跨几个年度,也会进行年度行政绩效测评。项目行政绩效测评,主要是为了对具体项目的效率与效益进行测评,以保证每一个公共行政项目都不浪费公共资源,都能对社会产生正面效益。

三、行政绩效测评的指标体系

为了测评出行政绩效往往需要多个指标,这些指标会构成指标体系。指标体系的概念一方面表明行政绩效测评的多角度性,即须从多个方面、通过多个方面才能测评出行政绩效;另一方面也说明指标间的相互联系性,即各指标间并不是互不相关的,它们之间有着层次的区分,又共同构成了测评行政绩效的系统。对于行政绩效测评来说,设计恰当的指标体系与对每一指标进行科学测评具有同样重要的意义。

(一)行政绩效测评指标体系的设计原则

行政绩效管理的关键在于能够使组织在战略性使命和目标方面所取得的成就得到准确和全面的测量和评价。然而,与企业绩效评估相比,行政绩效测评存在着各种各样的困难,其测评目标更为多元,测评过程也更为复杂。因此,为了准确、客观地反映公共行政活动的实际绩效,西方发达国家都先后制定了指标体系的设计原则,以实现指标体系的科学和合理,其中“平衡计分卡”原则和“SMART”原则运用最为广泛。

“平衡计分卡”(Balanced Scorecard)原是美国著名管理学家罗伯特·S.卡普兰(Robert S. Kaplan)等人开发的一种全面、系统、有效的考察企业管理成就的绩效评价指标体系。该指标体系从四个不同角度来测评一个企业的绩效指标,除传统的财务类指标外，还包括顾客满意、内部业务流程、创新和学习能力三个类别的若干指标以弥补财务类指标的不足，以便在了解企业财务结果的同时，也可以对无形资产方面取得的进展、未来可持续发展能力以及保持竞争优势等方面进行监督。西方学者在大量调查研究的基础上，认为“平衡计分卡”原则也同样适用于政府部门的绩效指标设计，而且能够取得良好的效果。例如，美国学者波波维奇(Mark G. Popovich)就结合这一原则指出，政府绩效测评指标体系应包含的项目有目前组织的文化和结构、组织的顾客满意度、组织雇员的满意度和组织改革的需要。①

“SMART”原则是英美等国家在设计绩效测评指标体系时普遍遵循的另一个重要原则。“S”代表“Specific”，要求绩效指标应“具体”、“明确”、“切中目标”，而不能是“模棱两可”和“抽象”的；“M”代表“Measurable”，要求绩效指标最终能够是“可测量”和“可评价”的，能够形成数量指标或行为强度指标，而不仅仅是“笼统的”和“主观的”描述；“A”代表“Achievable”，要求绩效指标是“能够实现的”，而不能是不切实际的；“R”代表“Realistic”，要求绩效指标是“现实的”，而不能是“凭空想象的”或“假设的”；“T”代表“Time bound”，要求绩效指标应具有“时限性”，而不能仅仅存在模糊的时间概念或根本不考虑完成期限。

我国也有学者主张将行政绩效测评指标体系区分为三个层次：评估维度、基本指标和技术指标。② 所谓评估维度是对评估范围的类型划分，通过维度区分可以使评估层面更加具有条理性，使评估标准更有可比性。简单说，评估维度就是评估方面，即从哪些方面评估行政绩效。选择不同的评估维度所得到的很可能是有关行政绩效的不同结论，因此如何设定评估维度就成了行政绩效评估中非常重要的环节。当然，对不同维度的评估所采用的方法及主体等经常并不相同。所谓基本指标是在评估维度之下的一种较为具体化的形式和手段，可以被看成是维度的直接载体和外在表现。同一个维度之下一般有若干个基本指标，这些指标是依据相关度、隶属度的程度而编排划定的。基本指标还不直接涉及具体的量化手段。所谓行政绩效的技术指标，包括了指标等级划分、分值匹配和权重计算等内容。技术指标反映的是指标的重要程度，或者是达到指标要求程度的处理机制。③ 技术指标涉及量化处理，需对所选测评维度的每一个基本指标进行等级划分、加权计算或分值匹配。等级划分就是对指标在指标体系中的重要程度进行排序，常见的等级划分方法有百分等级和等级鉴定法。加权计算

---

① 参见[美]马克·G. 波波维奇主编：《创建高绩效政府组织》，孔宪遂、耿洪敏译，中国人民大学出版社2002年版，第72～79页。

② 卓越：《政府绩效管理》，清华大学出版社2007年版，第258页。

③ 卓越：《政府绩效管理》，清华大学出版社2007年版，第262页。

是根据指标在整个指标体系中所处位置的重要性程度,确定不同的权重,计算出综合评估值。指标的分值是反映达到指标程度的大小或多少的数值表示,数值匹配就是每一个评估维度中具体指标的分值确定。

（二）行政绩效测评指标体系设计时应注意的问题

首先,应注意行政绩效测评维度的选择。行政绩效指标体系应在强调指标信度和效度的基础上,充分、全面地反映行政过程的各个环节。但在实际操作过程中,由于评估目的、出发点和技术的差异,各国和各地区在对行政绩效测评维度的划分上各不相同,指标体系也互有差别。例如,美国政府责任委员会建构的测评模式包括投入、能量、产出、结果、效率和成本效益以及生产力等6个维度;英国的测评维度包括适应与反应、目标与产量、稳定与控制、职员参加与发展等4个方面;我国香港将测评指标划分为目标维度、顾客维度、过程维度、组织和员工维度等4个维度;我国部分地区的绩效测评则划分为基本建设、运作机制和业务实绩等3个维度。[①] 人事部《中国政府绩效评估研究》课题组也提出了一套我国地方政府绩效测评的指标体系,该指标体系由职能指标、影响指标和潜力指标3个一级指标,11个二级指标以及33个三级指标构成。[②] 测评维度选择的正确与否,将直接关系到行政绩效评估的范围和效率以及结果的可靠性。

其次,行政绩效评估的指标体系应充分考虑指标之间的隶属度。隶属度的概念来源于模糊数学。模糊数学认为,社会经济生活中存在着大量的模糊现象,其概念的外延不是很清楚,无法用经典集合论来描述。某个元素对于某个集合(概念)来说,不能说是否属于,只能说在多大程度上属于。元素属于某个集合的程度称之为隶属度。绩效指标的隶属度说明该指标在整个绩效测评指标体系中的重要程度,在行政绩效评估的指标体系中应增加高隶属度指标的比重,这样才能保证指标体系的代表性和严密性。

再次,行政绩效测评的指标体系还应强化相关性分析。绩效指标之间的相关性,对于评估结果的科学性和合理性产生重要的影响,这是因为指标的高相关性往往会导致被评估对象信息的重复使用。因此需要通过对测评指标之间的相关性分析,删除一些隶属度偏低而又与其他指标高度相关的指标,以消除或降低评估指标重复反映评估对象信息而带来的不利影响。

最后,行政绩效评估的指标体系还应关注各项指标的鉴别力大小。鉴别力是指测评指标区分测评对象特征差异的能力,行政绩效测评指标的鉴别力则是指标区分和鉴别不同部门绩效强弱的能力。提高测评指标的鉴别力有助于增强行政绩效测评指标体系的针对性,提高指标体系的整体判断能力。

---

① 参见卓越主编:《公共部门绩效评估》,中国人民大学出版社2004年版,第39~41页。

② 范柏乃、朱华:《我国地方政府绩效评价体系的构建和实际测度》,《政治学研究》2005年第1期。

四、行政绩效管理的新方法

绩效管理一方面要确定什么是正确的绩效,另一方面还要正确地管理绩效,并运用绩效进行人员和组织管理。因此,在绩效管理方面,除了不断地诞生新理论之外,还不断诞生新工具、新方法。而在公共行政领域中,在20世纪80年代开始的公共行政改革中及其后,借用了大量的原在工商管理领域运用的绩效管理方法。当然,各国公共行政组织在运用这些方法时,注意结合公共行政自身的特点,并不是完全照搬它们在工商管理中的形式与内容,从而使这些绩效管理方法获得了既不同于以往的公共行政绩效管理方法,也不同于工商管理领域的同名称的方法,故被称为行政绩效管理的新方法。这些新方法主要包括:全面质量管理、标杆管理和政府再造等。

(一) 全面质量管理

全面质量管理最早由爱德华·戴明倡导,在二战后日本工业重建中起了重大作用,后成为在各国工商管理部门、公共行政部门等被广泛采用的绩效管理新方法。

全面质量管理主张用同样多或更少的资源提供更多的产品和服务,获得更突出的效益、效果。顾名思义,全面质量管理关注的核心是质量问题。因此,它与单纯的效率管理方法不同,是包含了效益与效果的绩效管理方法。全面质量管理方法缺不了三个关键要素:一是强调供应方、员工、消费方的密切沟通与联系。沟通联系的目的是为了获得各方有关产品、服务的质量信息,以便所提供的产品和服务的质量是顾客或消费方所需要的或其所能接受的。二是强调全员参与和团队协作。全面质量管理可在一定程度上被理解为全员参与的质量管理,因为在全面质量管理理论中,只有组织的全体成员都参与,组织所提供的产品和服务的质量才可能提高。在员工参与的过程中,不仅要让员工关注工作的效果,而且鼓励他们主动进行工作分析,并提出改进建议。员工的建议应作为组织改进决策的重要依据。团队协作也是全面质量管理所主张的要点之一。该方法相信,只有建立在团队协作的基础之上,产品和服务的质量才可能真的改进。三是强调不断改进。全面质量管理理论并不认为所谓高质量是一个恒定的标准,相反,它认为产品与服务的质量应处在不断改进的过程中,明天的高质量是在今天的高质量基础上的进一步的提高。全面质量管理一般包括以下几个阶段:分析个人和组织的目前绩效,确定需要加以改进的问题;动员员工参与问题分析,探寻并确定产生该问题的原因和解决该问题的方法;评估解决问题的方案能否逐步落实和达到预期效果;逐步落实各个解决方案;评估问题是否得到解决以及个人或组织绩效是否得到提高。值得注意的是,在确定解决问题的方案的过程中,还可能出现新的问题，全面质量管理是一个不断解决问题、不断改进个人和组织绩效的过程。

全面质量管理绩效管理方法，在公共行政部门中也得到广泛运用，成为谋求公共行政绩效提高的重要途径。如根据调查数据，美国60%以上的联邦政府和州政府机构采用了某种类型的全面质量管理方法。[①]

（二）标杆管理

标杆管理（benchmarking）主要是通过确定绩效基点、基准的方式，以谋求公共行政绩效的提高。"标杆管理是一个认识和引进最佳实践，以提高绩效的过程。"[②]"所谓的标杆管理，即追求卓越的管理模式，并将之学习转化，以提高组织绩效的管理工具。"[③]在标杆管理中，确定标杆和对照标杆的改进无疑是最重要的因素。

"标杆"一词由英文"benchmark"而来，它的英文意思是水准、基点，在标杆管理中，"标杆"是指示目标的工具。

在标杆管理中，首先要做的就是确定标杆。所谓确定标杆，就是要确定最佳标准与基点。标杆是根据组织的总体目标、战略和设想而确定的。根据组织的总体目标和战略等，首先确定哪些职能或哪方面的绩效指标最有必要实施标杆管理，然后确定这些职能或绩效指标方面的标杆组织。其次是对本组织和标杆组织的绩效状况进行测评，确定本组织与一流组织之间的绩效差距。分析标杆组织获得高绩效的方法和措施等，并根据这些方法和措施制定出提高本组织绩效的标准、指标及相应的方法措施等。最后，落实已确定的措施、方法，并经常测评改进过程和绩效结果，根据测评的结果或强化或修改或重新制定标杆管理的计划、目标和方法等。

从20世纪90年代起，标杆管理被引入到公共行政部门，成为推动公共行政系统绩效改进的新方法。

（三）政府再造

政府再造来源于工商管理中的企业流程再造。企业流程再造（Business Process Reengineering，BPR）是指为了在衡量绩效的关键指标上取得显著改善，从根本上重新思考、彻底改造业务流程。其中衡量绩效的关键指标包括产品和服务质量、顾客满意度、成本、员工工作效率等。BPR是供应链、工作流、物流、信息流、资金流的接口，是企业快速响应市场需求的重要技术方法，是企业进行理

---

① 彭和平主编：《公共行政管理》（修订版），中国人民大学出版社2004年版，第325页。

② ［美］帕特里夏·基利等：《公共部门标杆管理：突破政府绩效的瓶颈》，中国人民大学出版社2002年版，第39页。

③ 张成福、党秀云主编：《公共管理学》，中国人民大学出版社2001年版，第278页。

顺和规范化的管理技术。

企业流程再造突出了以下理念:一是需要从根本上重新思考企业业已形成的基本信念,即对长期以来企业在经营中遵循的基本概念如分工思想、等级制度、规模经营、标准化生产和官僚体制进行重新思考。需要打破定势,进行创造性思维。二是流程再造是一次彻底的变革,是脱胎换骨式的改革,抛弃现有的业务流程和组织结构以及陈规陋习,而不是修修补补。三是企业流程再造可望取得显著的进步。四是企业流程再造从重新设计业务流程入手。企业流程再造与以前渐进式的变革理论有本质的区别,是组织的再生策略,需要全面检查和彻底翻新原有的工作方式,重新安排业务流程,以达到提高组织绩效的目的。

美国克林顿政府开展的大规模政府改革——“重塑政府运动”是企业流程再造理论在公共行政绩效管理中运用的典型案例。在克林顿政府开始改革之前,戴维·奥斯本和特德·盖布勒出版了《改革政府——企业精神如何改革着公共部门》一书,该书将流程再造的理念结合进了公共行政工作中,指出了公共行政全面、彻底改革的10个方面。1993年上台的克林顿政府深受该书的影响,他们想创造一个少花钱多办事的政府,并且这个政府能坚持顾客导向、效果控制和简化程序等原则。为此,克林顿政府发起了“重塑政府运动”。在这次大规模的改革中,政府机构得以精简,裁减了政府工作人员,放松了政府对企业和社会的管制,引入了竞争机制以提高行政绩效等。

除了上述三种之外,还有其他一些绩效管理新方法被公共行政部门所采用。总之,在工商管理中被运用的绩效管理新方法,大部分都被公共行政部门在改造后加以运用,它们在公共行政部门的绩效管理中发生了重大作用。

第十二章

行政改革与行政发展

公共行政总是在一定的环境中进行的,而行政的环境又总是处在不断变化之中的。随着环境的变化而不断变化和发展,是公共行政保持其有效性的必然选择。实现以扩展能力和提高效率为取向的行政发展,其基本途径是行政改革。行政改革是对公共行政从结构、功能、过程到制度、文化和行为方式诸方面进行变革,最后导致公共行政从传统向现代化转化的过程。作为行政发展手段的行政改革和作为行政改革目的的行政发展,都不是盲目的、想当然可以推进的,而是必须遵循其内在客观规律。

第一节　行政改革理论及其发展

一、*行政改革的内涵与本质*

关于行政改革的内涵,行政学家曾作过种种不同的解释。美国学者蒙哥马利从强调行政与政治的密切关系出发,认为行政改革是一个政治过程,是指调整行政机构与社会其他因素之间的关系或者行政机构内部的关系。改革的目标也随政治情势的不同而不同。[①] 另一位美国学者赫伯特·考夫曼(Herbert Kaufman)则指出:行政改革就是"大规模地创立新行政机构,将旧机构重新组合,废弃过时机构并将其职能分配给其他机构,对现存机构的自主程度加以改变,以及诸如此类的结构方面的改变"[②]。弗雷得里克·C. 莫舍(Frederick C. Mosher)认

---

① 转引自任晓:《中国行政改革》,浙江人民出版社1998年版,第15页。

② [美]赫伯特·考夫曼:《对行政改组的一些看法》,载[美]R. J. 斯蒂尔曼编著:《公共行政学》下册,中国社会科学出版社1989年版,第183页。

为,行政改革是使行政机构与周围环境相适应的一种努力,是克服机构过时的一种努力,以及使机构回到“正常平衡”的一种尝试,是每间隔一段时间就会重复发生的改组行为。①

菲律宾学者则在博采众家之说的基础上,对行政改革的概念作了概括,认为行政改革就是:(1) 人为地引导行政事务的转变,克服行政事务中不利因素的阻碍;(2) 努力将新的观念及新观念的精华应用到改善体制的行动中去,以使这一体制适应国家发展的积极目标;(3) 主动运用各种力量、权力及影响力去改变官僚机构的现状、结构及程序,从而改变政府工作人员的行为;(4) 主动设计和采纳各种变革方法和革新方案,使行政体制成为一个更能适应社会变化的有效动力,成为一个产生政治平等、社会公正和经济发展——加快国家建设和发展的所有基本要素的更好工具;(5) 作出积极努力,以使国家官僚体制产生重要变化,从而改善这个体制内现存的、固有的工作方法、行为方式及组织结构。在他们看来,亚洲地区发展中国家行政改革的主要目的是支持国家实现发展目标。行政改革的概念既涉及结构的变化,也涉及行为的变化,或者说既涉及体制的变化,也涉及态度的变化。②

我国行政学恢复初期,行政学者一般认为“根据我国情况,行政改革一般是指在政府行政管理范围内,为提高行政效率,改变旧的和建立新的行政制度和方式的行政行为”③。目前的一些行政学者认为,行政改革是:(1) 一种有意识的行为,这种有意识体现在行政改革的目标、计划和自觉性上;(2) 一种主动的适应过程,是人们为了适应行政变化的要求而进行自我调整、自我适应的行动;(3) 一种系统的过程,其对象不仅包括人员、机构和技术,而且包括制度和文化。④

有关行政改革的各种解释从各自不同的角度揭示了行政改革的内在特性,简而言之,行政改革是公共行政之主体——政府为了适应变化了的公共行政生态环境的需要,而有意识地对公共行政从结构、功能、过程到制度、文化和行为方式诸方面进行变革的活动。它在本质上是政府对环境的一种适应过程。由于任何政府总是存在于特定的环境之中,并在这种环境中运行,而政府的行政环境又总是处于不断的变化之中,政府也就必须不断地改革自己,以适应变化了的环

---

① [美]弗雷得里克·C. 莫舍:《政府改组:案例与评注》,载[美]R. J. 斯蒂尔曼编著:《公共行政学》下册,中国社会科学出版社 1989 年版,第 180 页。

② [菲]德·古斯曼,阿德罗·帕楚赫,唐·雷加达:《亚太地区各国行政改革的进程、步骤和经验》,载国家机构编制委员会办公室编:《中外政府行政管理发展趋势》,新华出版社 1990 年版,第 122 ~ 123 页。

③ 黄达强、刘怡昌主编:《行政学》,中国人民大学出版社 1988 年版,第 381 页。

④ 张康之等:《公共行政学》,经济科学出版社 2002 年版,第 329 页。

境,谋取政府系统与环境之间的动态平衡。

二、行政改革的动力与阻力

社会每前进一步,都会向政府系统提出新的要求,都会引起公共行政的变革。行政改革的动力,是推动政府向其确定的行政改革目标运行的各种力量的合力,它来源于多个方面。著名组织理论家弗里蒙特·E.卡斯特(Frement E. Kast)和詹姆斯·E.罗森茨韦克(James E. Rosenzweig)提出,组织变革的动力来源于环境、目标与价值、技术、结构、社会心理和管理等6个方面。当这些方面的任何一方面发生变异时,组织本身就有了变革的动力。①行政学家弗雷得里克·C.莫舍认为,行政改革一般由6种因素引起:(1)机构所在的地区扩大,人口增加或者接受服务的人数增加;(2)由于面临新的问题,机构的职责有了改变;(3)某项政府计划的宗旨有了改变;(4)新技术、新设备和先进知识的影响;(5)人员资格有了改变(通常是提高);(6)由于上级有所行动,常使下属单位发生改变。② 由此看来,推动行政改革的力量来自于政府系统内外的各种变化。发生于政府系统外部环境之中的变化,即由公共行政环境因素所引起的行政改革的动力,可以称为行政改革的外部动力;发生于政府系统内部的变化所引起的行政改革的动力,则是行政改革的内部动力。

行政改革的外部动力包括政治、经济、意识形态、社会、人口和文化等多种动力。③

(1)政治动力。政府系统是政治系统一个不可分割的组成部分,政治变动对政府系统的影响最为直接。一场战争要求政府系统迅速动员起来,集中力量对付这一重大事件;国际性危机要求政府系统作出紧急反应,确保社会生产和人民生活不受或少受影响;政体的变更必然导致政府系统的相应变化;政权在不同政党之间的交替会导致政策的更替,也要求政府系统作出相应的变化,等等。

(2)经济动力。经济体制的变化必然引起政府系统的相应变革;经济政策的变化会对政府系统提出不同的要求;经济贫困和萧条会加剧政府系统的不适状态,加剧其"合法性"的丧失;财富分配格局的变化使行政人员或心满意足,或沮丧不满,都可能导致政府系统的变化。

---

① [美]弗里蒙特·E.卡斯特,詹姆斯·E.罗森茨韦克著:《组织与管理——系统方法与权变方法》,中国社会科学出版社1986年版,第665~669页。

② [美]R.J.斯蒂尔曼编著:《公共行政学》,下册,中国社会科学出版社1989年版,第180页。

③ 任晓:《中国行政改革的动力与进程(1982—1988)》,载《政治学研究》1989年第6期。

(3) 意识形态动力。对领袖思想的不同态度会引发对政府系统弊端的不同态度。假如认为凡是领袖说过的话都不容怀疑,那就不会有改革的要求;对社会主义和资本主义的再认识可能影响到行政改革的内容和政府功能的重新确定,等等。

(4) 社会动力。阶级、阶层关系的变化会引起政府系统功能的变化;社会的权力再分配会带来政府系统权力力量、权力范围和权力领域的变化;社会流动性要求政府系统具备相应的功能;识字率的增长影响人们对行政人员的态度,等等。

(5) 人口动力。人口过多或过少都会对政府系统形成压力。人口过多会带来就业、住房、温饱、交通等一系列问题,人口过少则表明劳动力短缺,两者都会制约政府系统近期和长期的行政目标;城市化提出的城市交通、住房、污染治理要求,都将对政府系统的变化发生影响。

(6) 文化动力。任何一个政府系统都直接或间接地受到行政文化的影响和制约。当一种旧文化转变为新文化时,政府系统的状态必然发生变化。

引起政府系统内部产生改革力量的因素主要有:

(1) 新观念和新意识的出现。当各级行政首长和行政人员充满危机意识和忧患意识时,就会产生改变行为规范和组织结构的迫切愿望。

(2) 新技术的采用。新技术的产生使人们有可能在政府系统中采用这种新技术,而政府系统对新技术的采用,不但会使组织结构发生改变,也会影响行政人员的观念、态度和工作方法。

(3) 利益需求。每一位行政人员都应被视为具有各自利益需求的人。当行政人员以努力的工作来获得自身利益需求的满足时,就形成了行政改革的内驱力。

行政改革的动力主要来自外部,行政改革的内部动力是非常有限的。在行政系统内部,更多的是会产生各种阻力。在实际的行政改革中,“革新者使所有在旧制度之下顺利的人们都成为敌人了,而使那些在新制度之下可能顺利的人们却成为半心半意的拥护者。”①16 世纪意大利政治学家马基雅维里对制度革新困难的这种估计提醒人们:行政改革将面临为数众多且各不相同的阻力或者说障碍。澳大利亚政治学教授 P. 威伦斯基认为,认识不到对改革的反对意见来自多方面,并设法使它们中立化,是许多改革努力普遍落空的主要原因。②而更令人头痛的是,行政改革的主要障碍深深扎根于政府机构之中,是“在改革中可能蒙受损失的那些强大的利益集团。当那些可能蒙受损失的人们是政治领导层

---

① [意]尼科洛·马基雅维里:《君主论》,商务印书馆 1988 年版,第 26 页。

② [澳]P. 威伦斯基:《改革的阻力、前提条件和杠杆》,载《国外政治学》1987 年第 5 期。

核心成员时,改革会遇到更加强大的阻力”。[①] 这是由于行政改革会使利益在不同集团之间发生再分配所引起的。那些在改革中利益受损的人,通常会为了保持既得利益,以各种各样的方式反对或阻碍改革;而那些并不能确定改革一定会给自己带来利益的人,大都态度暧昧。

简单说来,行政改革的阻力主要来自公共行政系统的内部。改革是利益的再分配,行政改革所涉及的行政系统内部组织和人员的利益受损,是行政改革遇到阻力的主要原因。

三、行政改革的策略

为克服改革阻力,使改革取得成功,改革者必须确定恰当的改革策略。行政改革的策略,所涉及的是行政改革的方式、范围和速度问题。它一方面受改革者的制约,另一方面也受周围环境的约束。当改革者很软弱,而改革机构的结构又无法从事一种重大的变革时,改革的范围和速度就会受到限制。改革者虽然强大有力,但改革的政治和社会环境并非有利的话,任何激烈的改革努力也都会受到影响。改革者在不同的社会环境下,应当选择不同的改革策略。

行政改革的策略很多,从不同的角度,可以被划分为不同种类。从行政改革的方式上看,即有自上而下的、自下而上的和上下结合的改革策略。自上而下的改革策略,是由最高领导层发布指令,说明所要进行的改革和下级在贯彻改革中的职责。这种策略具有很大的强制性,采用它虽然会冒触犯众怒的危险,但能够解决需要立即行动的问题。自下而上的改革策略,是把全部改革权力分散给下级组织,通过轮番的自由讨论,每一组织必须对最终的问题分析和提出的改革方案负责。这种策略的采用,能够最大限度地调动下层的积极性,但也容易导致改革方案的变形和执行缓慢。上下结合的改革策略,即吸收下层人员参加议事,以确定问题和可供选择的改革方案。这种策略的最大优点在于能够吸取所有阶层人员的才智和见识,从而增加各阶层人员对改革方案的满意度。但是,这种策略的选择取决于下列因素的具备:工作人员必须有参与改革的要求;工作人员必须乐于和可能发表他们自己的想法;领导者必须确信自己的地位是稳固的;领导人员必须能够虚心听取下级的建议。[②]

---

① 世界银行:《1997 年世界发展报告:变革世界中的政府》,中国财政经济出版社 1997 年版,第 144 ~ 145 页。

② [美]小詹姆斯·唐纳利等:《管理学基础——职能、行为、模型》,中国人民大学出版社 1982 年版,第 346 ~ 350 页。

就改革的步骤而言,行政改革有"投石问路"式、"一步到位"式、"分步实施"式的改革策略。"投石问路"式的改革策略,就是所谓的"摸着石头过河","走一步,看一步",遇到问题及时反馈,及时调整和解决的改革策略。这种策略具有一定的盲目性,但较适合于改革没有先例、无经可取、无模式可循的情况下以及改革的初始时期。"一步到位"式的改革策略,指的是对改革的总体规划一步到位,即要把改革的方方面面都事先系统考虑到,并统筹规划好,然后在同一时期全面实施和展开,以求在短期"阵痛"之后取得整体效应。这种一揽子策略,虽然便于整体配套,但往往过于理想化,并且在实际的发展中会遇到很大的阻力和意想不到的变故,容易导致整个改革的破产。它较适合于问题集中且又相互关联,前提条件准备充足以及各方对改革的承受力都较大的情况。"分步实施"式的改革策略,指的是对改革的总体规划分步实施。这种策略既注意了改革的总体配套性,又注意了改革的阶段性,是一种较为稳妥、一步一个脚印的策略,因而具有较大的普遍性。但这种方式迟缓拖延,不易突破陈旧体制。

行政改革就其涉及的范围而言,则有渐进式、集中式和适度改革的策略。渐进式的改革策略,是一种小改小革,积少成多,积小成大,而最终造成国家行政管理的重大变化的策略。采用这种策略,有利于在改革过程中进行尝试性实验并建立信心,有利于在初始阶段排除外界的干扰,而且阻力也比较小,所需要的人力和财力也比较少,基本上不影响行政机关及其工作人员的正常工作。但由于进行改革的时间很长,变化缓慢,由于局限在某一特定机构或进程,所以,它不足以应付紧急情况的需要,也不易激发人们的进取精神和改革意识,而且会产生一种互相矛盾的、不协调、不统一的改革现象。集中式的改革策略,又称为"全面性改革"或"激进式"改革策略。它是指在较短时期内对政府进行的比较重大、比较激烈的综合性变革。这种策略,一方面较能激发政治领导层的想象力,并有充足时间对改革事项进行综合研究,也可以使改革进行得迅速和彻底,从而及时适应形势发展的需要。但是,另一方面也往往会在行政机关及其工作人员中引起较大的波动,使改革遇到较大阻力。所以,这种策略的采用,需要有稳定的政治局势和充足的舆论与理论准备作保障。适度改革的策略,指的是"根据某一特定时期进度和领导层情况而将全面改革和渐进改革加以结合",也就是说,采用全面改革还是渐进改革策略,取决于具体情况。这是一种较为灵活的改革策略。但是,这种策略往往具有反应性特点,而不具有预见性特点,即除非社会政治环境和领导机构能容纳行政改革,否则改革就不会开展。①

显然,在成对出现的改革策略中,没有哪一个天生比另一个优越。改革策略

① [菲]德·古斯曼等:《亚太地区各国行政改革的进程、步骤和经验》,载国家机构编制委员会办公室编:《中外政府行政管理发展趋势》,新华出版社 1990 年版,第 132、143 页。

的选择并不是非此即彼的问题，具体涉及某一个国家在行政改革中应采取的策略，均应视实际情况而定。共同的是，不管选择何种行政改革策略，都是为了尽可能地把对行政改革的阻力缩小到最低限度，把行政改革的合作和支持力量扩大到最大程度，减少改革的痛苦，增大改革的成效，创造性地解决行政改革任务。

四、新公共管理与行政改革理论的当代发展

在20世纪70年代末以来的各国公共行政改革过程中，以官僚制为基础的传统行政管理模式受到了各种批评，在此基础上出现的一种以市场为基础的新公共管理模式受到广泛推崇。尽管这种模式有各种各样的名称，如“新公共管理”、“管理主义”、“企业化政府”、“后官僚体制模式”等，但它们都表示同一种现象，即传统的官僚制已被一种以市场为基础的模式所取代。[①]

欧洲经合组织（OECD）1995年度的公共管理发展报告《转变中的治理：OECD国家的公共管理改革》声称：经合组织国家的公共管理改革具有一个已经发展起来的共同的议事日程，这就是“新公共管理”或“管理主义”模式。[②] 彼得斯在《欧洲的行政现代化》一文中也指出：北美各国目前继续沿着“管理主义”（而不是严格的公共行政）的思路去考虑公共组织的管理；而欧洲各国或多或少地介入了不同维度的管理主义改革之中。[③]

作为一种正在成长并且日益取代旧的公共行政模式的公共部门管理的新模式，“新公共管理”有不同的名称，如“公共管理主义”（或“管理主义”）、“企业化政府”、“后官僚体制模式”、“以市场导向的公共行政”等。在彼得斯看来“新公共管理”是一个多维度的非常宽泛的概念。对于它的内涵，人们作出了各种不同的界定。例如，波立特（C. Pollitt）在《管理主义和公共服务：盎格鲁和美国的经验》一书中认为，“新公共管理主义”主要由20世纪初发展起来的古典泰勒主义的管理原则所构成，即它强调商业管理的理论、方法、技术及模式在公共部门管理中的应用；瓦尔特·基克特（Walter J. M. Kiekert）在《荷兰的行政改革与公共部门管理》一文中将“新公共管理”定为一种强调商业管理风格、顾客至上和市场竞争的改革取向；胡德（C. Hood）将“新公共管理”看做是一种以强调明确的责任制、产出导向和绩效评估，以准独立的行政单位为主的分权结构（分散化），采用私人部门管理、技术、工具，引入市场机制以改善竞争为特征的公共部

---

① ［澳］欧文·E. 休斯：《公共管理导论》，中国人民大学出版社2001年版，第1～2页。

② 陈振明主编：《政府再造——西方“新公共管理运动”述评》，中国人民大学出版社2003年版，第2页。

③ 宋世明等译：《西方国家行政改革述评》，国家行政学院出版社1998年版，第76～77页。

门管理新途径。[①]

“新公共管理”有时被当做单一模式概念,有时则被当做包含不同模式的类概念。奥斯本和盖布勒在《改革政府》一书提出的“企业化政府”模式(即“新公共管理”模式)是一种单一模式,这一模式包含政府再造的10大基本原则或“企业化政府”的基本内容:起催化作用的政府——掌舵而不是划桨;社区拥有的政府——授权而不是服务;竞争型政府——把竞争机制注入到提供服务中去;有使命的政府——改变照章办事的组织;讲究效果的政府——按效果而不是按投入拨款;受顾客驱使的政府——满足顾客的需要,而不是官僚政治需要;有事业心的政府——有收益而不浪费;有预见的政府——预防而不是治疗;分权的政府——从等级制到参与和协作;以市场为导向的政府——通过市场力量进行变革。[②]

在有的学者认为有统一的“新公共管理”模式如奥斯本描述的“企业化政府”模式存在时,另一些学者认为只有各种不同类型的“新公共管理”模式。英国学者E.费利耶等人在《行动中的新公共管理》一书中认为,在当代西方政府改革运动中,至少有过四种不同于传统的公共行政模式的新公共管理模式,它们都包含着重要的差别和明确的特征,代表了建立新公共管理理想类型的几种初步的尝试。这四种模式[③]是:(1)效率驱动模式(NPM Modle 1:The Efficiency Drive)。这种模式代表了将私人部门管理(工商管理)的方法和技术引入公共部门管理的尝试,强调公共部门与私人部门一样要以提高效率为核心。(2)小型化与分权模式(NPM Modle 2:Downsizing and Decentralization)。这种模式派生于这样一个论证,即20世纪前3/4世纪(1900—1975年)组织结构向大型化、合理化、垂直整合等级(科层制)的历史转变已走向它的反面,20世纪最后的25年出现了组织发展的新趋势,包括组织的分散化和分权,对组织灵活性的追求,脱离高度标准化的组织体制,日益加强的战略和预算责任的非中心化,日益增加的合同承包,小的战略核心与大的操作边缘的分离等。(3)追求卓越模式(NPM Model 3:　In Search of Excellence)。这种模式拒绝了理性化的NPM模式2,强调价值、文化、习俗和符号等在形成人们的实际行为中的重要性,它对组织及管理的变迁与革新具有强烈的兴趣。这种模式可以分为从下而上(bottom - up)和从上而下(top - down)两种途径。前者强调组织发展和组织学习(20世纪80年代末的“学习型组织”运动是其新近的表现);后者强调将已经出现的东西看做

---

① 陈振明主编:《政府再造——西方“新公共管理运动”述评》,中国人民大学出版社2003年版,第33页。

② [美]戴维·奥斯本,特德·盖布勒:《改革政府——企业精神如何改革着公营部门》,上海译文出版社1996年版。

③ 陈振明主编:《政府再造——西方“新公共管理运动”述评》,中国人民大学出版社2003年版,第34~37页。

是可塑造的、可变化的公司文化,引导一种公司文化的发展,强调魅力的影响或示范作用。(4)公共服务取向模式(NPM Model 4:Public Service Orientation)。它代表了一种将私人部门管理观念和公共部门管理观念的新融合,强调公共部门的公共服务使命,但又采用私人部门的“良好的实践”中的质量管理思想。它赋予新型的公共部门——它们既与以往旧的公共组织决裂,又保留了明确的认同感和目标使命——以合法性。

美国著名公共管理学者盖伊·彼德斯在《政府未来的治理模式》中也提出了当代西方公共管理实践中正在出现的以新公共管理定向的四种治理模式,即市场式政府模式、参与式政府模式、弹性化政府模式、解制型政府模式。他从问题、组织结构、管理过程、政策制定和公共利益五个方面比较分析了这四种模式的特征。在彼德斯看来,市场式政府强调政府管理市场化,参与式政府主张对政府管理有更多的参与,弹性化政府认为政府需要更多的灵活性,解制型政府则提出减少政府内部规则。

新公共管理的主要理论基础是公共选择理论。这一理论假定人是关心个人利益的、是理性的,并且是效用最大化的追逐者。因此,政府组织与官僚并不像人们以前所认为的那样是充满公益心的,相反,他们是受个人利益而非公共利益驱动的。正因为一些政府纯粹是为官僚机构的自身利益而不是公共利益而存在的,对社会只能产生负效应而不是正效应,因而也常常遭到失败的危险。政府失败的主要表现形式是政府决策和工作的低效率,其原因在于政府组织间缺乏竞争、政府部门缺乏降低成本的激励机制、政府机构的自我膨胀以及政府监督信息的不完备。公共选择理论认为要改善官僚制的运转效率、消除政府失败的根本途径在于取消任何形式的“公共垄断”,在公共部门中恢复竞争,引入市场、准市场机制。不同于传统行政学致力于完善政府本身,公共选择理论关注的中心是政府与社会的关系,主张通过政府与市场关系的重组来改革政府。这种改革理念导致了新公共管理的市场导向、结果导向和顾客导向。

第二节 中外行政改革实践

一、当代西方国家行政改革实践、经验及其启示

20世纪70年代末80年代初以来,西方国家掀起了一场声势浩大的、席卷全球的行政改革运动。当代西方国家之所以首先掀起行政改革,源于两个基本原因:越来越大的财政压力和公民对政府提供的公共服务普遍不满。而改革的

目的就在于“在公共支出中形成节余（经济），改进公共服务的质量，使政府的运作更有效率，增加使选用和实施的政策变得有效的机会”。[①] 为实现这样的目标，西方公共管理改革的基本内容包括三个方面：(1) 社会、市场管理与政府职能的优化；(2) 社会力量的利用和公共服务的社会化；(3) 政府内部的管理体制改革。[②]

当代西方行政改革的首要任务是政府职能的调整和优化，即重新界定政府的作用范围，解决政府应该做什么，不应该做什么的问题。改革的侧重点是政府职能的减少，具体内容有：(1) 非国有化（De - nationalization），即公有企业和公用事业的产权转移或私有化。非国有化对政府来说，至少有如下益处：减少了政府的管理职能和责任；减少了政府雇员人数并缓解了由此产生的管理困难；私有化后企业能够在资本市场上获得资金，改善生产条件，改变了过去对政府投资的依赖；出售企业增加财政收入，减少了政府的财政赤字。(2) 自由化（Liberalization），主要表现为缓和规制（deregulation），包括社会规制、市场管制、保护产业的规制等。改革的重点是放松对市场的管制。(3) 压缩式管理（Cutback Management），这是为了应付财政困难而采取的新的管理策略，所涉及的主要是政府的社会服务职能。其具体措施包括：公共项目系统排序（systematic priority setting），分清主次，拨款时区别对待；中止效率和效益不佳的社会项目，解散相应机构，遣散有关人员；有选择地降低社会服务的总体水平；逐步实行公共服务使用者付费制度（user charge），节约公共开支。总之，政府职能优化的核心是对那些政府不该管的事放手不管，集中财力和精力把政府该管的事管好。

政府职能优化解决的是政府该管什么、不应管什么的问题，接下来的问题是政府该管的事如何管好。西方国家解决这一问题的基本途径有两条：一是利用市场和社会力量，推行公共服务社会化；二是改革政府部门的行政管理体制，以提高效率和管理水平。公共服务社会化在实践中采取的主要形式有：(1) 政府业务合同出租（Contracting - out）。合同出租即把政府的一些工作任务推向市场。私营企业的竞争获胜者与政府主管部门签订合同，前者完成任务并达到合同规定的标准，后者支付合同约定的报酬。(2) 以私补公，打破政府垄断。即用说服、宣传表彰、政策优惠等手段鼓励和吸引私人资本投入到原来由政府包揽的事业中，弥补政府财力和服务能力的不足。(3) 建立政府部门与私营企业的伙伴关系。(4) 公共服务社区化，即鼓励各社区建立公益事业如养老院、残疾人福利中心等，政府机构如社会工作部门、警察局出面组织邻里互助、街道联防等以改进社会服务或控制犯罪活动。公共服务的社会化有助于政府在公共服务水平

---

① ［英］克里斯托弗·波利特等：《公共管理改革：比较分析》，上海译文出版社 2003 年版，第 1 页。

② 周志忍：《当代国外行政改革比较研究》，国家行政学院出版社 1999 年版，第 30 ~ 37 页。

不下降的前提下实现机构和人员的精简,实现更少财政支出,更多公共服务。

政府部门内部的管理体制改革包括组织机构改革、权责关系的调整、人事制度的改革、管理方法和技术改革等方面,其目的是提高政府工作效率、效益和服务质量。具体内容包括:(1) 利用信息技术革命新成果,建立完善行政管理信息系统,包括决策支持信息系统和管理信息系统。(2) 分权与权力下放。这既涉及中央与地方的关系,又涉及中央政府部门内部上下级关系。(3) 部门内部的组织结构改革,使不同部门的层级结构趋于多样化、中间管理层次减少、幕僚机构的权力受到限制并被削弱,上下级权责关系及控制方式也得到相应改变。(4) 公共人事制度改革。动摇公务员政治中立等传统公务员制度的一些重要原则和核心特征,重视人力资源开发、公务员激励机制建设等。(5) 提高服务质量,改善公共机构形象。在指导思想上强调顾客取向(customer orientation),在公共服务机构之间引进市场竞争机制,推动公民参与管理,定期广泛征求公民对公共服务的满意程度。(6) 公共行政传统规范与工商企业管理方法的融合。一方面,通过各种方法,吸引私营部门管理人才到政府部门任职或兼职。另一方面,大力引进私营企业的管理技术和方法,如绩效评估、全面质量管理、组织发展、人力资源开发等,以提高政府部门的行政效率。①

当代西方国家行政改革的基本经验是:

一是从本国实际出发推进行政改革。西方各国的行政改革都深深植根于本国的社会、政治、经济、文化这一坚实的基础之中,既具有共性,又有个性。美国历史较短,没有传统的包袱,法制比较完备,行政组织较为规范化,加之经济发达,注重行政学研究等因素,形成了其行政改革的基本出发点是为了节约政府开支,提高行政效率,贯彻科学的行政管理原则。英国历史悠久,传统的作用很强大,其行政改革的最大特点是平稳过渡,它从来没有进行过一次性的、激烈而全面的改革运动,而只是随着形势的变化和发展,灵活地阶段性地进行一些改革。从本国实际出发,把行政改革与经济、社会发展紧密相连,使行政改革为经济、社会发展服务,这是西方各国行政改革的共同特点,也是行政改革的基本规律。

二是行政改革是渐进性的过程。在推进行政改革过程中,西方国家大都强调改革的阶段性和渐进性,坚持有计划、分步骤、分阶段地实施改革,使行政改革稳步发展。日本每次的削减定员计划都有统一规划和逐年计划,采取持之以恒、细水长流的渐减方式,因而可以较好地避免由于一次性的、大幅度的减少机构和编制而引起的震动,防止因减而复增带来的种种弊端,又能做到人员编制的"负增长",达到压缩人员编制、调整人员结构的目的。英、美等国的行政改革,也都是采取渐进的方式进行的。

① 周志忍:《当代国外行政改革比较研究》,国家行政学院出版社 1999 年版,第 30 ~ 37 页。

三是注重专家咨询与改革前的方案论证。西方国家在进行行政改革时,都十分重视专家的咨询意见。为了保证专家意见的权威性,各国政府都成立了专门研究行政改革的临时性委员会或常设委员会,如美国的第一、第二届“胡佛委员会”,法国德斯坦总统时期的“行政改革部”、密特朗总统时期以总统为首的“计划改革委员会”及其后设置的“公共事务与行政改革部”。在西方国家,专家们的改革建议对政府的行政改革决策具有很大的影响力,甚至政府的改革方案直接来自于他们的建议和报告。美国克林顿总统时期的戈尔副总统起草的行政改革方案就是以戴维·奥斯本和特德·盖布勒两位学者的《改革政府——企业精神如何改革着公营部门》为蓝本进行设计。

四是以立法为先导,注重法律准备。为了实施行政改革,西方国家不仅对现行的有关法规进行修正,而且还相应地制定新的法规,使行政改革有法可依。日本每次行政改革或者提出重大改革措施,都要由内阁向国会提出法案,国会通过后成为法律,然后公布实施。英国政府在行政改革中也一直强调要有法律依据,实行“先立法后改革”。美国的行政改革也是依法进行的。美国宪法明确规定,总统和政府行政机构的权力是宪法和法律授予的,其一切改革活动必须以法律为依据,未经授权不得擅自采取任何行动。例如,克林顿总统上台后提出要进行医疗保健制度改革,但是他首先要使自己的改革计划在国会审议通过,使之成为法律并获得相应的授权,否则不能采取任何实际行动。如果有些事情在国会未审议批准前会影响某些政府行政机构的正常运转,政府也只能采取一些临时应急措施。

五是建立精干高效的改革工作班子,推动和控制行政改革方案的实施。为了推动行政改革并控制改革不偏离预期目标的轨道,西方国家都成立了精干、高效的实施与监督行政改革的机构。英国政府的主要行政改革措施都是由内阁办公厅属下的“效率小组”、“下一步行动小组”和“市民宪章小组”来组织实施的。这几个机构各有25名工作人员,机构不大但很精干,工作人员的素质很高,效率也较高。这些小组直接对首相的顾问负责,有关报告可以直接呈送最高层。

但是,我们应当注意到的是,当代西方行政改革的措施在某些方面与我国行政改革的方向相反:当我们致力于行政管理规范化的时候,西方发达国家却提倡非管制政府模式,充分发挥公务员个人的能动性和首创精神;当我们正在建立严格的规章制度以抛弃人际关系的消极影响时,西方发达国家却力图改变严格制度的冷面孔,发挥人际关系的积极作用。① 因此,处于现代化较低阶段的我国现阶段的行政改革,无法直接吸收处于现代化较高阶段的西方发达国家行政改革的经验,作为我国行政改革的政策选择。西方行政改革与其说给我国行政改革

① 周志忍:《当代国外行政改革比较研究》,国家行政学院出版社1999年版,第547页。

提供了很多经验,不如说给我们提供了更多理念上的启示。这种理念上的启示主要有:(1)任何制度变革都是针对特定目标的制度变革。中国行政改革要取得成功,必须在实践中进一步明确自己要实现的具体目标。(2)任何一种有效的制度设计,必须能够形成实现特定目标的"情势"。这样一种"情势"能驱使利益主体非趋向既定目标不可。引进竞争机制是形成这种"情势"的重要途径。(3)政府职能的选择必须以社会的需要为前提。虽然政府职能越小越好,但政府并不是可有可无的。政府职能的选择应该与技术环境、经济环境相一致,与政府自身能力相一致。有些职能非由政府承担不可的,则要适当考虑市场制度安排的比例。

由于我国与西方国家所处时代的相同,而且公共行政必然有其一般的发展规律,西方国家行政改革的做法对我国的行政改革仍然是有某些直接的借鉴。信息技术的发展对行政组织结构和行为方式变革的必然要求、公共服务市场化的发展趋势、政府间恰当的纵向分权等,都是我国在行政改革中需要很好吸收借鉴的经验。

二、中国行政改革的实践与发展

新中国成立以来,我国一直在进行着行政改革的实践。新中国成立后至1978年中共十一届三中全会,中国公共行政经历了创建、发展、探索、失误的复杂过程。这期间曾有过大大小小许多次的权力下放和机构变动,除"文革"期间的非正常状态外,都是在当时的历史实践需求下进行的,起到了相应的历史作用,也积累了一定的经验。但由于它们基本上只是机构调整,是在形成和完善计划经济体制的过程中对今天来说是旧的经济体制和政治体制的修修补补,都是在不触动高度集中统一的行政管理体制的前提下进行的。结果往往是机构改革后重又膨胀,以及相类似的中央与地方关系调整上出现从集中到分散的多次反复。正因如此,它们显得比较零碎、反复和没有确定的方向性,不具备我们今天所理解的与建立新型政治体制与经济体制紧密相连的行政体制改革的特征。

20世纪70年代末起,我国进入了改革开放的新时期。伴随着国家经济体制从计划经济逐步向社会主义市场经济的转变以及建设社会主义民主政治,中国的行政改革全面展开。从1982年至今,已经经历了六次大的改革,即1982年、1988年、1993年、1998年、2003年以及2008年的改革。

1982年开始的行政体制改革主要集中在以下几个领域:(1)国务院机构改革和干部人事制度建设。这方面的成绩主要有:改革了国务院领导体制,并根据重叠的机构撤销、业务相近的机构合并的原则,精简了国务院机构,还打破了领导干部职务终身制,建立干部退休制度,按照革命化、年轻化、知识化、专业化的干部“四化”方针，选拔了一大批年轻的领导干部充实到各级领导岗位。(2) 地方政府机构改革。1982 年中央一级党政机构改革基本完成后，省、直辖市、自治区政府随后进行了较大规模的改革。改革以调整领导班子为重点，同时提出精简机构、紧缩编制、实行老干部离退休制度以及加强干部的轮训工作等多项任务。(3) 推行“市管县”体制改革。1982 年，为了打破城乡间的壁垒，推动城乡经济协调发展，中共中央发出改革地区体制、实行市管县体制的通知，年末首先在江苏试点，次年开始在全国范围内试行。在当时的情景下，推行市管县体制，对于密切城乡关系、加强城乡工作、促进城乡一体化进程有着巨大的推动作用。它在一定程度上解决了地区机构重复、行政效率低下、人员闲置问题，起到了加强管理的积极作用，打破了市县之间多年的壁垒和城乡分割、工农分离的封闭式的自然经济格局，发挥了中心城市对农村发展的带动作用。(4) 启动了事业单位改革，初步理顺了教育、科技、艺术表演、卫生、体育等管理体制，扩大了事业单位的自主权，调整了事业单位与财政的财政关系。

1988 年开始的行政改革，最大的特点是明确提出了政府职能转变这个关键性问题，改变了以往的就机构论机构的做法。当时提出转变职能包括五个方面的内容，即由微观管理转向宏观管理、由直接管理转向间接管理、由部门管理转向全行业管理、由“管”字当头转向服务监督、由机关办社会转向机关后勤服务工作社会化。在这次改革中，国务院机构总数由 72 个精简为 68 个。这种精简不同于以往的是区分了不同情况，在机构、职能和编制上有增有减。

1992 年中共十四大提出了建立社会主义市场经济体制的宏伟目标，并要求积极推进行政管理体制和机构改革，建立适应社会主义市场经济需要的组织机构。从 1993 年开始，随着市场经济取向的经济体制改革的推进，又一轮自上而下进行的全国性的行政体制改革开始。这次改革的原则是转变职能、理顺关系、精兵简政、提高效率。任务是精简机构、进一步转变职能、理顺关系。改革的重点是转变政府职能，加强宏观调控和监督部门，强化社会管理部门，将一部分专业经济部门转变为行业管理机构或经济实体，减少具体审批事务和对企业的直接管理，宏观上管好，微观上放开。在这次改革中，中央要求国务院各部门精简 20% 的人员，地方各级政府机构在实有人数的基础上精简 25% 的机关人员，当时各级政府共有近 1 000 万名机关工作人员，应裁员 200 多万名。在改革结束时，上述裁员目标已基本实现，但其中有相当数量的机关人员被“裁”进了“事业单位”。

1997 年中共十五大报告再一次提出要“推进机构改革”。在这种背景下，1998 年开始的行政改革，主要目的是解决机构庞大、人员众多、政企不分、官僚主义严重等弊端，进一步深化经济体制改革，促进经济与社会的全面发展与进步，密切党和政府同人民群众的联系，推进党和国家领导制度的改革；目标是建立办事高效、运转协调、行为规范的行政管理体系,完善国家公务员制度,建设高素质的专业化的国家行政管理干部队伍,逐步建立适应社会主义市场经济体制的有中国特色的行政管理体制。在这一轮改革中,机构改革的重点是国务院组成部门。这些部门被分为宏观调控部门、专业经济管理部门、教育科技文化、社会保障和资源管理部门以及国家政务部门四类并确定了各自的主要职能。同时对国务院直属机构、办事机构以及部委管理的国家局也进行了相应的调整。

2000 年世纪之交,国际国内形势有很大变化,2001 年中国加入世界贸易组织,2002 年中共十六大召开。在这样的形势下,2003 年开始的行政改革,以科学发展观为指导,更加注重政府职能的转变,更加注重促进经济社会和人的全面发展,更加注重为构建和谐社会和全面建设小康社会提供体制保障。在这一轮行政改革中,国务院机构改革的主要内容包括:按照政企分开的原则和深化国有资产管理体制改革的要求,设立国务院国有资产监督管理委员会,促进政府部门不再承担直接管理国有企业的职能;为提高宏观调控的有效性,将国家发展计划委员会改为国家发展和改革委员会;为健全金融监管体制,成立中国银行业监督管理委员会;为适应内外贸业务相互融合的发展趋势和加入世贸组织的新形势,促进现代市场体系的形成,继续推进流通管理体制改革,组建商务部;为加强对食品的监管,在国家药品监督管理局基础上组建国家食品药品监督管理局;为强化对安全生产的监督管理和监察,将国家经贸委下属的国家安全生产监督管理局改为国务院直属机构。随着我国政府管理模式开始由管制型向服务型转变,各级地方政府在这方面进行了许多新的探索,如服务型政府建设、政府绩效评估体系建立、责任政府建设、政府信用体系建设、行政审批程序和方式发生变革与创新、电子政务发展、政务公开等。

改革开放 30 年来,我国行政改革的成就是显著的:它使中国的政府管理整体上由适应计划体制的管理,缓慢地转向了大体适应市场经济体制的管理,政府转型全面开始,从过去完全是管制型政府、全能型政府,开始转向一个能够注重社会管理、注重公共服务的政府;政府的管理水平、管理能力、公务员的素质等,也有了很大提升。但是,我国行政管理体制仍然存在多方面的深层次问题。主要表现在:政府职能转变还不到位,对微观经济运行干预过多,社会管理和公共服务仍比较薄弱;部门职责交叉、权责脱节和效率不高的问题仍比较突出;政府机构设置不尽合理,行政运行和管理制度不够健全;对行政权力的监督制约机制还不完善,滥用职权、以权谋私、贪污腐败等现象仍然存在。这些问题直接影响政府全面正确履行职能,在一定程度上制约经济社会发展。深化行政管理体制改革势在必行。

2008 年中共中央颁布的《关于深化行政管理体制改革的意见》,明确了深化行政管理体制改革的总体目标和具体内容。深化行政管理体制改革的总体目标是，到2020年建立起比较完善的中国特色社会主义行政管理体制。通过改革，实现政府职能向创造良好发展环境、提供优质公共服务、维护社会公平正义的根本转变，实现政府组织机构及人员编制向科学化、规范化、法制化的根本转变，实现行政运行机制和政府管理方式向规范有序、公开透明、便民高效的根本转变，建设人民满意的政府。为此，今后五年，要加快政府职能转变，深化政府机构改革，加强依法行政和制度建设。

深化行政管理体制改革要以政府职能转变为核心。加快推进政企分开、政资分开、政事分开、政府与市场中介组织分开，把不该由政府管理的事项转移出去，把该由政府管理的事项切实管好，从制度上更好地发挥市场在资源配置中的基础性作用，更好地发挥公民和社会组织在社会公共事务管理中的作用，更加有效地提供公共产品。

深化行政管理体制改革，就要按照精简统一效能的原则和决策权、执行权、监督权既相互制约又相互协调的要求，紧紧围绕职能转变和理顺职责关系，进一步优化政府组织结构，规范机构设置，探索实行职能有机统一的大部门体制，完善行政运行机制。深化国务院机构改革，合理配置宏观调控部门的职能，整合完善行业管理体制，完善能源资源和环境管理体制，理顺市场监管体制，加强社会管理和公共服务部门建设。推进地方政府机构改革，根据各层级政府的职责重点，合理调整地方政府机构设置，调整和完善垂直管理体制，加强基层政权建设。

加强依法行政和制度建设的重点是严格依法行政，加快建设法治政府，推行政府绩效管理和行政问责制度，健全对行政权力的监督制度，加强公务员队伍建设。

第三节　政治发展与行政发展

一、政治发展与行政发展关系分析

公共行政总是有赖于一定的生态环境，而政治因素是公共行政的整个生态环境的重要组成部分，政治的发展常常是引发行政体系改革和发展的直接因素。作为政治体系的一个子系统，公共行政与政治是互动的，适应政治发展的行政发展，反过来将促进政治发展。

政治发展最初是作为分析发展中国家政治问题而提出的一个术语。西方著名的比较政治学家阿尔蒙德在其1966年发表的《比较政治学：体系、过程和政策》一书中首次使用“政治发展”的概念，把政治系统对国内或国际环境的变迁所做的反应视为政治发展。美国另一位著名政治学家路辛·派伊在其代表作《政治发展面面观》一书中把政治发展的定义概括为十种:(1)政治发展是经济发展的先决条件,政治发展对经济发展有决定性的作用;(2)政治发展是工业社会的政治典范;(3)政治发展就是政治现代化;(4)政治发展是民族国家的运转;(5)政治发展是行政和法制的发展;(6)政治发展就是大众动员和参与政治;(7)政治发展就是民主制的建立;(8)政治发展是稳定和有秩序的变化;(9)政治发展是动员和权力;(10)政治发展是多向的社会变革过程的一个方面。凡此十种,均在某种程度上反映了政治发展的内在要求,但没有穷尽政治发展的内在逻辑。① 现在人们比较普遍的理解是,政治发展主要指政治体系从传统向现代的演进,即以农业文明为基础的传统政治体系向以工业文明为基础的现代政治体系的演进。既然如此,作为行政体系变化的行政发展应该包含在政治发展的范围之内。

行政发展最初也是来源于对不发达国家的研究。以对不发达国家的公共行政问题研究为基础而提出的行政发展概念,是指各国政府为了满足本国经济和社会发展的需求而大力推进其公共行政的变革,扩大政府行政能力和提高政府行政效率的各种活动。它在本质上是促使传统的落后的公共行政向现代先进的公共行政转化。

当一个国家的公共行政现状与其经济和社会发展发生冲突时,或者说公共行政与其外部生态环境不相适应时,公共行政必须要变革和调整,这是行政发展的前提。而政治体系内的其他因素,构成作为政治体系的一个子系统的行政体系的外部环境因素,其变化意味着引起行政发展的最直接的生态环境因素的变化。因此,政治发展是行政发展的直接动力和基本前提,行政发展是政治发展的结果,也是政治发展的重要部分。正是在这个角度,有学者把政治发展理解为行政体系的完善,建立有效的官僚组织和行政秩序是政治发展的中心。

二、行政发展的目标与内容

人类社会的发展与自然界发展的无目的性不同,它是一个有意识的和有目的的过程,即它是一个朝向人们主观选定的方向发展的过程。行政的发展同样如此,它要求首先确立一套发展的目标系统,以便将全部行政发展的活动纳入预定的轨道,并通过相应的努力,促使其发生相应的变化,最终趋近或达到既定的目标。由于人类社会发展的趋势是由传统社会向现代社会的转变,与此相适应,行政发展的目标是实现行政现代化。现代化方向的行政发展,大致包括四个方

① 王沪宁:《比较政治分析》,上海人民出版社 1987 年版,第 232 页。

面的具体内容:行政理性化、行政民主化、行政法治化、行政公正化。

理性化就是使目标成就最大化。公共行政的根本目的和宗旨是追求效率。行政理性化,是指人们运用其主观能力,遵循公共行政的客观规律,科学合理地安排行政组织结构和行政过程,使行政组织高效率地运转。因此,行政理性化的出发点是科学和合理,归宿是高效率。实现行政理性化,必须做到以下几点:(1) 遵循科学的原则和程序,进行科学决策,这是行政理性化的基础。行政决策的科学化,才能使整个行政工作的效率具有积极意义。如果决策失误,工作效率再高,也只会产生消极的效果。(2) 遵循行政组织规律,实现行政组织结构的合理化。(3) 引进现代化的管理手段和工具,逐步实现办公自动化,从而节约人力物力和财力,提高行政效率。(4) 建立健全科学的考试录用、培训和考核奖惩制度,确保和不断提高行政人员处理行政工作的业务素质和积极性。

民主化作为政治发展的一项重要目标,同样是行政发展的目标。公共行政过程中贯彻民主的原则,一方面要求行政机关按照民意机关的意志执行公务,另一方面,又要将在社会管理过程中所获得的有关公民的要求及时反馈到民意代表机关,或是将其内含于自身的决策之中,以便对未来的行政活动产生影响。行政民主化的首要问题是对行政权力的有效制约问题,即防止国家行政机关及其公职人员由社会公仆变为社会主人,因而在体制上表现为一种分权与制衡的机制。行政体制上的分权与制衡是行政民主的必要形式,公民参与则是行政民主的实际内容。公民参与公共行政,是指公民通过各种合法途径来直接或间接影响政府行政决策,监督行政权力运行的过程。在中国,公民参与行政的形式有选举、民主评议政府、政治协商、公示、听证、公民监督等。只有当公民能够实际地参与行政过程,行政民主化才能真正实现。

行政法治化要求行政权力依法设定,行政行为依法运转。具体说来,实现公共行政法治化,需要从以下几方面入手:(1) 政府要树立牢固的法制观念,这是实现行政法治化的前提条件。从行政主体角度而言,法治化的核心体现在:政府的权力是依法设定并受到法律约束的;法律面前人人平等,任何人违反了法律,都会受到法律制裁。这就要求作为行政主体的政府及其工作人员必须具备和强化这种法制观念。(2) 必须对各级政府机构的地位和职责权限在法律上进行合理的规定,这也是行政法治化的基本内涵。政府在整个社会中担负着多重职能,既是公共服务的提供者,又是社会秩序的管理者,还是经济发展的引导者。多重的职能决定了多重的责任,多重的责任又意味着管理权限的广泛性。职能、责任、权限越是宽泛就越是需要通过法律形式予以确立。按照现代组织的要求,对政府与社会之间、政府与政府之间、政府与所属部门之间的职责权限必须依法明确和限定,以保证政府行政活动的合法性、权威性、公正性和准确性。(3) 行政人员必须有较高的法律素质。政府机构中的行政人员不仅需要有较高的文化素质和行政管理素质，还必须具备必要的法律素质，这是行政法治化的基本要求。所谓法律素质，就是政府机构中的行政人员了解法律、遵守法律和自觉维护法律的尊严。国家的法律要靠行政部门实施，行政部门的工作要靠行政人员展开，行政人员法律素质的高低就决定了我国法律实施的水平。（4）必须把依法行政作为政府管理的第一法则，这是行政法治化的基本标志。现代政府管理的成功经验表明，政府对社会、经济事务的管理离不开法制管理，它与行政手段、经济手段等管理方法相比较，更具有权威性和稳定性；法制管理是行政、经济等管理方法的前提、保障和归宿，无论是社会管理还是资源配置，无论是经济运行还是环境保护，现代政府都是以法制管理作为基本管理手段的。

行政公正化就是行政活动以及相关的制度对任何人都不偏不倚，公平正直，一视同仁。任何公民不仅有权参与影响他们利益的政府决策，并且应具有平等的权利，从政府提供的机会中获利。作为行政发展目标的行政公正化，首先包含行政行为公正性的内涵。行政行为的公正性首先要求行政决策行为的公正性，要求政府在决策过程中应平等地分配各种权利和义务。为了保证行政决策的公正性，一方面要允许受行政决策影响的公民提出各自的要求，另一方面，在行政决策形成之后，又要保持其一定的稳定性和连续性，不能为迁就长官的意志或少数人的利益而朝令夕改，草率更动。行政行为的公正性还要求具体行为的公正性，它要求行政部门及其工作人员为社会提供公共服务时，对社会成员一视同仁，既不能因关系亲近而提供优质服务或特殊照顾，也不能因关系疏远而冷漠或拒绝服务。

行政公正化还体现在行政程序的公正性。行政程序的公正性要求行政机关行使行政权力而为一定行为时，必须要遵循一定的法定程序，以避免为行政人员的主观随意性所决定。制定行政程序法，以保证公正原则在行政过程中的实现，是实现行政公正化的重要手段。

行政公正化必然要求行政制度和措施的公正性。行政机关为了有效行政，必然要确立一系列的制度和措施，而无论是作为行政主体的行政人员，还是广大公民，在这些制度和措施面前都应具有平等性。

三、行政发展的影响因素

行政发展具有普遍性和必然性，这种普遍性和必然性源于社会发展的普遍性和必然性，或者说公共行政生态环境变化的绝对性。也就是说，社会的发展变化或者说公共行政的生态环境，是影响行政发展的根本因素。

1. 政治发展因素。公共行政作为国家的组织活动，是政治系统中不可分割的重要组成部分，也总是受政治的影响。政治系统中的其他因素作为行政系统的环境因素,其任何一点变化都可能引起公共行政的变化和发展。政治发展对行政发展的影响不仅表现在静态的层面上,而且还体现在动态的过程中。政治系统性质的变化、政治制度的变革、政治结构的分化以及各种政治变动,都会导致行政系统从结构、功能到行为模式等各个层面和环节产生相应的变化。

2. 经济发展因素。公共行政属于一定的政治上层建筑,而经济因素则构成一定的经济基础。行政发展与经济发展的关系,在性质上属于上层建筑和经济基础的关系。首先,行政系统的产生是经济发展的产物,行政系统的发展水平由一定社会生产力的发展水平所决定。其次,经济体制的变化最终会反映到行政系统的发展上。从计划经济到计划与市场的结合再到市场经济,这种变化都导致行政体系功能与结构的变化,全能政府向有限政府发展。最后,经济发展过程中新问题的突现,如全球经济变化和国际金融危机的发生,都会导致行政行为内容和方式的变化。

3. 社会发展因素。科学技术的发展、社会关系的变化、人口的流动、思想文化观念的变化、生态环境的改变和环境污染的发生,都会对行政体系功能和结构产生作用。例如,科学技术尤其是信息技术的发展导致行政组织结构的变化和行政行为方式、手段的变化;城市化水平的提高、城市人口的膨胀、失业和贫困人口的增加都会带来新的社会治安问题,势必引起政府行为内容和方式的发展;生态恶化和环境保护,要求政府制定立足未来的长远规划,避免短视行为。从某种意义上,行政的力量在推动社会发展的同时,自身也成了这种发展的牺牲品。

4. 行政体系自身的因素。政府自身面临的财政危机和信任危机,新的科学技术在公共行政领域的运用,其他管理领域的方法在公共行政领域的运用,使政府重塑自身形象成为必要和可能。

四、当代行政发展的趋势

人类社会的不断向前发展,导致公共行政面对日益快速变化的未来的挑战。西方学者预测,未来的公共行政将呈现许多新的特点:(1) 全球化。由于各国在政治、经济以及社会的各方面的界限日益模糊,公共行政的国家边界也随之模糊;(2) 多样性,即人种、语言、文化等各方面的多样性;(3) 文化日益重要,不同文化的存在会直接影响到公共项目的运行和服务的供给;(4) 环境、经济和社会制约明显,日益严重的环境问题正在制约着公共行政;(5) 府际与部门关系日益复杂;(6) 公共法律与法律程序越来越重要。[①] 无论西方学者的概括是否恰当,

---

① [美]菲利普·J.库珀等:《二十一世纪的公共行政:挑战与改革》,中国人民大学出版社 2006 年版,第 16~29 页。

各国行政改革的内容有诸多差异,在不同的制度、文化背景下,行政发展内容的诸多不同之中,但从比较的视野看,当代公共行政明显存在着一系列的共同发展趋势。

1. 全球化。全球化导致各国经济的相互依存性增强,许多问题如跨国经济发展及相应的跨国生态不能单靠一国政府解决,而必须得到其他国家政府或国际机构的协作,另一方面,某一国家的行动,又常常会影响其邻国和其他国家。换言之,全球化要求各国加强合作,采取协调行动以对付全球性问题,公共行政将不再局限于国家内部,跨国行政应运而生。跨国行政是对全球化时代出现的跨越国境的、为了全人类共同利益而进行的全球集体行动现象的概括,其主要功能是生产和提供国际公共物品。世界和平、地区稳定、全球环境、难民安置,以至基础研究和知识,都是任何单个的国家不会进行足够投资生产的、典型的国际公共物品。在全球化背景下,各国政府只有打破国家的界限,相互合作,采取国际具体行动,才能在维护全球共同利益的同时增加国内利益。

2. 分权化。工业时代,中央集权式的管理被视为工业社会最先进的管理方式,行政集权在现代化过程中起到举足轻重的作用。但随着科学技术的发展,全球化时代的来临,社会利益的分化,公共行政出现了集权危机。在瞬息万变的时代,公共行政坐等中心权力机构做出决定,会降低效率,错过时机。放松管制、下放权力,正成为当代行政发展的一个趋势。与集权式管理相比,分权具有许多优越性:(1) 分权比集权有更大的灵活性。因为分权对于环境和顾客需求的变化能迅速地作出反应。同时,拥有权力就意味着承担责任,各级行政部门对于本身作出的决策其责任心也会比上级部门作出的决策更强,而且这样一来也在一定程度上避免了上下级之间的互相推诿责任的现象。(2) 分权比集权更有效率。下级人员接触问题的机会最多,了解问题的症结,权力下放能使他们独立设计出解决问题的最佳途径,从而节省了决策、信息传递、任务理解的时间,提高了行政效率。(3) 分权比集权更具有创新精神。因为好的思想、观点常常来源于实际工作中,来源于同顾客打交道的雇员,分权更能调动雇员的积极性、责任感,从而产生更高的生产率。从管理心理学上来看,拥有一定主动性的人也往往要比机械地听从别人命令的人更有进行改革创新的欲望。

3. 电子化。以计算机技术和现代通信技术为核心的现代信息技术的发展对当代公共行政的影响是深远的,它将导致公共行政的信息化或电子化发展。20 世纪 70 年代,政府办公开始广泛利用信息技术和通信技术处理办公室内部事务,主要是文件的制作、传送和储存,从而实现了办公自动化,这是公共行政电子化的萌芽。20 世纪 90 年代,人们提出在政府内部办公自动化的基础上,利用互联网技术建立电子政府的概念,相关尝试也开始发生。电子政府的产生和发展,是当代公共行政适应信息技术发展需要的产物,也是当代公共行政发展的重要成果。电子政府(Electronic Government),现在已是一个国际上通用的概念,也可译为"电子政务",是指政府机构运用现代计算机、网络通信技术,将其内部和外部的管理和服务职能通过整合、重组、优化后到网络上完成,打破时间、空间以及部门分隔的制约,为社会公众以及自身提供一体化的高效、优质、廉洁的管理和服务的集合。[①] 电子政府的发展或公共行政电子化,将使公共行政呈现一系列新的特点:(1) 政府将所有信息和服务放在网上,通过网络完成各项工作;(2) 政府有义务也将能够确保所有公民方便、广泛地访问在线信息,平等地享受公共服务;(3) 公务员将成为知识员工;(4) 不同层级的政府间和政府与非政府组织间互相学习,实现工作上的合作关系。[②] 公共行政电子化,使政府面临更多的竞争压力,更多的挑战。

4. 民营化。公共行政的有效发展要求在各级政府、私营部门和民间组织间建立伙伴合作关系,使本来由政府直接生产的公共产品、公共服务也可以由其他的制度安排来提供。例如,政府可以从私人企业那里购买诸如消防和清扫街道等公共产品。民营化大师萨瓦斯认为,提供公共产品和服务,可以有 10 种不同的制度安排:政府服务、政府出售、政府间协议、合同承包、特许经营、政府补助、凭单制、自由市场、志愿服务、自我服务。[③] 在这 10 种制度安排中,有 7 种安排的生产者是私营部门:合同承包、特许经营、政府补助、凭单制、自由市场、志愿服务、自我服务。例如,合同承包,即政府通过与私营企业、非营利组织签订关于公共产品和服务的合同,安排私营企业生产,政府则付费给生产者。政府合同承包制度在如今的西方国家非常普遍。在美国,城市道路、学校和政府办公设施等都是通过合同安排,由私人建筑商提供的。除物质产品外,城市政府还和私人组织签订直接面向公众的"产出"服务合同,如垃圾收集、救护车服务、路灯维修、马路维修等。当然,私营企业的盈利取向,可能使民营化的公共服务在最高效率、最低成本的指导下,忽略了社会责任和公共利益。因此,在未来的公共行政过程中,必须强化以盈利为目的的私人企业的公共责任,即公共行政的责任机制将发生变化,不仅掌握公共权力的部门必须对公共利益负责,其他参与公共行政的组织都必须承担一定的公共责任。

---

① 顾平安:《政府发展论》,中国社会科学出版社 2005 年版,第 251 ~ 262 页。

② [美]道格拉斯·霍姆斯:《电子政务》,机械工业出版社 2003 年版,第Ⅶ ~ Ⅷ页。

③ [美]E. S. 萨瓦斯:《民营化与公私部门的伙伴关系》,中国人民大学出版社 2002 年版,第 69 页。

参考书目

1.《马克思恩格斯选集》第1—4卷,人民出版社1995年版。

2.《列宁选集》第1—4卷,人民出版社1995年版。

3.《毛泽东选集》第1—4卷,人民出版社1991年版。

4.《邓小平文选》第1—3卷,人民出版社1993年、1994年版。

5. 夏书章主编:《行政管理学》,山西人民出版社1985年版。

6. 王沪宁著:《比较政治分析》,上海人民出版社1987年版。

7. 王惠岩主编:《当代政治学基本理论》,天津人民出版社1998年版。

8. 张永桃主编:《行政管理学》,南京大学出版社1989年版。

9. 张永桃主编:《行政管理学》,高等教育出版社2003年版。

10. 张国庆主编:《行政管理学概论》,北京大学出版社2000年版。

11. 张国庆主编:《公共行政学》(第三版),北京大学出版社2007年版。

12. 黄达强、刘怡昌主编:《行政学》,中国人民大学出版社1988年版。

13. 黄达强著:《各国公务员制度比较》,中国人民大学出版社1990年版。

14. 竺乾威主编:《公共行政学》,复旦大学出版社2000年版。

15. 张成福、党秀云主编:《公共管理学》,中国人民大学出版社2001年版。

16. 张康之等著:《公共行政学》,经济科学出版社2002年版。

17. 张康之、李传军编著:《公共行政学》,北京大学出版社2007年版。

18. 张康之著:《公共管理伦理学》,中国人民大学出版社2003年版。

19. 彭和平主编:《公共行政管理》(修订版),中国人民大学出版社2004年版。

20. 吴琼恩等著:《公共行政学》,北京大学出版社2006年版。

21. 陈振明主编:《公共管理学——一种不同于传统行政学的研究途径》,中国人民大学出版社2003年版。

22. 丁煌著:《西方行政学理论概要》,中国人民大学出版社2005年版。

23. 胡象明主编:《公共部门决策的理论与方法》,高等教育出版社2003年版。

24. 井敏著:《构建服务型政府:理论与实践》,北京大学出版社2006年版。

25. 吴玉宗著:《服务型政府建设研究》,经济日报出版社 2007 年版。

26. 孙钱章主编:《现代领导方法与艺术》,人民出版社 1998 年版。

27. 孙柏瑛、祁光华著:《公共部门人力资源管理》,中国人民大学出版社 1999 年版。

28. 刘俊生著:《公共人事管理比较分析》,人民出版社 2001 年版。

29. 腾玉成、俞宪忠著:《公共部门人力资源管理》,中国人民大学出版社 2003 年版。

30. 林新奇著:《中国人事管理史》,中国社会科学出版社 2004 年版。

31. 萧鸣政著:《人力资源开发与管理——在公共组织中的应用》,北京大学出版社 2005 年版。

32. 王传纶、高培勇编著:《当代西方财政经济理论》,商务印书馆 1995 年版。

33. 高鸿业著:《西方经济学》,中国经济出版社 1996 年版。

34. 胡庆康、杜莉编著:《现代公共财政学》,复旦大学出版社 1997 年版。

35. 樊勇明、杜莉编著:《公共经济学》,复旦大学出版社 2001 年版。

36. 张馨主编:《公共财政论纲》,经济科学出版社 1999 年版。

37. 叶振鹏、张馨主编:《公共财政论》,经济科学出版社 1999 年版。

38. 刘玲玲、冯健身编著:《中国公共财政》,经济科学出版社 1999 年版。

39. 杨之刚著:《公共财政学:理论与实践》,上海人民出版社 1999 年版。

40. 马海涛编著:《公共财政学》,中国审计出版社 2000 年版。

41. 谢秋朝、侯菁菁主编:《公共财政学》,中国国际广播出版社 2002 年版。

42. 黄新华编著:《公共部门经济学》,福建人民出版社 2003 年版。

43. 卓越著:《政府绩效管理》,清华大学出版社 2007 年版。

44. 卓越主编:《公共部门绩效评估》,中国人民大学出版社 2004 年版。

45. 刘旭涛著:《政府绩效管理:制度、战略与方法》,机械工业出版社 2005 年版。

46. 国家机构编制委员会办公室编:《中外政府行政管理发展趋势》,新华出版社 1990 年版。

47. 宋世明等译:《西方国家行政改革述评》,国家行政学院出版社 1998 年版。

48. 周志忍著:《当代国外行政改革比较研究》,国家行政学院出版社 1999 年版。

49. 陈振明主编:《政府再造——西方“新公共管理运动”述评》,中国人民大学出版社 2003 年版。

50. 顾平安著:《政府发展论》,中国社会科学出版社 2005 年版。

51. 严强、张凤阳、温晋锋著:《宏观政治学》,南京大学出版社 1998 年版。

52. 毛寿龙著:《政治社会学》,中国社会科学出版社 2001 年版。

53. 李元书主编:《政治发展导论》,商务印书馆 2001 年版。

54. [美]小詹姆斯·唐纳利等著:《管理学基础——职能、行为、模型》,中国人民大学出版社 1982 年版。

55. [美]弗里蒙特·E. 卡斯特,詹姆斯·E. 罗森茨韦克著:《组织与管理——系统方法与权变方法》,中国社会科学出版社 1986 年版。

56. [美] F. J. 古德诺著:《政治与行政》,华夏出版社 1987 年版。

57. [美]加布里埃尔·A. 阿尔蒙德,小 G. 宾厄姆·鲍威尔著:《比较政治学:体系、过程和政策》,曹沛霖等译,上海译文出版社 1987 年版。

58. [美]加布里埃尔·A. 阿尔蒙德,西德尼·维巴著:《公民文化——五国的政治态度和民主》,马殿君等译,浙江人民出版社 1989 年版。

59. [美] J. C. 帕拉洛,R. C. 昌德勤编著:《行政管理学词典》,四川人民出版社 1988 年版。

60.《布莱克维尔政治学百科全书》,中国政法大学出版社 1992 年版。

61. [美]格林斯坦、波尔斯比编:《政治学手册精选》,储复耘译,商务印书馆 1996 年版。

62. [美]戴维·奥斯本,特德·盖布勒著:《改革政府——企业精神如何改革着公营部门》,上海市政协编译组/东方编译所译,上海译文出版社 1998 年版。

63. [美]特里·L. 库珀著:《行政伦理学:实现行政责任的途径》(第四版),张秀琴译,中国人民大学出版社 2001 年版。

64. [澳]欧文·E. 休斯著:《公共管理导论》(第二版),彭和平等译,中国人民大学出版社 2001 年版。

65. [美]史蒂文·科恩,威廉·埃米克著:《新有效公共管理者》,王巧玲等译,中国人民大学出版社 2001 年版。

66. [美]罗纳德·克林格勒,约翰·纳尔班迪著:《公共部门人力资源管理》,中国人民大学出版社 2001 年版。

67. [美]B. 盖伊·彼得斯著:《政府未来的治理模式》,吴爱明等译,中国人民大学出版社 2001 年版。

68. [美]罗伯特·丹哈特著:《公共组织理论》(第二版),项龙、刘俊生译,华夏出版社 2002 年版。

69. [美]珍妮特·V. 登哈特,罗伯特·B. 登哈特著:《新公共服务:服务,而不是掌舵》,丁煌译,中国人民大学出版社 2004 年版。

70. [美]尼古拉斯・亨利著:《公共行政学》(第七版),项龙译,华夏出版社 2002 年版。

71. [美]马克・G. 波波维奇主编:《创建高绩效政府组织》,孔宪遂、耿洪敏译,中国人民大学出版社 2002 年版。

72. [美]帕特里夏・基利等著:《公共部门标杆管理:突破政府绩效的瓶颈》,中国人民大学出版社 2002 年版。

73. [美]E. S. 萨瓦斯著:《民营化与公私部门的伙伴关系》,中国人民大学出版社 2002 年版。

74. [美]乔治・弗雷德里克森著:《公共行政的精神》,张成福等译,中国人民大学出版社 2003 年版。

75. [英]克里斯托弗・波利特等著:《公共管理改革:比较分析》,上海译文出版社 2003 年版。

76. [英]简・莱恩著:《新公共管理》,赵成根译,中国青年出版社 2004 年版。

77. [美]理查德・J. 斯蒂尔曼二世编著:《公共行政学:概念与案例》(第七版),竺乾威等译,中国人民大学出版社 2004 年版。

78. [美]西奥多・H. 波伊斯特著:《公共与非营利组织绩效考评:方法与应用》,肖鸣政等译,中国人民大学出版社 2005 年版。

79. [美]斯蒂芬・P. 罗宾斯著:《组织行为学》(第 10 版),中国人民大学出版社 2005 年版。

80. [美]马国泉著:《行政伦理:美国的理论与实践》,复旦大学出版社 2006 年版。

81. [美]菲利普・J. 库珀等著:《二十一世纪的公共行政:挑战与改革》,王巧玲、李文钊译,中国人民大学出版社 2006 年版。

后　　记

本书是在我们原先编著的《行政管理学》基础上修订而成。我们一直认为，行政学即为行政管理学、公共行政学，三种说法，实为一个，都是研究行政的学问。

此次编著的《行政学》，对2003年出版的那本《行政管理学》作了较大的拓展和修订。读者一看目录，即一目了然，即主要将行政学研究的最新进展以及新公共管理的一些理论，有机融合到有关章节中，使其更具时代性。

本书仍是集体研究成果，是由南京大学、深圳大学、北京航空航天大学、苏州大学等院校长期从事行政学教学与研究工作的老师共同编著的。由我担任主编，拟定大纲并修改定稿。

本书编著者分工如下（以撰写章节先后为序）：张永桃（第一章、第五章），马敬仁（第二章、第三章），范春辉（第四章、第十章），闫洪芹（第六章、第十一章），魏姝（第七章、第九章），孙亚忠（第八章），钱振明（第十二章）。

本书在编写及出版过程中，得到了高等教育出版社文科分社迟宝东、周亚权以及责任编辑王羽等同志的悉心指导和大力帮助，在此向他们表示崇高的敬意和衷心的感谢。

张永桃

2009年7月

郑重声明